征天

水库·集团志

（1988—2020）

浙江征天集团有限公司　编

方志出版社
Publishing House of Local Records

图书在版编目（CIP）数据

征天水库·集团志：1988-2020 / 浙江征天集团有限公司编. -- 北京：方志出版社，2020.12
ISBN 978-7-5144-4505-3

Ⅰ. ①征… Ⅱ. ①浙… Ⅲ. ①水电企业－企业集团－概况－浙江－1988-2020 Ⅳ. ①F426.9

中国版本图书馆 CIP 数据核字（2020）第 247407 号

征天水库·集团志（1988—2020）

编　　者：浙江征天集团有限公司
责任编辑：刘方圆
出 版 者：方志出版社
地址　北京市朝阳区潘家园东里 9 号（国家方志馆 4 层）
邮编　100021
网址　http://www.fzph.org
发　　行：方志出版社图书经销中心
电话（010）67110500
经　　销：各地新华书店
印　　刷：杭州富阳正大彩印有限公司
开　　本：787×1092　1/16
印　　张：28
字　　数：396 千字
版　　次：2020 年 12 月第 1 版　2020 年 12 月第 1 次印刷
印　　数：0001 ～ 1000 册
ISBN 978-7-5144-4505-3　定价：208.00 元

《征天水库·集团志》编纂委员会

主　任： 宣汉康

副主任： 陈国光

成　员： 胡铭翔　宣建伟　宣永强　阮红祥

顾　问： 宣校成　阮荣其　葛焕康　杨见明　陈伯龙　梁贤生

《征天水库·集团志》编辑部

主　编： 周长荣

副主编： 孙新栋　李科才

编　辑： 周永江　王伟潮　卓伟木　骆铁华　杨义枫　阮陆军
杨二瑾　王红珂

校　对： 陈寿定

摄　影： 李林峰

征天精神——

自力更生　艰苦奋斗

团结务实　开拓创新

征天集团创始人梁焕木

征天之歌

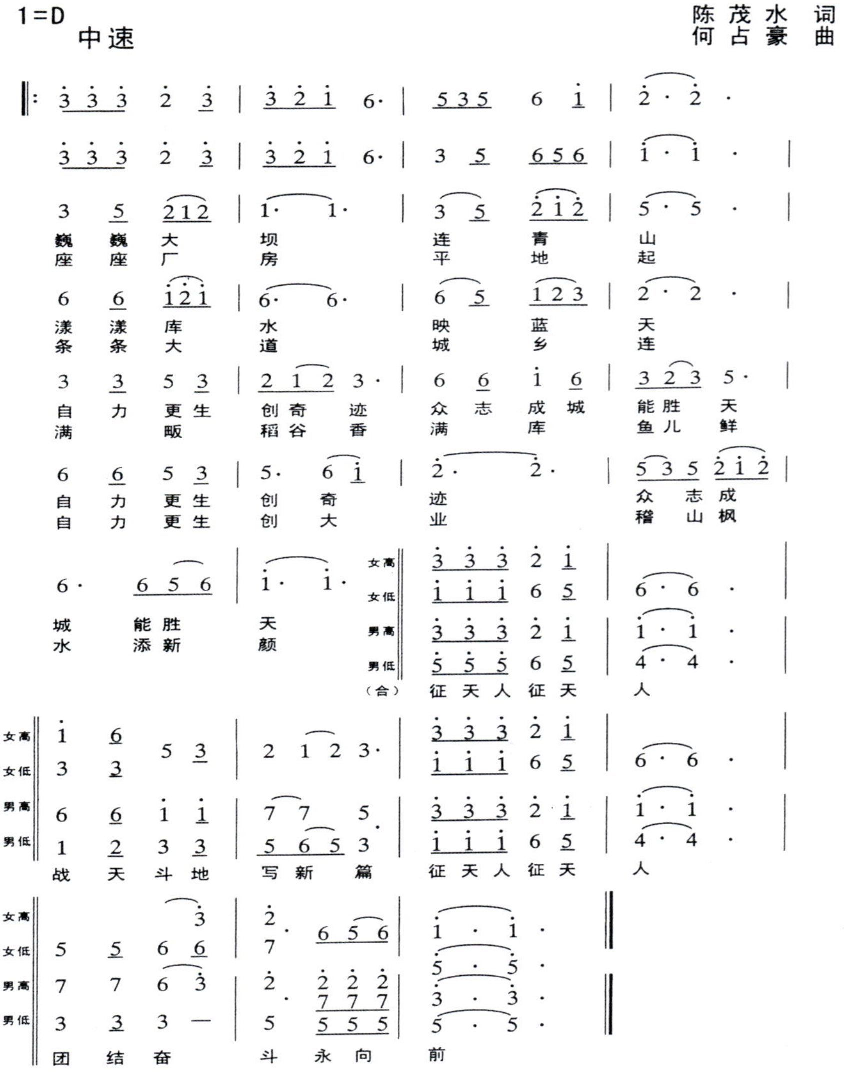
1=D
中速
陈茂水 词
何占豪 曲
巍巍大坝 连青山
座座厂房 平地起
漾漾库水 映蓝天
条条大道 城乡连
自力更生 创奇迹 众志成城 能胜天
满 畈 稻谷香 满 库 鱼儿鲜
自力更生 创奇 迹 众志成
自力更生 创大 业 稽山枫
城 能胜 天
水 添新 颜
女高
女低
男高
男低
（合） 征天人征天 人
战天斗地 写新篇 征天人征天 人
团结奋 斗永向 前

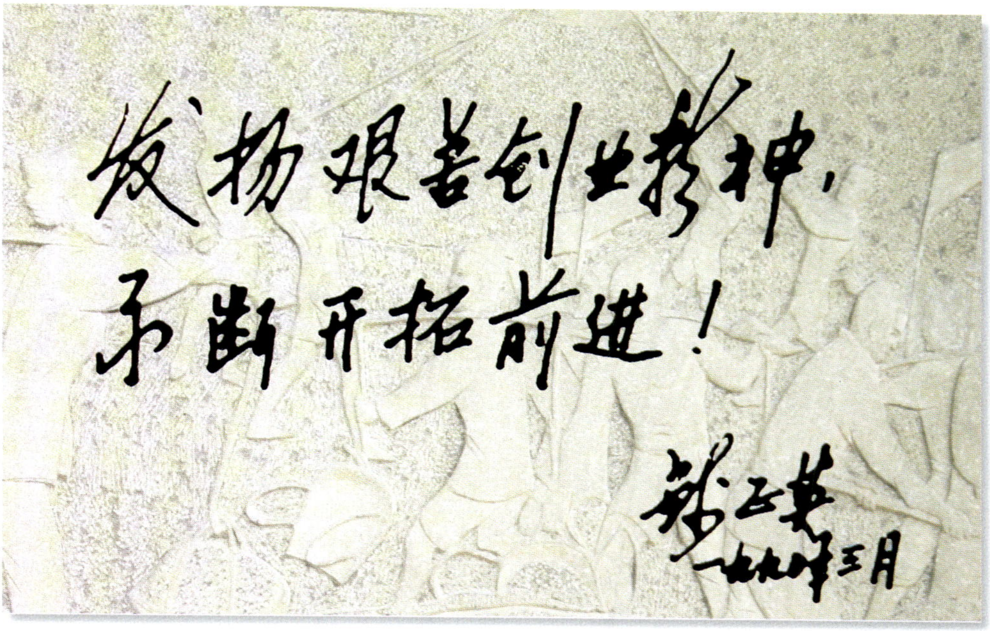

1990 年 3 月，全国政协副主席、水利部原部长钱正英题词

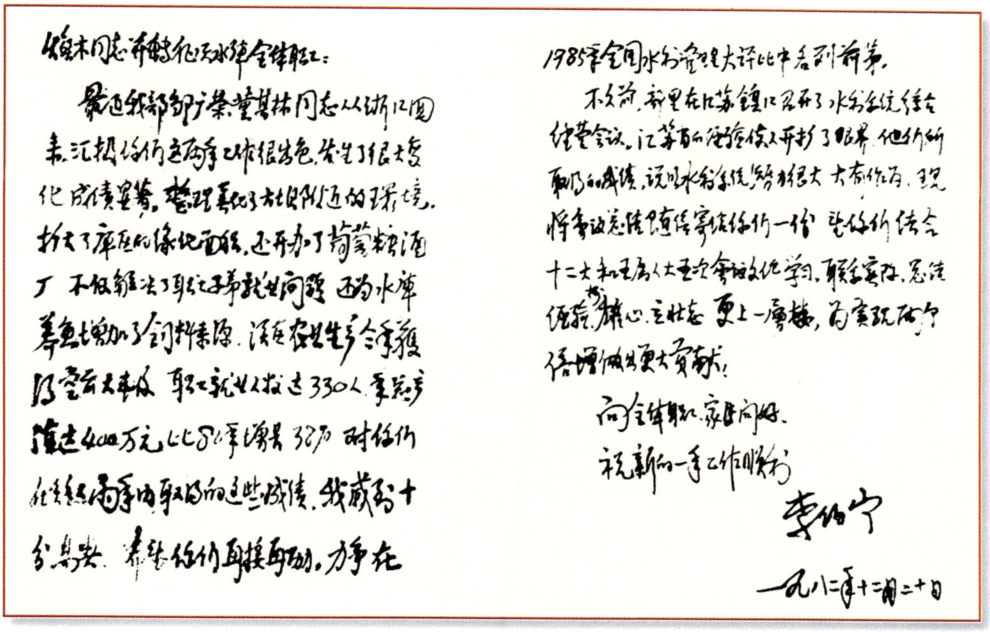

焕木同志并转征天水库全体职工：

最近我部部广荣、董其林同志从浙江回来，汇报你们这两年工作很出色，发生了很大变化，成绩显著。整理美化了大坝附近的环境，扩大了库区的绿化面积，还开办了葡萄酒厂，不仅解决了职工子弟就业问题，还为水库养鱼增加了饲料来源。今年农业生产全年获得了空前大丰收，职工就业人数达330人，年总产值达400万元，比81年增长32%。对你们在短短两年内取得的这些成绩，我感到十分高兴，希望你们再接再励，力争在1982年全国水利管理大评比中名列前茅。

不久前，部里在江苏镇江召开了水利系统综合经营会议，江苏省的经验使人开扩了眼界，他们所取得的成绩，说明水利系统潜力很大，大有作为。现将会议总结随信寄给你们一份，望你们结合十二大和五届人大五次会议文件学习，联系实际，总结经验，树雄心，立壮志，更上一层楼，为实现四个现代化做出更大贡献！

向全体职工、家属问好，

祝新的一年工作胜利

李伯宁

一九八二年十二月二十日

1982 年 12 月 20 日，水利部副部长李伯宁写给梁焕木并转征天水库职工的信

1984 年 3 月 14 日，浙江省省长薛驹（右一）视察征天水库

1994 年 5 月 13 日，浙江省原省长沈祖伦（右一）视察征天集团

1986 年 4 月 4 日，水电部副部长杨振怀（右四）视察征天综合开发公司

1990 年 3 月 11 日，水利部副部长钮茂生（左二）在浙江省水利厅副厅长周慧兰（左三）等领导陪同下视察征天综合开发公司

1995年6月19日，浙江省委原副书记吴敏达（左一）等领导视察征天集团

1996年1月，浙江省水利厅原厅长钟世杰（前右二）等领导视察征天集团

2010年7月8日，诸暨市委副书记、市长钱三雄（右一）等领导到征天集团调研

2012年3月，诸暨市委副书记、市长徐良平（右二）视察征天集团

2019年12月7日，诸暨市委副书记、市长胡华良（右）到征天集团调研

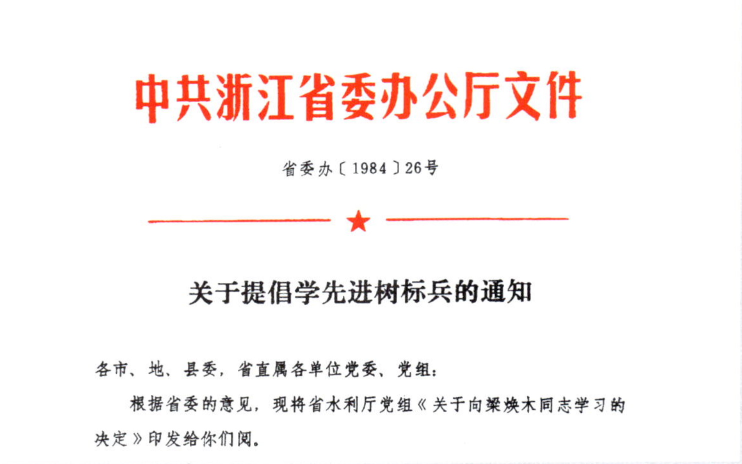

中共浙江省委办公厅文件

省委办〔1984〕26号

关于提倡学先进树标兵的通知

各市、地、县委，省直属各单位党委、党组：

根据省委的意见，现将省水利厅党组《关于向梁焕木同志学习的决定》印发给你们阅。

中共浙江省委办公厅转发省水利厅党组《关于向梁焕木同志学习的决定》

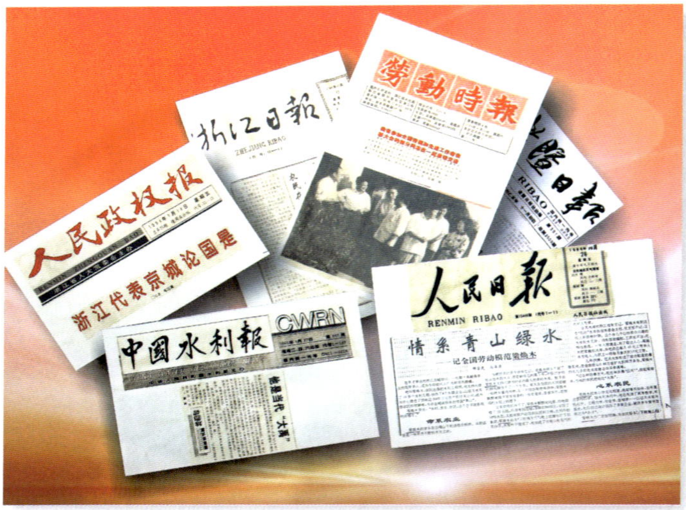

有关梁焕木的报道在《人民日报》《中国水利报》《浙江日报》等报纸上刊登

有关征天集团的书刊

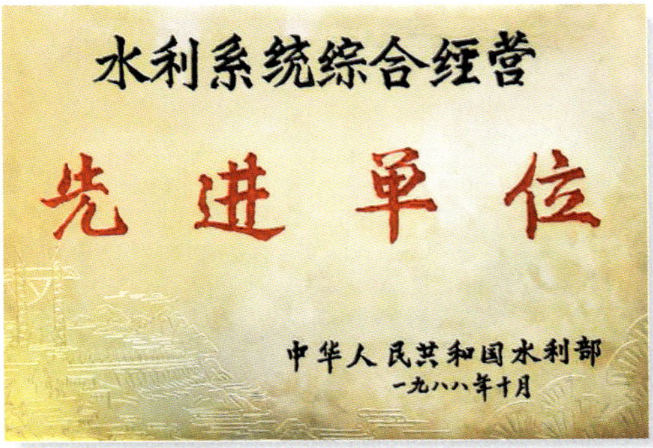

征天水库、征天综合开发公司获得的省部级以上荣誉

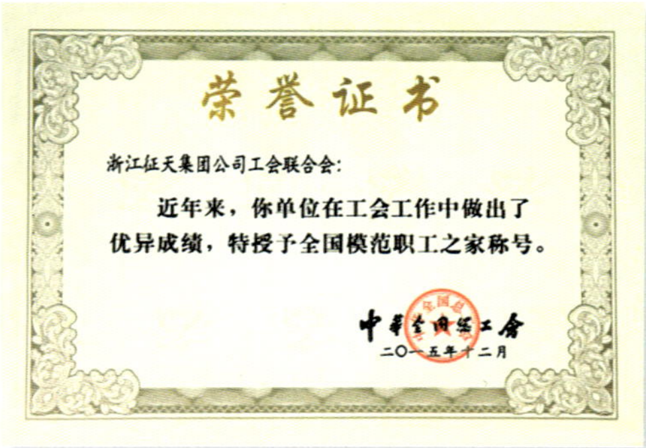

征天集团获得的省部级以上荣誉

征天水库

梁焕木纪念馆

征天大厦

征天集团领导班子
左起：阮红祥、胡铭翔、宣建伟、宣汉康、陈国光、宣永强（2019年12月摄）

浙江天基重工机械有限公司

浙江征天印染有限公司

浙江天伟生物科技股份有限公司

浙江征天机械股份有限公司

浙江征天进出口有限公司

诸暨市征天浆纱纺织有限公司

浙江天泽环境科技股份有限公司

诸暨市枫桥宾馆有限责任公司

序

有幸在九旬之年读到浙江征天集团编纂的《征天水库·集团志(1988—2020)》，感到非常欣慰。征天集团创始人梁焕木同志从征天水库起家，无论从水库建设管理还是发展水利经济，皆成为全国水利系统的标兵。在中国共产党领导下，征天人经过60年的艰难创业，凝成了“自力更生，艰苦奋斗，团结务实，开拓创新”的征天精神，取得卓越成就。

《征天水库·集团志(1988—2020)》记述了征天水库从办渔场发展副业生产开始，搞多种经营综合开发，梁焕木带领征天人，先后创办了征天水机厂、诸暨特种钢厂、征天水泥厂、征天葡萄糖厂、征天印染厂等10多家企业，还创办了一所职业技术学校，逐步形成多种经济性质并存的，跨地区、跨部门、跨行业的水利系统集体所有制经济实体。由单一的征天水库发展起来的征天集团，是中华人民共和国成立以来一个时期的典范。征天水库管理处和征天集团多次被水利部评为水利管理先进单位、水利企业先进集体，梁焕木曾当选为第七届、第八届全国人大代表，并获全国劳动模范和全国水利电力系统特等劳动模范称号。

在征天事业的发展历程中，涌现出许多老水利实干家和杰出的中青年企业家，他们始终“不忘初心，牢记使命”，秉承服务农业、农村、农民的宗旨。在市场经济新的征途上，砥砺前行，实施经济体制改革和科技创新，使征天集团转型升级，又出资建立梁焕木水利基金，支援当地农田水利基本建设，尤为可贵。

梁焕木是全国水利系统的先进典范，今读《征天水库·集团志(1988—2020)》，看到征天事业继往开来，日趋辉煌，遂不揣简陋，略书数言代序。

鍾世傑

2020年10月8日

钟世杰，浙江省水利厅原厅长。

凡　例

一、本志以马克思列宁主义、毛泽东思想、邓小平理论、“三个代表”重要思想、科学发展观、习近平新时代中国特色社会主义思想为指导，坚持辩证唯物主义和历史唯物主义的立场、观点和方法。以实事求是为原则，力求思想性、科学性、资料性相统一，记叙征天事业的历史和现状，以期服务当代，垂鉴后世。

二、本志为《征天水库志》续志。记述时间上限为1988年，必要时作适当上溯；下限讫于2020年，部分统计数据截至2019年。

三、本志横排门类，纵叙史实，以志为主体。卷首设序、凡例、概述、大事记等，正文分篇、章、节、目，共设3篇13章69节和2个专记。随文配以图、表等，志末设附录和后记等。

四、本志遵循人物“生不立传”原则，入传人物以卒年排序。对有重大贡献和突出事迹的在世人物，入人物述略，以生年为序。

五、本志采用公元纪年。文中所记涉及政区、地名时，用当时名称，必要时加注今名。

六、机构名称首次出现时均用全称，其后一般用简称。文中出现的“党”以及省委、地委、市委、县委等，均指中国共产党及其相关组织。

七、本志资料主要取自征天集团和下属企业有关档案，以及《征天水库志》《枫桥江水利志》等史志和现场采访记录。所采用的资料一般不注明出处。

八、本志数字，一般采用阿拉伯数字。小数点后一般最多保留两位。

九、本志使用最新法定计量单位，记叙历史事实时保留原计量单位名称。

十、文中高程未加说明的，均为“1985”黄海基准。

十一、历任主要负责人名录中，任职时间为正式发文日期，与实际任期或有时间差。

十二、正文内某些概括处和表格题目中，以及统计数据前的单位名称，均含其前身。各企业经济指标统计表中，利润出现负数时，作“0”处理；产值数据以开办价或1990年不变价为统计口径。

征天企事业单位全简称对照表

全　称	简　称	成立或更名时间
征天水库管理委员会	征天水库管委会	1963.12
征天灌区管理委员会	征天灌区管委会	1964
诸暨县（市）征天水库管理处	征天水库管理处	1979.8
诸暨征天综合开发公司	征天综合开发公司	1985.2
浙江诸暨征天集团公司	征天集团	1993.1
浙江征天集团有限公司		2000.1
诸暨县（市）征天水库渔场	征天渔场	1960
梁焕木水利基金会	梁焕木基金会	2013.1
诸暨县征天水库“五七”修配厂	征天“五七”修配厂	1969.8
诸暨县（市）征天水库水利机械厂	征天水机厂	1976
诸暨市征天水利机械厂		2001.3
浙江征天机械制造有限公司	征天机械公司	2003.6
浙江征天机械股份有限公司		2016.11
诸暨县（市）征天水泥厂	征天水泥厂	1979.4
诸暨市征天水泥有限公司	征天水泥公司	2006.10
上虞市积山水泥有限公司	积山水泥公司	2000.7
江苏宿迁淮河水泥有限公司	淮河水泥公司	2002.11
谷城县征天水泥制造有限公司	谷城水泥公司	2003.2
诸暨县枫桥石灰氮厂	枫桥石灰氮厂	1976.12
诸暨县铸钢厂	—	1985.4
诸暨特种钢厂	—	1989.2
浙江征天特种钢有限公司	—	1993.9
征天特钢铸锻有限公司	征天特钢公司	2006.10
浙江天基重工机械有限公司	天基公司	2012.7
诸暨市征天再生物资回收有限公司	征天再生公司	2006.10
诸暨县（市）征天葡萄糖厂	征天糖厂	1981.9

续表

全　称	简　称	成立或更名时间
诸暨县（市）征天罐头厂	征天罐头厂	1986.4
诸暨市征天食品厂	征天食品厂	1992.11
浙江省粮油食品进出口公司诸暨联营食品厂	联营食品厂	1992.9
诸暨联营食品厂		1998.12
诸暨市征天罐头食品有限公司		2001.12
诸暨市征天浆纱纺织有限公司	征天浆纱公司	2006.9
诸暨县（市）征天水工商联合公司	征天水工商公司	1984.11
诸暨县（市）征天铝制品厂	征天铝制品厂	1987.7
诸暨市征天贸易公司	征天贸易公司	1993.3
诸暨市征天房地产开发有限公司	征天房产公司	1993.5
诸暨市征天印染厂	征天印染厂	1995.2
浙江征天印染有限公司	征天印染公司	2001.9
诸暨市意龙纺织轧染厂	意龙轧染厂	2008.8
浙江天晨环境科技有限公司	天晨公司	2017.7
征天自备水厂	—	1995.10
诸暨市征天自来水有限公司	征天自来水公司	2000.11
诸暨市枫桥宾馆有限责任公司	枫桥宾馆	2000.5
浙江天伟生化工程有限公司	天伟公司	2002.1
浙江天伟生物科技股份有限公司		2016.12
浙江征天纺织品进出口有限公司	征天进出口公司	2006.9
浙江征天进出口有限公司		2019.6
诸暨市天旭进出口有限公司	天旭公司	2014.8
浙江天泽环境科技有限公司	天泽公司	2010.7
浙江天泽环境科技股份有限公司		2016.10
征天车队	—	1985.6
征天水库基建队	征天基建队	1986.10
诸暨县（市）枫桥区职业技术学校	征天职校	1985.11
诸暨市征天职业技术学校		1992.6

目　录

第一篇　水　库

第二篇　企　业

第三篇　人　文

附　录

概　述

浙江征天集团有限公司位于浙江省诸暨市，总部驻诸暨市枫桥镇学勉路83号征天大厦。征天集团源自征天水库，征天水库始建于1958年“大跃进”时期，寓征服自然、人定胜天之意。征天水库源发山阴，泽润枫阳，为诸暨市七个大中型水库之一。

征天水库建成后的六十年间，几代征天人艰辛磨砺，创业拼搏，铸就了“自力更生，艰苦奋斗，团结务实，开拓创新”的征天精神，并始终坚持水利建设和经济建设齐头并进，把一个地方水库建设发展成拥有8亿元总资产的综合型企业集团。

艰苦创业

20世纪60年代初，征天水库建设者在枫桥人民公社的领导下，组织发动群众，靠锄挖肩挑，完成大坝主体工程，建成全省第一座中型水库，使灌区40个村1.8万余亩农田得到旱涝保收。

时代需要精神，精神奉献时代！以梁焕木为代表的征天老一辈实干家，发扬自力更生，艰苦奋斗的精神，在抓好水利工程建设管理的同时，以办渔场起家，发展多种经营。至1985年，完成水库保坝工程和灌区水利配套工程建设，使征天水库和灌区成为“蓄、引、提”结合，“旱、洪、涝”兼治的水利枢纽系统。其间，又先后办起征天水机厂、枫桥石灰氮厂、征天水泥厂和诸暨县铸钢厂等多家企业。在极度困难的年代，老一辈征天人在梁焕木的带领下，以超凡的智慧和刻苦的钻研精神，自己设计，土法上马，开辟了一条前无古人的办厂之路。从办厂实践中积累经验，培养人才，为以后的综合开发奠定了坚实的经济和技术基础。

组建征天集团

20世纪80年代中叶至90年代末，是征天事业快速发展时期。1985年2月，组建诸暨征天综合开发公司。1993年1月，建立浙江诸暨征天集团公司。下属征天水机厂、征天水泥厂、征天糖厂、征天罐头厂、征天铝制品厂、诸暨特种钢厂、征天水工商公司、征天渔场等八家企业和一所征天职校，拥有固定资产3000余万元，形成一个多元化的水利系统集体所有制经济实体。

其间，随着市场经济的推进，征天集团建成诸暨市第一家股份合作制企业，为完善企业转型升级夯实基础。

经济体制改革

坚持解放思想，坚持市场导向，坚持规范操作，坚持集体资本与混合资本互促共赢，坚持在稳定中改制，是企业经济体制改革的基本原则。在诸暨市体改办的指导下，征天集团积极推进经济体制改革工作。

1993年1月，为改变产权不清、权责不明的企业管理制度，征天集团迈出了漫长而艰巨的企改之路。

2000年1月，浙江诸暨征天集团公司变更为浙江征天集团有限公司。

2003年，按照诸暨市政府要求，参照国有企业的改制模式，征天集团进行企业资产和职工身份双置换，并建立新型劳动关系的现代企业制度。

2006年，根据诸暨市体改办《关于进一步深化完善浙江征天集团有限公司改制实施方案的批复》文件精神，征天集团完成改制资产全部由职工现金配股置换，并以企业工会法人（职工持股会）名义，承接公司全部股权，同时完成企事体制改革。

2011年开始，天伟公司、天基公司、征天印染公司、征天机械公司、征天浆纱公司和天旭公司等六家企业，相继完成股权集聚，并与企业工会法人（职工持股会）签订股权转让协议，持股人以自然人身份向工商机关办理变更股东名称和注册资本。至2015年，征天集团全面完成经济体制改革。

参加社会保险

企业需要职工的凝聚力，职工更需要老有所靠、病有所医的生活保障。1998年1月，征天集团为解决职工后顾之忧，为1997年12月31日以前符合参加社保的552名正式职工，向诸暨市劳动局一次性补缴养老保险费350万元。2000年1月，社会保险扩面至征天集团级岗位临时工和厂级合同工，并对缴费年限不满15年的人员，按社保政策以“退五补三”的办法予以办理。2006年1月，为退休人员和离正常退休年龄不足5年的职工，一次性预提缴纳社会保险费。

企业反哺和水利建设

“不忘初心，牢记使命”，农业、农村、农民始终是征天集团“服务三农，回报社会”的宗旨。早在1985年，征天综合开发公司章程规定，每年在所属企业利润中提取10%，设立征天灌区水利建设基金，用于征天灌区水利事业。2006年1月，征天集团实行企业改制，企事分离，征天集团将净资产与征天水库灌区管委会各半分配；在灌区所得的6000余万元资产中，提取3100万元设立“梁焕木水利基金”，继续支援枫桥江堤防加固和灌区的农田水利基本建设。

1998—2010年，响应诸暨市委、市政府“以一代艰辛，换百世安宁”的号召，实施枫桥江20年一遇防洪标准堤建设。

2008—2011年，按照“浙江省千万亩十亿方”节水项目规划，征天水库11千米干渠实施混凝土“三面光”改造工程。

2009—2012年，根据水利部“安全、高效、美丽”的现代水利要求，经浙江省发展和改革委员会批复同意，由征天水库管理处组织实施大坝除险加固工程，总投资3361万元。

六十年的历程，一个甲子轮回。若将六十年分为三大步：第一步20世纪60年代初至70年代末，是老一辈实干家艰难创业的二十年，在特殊年代造就特殊人物，治水硬汉梁焕木带领团队开启了征天事业之门。第二步20世纪80年代初至90年代末，梁焕木组建老中青相结合的征天领导集体，创造了庞大的企业集团。第三步2000年开始，形成以中青年企业家组合的新的征天领导核心层，在市场经济新的起跑线上扬鞭奋蹄，实施经济体制改革和科技创新，使征天集团转型升级，跻身诸暨市工业二十强企业、诸暨市级规模企业和枫桥镇经济发展功勋企业。

六十年间，征天企事业曾先后十三次荣获全国水利系统、浙江省水利管理和水利经济先进单位称号，征天集团创始人梁焕木被国务院授予全国劳动模范光荣称号，并当选第七届、第八届全国人民代表大会代表。

看今日，征天如雄鹰翱翔在蓝天，如航母航行于远洋。征天事业以崭新的面貌展现在暨阳大地上。“知山知水乃能治山治水，爱国爱民斯可为国为民。”征天，如画卷初展，绚丽多彩；征天，正迈步征途，继往开来！

大 事 记

（续《征天水库志》）

1988 年

1 月，征天综合开发公司董事长梁焕木当选为第七届全国人民代表大会代表。

8 月，“诸暨县社会主义建设功臣梁焕木事迹展览”在诸暨县文化馆举办。

9 月，征天综合开发公司团委换届。

10 月，征天综合开发公司获水利部授予的“水利系统综合经营先进单位”称号。

1989 年

2 月 2 日，诸暨县铸钢厂更名为诸暨特种钢厂，归口省冶金工业局行业管理。

是月，征天综合开发公司党委换届。

6 月 7 日，征天综合开发公司工会委员会成立。

7 月，征天综合开发公司获水利部授予“1988 年度水利综合经营工作贡献奖”。

9 月 12 日，征天综合开发公司董事长梁焕木被国务院授予“全国劳动模范”称号。

11 月，征天罐头厂在全国星火计划成果适用技术展览交易会上获得银奖。

1990 年

1 月，征天综合开发公司党委书记杨见明当选为中共诸暨市第十次代表大会代表。

2 月，征天综合开发公司董事会换届，并讨论通过《诸暨征天综合开发公司章程》和实施细则。

是月，征天综合开发公司名誉董事长梁焕木被评为“浙江省优秀共产党员”。

3 月 11 日，水利部副部长钮茂生在省水利厅副厅长周慧兰，诸暨市委书记顾仁章、市长周惠良的陪同下到征天综合开发公司视察。同日，在杭州参加全国水利系统综合经营会议的各省、市、自治区代表 100 余人，到诸暨参观征天综合开发公司。

5 月，征天渔场职工陈满良被共青团浙江省委授予“浙江省优秀共青团员”称号。

6 月 12 日，征天综合开发公司妇女联合会成立。

是月，诸暨市委宣传部和征天综合开发公司编纂的《征天之路》印发。

8 月 23 日，梁焕木被水利电力部评为“1989 年度中国水利电力企业优秀企业家”。

是月，征天综合开发公司团委换届。

10 月 30 日，《征天团讯》创刊。

12 月 31 日，诸暨特种钢厂档案室被省档案局批准为省级先进档案管理合格单位。

1991 年

1 月，征天综合开发公司名誉董事长梁焕木被评为“全国职业技术教育先进工作者”。

6 月，绍兴市委宣传部编纂的有关梁焕木事迹的文章选编《情系青山绿水》由浙江人民出版社出版。

7月，《征天水库志》由征天水库管理处编纂印发。

是年，征天综合开发公司参照国企模式建立职工退休制度。

1992年

1月，中国援乌干达专家组原组长黄瑞卿等到征天综合开发公司视察。

2月，征天综合开发公司工会换届。

3月，诸暨特种钢厂生产的高碳高铬模具钢Cr12圆钢、锻圆20CrMnTi、锻圆5CrMnMo等3只产品被浙江省乡镇企业局、浙江省科学技术委员会认定为省级新产品。

6月16日，全国人大代表团到征天综合开发公司视察。

22日，诸暨市枫桥区职业技术学校更名为诸暨市征天职业技术学校。

是月，征天综合开发公司团委换届。

7月，诸暨市政府批转市体改办《关于征天综合开发公司所属企业管理体制的意见的通知》。征天综合开发公司归口诸暨市水利电力局（1996年10月更名水利水电局，均简称水利局）管理。

9月7日，诸暨联营食品厂成立。

9日，诸暨市卫生局会同中国工商银行诸暨市支行与征天综合开发公司商谈，依靠征天糖厂的药证文号，联办浙江亚东制药厂。

11月，诸暨市征天葡萄糖厂更名为诸暨市征天食品厂。

12月，征天综合开发公司党委换届。

是月，征天综合开发公司党委书记杨见明当选为中共诸暨市第十一次代表大会代表。

1993年

1月16日，征天综合开发公司实行股份合作制。

18日，组建浙江诸暨征天集团公司，成立征天集团第一届董事会。

2月1日，征天集团董事会颁布《浙江诸暨征天集团公司（股份合作）章程》和《征天集团公司（股份合作）章程实施细则》。

19 日，征天集团名誉董事长梁焕木，在浙江省第八届人民代表大会第一次会议上当选为第八届全国人民代表大会代表。

25 日，浙江省委副书记、省长葛洪升在绍兴市委书记陈礼安陪同下，到征天集团视察。

是月，征天水泥厂厂长张立群当选为诸暨市第十二届人民代表大会代表。

3 月 15 日，诸暨市征天贸易公司成立。

是月，诸暨特种钢厂郑秋月被中华全国总工会授予“1992 年度全国先进女职工”称号。

5 月 13 日，诸暨市征天房地产开发有限公司成立。

7 月，征天集团聘请退休教师杨安鹤注释的《四书句选三百题》印发，掀起学习热潮。

9 月，诸暨特种钢厂与香港耀江国际有限公司在绍兴黄酒节上签约，成立浙江征天特种钢有限公司。

1994 年

5 月 13 日，全国政协常委、浙江省原省长、省对外友协主席沈祖伦到征天集团视察。

6 月，征天集团妇联换届。

7 月 5 日，征天集团兼并枫谊纺织印染厂。

11 月 25 日，征天集团董事会颁布《关于落实企业法人财产权若干政策意见》，各企业成为具有法人地位的有限责任公司，集团公司与下属企业之间成为母子公司关系。

12 月 8 日，水利部副部长严克强在浙江省水利厅厅长汪楞、绍兴市水利局副局长谭志桂陪同下到征天集团视察。

21 日，诸暨特种钢厂经浙江省计经委等单位批准为中二型企业。

1995 年

2 月，诸暨市征天印染厂成立。

3 月 1 日，征天铝制品厂并入征天水机厂。

4 月 20 日，征天集团名誉董事长梁焕木赴绍兴出席浙江省首届公祭大禹典礼并致辞。

6 月 5 日至 6 日，浙江省委原副书记吴敏达，水利厅原厅长钟世杰，浙江省纺织工程学会理事长钱同源、副理事长兼秘书长吕伟元等到征天集团视察。

7 月 23 日，浙江省水利厅厅长章猛进到征天集团视察。

10 月，梁焕木编著的《枫桥江的治理与开发》由征天水库管理处印发。

11 月 12 日，绍兴市委发布《关于开展向梁焕木同志学习的决定》。

20 日，举行梁焕木事迹报告会，绍兴市委书记鲁志强在会上讲话。

12 月，征天集团团委换届。

1996 年

1 月，征天集团董事会换届，工会换届。

是月，浙江省水利厅原厅长钟世杰等领导视察征天集团。

3 月，征天集团党委换届。

4 月 16 日，“诸暨市征天风景区”列为诸暨市级风景名胜区。

19 日，全国人大代表、全国劳动模范、征天集团名誉董事长梁焕木在绍兴市第二人民医院逝世。

21 日，梁焕木遗体告别仪式在诸暨市殡仪馆举行，诸暨市市长何国梁主持，浙江省水利厅原厅长钟世杰、绍兴市副市长袁长寿、诸暨市委书记周惠良等领导出席。全国人大常委会、水利部等单位，以及水利部和浙江省有关领导敬送花圈。

5 月 5 日，《征天青年》创刊。

23 日，梁焕木骨灰撒放仪式在征天水库举行。

是月，征天门牌坊落成。

6 月 18 日，征天大厦落成。

1997 年

3 月 7 日，诸暨特种钢厂被诸暨市委、市政府评为“诸暨市级工业规模企业”。

17 日，宣传梁焕木的电视剧《水魂》讨论会在诸暨市召开，绍兴市委常委季章拉和诸暨市领导马礼畏、赵解刚、孟法明等出席会议。

4 月 16 日，征天职校建校十周年庆祝大会在征天大厦举行，诸暨市副市长陈国燕等出席会议。

19 日，纪念梁焕木逝世一周年座谈会在征天大厦会议室举行，浙江省水利厅原厅长钟世杰、原副厅长王希明，诸暨市水利局局长张伟波、副局长孟岳等参加。会后，举行梁焕木纪念碑奠基仪式。

5 月，征天集团被水利部授予“全国水利系统先进企业”称号，征天集团总经理陈伯龙获“全国水利经济优秀管理者”称号。

6 月，褒扬梁焕木先进事迹的广播剧《农民代表》正式开播。

8 月 9 日，嵊州市委书记楼志浪到征天集团考察。

是月，征天集团妇联换届。

9 月 2 日，电视剧《水魂》在征天水库举行开拍仪式，绍兴市委副书记陈章方和诸暨市委常委、宣传部部长赵解刚等领导参加。

11 月 8 日，征天集团董事会出台《关于深化股份合作制改革的若干政策意见》和试行办法。

12 月 15 日，电视剧《水魂》试映仪式在诸暨西子宾馆二楼会议室举行，浙江省电影艺术家协会主席林辰夫、浙江省广播电视厅副厅长张桂芝、绍兴市委常委袁长寿、绍兴市委宣传部副部长杨大明、诸暨市委书记王国伟、诸暨市委常委宣传部部长赵解刚等领导参加仪式。

1998 年

2 月，征天集团档案室通过浙江省档案局验收，档案工作目标管理达省级先进标准。

3月，杨卫星担任政协诸暨市第十届委员会委员。

4月15日，征天集团代表队在全市职工登山比赛中获团体冠军。

19日，梁焕木纪念碑举行落成仪式，浙江省水利厅原厅长钟世杰、浙江省水利厅原副厅长王希明、绍兴市水利局局长张伟波、诸暨市水利局局长张光海及梁焕木生前好友参加。

30日，征天集团党委书记宣汉康被评为“诸暨市首届十大青年企业家”。

5月，征天集团参加社会保险统筹，对1997年12月31日以前符合参加社保条件的职工，由征天集团一次性补缴职工社会保险费。

7月13日，全国政协常委、浙江省原省长沈祖伦，在诸暨市委书记王国伟、政协主席马礼畏等陪同下到征天集团视察。

是月，征天集团宣校成、阮荣其、葛焕康、樊正贤等11人获水利部颁发的“从事水利工作25年”证章和证书。

8月，宣汉康被绍兴市政府授予“绍兴市环境保护先进个人”称号。

11月26日，征天集团工会主席杨见明在诸暨市总工会第十二次代表大会上，当选为经费审查委员会副主任。

是月，征天集团被水利部授予1997年度“全国水利经济先进单位”称号，征天集团董事长兼总经理陈伯龙获“全国水利经济先进个人”称号。

1999年

2月4日，征天集团董事会换届。

23日，征天集团被诸暨市委、市政府评为“1999年度诸暨市工业规模企业”。

是月，征天集团工会换届。

4月30日，征天集团党委换届。

7月，征天集团团委换届。

是月，《征天青年》更名为《征天简讯》。

11月，征天集团工会主席杨见明当选为绍兴市总工会第四届代表大会代表。

是月，征天印染公司档案室通过浙江省档案局验收，档案工作目标管理达省级标准（2000 年 1 月颁发合格证）。

12 月 13 日，征天集团总经理宣汉康被评为“绍兴市纺织丝绸行业优秀企业家”。

22 日，经浙江省水利厅组织专家评审，征天水库为省级水利旅游区。

2000 年

1 月，浙江诸暨征天集团公司更名为浙江征天集团有限公司。

是月，征天集团被诸暨市委、市政府列为“2000 年度工业规模企业”。

4 月，征天集团进行社会养老保险扩面。

5 月 28 日，枫桥宾馆正式开业。

是月，征天集团总经理宣汉康获“全国纺织工业系统劳动模范”称号。

7 月 4 日，诸暨市委副书记、市长陈长兴，常务副市长孟法明带领有关局（办）负责人到联营食品厂指导工作。

是月，征天集团租赁上虞市积山水泥有限公司。

8 月 27 日，山东省水利厅和黄河管理局领导在浙江省水利厅领导陪同下到征天集团考察。

9 月，征天集团妇联换届。

10 月，征天集团设立官方网站（网址 http://www.zhengtiangroup.cn）。

11 月，征天自备水厂重建，成立诸暨市征天自来水有限公司。

2001 年

1 月，征天集团被诸暨市委、市政府列为“2001 年度工业规模企业”。

4 月 19 日，征天集团举行纪念梁焕木逝世五周年暨退休职工座谈会。

8 月，全国著名作曲家、小提琴协奏曲《梁祝》作者何占豪先生完成《征天之歌》谱曲。

9 月，诸暨市征天印染厂更名为浙江征天印染有限公司。

是月，征天集团总经理宣汉康被评为“2000—2001 年度绍兴市成人教育先进工作者”。

10 月 17 日，在绍兴黄酒节上，征天集团与上海众伟生化有限公司举行高新技术结冷胶项目签约仪式。

12 月，征天集团完成企业形象策划，并付诸实施。

2002 年

1 月 31 日，浙江天伟生化工程有限公司完成工商注册登记。

是月，征天塔工程竣工。

2 月 18 日，征天集团董事会换届。

是月，征天集团工会换届。

征天集团被诸暨市委、市政府列为“2002 年度工业规模企业”，在全市 48 家规模企业中排名第 17 位。

5 月 30 日，征天集团党委换届。

6 月，征天集团团委换届。

是月，诸暨电视台记者到征天集团采访拍摄，着重采访天伟公司、诸暨特种钢厂、征天印染公司等单位的兴建和技改项目进展情况，并在《诸暨新闻》栏目中报道。

9 月 3 日，“征天之夜”文艺晚会在诸暨剧院举行。

10 日，征天食品厂兼并联营食品厂。

11 月，征天集团收购江苏猿洲水泥厂，组建江苏宿迁淮河水泥有限公司。

2003 年

2 月，征天集团被诸暨市委、市政府列为“2003 年度工业规模企业”，在全市 53 家工业规模企业中排名第 13 位。

是月，征天集团董事长、党委书记陈伯龙当选为诸暨市第十四届人民代表大会代表，总经理宣汉康当选为中共诸暨市第十三次代表大会代表。

征天集团租赁经营湖北省谷城县永信水泥制造有限公司，组建谷城征天水泥制造有限公司。

4 月 16 日，征天集团下发《关于职工医疗保险等问题的通知》，明确要求下属各企事业单位从 5 月 1 日起参照执行。

是月，枫桥宾馆被诸暨市政府指定为枫桥镇“非典”疫情隔离点，至 5 月结束。

6 月 5 日，征天集团设立人民武装部。

17 日，江苏省泗洪县县长冯岩、副县长徐炎山到征天集团考察。

28 日，湖北省谷城县委书记兼县长刘立勇到征天集团考察。

30 日，诸暨市征天水利机械厂变更为浙江征天机械制造有限公司。

7 月 26 日，征天集团对所属企事业单位进行资产界定，对职工进行身份置换，并建立新型劳动关系。

8 月，征天印染公司副总经理宣永强被中国纺织工业协会授予“全国纺织行业优秀质量管理小组活动卓越领导者”称号。

9 月 25 日，陈伯龙当选为中共绍兴市第五次代表大会代表。

是月，征天集团妇联换届。

11 月 22 日，征天集团工会主席杨见明在诸暨市工会第十三次代表大会上，当选为经费审查委员会副主任。

12 月 4 日，宣汉康当选为诸暨市第六届工商业联合会（总商会）副会长。

是月，宣汉康被评为“绍兴市纺丝行业 2003 年度优秀企业家”。

2004 年

1 月，征天集团被诸暨市委、市政府列为“2004 年度工业规模企业”。

是月，征天集团团委被共青团绍兴市委评为“2003 年度‘五四’红旗团委”。

8 月，征天职校撤并。

10 月，征天集团被诸暨市政府评为“2001—2004 年度诸暨市群众体育先进集体”。

11 月，征天集团总经理宣汉康当选为绍兴市工商业联合会（总商会）第四届执行委员。

2005 年

1 月 10 日，诸暨市政府成立以副市长阮建明为组长的征天企业改制领导小组，进驻征天集团。

2 月，征天集团被诸暨市委、市政府评为“2005 年度工业企业二十强”。

5 月 20 日，征天集团工会主席杨见明当选为诸暨市工会俱乐部协会副会长。

12 月 27 日，征天集团召开职工（股东）代表大会，审议通过《关于进一步深化完善征天集团改制的初步方案》，并上报诸暨市水利局和市体改办审批。

2006 年

1 月 18 日，诸暨市体改办发出《关于进一步深化完善浙江征天集团有限公司改制实施方案的批复》，征天集团改制方案正式确定。

23 日，根据诸暨市体改办《关于进一步深化完善浙江征天集团有限公司改制实施方案的批复》文件精神，征天集团与征天水库管理处进行资产交割。从 2006 年 1 月 1 日开始，征天集团归属枫桥镇政府管理，征天水库管理处归属诸暨市水利局管理。

2 月，征天集团被诸暨市委、市政府评为“2006 年度工业企业二十强”。

4 月 19 日，征天集团举行梁焕木逝世十周年纪念活动。

26 日，征天自来水公司并入诸暨市水务集团。

6 月，征天印染公司党支部书记宣永强被中国纺织工业协会授予“全国纺织优秀思想政治工作者”称号。

9 月 28 日，征天食品厂组建诸暨市征天浆纱纺织有限公司。

是月，征天印染公司组建浙江征天纺织品进出口有限公司。

10 月 16 日，征天集团党委换届。

24 日，征天集团董事会换届。

是月，诸暨特种钢厂更名为征天特钢铸锻有限公司；组建诸暨市征天再生物资回收有限公司。

征天集团组建诸暨市征天物业管理有限公司。

征天集团按改制方案重新进行工商注册变更登记。

征天集团董事长兼总经理宣汉康被评为“2002—2005 年度绍兴市群众体育先进个人”。

11 月 20 日，宣汉康当选为诸暨市第十五届人民代表大会代表。

12 月 13 日，征天集团工会联合会成立。

16 日，征天集团党委书记陈伯龙当选为中共诸暨市第十四次代表大会代表。

是月，征天集团团委、妇联换届。

2007 年

2 月，征天集团被诸暨市委、市政府评为“2007 年度工业规模企业”。

3 月，征天集团修订《征天集团企业年度考核奖励办法》和《征天集团员工奖励条例》。

是月，征天集团副董事长杨桂昌当选为绍兴市第六届人民代表大会代表。

4 月，绍兴市水利局对征天水库进行大坝安全鉴定，结论为“三类坝”。

10 月，诸暨市政府发文，确认征天水库管理处划归诸暨市水利局管理。

2008 年

1 月 18 日，浙江省发改委下达《关于诸暨市征天水库除险加固工程初步设计方案的批复》。

2 月，征天集团被诸暨市委、市政府评为“2008 年度工业规模企业”。

7 月，征天印染公司获“2008 年度全国纺织和谐企业建设先进单位”称号，漂染车间环保 QC 小组获“2008 年度全国纺织行业优秀质量管理小组”称号。

是月，中国纺织工业协会、中国财贸轻纺烟草工会全国委员会授予征天印染公司副总经理宣永强“2008 年全国纺织行业质量管理小组活动卓越领导者”称号，授予车间主任蔡海永“优秀推进者”称号。

10月，征天水库管理处实施“浙江省千万亩十亿方”节水项目水库干渠11千米混凝土“三面光”防渗工程。

2009年

2月，征天集团被诸暨市委、市政府评为“2009年度工业企业三十强”。

3月，征天集团董事长兼总经理宣汉康当选为诸暨市第七届工商业联合会（总商会）副会长。

4月，征天集团“征天”企业商号被浙江省工商行政管理局认定为“浙江省知名商号”。

7月，征天印染公司漂染车间环保QC小组获“2009年度全国纺织行业优秀质量管理小组”称号。

11月，征天集团党委换届。

12月，征天集团董事会换届。

是月，征天集团工会、团委、妇联换届。

征天集团被浙江省档案局评为“档案管理示范企业”。

2010年

1月，征天集团董事长宣汉康当选为绍兴市工商业联合会（总商会）第五届执行委员。

2月，征天集团被诸暨市委、市政府评为“2010年度工业企业三十强”。

7月8日，诸暨市委副书记、市长钱三雄一行到征天集团调研。

是月，浙江天泽环境科技有限公司成立。

征天印染公司杨二瑾被中国纺织工业协会、中国财贸轻纺烟草工会全国委员会授予“2010年度全国纺织行业质量管理小组活动优秀推进者”称号。

10月22日，征天集团举行征天事业开创50周年系列庆祝活动，绍兴市人大常委会副主任何国梁，诸暨市政协主席孟法明、政法委书记阮建明等出席庆典。

是月，《辉煌50年——庆祝征天事业开创50周年》和《辉煌50年——

"征天杯"征文大赛获奖作品集》印发。

征天水库除险加固工程通过完工验收。

12月，征天集团副总经理宣永强获"全国纺织工业劳动模范"称号。

2011年

1月14日，印染、机械等21只"征天"商标至此全部完成注册。

2月，征天集团被诸暨市委、市政府评为"2011年度市级工业规模企业"，名列第33位。

5月1日，征天进出口公司与征天印染公司分立，独立运营。

是月，天伟公司获得结冷胶生产许可证，成为全国第一家取得结冷胶生产许可证的企业。

征天集团团委被共青团绍兴市委评为"五星"级非公企业团组织。

6月25日，征天集团与枫桥镇先进村签订"村企携手，家园重建"结对协议书，并捐款10.5万元。

10月11日，征天集团职工文体活动中心启用。

是月，征天印染公司副总经理宣建伟被中国纺织职工思想政治工作研究会授予"全国纺织群众工作优秀工作者"称号。

12月20日，征天集团总经理陈国光当选为中共诸暨市第十五次代表大会代表。

28日，征天集团董事长宣汉康当选为诸暨市第十六届人民代表大会代表。

2012年

1月，征天集团被诸暨市委、市政府评为"2012年度市级工业规模企业"，名列第35位。

2月，征天集团副董事长杨桂昌当选为绍兴市第七届人民代表大会代表。

3月，诸暨市委副书记、市长徐良平视察征天集团。

7月16日，征天特钢铸锻有限公司更名为浙江天基重工机械有限公司。

8月8日，第11号强台风"海葵"袭境，台洪冲毁孝泉江征天桥，导致征天水库引水隧洞大塌方。

9月27日，征天集团发文，决定自2013年1月开始，不再行使对征天水泥公司的行政管理职能。

11月22日，征天集团党委换届，12月起设立纪律检查委员会。

12月18日，征天集团董事会换届。

是月，征天集团工会、团委、妇联换届。

2013年

1月，征天集团被诸暨市委、市政府评为“2013年度市级工业企业三十强”。

3月22日，征天集团出资设立梁焕木水利基金会。

4月，征天集团工会被浙江省总工会授予“模范职工之家”称号。

5月，天泽公司总经理田昊洋被诸暨市总工会授予诸暨市第三届“十大杰出外来建设者”称号。

7月1日，征天集团举行梁焕木纪念馆开馆仪式，浙江省水利厅原厅长钟世杰、原副厅长王希明，诸暨市委常委、纪委书记倪成良，枫桥镇党委书记金利顺，诸暨市水利局局长张国锄等领导参加。

8月，征天印染公司获“全国纺织企业思想政治工作创新奖”。

是月，征天集团副总经理宣永强获中国纺织工业联合会、中国纺织职工思想政治工作研究会颁发的“全国纺织思想文化建设突出贡献奖”。

9月28日，征天房产公司投资合作开发的江西“康馨苑”楼盘被上饶市房地产业协会评为优秀楼盘。

10月1日，征天桥重建通车，征天水库引水隧洞衬砌工程竣工。

2014年

3月19日，征天集团为诸暨市开展“五水共治”捐款20万元。

8月，征天进出口公司全资（自然人名义）设立诸暨市天旭进出口有限公司。

10月30日，征天集团总经理陈国光当选为诸暨市工商业联合会（总商会）第八届副会长。

2015年

1月，征天集团总经理陈国光当选为绍兴市工商业联合会（总商会）第六届执行委员。

6月，征天集团被诸暨市政府第三次全国经济普查领导小组评为“诸暨市第三次全国经济普查先进集体”。

11月13日，天伟公司、天泽公司均被全国高新技术企业认定管理工作领导小组办公室认定为“浙江省2015年第一批高新技术企业”，由浙江省科学技术厅等单位颁发证书。

12月4日，征天集团工会被中华全国总工会授予“全国模范职工之家”称号。

12日，征天集团党委换届。

18日，征天集团董事会换届。

是月，征天集团工会、团委、妇联换届。

2016年

3月，征天集团修订《征天集团企业年度考核奖励办法》，自2016年1月1日起施行。

4月19日，征天集团举行梁焕木逝世二十周年纪念活动。

10月，浙江天泽环境科技有限公司更名为浙江天泽环境科技股份有限公司。

11月23日，浙江征天机械制造有限公司更名为浙江征天机械股份有限公司。

29日，天基公司投资近2000万元的3150吨自由锻造液压机项目试产成功。

12月8日，征天集团总经理胡铭翔当选为中共诸暨市第十六次代表大会代表。

19日，征天集团董事长陈国光当选为诸暨市第十七届人民代表大会代表。

是月，浙江天伟生化工程有限公司更名为浙江天伟生物科技股份有限公司。

2017年

6月5日，浙江天伟生物科技股份有限公司“天伟生物”（证券代码871471）在全国中小企业股份转让系统挂牌。

11月，征天机械公司被全国高新技术企业认定管理工作领导小组办公室认定为“浙江省2017年第一批高新技术企业”，由浙江省科学技术厅等单位颁发证书。

2018年

6月，征天集团党委书记宣建伟被中国纺织职工思想政治工作研究会授予“全国纺织行业优秀思想政治工作者”称号。

7月，天基公司被浙江省科学技术厅认定为“2018年度第一批省科技型中小企业”。

12月12日，征天集团党委换届。

14日，诸暨市委副书记、市长王芬祥一行到天基公司调研。

18日，征天集团董事会换届。

是月，征天集团工会、团委、妇联换届。

2019年

6月，浙江征天纺织品进出口有限公司更名为浙江征天进出口有限公司。

12月7日，诸暨市委副书记、市长胡华良一行到征天集团调研。

31日，征天集团党建厅竣工。

是月，天基公司被全国高新技术企业认定管理工作领导小组办公室认定为“2019年高新技术企业”，由浙江省科学技术厅等单位颁发证书。

2020 年

1 月 3 日，征天印染公司整合资源，受让浙江天雅染整有限公司 100% 股权。

6 日，诸暨市委副书记、市长胡华良一行到征天印染公司调研。

28 日，征天集团下发《关于加强新型冠状病毒肺炎疫情防控工作的通知》。

2 月 5 日，枫桥宾馆被枫桥镇政府指定为枫桥镇新冠肺炎隔离点（至 3 月 20 日结束）。

22 日，诸暨市委副书记、市长胡华良一行到天伟公司视察新冠肺炎疫情防控及复工复产工作。

5 月 15 日，征天集团党委经理班子决定编纂《征天水库 · 集团志（1988—2020）》，成立领导小组。

5—10 月，征天集团举行征天事业开创 60 周年系列庆祝活动。

12 月，《征天水库 · 集团志（1988—2020）》正式由方志出版社出版。

第一篇 水库

征天水库

第一篇 水 库

征天水库是一座以灌溉为主，结合防洪、发电、供水等综合利用的中型水利工程，集雨面积 18.45 平方千米，除险加固后总库容 1119 万立方米。1958 年 10 月始建，1960 年 10 月主体工程完工。1976 年，水利部鉴于河南特大暴雨警示，下发《水库加固座谈会纪要》。浙江省水利厅复核水库防洪安全保坝措施，对征天水库保坝工程按 1000 年一遇暴雨标准设计，10000 年一遇暴雨标准校核。1977 年 10 月至 1979 年 12 月，征天水库管理处组织实施保坝工程。2008 年 9 月至 2010 年 12 月，再次对水库进行除险加固。

征天灌区管委会是征天灌区群众性自治组织，以征天水库起家创办的企业始终坚守服务农业、农村、农民的创业宗旨。1985—2005 年，征天综合开发公司和此后的征天集团每年提取企业利润的 10%，设立水利建设基金，主要用于征天灌区的水利事业。

2006 年 1 月，征天集团实行企业改制，将评估净资产与水库灌区各半分配，灌区所得 6000 余万元，提取其中 3100 万元设立“梁焕木水利基金”，支援灌区的农田水利基本建设。

1998—2010 年，按照诸暨市委、市政府“以一代艰辛，换百世安宁”的决心，政府投资 2588.2 万元，实施枫桥江 20 年一遇的防洪标准堤建设。

2008—2011 年，按照“浙江省千万亩十亿方”节水项目，投资 580 万元对征天水库 11 千米干渠实施混凝土“三面光”改造工程。

2015 年以后，征天水库管理处积极响应浙江省委、省政府提出的“五水共治”号召，开展以清水工程为主要内容的水环境建设，为改善灌区村容村貌发挥了重要作用。

第一章 自然环境

征天水库位于浦阳江一级支流枫桥江上游，属钱塘江二级水系。征天水库流域具有典型的中北亚热带季风过渡的丘陵山地气候特征。温度适中，四季分明，雨水较多，光照充足，冷空气易入侵，小气候差异明显，灾害性天气较多，水资源丰富。

第一节 气象 水文

气 象

气温特征 1959年1月，征天水库设立气象水文观测站。1964年，增加气温和蒸发量观测。据征天水库水文观测站资料显示，1988—2019年平均气温16.4℃。以7月为最高，月平均气温28.2℃，极端最高气温为1988年7月18日的40.8℃；以1月为最低，月平均气温3.8℃，极端最低气温为1991年12月29日的-12.5℃。年平均日照1962小时，无霜期236天。

四季特征 征天水库流域春季平均始于3月29日。开春后太阳辐射能增加，潮湿的东南季风增强，冷空气减弱，温度波浪式回升。降水增多，降水量占全年总量的三分之一以上。日照偏少，常有倒春寒、霜冻，以及冰雹、大风等灾害性天气。

夏季平均始于6月10日。初夏受梅雨峰影响，6月中旬入梅，常阴雨连绵，多暴雨。7月上中旬梅雨结束，受副热带高压控制，进入高温干旱季节。梅雨期和雨量年际变化较大，梅雨少的年份伏旱严重。夏季热带风暴较多，旱涝交替发生。

秋季平均始于9月16日。入秋后北方冷空气南侵，气温逐渐下降。当台风和冷空气结合时，常造成暴雨洪涝。天气一般多秋高气爽，为全年雨量最少的季节。

冬季平均始于11月19日。受冬季风控制，气温明显下降，晴冷干燥，月雨量为全年最少，但晚冬2—3月往往多雨，日照量少。冬季长而冷，霜冻、结冰日多。

水 文

降水 据征天水库水文观测站雨量观测资料，1988—2019年平均降雨量1578.3毫米，年最多降雨量为2015年的2069.4毫米，年最少降雨量为2003年的1050.5毫米，雨量相差1018.9毫米。

年雨量12月最少，6月最多，全年分布差距大。3—4月为春雨期，雨日多而强度小；6—7月上旬为梅雨期，暴雨次数较多，个别年份梅雨期或早自5月中旬开始，或迟至6月底开始，甚至空梅；8—9月多雷阵雨，有时受台风影响多狂风暴雨。

1988—2019年征天雨量站各月降雨量一览表

表01-01-01 单位：毫米

年份	1月	2月	3月	4月	5月	6月	7月	8月	9月	10月	11月	12月	合计
1988	66.8	149.6	195.6	79.6	178.2	305.3	72.8	173.2	133.0	12.4	6.3	23.5	1396.3
1989	89.1	78.6	86.0	194.7	178.9	186.0	213.9	397.8	289.8	19.3	49.9	54.0	1838.0
1990	86.3	169.1	71.0	115.9	169.4	203.5	138.4	380.9	189.0	63.4	135.4	57.4	1779.7
1991	87.5	87.4	138.6	175.1	107.9	128.6	90.1	119.2	166.1	15.4	43.1	47.0	1206.0
1992	92.2	46.1	305.0	69.2	129.6	206.6	194.2	282.5	216.8	14.0	19.2	68.8	1644.2
1993	91.0	74.4	126.0	97.4	201.6	185.9	190.0	241.7	154.0	76.1	83.2	31.2	1552.5
1994	78.2	122.5	92.1	170.1	135.9	603.4	0.9	229.0	47.6	166.4	43.4	193.1	1882.6
1995	96.1	38.3	215.9	291.6	150.9	237.6	133.4	122.4	25.8	108.0	15.1	17.6	1452.7
1996	113.7	44.4	277.4	102.9	46.1	241.3	160.8	95.7	58.3	92.4	83.6	19.8	1336.4
1997	70.6	63.5	73.0	111.7	85.3	189.5	395.9	279.0	119.3	68.6	251.6	143.9	1851.9
1998	264.1	81.2	218.6	121.3	157.4	202.3	136.7	139.9	219.0	22.7	19.9	43.3	1626.4
1999	82.9	24.5	253.7	127.2	188.9	373.6	118.2	160.0	154.5	60.8	46.0	1.0	1591.3
2000	101.0	86.7	125.3	63.2	95.6	206.1	79.3	231.8	188.6	142.1	139.7	38.0	1497.4
2001	90.2	100.1	62.0	163.2	139.0	285.4	100.0	225.9	129.2	44.1	61.0	176.5	1576.6

续表 01-01-01

年份	1月	2月	3月	4月	5月	6月	7月	8月	9月	10月	11月	12月	合计
2002	98.3	42.2	160.9	253.2	157.6	196.7	197.9	176.5	187.2	93.1	97.2	167.5	1828.3
2003	64.9	142.0	153.3	112.8	87.8	130.8	17.9	159.9	47.4	43.5	62.2	28.0	1050.5
2004	83.0	104.2	51.2	84.3	254.0	130.7	144.5	167.3	146.6	21.5	62.3	168.7	1418.3
2005	109.2	175.6	99.0	185.8	162.5	53.9	99.2	163.5	206.5	128.8	120.4	57.2	1561.6
2006	149.5	100.8	56.8	113.2	237.6	136.8	169.8	45.9	136.9	6.2	75.7	32.9	1262.1
2007	95.2	71.7	163.9	120.1	69.1	203.6	188.0	110.1	252.3	171.0	27.7	66.9	1539.6
2008	110.1	63.6	47.6	141.2	134.6	422.7	73.3	174.7	163.3	95.1	85.5	23.0	1534.7
2009	43.6	189.6	121.4	101.2	72.5	156.6	90.2	364.5	96.2	20.4	210.3	64.1	1530.6
2010	73.2	174.7	236.3	128.5	98.0	90.0	132.5	156.0	114.0	161.0	45.5	52.5	1462.2
2011	51.5	38.5	51.5	57.3	73.7	538.0	62.3	257.5	72.7	89.5	61.7	42.3	1396.5
2012	117.5	123.5	231.0	175.0	151.0	288.5	143.0	333.5	141.0	20.0	94.5	103.0	1921.5
2013	77.2	106.3	122.9	57.7	87.9	302.2	71.0	75.8	36.4	344.9	19.0	75.3	1376.6
2014	34.6	186.4	77.8	89.0	229.6	231.8	183.0	297.4	232.8	22.8	76.6	5.2	1667.0
2015	78.8	139.0	139.6	117.2	111.8	225.2	486.2	187.6	150.6	73.6	230.4	129.4	2069.4
2016	154.2	34.4	88.4	305.2	252.2	243.8	55.8	134.4	223.4	166.2	72.6	40.2	1770.8
2017	61.8	28.7	159.7	186.7	82.7	345.6	53.7	91.4	127.0	115.7	133.2	44.2	1430.0
2018	114.7	61.4	89.2	148.6	195.9	207.1	156.4	232.4	108.0	24.8	109.3	187.9	1635.7
2019	127.8	239.8	154.4	117.6	149.8	226.2	210.4	222.2	135.2	83.4	47.2	103.6	1817.6
平均	95.5	99.7	138.9	136.8	142.9	240.2	142.5	200.9	145.9	80.9	82.1	72.1	1578.3

1990—2019年东三雨量站各月降雨量一览表

表 01-01-02　　单位：毫米

年份	1月	2月	3月	4月	5月	6月	7月	8月	9月	10月	11月	12月	合计
1990	92.0	130.4	76.2	120.6	186.1	193.6	134.1	338.8	141.1	67.5	141.8	57.8	1680.0
1991	88.6	89.9	136.6	188.7	114.2	141.5	62.8	129.3	183.5	15.3	43.7	49.3	1243.4
1992	89.4	53.1	313.7	73.8	130.6	161.0	206.3	334.4	222.3	14.2	19.2	67.5	1685.5
1993	94.9	75.3	133.3	102.4	201.5	188.4	180.6	234.2	167.6	83.3	89.1	32.3	1582.9

续表 01-01-02

年份	1月	2月	3月	4月	5月	6月	7月	8月	9月	10月	11月	12月	合计
1994	76.7	124.5	96.4	187.8	134.7	687.7	0.5	182.6	48.9	194.5	47.1	202.1	1983.5
1995	95.3	40.6	210.9	283.0	146.2	236.4	136.7	116.4	28.7	113.8	15.3	17.2	1440.5
1996	116.8	46.6	284.4	114.0	47.0	220.0	189.9	84.6	61.7	98.9	96.5	20.5	1380.9
1997	72.3	65.0	70.9	114.6	70.2	196.0	356.9	267.3	138.5	69.6	257.6	151.2	1830.1
1998	273.1	91.1	234.3	130.3	168.1	197.9	145.4	121.7	235.3	25.3	20.2	46.1	1688.8
1999	84.7	25.8	255.4	133.5	199.3	372.3	101.5	136.8	147.0	61.2	48.0	0.7	1566.2
2000	105.2	90.4	126.3	66.9	97.9	205.9	79.6	259.4	173.5	146.8	144.6	39.5	1536.0
2001	81.7	105.3	65.9	158.3	142.8	300.8	113.8	250.3	146.4	44.3	66.8	179.4	1655.8
2002	103.5	42.8	164.7	251.7	158.4	196.2	185.4	186.4	162.5	105.1	104.0	173.0	1833.7
2003	63.7	140.0	150.6	113.4	91.1	133.7	14.2	173.4	45.3	41.8	57.9	27.9	1053.0
2004	86.8	104.9	52.6	85.3	266.7	127.0	174.1	186.4	143.0	20.5	61.9	180.1	1489.3
2005	109.9	173.7	102.1	187.6	163.6	61.3	108.8	163.6	199.1	166.3	123.2	60.4	1619.6
2006	159.1	106.5	59.6	113.1	245.0	142.2	130.4	53.4	145.3	8.9	83.7	35.3	1282.5
2007	101.2	74.9	173.2	125.5	77.6	208.9	186.2	99.3	273.4	181.0	31.5	72.7	1605.4
2008	115.0	66.1	51.5	170.0	131.4	449.3	82.8	196.4	224.5	103.9	93.5	23.2	1707.6
2009	46.5	183.3	124.6	105.9	91.9	140.8	97.2	425.6	96.8	26.8	223.0	76.0	1638.4
2010	—	—	—	—	—	—	—	—	—	198.0	50.0	74.0	—
2011	63.5	38.0	57.0	65.5	75.0	551.5	76.5	267.0	82.0	93.5	66.5	43.0	1479.0
2012	148.5	132.0	246.0	162.5	153.0	311.0	179.0	360.0	98.5	23.0	101.5	118.5	2033.5
2013	45.0	94.0	101.0	119.5	91.0	315.0	38.0	247.5	52.5	286.5	50.5	103.5	1544.0
2014	32.5	150.0	67.0	77.5	181.0	223.0	175.0	278.5	221.0	23.0	58.0	4.0	1490.5
2015	75.0	130.0	131.0	114.0	96.5	214.5	260.5	184.0	148.0	75.5	188.0	114.5	1731.5
2016	134.0	29.5	81.5	226.5	232.5	248.0	44.0	157.0	216.5	146.0	66.5	36.0	1618.0
2017	59.0	27.0	153.0	170.5	93.0	325.5	59.0	92.0	132.5	107.5	127.5	41.5	1388.0
2018	106.0	61.0	87.5	153.5	197.5	209.5	176.5	234.0	113.5	23.5	109.5	183.5	1655.5
2019	121.0	207.5	144.0	134.5	136.0	221.0	171.5	211.0	124.0	85.5	41.5	91.0	1688.5
平均	98.0	93.1	136.2	139.7	142.1	247.6	133.4	205.9	143.9	88.4	87.6	77.4	1590.7

1960—2019年期间征天雨量站受影响梅雨和台风情况表

表 01-01-03　　单位：毫米

年　份	名　称	雨　量	年　份	名　称	雨　量
1961	“10·5”台风	1天136.8	1994	6月梅雨	10天422.0
1962	“9·6”台风	3天342.0	1997	“7·9”梅雨	5天290.0
1977	“6·16”梅雨	1天137.5	2011	6月梅雨	过程501.7
1990	“8·31”台风	1天229.0	2012	“8·8”台风	2天265.2

征天水库暴雨频率统计表

表 01-01-04

频　率	一　日			24小时			三　日		
	水　库	征天站	东三站	水　库	征天站	东三站	水　库	征天站	东三站
H	90	91	89	—	—	—	137	133	139
CV	0.52	0.52	0.52	—	—	—	0.52	0.52	0.52
CS/CV	4	4	4	—	—	—	4	4	4
P=0.01%	482	488	477	554	561	519	734	713	745
P=0.05%	405	409	400	466	470	460	616	598	625
P=0.1%	371	376	367	427	432	422	565	549	574
P=0.2%	338	342	334	389	393	384	515	499	522
P=1%	261	264	258	300	304	297	397	385	403
P=2%	227	230	225	261	265	259	346	336	351
P=5%	184	186	182	212	214	209	280	271	284
P=10%	151	152	149	174	175	171	229	223	233
P=20%	118	119	117	136	137	135	179	174	182

2008 年征天水库设计洪水成果表

表 01-01-05

项 目	各频率 P（%）设计洪水								
	0.01	0.05	0.1	0.2	1	2	5	10	20
洪峰流量（m^3/s）	430	362	331	301	232	211	175	143	111
洪峰模数（$m^3/s/km^2$）	32.1	27.0	24.7	22.5	17.3	15.7	13.1	10.7	8.3
洪水总量（$10km^3$）	1025	847	771	697	520	444	344	268	198

蒸发 1960 年，征天水库安装直径 80 厘米套盆式蒸发皿。1960—2019 年平均年蒸发量 894.1 毫米，其中，年最大蒸发量为 1962 年的 1165.2 毫米，年最小蒸发量为 1989 年的 675.4 毫米。全年中 7 月或 8 月为最大，月蒸发量占全年的 15.7%；1 月或 2 月为最小，月蒸发量占全年的 3.6%。

第二节 水资源

水 量

征天水库流域内，集雨面积 18.45 平方千米，其中引水 5.05 平方千米。雨量充沛，年理论总资源量 1200 万立方米。

水 能

流域内山地丘陵多，利用水库水位落差、干渠坡降落差进行发电，水力资源理论蕴藏量 450 千瓦，已开发量 435 千瓦，占可开发量的 97%。

水 质

20 世纪 70 年代前，征天水库流域内工业企业少，天然水质优良。80 年代后，乡镇企业兴起，工业污染增多，水库养鱼靠投饲增产，导致水体严重污染。

丰水期和枯水期对水环境质量波动很大，在 20 世纪末至 21 世纪初，水污染有加剧趋势。据 2011 年《诸暨市水资源公报》显示，征天水库水质取样化验为Ⅲ类水质。

此后通过大力治理，水污染趋势得到控制。据2018年《诸暨市水资源公报》显示，征天水库水质取样化验提升为Ⅱ类水质。

2011年征天水库及枫桥江地表水水质情况表

表01-01-06

项　目	征天水库指标值	Ⅲ类水质标准限值	枫桥江骆家桥段指标值	Ⅲ类水质标准限值 GB3838-2002
pH值	7.9	6～9	7.5	6～9
溶解氧	7.4	≥5	5.2	≥5
高锰酸盐指数		≤6	4.6	≤6
化学需氧量（COD）	16	≤20	17	≤20
五日生化需氧量（BOD）	1.64	≤4	1.7	≤4
氨氮（NH^3-N）	0.149	≤1.0	0.357	≤1.0
总磷（以P计）	0.024	≤0.05	0.147	≤0.2
总氮（以N计）		≤1.0		≤1.0
铜	＜0.001	≤1.0	0.002	≤1.0
锌	＜0.01	≤1.0	＜0.01	≤1.0
氟化物	0.23	≤1.0	0.34	≤1.0
硒	＜0.00006	≤0.01	＜0.00006	≤0.01
砷	＜0.00006	≤0.05	＜0.00006	≤0.05
汞	＜0.000005	≤0.0001	＜0.000005	≤0.0001
镉	＜0.0001	≤0.005	＜0.0001	≤0.005
铬（六价）	＜0.004	≤0.05	＜0.004	≤0.05
铅	＜0.001	≤0.05	＜0.001	≤0.05
氰化物	＜0.004	≤0.2	＜0.004	≤0.2
挥发酚	＜0.002	≤0.005	＜0.002	≤0.005
石油类	＜0.05	≤0.05	＜0.05	≤0.05
阴离子表面活性剂			＜0.05	≤0.2
硫化物			＜0.02	≤0.2

第三节 自然灾害

征天水库及灌区上游坡陡流急，洪水直泻，中下游地势低洼，河道受江潮顶托，致使来水快，去水慢，常泛滥成灾。每年5—6月梅雨期，常常淫雨连旬；7—9月受热带风暴侵袭，往往导致山洪暴发，外洪内涝。清同治四年（1865）至2019年的155年中，枫桥江流域平均每18年发生一次特大洪灾，平均每17年发生一次旱灾。1949年后，党和政府大兴水利，治山治水，经过70余年的艰苦奋斗，有效地提高抗灾能力，改变了非洪则旱的多灾局面。

洪 涝

清同治四年（1865），大水成灾，枫桥平地水涨一丈，湖埂尽决。（光绪《诸暨县志》）

光绪十三年（1887）六月，大雨，山洪暴发，枫桥镇涨水丈余。（光绪《诸暨县志》）

光绪廿五年（1899）六月十五，大水，枫桥坏庐舍数十间，溺毙20余人，堤岸崩拆……七月复大雨，田禾俱湮，道馑相望……九月复大风，坏庐舍、庙宇无算。（《诸暨民报五周纪念册》）

民国11年（1922），夏至大水……8月，连遭4次台风侵袭，造成特大洪灾，倒湖69个，溺死550人，田地被淹74万余亩，失踪3500余人，伤4.1万余人，疫死560余人。（1993年版《诸暨县志》）

民国17年（1928）7月，大水，东和乡成灾，中下游农田尽成泽国。（《浙江民政月刊》）

民国31年（1942），夏，大水，白塔湖尽淹，人从楼窗乘船逃生。（《浙江台风资料》）

民国37年（1948）7月6日至9日，台风暴雨，山塘畈被淹。（《诸暨县政府简报》）

1950—2019 年征天水库灌区洪灾情况表

表 01-01-07

年 份	灾 情 简 述
1952	梅汛。6 月 1 日起，连降暴雨，枫溪江水位与彩仙桥平，洪水直通青年街
1954	梅汛。5 月 5 日起，阴雨 51 天，总降雨量 792.2 毫米，6 月 9 日至 19 日，枫桥江连续四次大洪水，青龙畈、西畈被淹
1956	台洪。8 月 1 日，12 级强台风袭境
1962	台洪。从 9 月 4 日开始普降大雨，5 日降大暴雨，流域平均降雨 320 毫米，杨梅桥最大降雨量 564 毫米。骆家桥水位 10.02 米，青龙畈大闸旁决口，西畈进农桥漫堤，山塘畈九里渠道决口，洄村畈东小溪决口，枫桥集镇江岸堤防普遍漫水，损失惨重
1977	梅汛。6 月 16 日，受前期梅雨和 1 号台风影响，普降暴雨，流域 24 小时降雨量 164 毫米。山洪暴发。骆家桥最高水位 10.52 米，为历史最高。山塘畈九里排涝渠道、西泌湖、东泌湖大堤短时间洪水漫堤，墨城湖、连七湖、下四湖等决堤分洪，造成 2.3 万余亩农田受淹
1989	台洪。8 月 22 日全流域暴雨，24 小时降雨量 150 毫米，暴雨又集中在 22 日 17 时至 24 时的 7 个小时内。枫桥江三条支流水位猛涨，枫桥水文站测得最高水位 13.67 米，洪峰流量 418 立方米每秒。永宁乡政府大院水深 1.5 米，西泌湖中木桥、下木桥被冲垮，冲毁公路 20 余处，农田受淹 1.5 万余亩
1990	台洪。遭遇 15 号强台风正面袭击，从 8 月 30 日 17 时至 31 日 5 时，全流域普降暴雨，平均降雨量 235 毫米，导致山洪暴发，骆家桥最高水位 10.16 米。这次洪水因前期干旱，又未遭到下游钱塘江潮水顶托，未造成重灾
1994	梅汛。从 6 月 8 日 14 时开始至 17 日 17 时，全流域降雨量 450 毫米。最大 24 小时降雨量 144 毫米，最大 3 天降雨量 196 毫米，最大 7 天降雨量 318 毫米，超过 50 年一遇频率。6 月 10 日、14 日、17 日接连出现三次洪峰。骆家桥水位 6 月 10 日第一次洪峰 9.89 米，6 月 14 日第二次洪峰 10.08 米，6 月 17 日第三次洪峰 10.55 米。高水位持续时间长达 115 小时，中下游堤防多处滑坡，其中西泌湖 11 处，长 500 余米；东泌湖 5 处，长 300 余米；栎新畈 6 处，长 160 米；山塘畈 3 处，长 25 米。经沿江两岸干部群众昼夜坚守巡逻、抢救，未出险
1997	梅汛。从 7 月 7 日 17 时开始至 11 日 17 时，连续 4 天暴雨。流域平均降雨量 356 毫米，最大 24 小时降雨量 124 毫米，最大 3 天降雨量 248 毫米，超过 20 年一遇频率。7 月 9 日骆家桥最高水位 10.88 米，为历史最高纪录。超过危急水位以上持续时间 105 小时，为历史之最。洪水造成枫桥江左岸骆家桥上段堤防严重滑坡，险情十分危急。当地政府组织群众奋力抢救，动员畈内村民紧急安全转移。后因浦阳江琢玉湖、新联湖、船塘湖等多处决口，水位迅速下降，才幸免决堤成灾。因全市停止电力排涝，青龙畈积水 1 米余，枫桥至店口公路中断

续表 01-01-07

年 份	灾 情 简 述
2011	梅汛。6月4日至20日连降暴雨，流域平均降雨量518毫米。最大为驻日岭站的575.4毫米。强降水使枫桥江水位猛涨，又受富春江大流量泄洪和钱塘江月半潮顶托，16日骆家桥最高水位10.66米，湄池站10.23米。同日，江藻墨城湖和黄潭解放湖决堤后，水位迅速下降。枫桥江流域未造成重大灾情
2012	台洪。8月7日23时至8月8日13时，受“海葵”超强台风影响，流域内普降暴雨，最大为大溪站的382毫米，导致孝泉江洪水暴涨，枫桥站出现有观测记录以来历史最高水位12.61米。征天桥被冲毁，征天水库引水隧洞大塌方

干 旱

征天水库及灌区为枫桥江中上游，源短流急，每年7—8月，受副热带高压控制，晴热少雨，造成井枯河干。有时久旱暴雨，旱涝交替；有时夏旱连秋，导致农作物颗粒无收。民国元年（1912）至1949年的38年中，诸暨县共出现大旱10次，其中民国13年特大旱灾，境内赤地百里，田裂禾死。中华人民共和国成立后，经大修水库等水利工程建设，在出现的5年大旱中，征天水库在枫桥江流域发挥了重要作用。

1958年5月14日至8月19日，连续干旱98天。视北、新枫、栎江3个乡投入劳动力1.23万工，开挖水沟4条，引潮灌溉9000亩。

1967年6月中旬起，连续干旱141天，征天水库雨量站测得全年降雨量仅963毫米，为有记录以来历史最低值。7月中旬出现旱象，时值夏收夏种，耗水量大，旱情发展迅速，山溪断流，农田干裂，山塘水库普遍干涸。8月下旬旱情持续，山区农作物基本绝收。征天水库干部职工采取渠上农田用电力灌溉，湖畈引潮提水灌溉，并自筹资金7万元，开挖西小溪渠道，扩大灌溉面积3000亩，使灌区2万多亩农田在大旱之年获得丰收。

1971年6月24日至9月18日，连续干旱87天，旱情具有旱得早、气温高、发展快的特点。6月23日出梅后，晴热少雨，耗水量大，山畈地区溪水断流，山塘干涸。齐东公社200余人用竹管、脸盆戽水，抢种玉米79亩。征天水库打破灌区界限，采用高田用库水，低田翻潮水，团结抗旱，主动调水100万立方米给邻近的大视、迪山等非受益村，在遮山2号跌水调集23

台抽水机翻潮灌溉，使灌区大旱之年保丰收。

1994 年 6 月下旬至 8 月下旬，连续高温干旱 57 天。进入 8 月，小水库、山塘普遍干涸，溪水断流，山区乡镇部分自然村断水，人畜饮用水困难，旱地农作物基本绝收。

2003 年 6 月 30 日开始，伏旱连秋接冬，持续干旱 120 天。日气温超过 35℃以上有 56 天，7 月 31 日绝对最高气温 40.8℃。全年降雨量仅 1050.5 毫米，比常年减少 500 毫米，水库蓄水严重不足。进入 8 月后，山区小水库、山塘普遍干涸，溪水断流，导致人畜饮用水困难，山区农作物大部分绝收。

第二章 水库工程

征天水库大坝位于枫桥江支流孝泉江上游大干溪村旺妙自然村。水库未建前，孝泉江一带素有“十里干溪两边黄，十亩田地九亩荒”的民谣。1958年，当地农民建议在大坞岭建造水库。经过多次勘测，枫桥公社党委于1958年10月20日决定依靠农业合作化的力量建造杨村水库，采用水库大坝建在海螺山和老虎山口，截大冈溪水为水源的方案。

水库工程采用边勘测、边设计、边施工的办法。规划受益村40个，灌溉农田1.85万亩。1958年10月底，主体工程破土动工。12月，杨村水库更名征天水库。1959年6月12日，大坝堵口。1960年6月，工程基本完工。

征天水库全景（1985年摄）

共投入资金136万元，完成土方98万立方米，石方10.5万立方米，混凝土0.6万立方米，投入劳动力100.4万工，其中非受益区投入劳动力15.72万工。

工程动迁整个杨村共58户260人，拆迁楼房100.5间、平房25间、草舍50间。全村安置在水库左侧杨家山，征用山地54亩作为宅基地，于1964年4月全部安置完毕。

20世纪70年代末期和2010年，先后进行两次除险加固。2010年，水库大坝按100年一遇暴雨设计，2000年一遇暴雨校核标准进行除险加固。2012年竣工验收，设计正常水位46.27米。

第一节　枢纽工程

征天水库枢纽工程由水库大坝、输水建筑物、溢洪道组成，另有与主体配套的跨流域引水工程、倪家沿节制闸、泄洪渠和干渠工程。

1979年完成保坝工程后，水库枢纽工程基本完成。

水库大坝

征天水库大坝长241米，坝顶宽5米，坝高24.5米，坝顶高程50.47米，防浪墙高1.3米，坝底长180米。坝坡中，迎水坡分1∶3、1∶2.5、1∶2三级，背水坡分1∶1.5、1∶2.15、1∶1.86三级，内外坝坡有干砌块石护坡，迎水坡高程39米以下无块石护坡。

输水隧洞

1980年，在水库左坝头新开输水隧洞，分主洞、分层放水支洞、竖井三部分。主洞长114米，洞径1.6米；分层放水支洞设在主洞左边，抬高隧洞进口位置6.5米，利于水库面层温水灌溉。竖井深21.6米，净孔径2米，用混凝土预制块衬砌，井底前后安装两台插门，分别用15吨和25吨电动启闭机启闭。

溢洪道

位于水库左坝端山岙，进口宽29米，堰顶高程45.47米，深槽宽4米；陡坡长40米，宽7.5米；深槽长76米，宽6.7米。一级消力池长35米，宽

10米；二级消力池长23米，宽25米。

引水隧洞

位于宋家岭，引水面积5.05平方千米。洞长265米，洞径3米×3米，进口底高程45.5米，设计流量27.6立方米每秒。引水渠道长1160米，底宽4米，堤高4.4米，堤顶高程48.5米。渠道进口设控制闸2孔，孔径2.5米×2.4米。在引水隧洞进口前段设计溢洪堰，宽4.8米，深1米，堰顶高程46.5米。遇特大洪水时，用溢洪堰泄洪。

倪家沿节制闸

溢洪道至干渠首建有5孔闸门，门高1.5米，宽2米。闸门上部安装吊梁，用手拉葫芦启闭。闸下游原无泄洪渠，仅有一条不足3米宽的水沟，泄洪时漫淹两岸水田，每受淹一次，均按淹没面积赔偿农户。

1994年和1998年，征天水库管理处先后对泄洪渠进行两期开挖贯通。第一期向旺妙村征用水田17亩，征用价每亩8500元，从节制闸下至征天公路小桥段，对长180米泄洪渠进行改造。该泄洪渠为矩形，渠底宽12米，两边设直立干砌块石挡墙，高2.2米。第二期向菲尔诺服装有限公司和葛村置换沿山荒滩地7亩，泄洪渠从征天公路小桥下至孝泉江汇合，总长520米，左岸用C20混凝土直立挡墙，高2.2米，底宽12米，右岸建一条并行沿山小路。改造后的泄洪渠与上段连接。

第二节 除险加固

1977—1979年，征天水库实施保坝工程建设，因限于当时的历史条件，又经过30年的运行，大坝存在较多安全隐患。2007年4月，绍兴市水利局对征天水库进行大坝安全鉴定，结论为“三类坝”。主要问题有大坝上、下游坝坡抗滑稳定安全系数不满足规范要求，上游护坡块石严重风化，坝基处理不彻底，左、右两坝肩有较明显的绕渗，均质坝与心墙坝交界处存在集中渗漏；溢洪道右侧挡墙、泄洪闸两侧导墙存在漏水现象，陡坡底板混凝土骨料裸露，右岸边坡断层发育，存在崩塌及滑坡隐患；新输水涵洞穿过大坝左岸山体，无检修闸门和工作闸门及其启闭设施陈旧老化、闸门止水性能差；无上坝公路；大坝无变形监测设施、渗漏监测设施和管理设施不完善等。

工程立项设计报批

2007 年 10 月，省发改委、省水利厅对征天水库除险加固工程初步设计报告进行审查。11 月，省水利厅出具《诸暨市征天水库除险加固工程初步设计审查意见》，水利部太湖流域管理局发出《诸暨市征天水库除险加固工程初步设计复核意见》。

2008 年 1 月，省发改委下发《关于诸暨市征天水库除险加固工程初步设计的批复》。设计工程等别为Ⅲ等，主要建筑物拦河坝、溢洪道、隧洞进水口为 3 级建筑物。设计洪水标准为 100 年一遇，校核洪水标准为 2000 年一遇；倪家沿节制闸、输水隧洞为 4 级建筑物。

建筑物设防标准表

表 01-02-01

建筑物名称	建筑物级别	防洪标准（重现期）	
		设计（年）	校核（年）
拦河坝、溢洪道、发电输水隧洞进水口	3	100	2000
发电输水隧洞（不含进水口）、引水隧洞、发电厂及升压站	4	50	100
溢洪道消能工程	3	30	
倪家沿节制闸	4	20	

大坝加固

2008—2010 年，征天水库进行大坝除险加固。加固处理后，坝顶高程 50.5 米，最大坝高 24.5 米，坝顶长 241 米、宽 7.3 米。拆除原坝顶防浪墙，坝顶上游侧在高程 48.8 米以上新建“L”形钢筋混凝土防浪墙，防浪墙墙顶高程 51.5 米。坝顶设沥青混凝土路面，路面下设厚度 0.5 米的 2 道灰土垫层，并埋设电缆管。坝顶下游侧设置路灯，路灯间距 12 米。

对桩号坝 0 + 020 ~ 0 + 105 段坝体进行黏土套井处理。坝顶套井回填结合灌浆方案，先挖除 48.8 米高程以上的原坝体，坝体采用套井回填处理，

2010年除险加固后的征天水库大坝

套井底高程26米。套井设1排，套井直径为1.2米，两只套井间的中心距离为0.85米，在原涵洞部位采用3排黏土套井对坝体及基础进行防渗处理，套井内填筑黏土，压实度96%。结合黏土套井处理对涵洞进行封堵处理，在套井的上、下游侧5米长度内采用C20混凝土封堵，再结合3排帷幕灌浆对原涵洞进行处理。

对坝0+063左坝头及坝0+194右坝头接触段及岩体基础进行帷幕灌浆处理，在原涵洞部位采用3排帷幕灌浆对原涵洞与坝体接触段进行加固处理，帷幕灌浆孔孔距2米，灌浆压力为0.4～0.5兆帕，孔深深入相对隔水（$\omega \leq 5Lu$）以下5米，右岸帷幕延伸到正常蓄水位与相对隔水层线相交处，左岸帷幕灌浆延伸到溢洪道，与溢流堰基础帷幕灌浆线相接。

上游坡高程31米以下、31～40米、40米以上坡比，分别为1:3、1:2.5、

1∶2。对于高程31米以上坝面拆除原坝面干砌块石护坡，36米高程以下采用厚0.3米干砌块石护坡，36米高程以上采用厚0.3米粗料石护坡，底部为厚0.15米碎石垫层。

下游坝坡在31米、41米高程处分别设一级马道，宽2米。下游坝坡坡比为1∶2。下游坝坡拆除原坝面干砌块石护坡，改用厚0.3米粗料石护坡，底部为厚0.15米碎石垫层。为排除坝坡雨水，在下游两岸坝坡与山体交接处外侧0.7米处设浆砌块石排水沟，宽0.5米，深0.5米。

溢洪道加固

征天水库溢洪道总体布置保持不变，由进水渠段、控制段、陡坡段、一级消力池、急流段、二级消力池和出水渠段等组成。

控制段溢流堰基础进行固结灌浆和帷幕灌浆。左岸帷幕延伸到正常蓄水位与相对隔水层线相交处，右岸帷幕延伸到与拦河坝左岸帷幕相连接。

溢洪道泄槽右岸边坡断层比较发育，岩石风化，存在崩塌和滑动的隐患。该次除险加固结合溢洪道改造和上坝公路开挖，对溢洪道右岸山体进行彻底改造加固。根据实际地形地质条件，对右岸山体进行放缓处理，并对局部断层发育部位采用喷C20混凝土处理，厚0.1米，局部较差部位设直径25毫米随机锚杆。

进水渠在原进水渠基础上改造而成。底板采用厚0.3米的C20F50混凝土护底，两岸边坡采用0.5米的C20F50混凝土护坡，渐变采用C20F50混凝土半重力式挡墙。

控制段总长9.43米，堰顶高程46.27米，溢流净宽29米。无闸门控制。开敞式堰面上游堰头曲线采用椭圆曲线，堰体基础设有相应的固结灌浆和帷幕灌浆处理。

控制段后接渐变段，断面为矩形，水平投影长103.8米（其中急流段62.3米），底坡1∶15.5，底宽由29米渐变到7.5米。底板采用C25F50混凝土，厚0.5米，导墙采用C20F50混凝土半重力式结构。

一级消力池底板顶高程33.7米，上游底坡1∶3，宽20米，长35米。消力池底板采用C25F100混凝土，厚0.5米。两侧各设C20F50混凝土半重力式导墙，靠山体部位导墙与山体间设直径25毫米锚筋，间距2米。

一级消力池后接急流段，为矩形断面，水平投影长60米，底坡1:10.91。底宽10米，厚0.5米，底板采用C25F50混凝土。导墙采用C20F50混凝土半重力式结构。

二级消力池底板顶高程25.4米，上游底坡1:3，长23米，宽20米。消力池底板采用C25F100混凝土，厚0.5米。两侧各设C20F50混凝土半重力式导墙。

二级消力池后接出水渠，出水渠首部底宽20米，底板水平，底板顶高程26.8米。底板采用厚0.5米C20F50混凝土衬砌，两侧导墙采用C20F50混凝土半重力式导墙。

倪家沿节制闸加固

原节制闸闸室共5孔，每孔净宽1.5米，采用人工手拉葫芦启闭，操作既不方便，也不安全，故采用拆除原节制闸改建成3孔×6米的节制闸方案。节制闸闸室顺水流方向长4米，闸墩宽1米，总宽22米。

闸室闸墩及底板均采用C25混凝土，闸墩顶高程30.3米，并铺设现浇C25混凝土路面，路面预留闸门孔，兼作检修平台，闸墩上部建启闭机室，启闭平台高程34.6米。

闸室底板顶高程27米，底板厚1米，闸室上游侧设C20混凝土护坦，长5米，顶高程27米，厚0.5米。基础防渗采用底板上游侧明挖现浇C20混凝土防渗墙方案，防渗墙底高程23米，厚0.6米。护坦前端设高度1米的凸坎，防渗墙顶部与闸室底板伸缩缝、护坦与闸底板伸缩缝采用止水铜片止水。

闸室下游接消力池，消力池宽20米，长29米，其中斜坡段水平投影长16.8米，水平段长12.2米，斜坡段坡比1:4。消力池左右侧新建C20混凝土直立挡墙，挡墙顶宽0.5米，顶高程25.6米，斜坡段挡墙顶高程高出溢流面2米。消力池底板顶高程22.8米，深0.8米，底板厚0.5米，采用C20混凝土。消力池后接长度分别为5米和10米的C20混凝土护坦和C20混凝土灌砌块石海漫，护坦和海漫底板顶高程均为23.6米，底板厚度均为0.4米，连接泄洪渠至征天公路小桥段，同步进行条石衬砌。

输水隧洞加固

发电输水隧洞进水口位于拦河坝左岸上游，溢洪道右侧，为竖井式，底高程31.97米，井底安装前后2扇闸门，上游侧为钢板焊接的方形插板式闸门，高、宽各1.8米，用直径60毫米螺杆15吨电动启闭机启闭；下游侧为直径1.6米铸铁闸门，垂直安装，用直径85毫米螺杆25吨电动启闭机启闭。针对发电输水隧洞存在的问题，对发电输水隧洞进口两道闸门与启闭机进行更新，对闸门门槽二期混凝土进行拆除重新浇筑，拆除原进水口启闭平台及上部结构，对地面以上部分启闭机室进行重建。发电输水隧洞其余断面和结构布置均保持不变。

由于原隧洞内未设置放水支洞，水库放水必须经过水轮机，如遇外网停电，无法放水灌溉，故在机组检修闸前设置一放水支洞，洞长18米，衬后洞径1.6米，采用C20F50混凝土衬砌，厚0.35米。支洞出口设闸阀控制放水，闸阀出口接长5米深1米的消力池，消力池出口接直径0.5米涵管与尾水渠相接。

金属结构

除险加固金属结构涉及对输水洞进口两道闸门及相应的启闭设备进行更新重建；新建放空支洞，在放空支洞出口设控制闸阀；新建倪家沿节制闸，设平面工作闸门一道。

输水洞上游侧工作闸门孔口尺寸1.8米×1.8米，底坎高程31.97米，采用平面铸铁闸门，门叶自重5吨（含拉杆）。门叶的启闭通过1×16吨螺杆启闭机对闸门进行操作。下游侧工作闸门孔口尺寸1.6米×1.6米，底坎高程31.97米，采用平面铸铁闸门，门叶自重5吨（含拉杆）。门叶的启闭通过1×25吨螺杆启闭机进行操作。

在放空支洞出口29.5米高程处布置电动DN800Z945T-6闸阀一套。

倪家沿节制闸工作闸门选用平面定轮钢闸门，闸门材料为Q235B钢板，闸门的操作方式为动水启闭。门叶的启闭通过设在34.6米高程启闭机室内的QPQ2×5吨固定卷扬式启闭机进行操作。

电　气

工程主要供电对象为拦河坝左岸上游发电输水隧洞进水口上侧工作闸门，及下游侧工作闸门、放空支洞出口闸阀、倪家沿3孔节制闸。用电负荷包括进水口上层工作闸门7.5千瓦启闭机电机1台，进水口下层工作闸门11千瓦启闭机电机1台，放空支洞出口闸阀5千瓦电机1台，溢洪闸工作闸门3.5千瓦启闭机电机3台，以及照明检修用电等。

根据以上供电方式，在进水口及节制闸启闭机室各设动力配电箱1台。动力配电箱采用电缆进线，进线处采用隔离开关熔断器组保护。由于节制闸供电负荷的重要性，为确保工程用电，选择柴油发电机组作为备用电源，经起动容量复核计算，设置20千瓦柴油发电机1台；主、备用电源间的切换采用手动转换开关。

跨流域引水渠

加固工程对引水渠道底板和两侧采用15厘米厚C20混凝土衬砌，衬砌长1160米，渠道上部边坡铺设7厘米厚C20混凝土预制块。

上坝道路及边坡防护

上坝道路位于溢洪道右侧，加固后道路长800米，宽5米，采用沥青混凝土路面。对右侧边坡进行修坡处理。边坡受断层影响位置设锚筋，表面设钢筋网并喷混凝土。

大坝安全监测

主要有表面变形观测、渗流观测、库水位观测等项目。表面变形监测设4个观测断面，共计20个测点；坝体渗流观测设5个观测断面，共计20支测压管；绕坝渗流观测在左坝头设6支测压管，右坝头设4支测压管，共计10支。

管理用房

新建防汛调度楼8间三层楼房，建筑面积1176.7平方米；管理附属用房2处，建筑面积1241.4平方米。

水土保持设施和环境保护工程

加固工程按照水土保持及环境保护的要求，进行专项设计，专业施工。

完工后，水库环境面貌得到较大改善。

2010 年征天水库加固后工程特性一览表

表 01-02-02

名 称			数 量	备 注
水 文		坝址以上流域面积（km^2）	18.45	其中引水 5.05
		校核洪水最大洪峰流量（m^3/s）	362.00	P=0.05%
		校核洪水最大下泄流量（m^3/s）	240.00	P=0.05%
		设计洪水最大洪峰流量（m^3/s）	232.00	P=1%
		设计洪水最大下泄泄量（m^3/s）	158.00	P=1%
水库水位及库容		校核洪水位（m）	48.79	P=0.05%
		相应库容（$10km^3$）	1119.00	
		设计洪水位（m）	48.18	P=1%
		相应库容（$10km^3$）	1054.00	
		正常蓄水位（m）	46.27	
		相应库容（$10km^3$）	866.00	
主要建筑物及设备	大 坝	型 式	坝 0 + 000m ~ 坝 0 + 080m 为黏土心墙坝 坝 0 + 080m ~ 坝 0 + 241m 为均质坝	
		坝顶高程（m）	50.50	
		最大坝高（m）	24.50	
		坝顶长度（m）	241.00	
		坝顶宽度（m）	7.30	
		上游坝坡	1 ： 2/1 ： 2.5/1 ： 3	由上至下
		下游坝坡	1 ： 2/1 ： 2/1 ： 2	由上至下
	溢洪道	型 式	开敞式宽顶堰	
		堰顶高程（m）	46.27	
		堰顶宽度（m）	29.00	
		最大下泄流量（m^3/s）	240.00	P=0.05%
		消能方式	底 流	
	发电输水隧洞	洞长（m）	120.50	
		进口底高程（m）	31.97	
		隧洞断面型式	城门洞形 / 圆形	
		衬后城门洞形断面尺寸（m）	1.60 × 1.60	
		衬后圆形断面直径（m）	1.60	
		检修平台高程（m）	49.00	
		启闭平台高程（m）	54.00	

征天水库加固工程设计工程量及实际完成工程量情况表

表 01-02-03

项目名称	设计工程量	实际完成量	原因分析
土石方开挖（$10km^3$）	3.53	4.39	地质条件变化
土石填筑（$10km^3$）	4.01	3.37	背水坡堆石工程量减少
混凝土及钢筋混凝土（$10km^3$）	1.31	1.31	
固结灌浆（m）	225.00	185.00	初设为估算值
帷幕灌浆（m）	1835.00	1952.00	地质条件变化
钢　筋（T）	365.00	370.00	
金属结构（T）	48.50	58.55	增加供水支洞

验　收

阶段验收　2010 年 2 月 5 日，省水利厅组织进行征天水库除险加固工程蓄水阶段验收，验收范围包括拦河坝、溢洪道、发电输水隧洞进水口和安全监测设施埋设等。验收结论为：征天水库除险加固工程形象面貌满足蓄水要求，已完工程施工质量满足设计和规范要求，有关安全监测设施已测得初始值，工程已通过蓄水安全鉴定，水库管理机构及人员已落实。验收委员会同意通过蓄水阶段验收，可恢复蓄水。

单位工程及合同完工验收　分为水库主体工程和房屋建筑工程 2 个单位工程。2010 年 10 月 31 日，项目法人诸暨市水利投资发展有限公司组织参建单位进行工程验收及合同完工验收，验收结论为：水库主体加固单位工程和房屋建筑单位工程已按批准的设计内容全部建设完成，且未发生质量事故；单位工程施工质量检验与评定资料齐全，工程质量等级合格。

专项验收　2012 年 5 月 14 日，受绍兴市档案局委托，诸暨市档案局对征天水库除险加固工程项目档案进行验收，5 月 16 日出具验收意见，结论为：该项目档案材料齐全、完整，案卷整理比较规范，案卷质量基本符合国家有关要求，同意诸暨市征天水库除险加固工程项目档案通过合格级验收。

竣工验收　2012 年 10 月 9 日至 10 日，省水利厅对征天水库除险加固

2010 年除险加固后的征天水库

工程进行验收，验收结论为：征天水库除险加固工程按批准的建设内容全部完成，工程质量合格；工程建设管理规范；工程档案通过专项验收；竣工财务决算通过审计；运行管理单位和人员明确，管理养护经费基本落实；竣工验收资料齐全；工程恢复蓄水后运行正常。省水利厅验收委员会同意通过竣工验收。

财务审计

2012 年 4 月至 8 月，诸暨市审计局对征天水库除险加固工程进行竣工决算审计，截至竣工决算日 2012 年 4 月 30 日，工程到位资金 3290 万元。工程投资由中央、省及诸暨市财政组成，其中中央财政补助资金 1100 万元，省财政补助资金 660 万元，诸暨市财政配套资金 1530 万元。审计除险加固工程实际投资 3361.17 万元，超概算支出 61.17 万元。

审计结论为：征天水库除险加固工程能按基本建设程序规定执行，落实项目管理制度，项目审批手续和结算资料基本齐全。财务管理比较规范，能按基本建设财务制度要求单独建账核算，资金使用比较合法合规。

第三节 小水电站

征天水库开发小水电起步较早。电站类型有两种，一是利用水库水位压力建成坝后电站，二是利用干渠落差建成梯级电站。1960—1963 年，共建成坝后电站 1 座，梯级电站 2 座，总装机容量 335 千瓦，设计年发电量 40 万千瓦时。

1980—2020 年，小水电工作重点转至报废处理和更新改造。其间，报废处理东山、凤山老旧电站 2 座，报废容量 135 千瓦；更新改造扩容水电站 1 座，新增装机容量 100 千瓦。

东山电站

东山电站位于枫桥镇齐东村东畈自然村，设计水头 5 米，流量 1.5 立方米每秒，装机容量 55 千瓦。1960 年 6 月建成发电。因设备老旧，经济效益低，于 1998 年报废。

凤山电站

凤山电站位于枫桥镇凤山西北，设计水头 12 米，流量 1 立方米每秒，总装机容量 2×40 千瓦。1961 年 6 月建成发电，1986 年报废。

征天电站

征天电站位于征天水库大坝后，始建于 1962 年，装机容量 75 千瓦。1982 年，移址重建于新开输水隧洞出口，1983 年 5 月建成发电。设计水头 18 米，流量 1.5 立方米每秒，装机容量 200 千瓦。2008 年 3 月，进行更新改造，新增 100 千瓦机组 1 台，总装机容量增至 300 千瓦。

第四节 引水隧洞

征天水库引水隧洞位于宋家岭，也称宋家岭隧洞，是征天水库跨流域引水入库工程，建于 1964 年。至 2010 年，因洞身无衬砌，出现局部掉块。2012 年 8 月 8 日“海葵”超强台风侵袭，骤降特大暴雨。7 日晚上至 8 日白天，

宋家岭隧洞

库区降雨量 186 毫米，导致洪水暴涨，洞内 39 ~ 45 米处大塌方，最大塌方处高达 11 米，严重影响引洪安全。

2012 年 11 月，诸暨市水电勘测设计院完成引水隧洞除险加固工程设计。12 月 18 日，诸暨市发改局下发《关于诸暨市征天水库宋家岭隧洞除险加固工程初步设计的批复》。工程清运块石 360 立方米，衬砌钢筋混凝土 90 米，浇筑 C25 混凝土底板 265 米，总投资 88.21 万元。

工程由浙江巨江水电建设有限公司承建，杭州宏正工程监理咨询有限公司监理。2013 年 2 月 1 日开工，4 月 10 日完工，2014 年 1 月 16 日通过竣工验收。

第三章 灌区工程

征天水库灌区地形东南高西北低，农田分布于孝泉江、枫溪江和栎桥江两岸，特征为高者梯度大、沙性重、保水差，一晴即旱；低者为“湖头畈尾巴”，地势低洼，易积水，一雨即涝。历史上，高畈称“晒煞畈”，低畈称“大水田”，灌溉用水主要靠少数水塘和溪流堰坝引水，如遇旱情持续，水涸田裂。

1960 年征天水库建成后，征天水库管委会按照灌区地形，建成输水干渠 14 千米，开挖灌溉支渠 11 条，总长 17 千米。制定规划筑堰、建闸、建泵站。至 1987 年，征天水库灌区配套工程基本形成“蓄、引、提”结合，“旱、洪、涝”兼治的水利工程体系。

第一节 输水干渠

1959 年春，征天水库输水干渠开挖，至 1962 年全线贯通，干渠分 3 级，全长 14 千米。沿渠布置穿江倒虹吸 2 处，在全堂溪建团山堰 1 座，大墨龙建分洪闸 3 孔，各支渠首建分水涵闸。

一级干渠自水库出口至枫桥凤山脚，长 8.11 千米，底宽 3 米，深 1.5 米，呈矩形，纵坡 1∶2000 ~ 1∶4000，设计流量 2 立方米每秒。渠道沿 26 米等高线建一级倒虹吸穿越大干溪，经葛村牛头山，流入全堂溪，筑团山堰，在东畈村跌落 5 米，过竹新亭，穿卖盐塘畈至枫桥凤山脚，于 1959 年 11 月底贯通。

二级干渠自凤山脚至栎桥江 1 号跌水，长 3.3 千米，底宽 1.5 米，深 1.4 米，呈矩形，设计流量 0.7 立方米每秒。渠道自凤山脚落差 10.35 米进入枫桥集镇，经西畈建二级倒虹吸穿越枫桥江，经东小溪，穿堤至埂里湖，至栎桥江 1 号跌水，于 1960 年 7 月贯通。

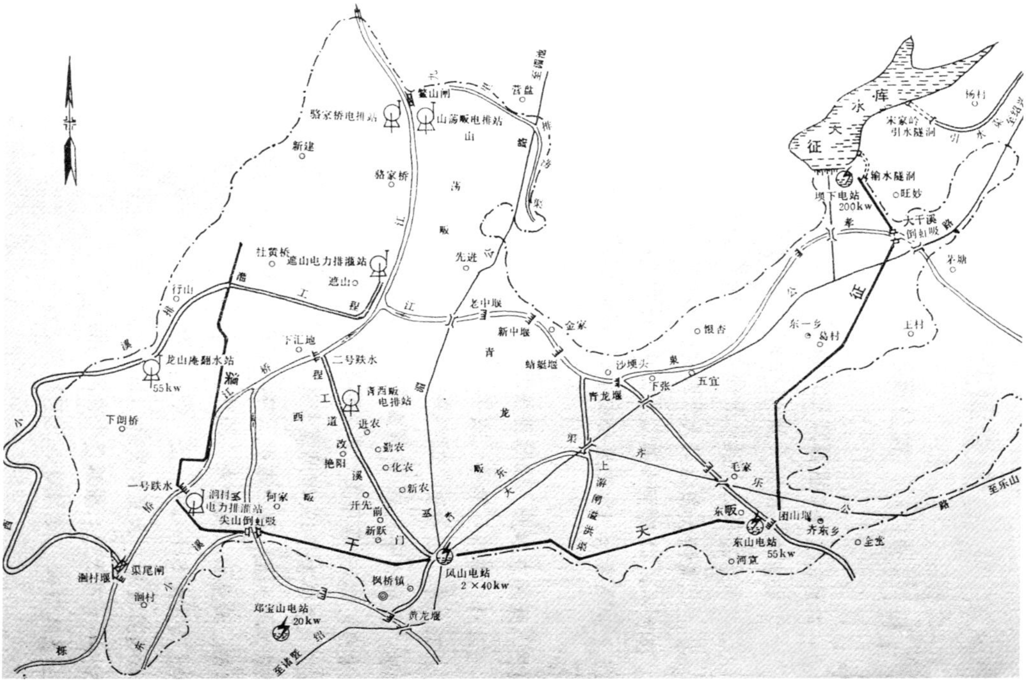

征天水库灌区示意图

三级干渠自栎桥江 1 号跌水至官河，长 2.7 千米，底宽 1 米，深 1.2 米，纵坡 1∶2500。设计流量 0.4 立方米每秒。渠道经江口村，穿墩村畈到官河头，于 1962 年贯通。

1971 年起，从一级干渠开始逐年进行砌石护岸，历经 15 年完成。

2007 年 10 月 8 日，诸暨市发改局下发《关于“浙江省千万亩十亿方”节水项目征天灌区干渠改造工程初步设计的批复》。工程衬砌 C20 混凝土“三面光”9.11 千米，栎新畈灌排渠道块石护坡 2.5 千米。累计土方工程量 1.1 万立方米，干砌块石 1.45 万立方米，石渣 0.61 万立方米，C20 混凝土 0.77 万立方米。投资 580 万元，建设资金由灌区投劳和省专项资金解决。

2008—2011 年，征天水库管理处对征天水库干渠实施节水改造工程。工程由诸暨市水电勘测设计院设计，浙江河口海岸工程监理有限公司监理。一期工程由浙江广川建设有限公司承建，2007 年 12 月 25 日开工，2008 年

12 月 30 日完工；二期工程由绍兴市第一水利市政建设有限公司承建，2008 年 11 月 10 日开工，2009 年 6 月 30 日完工。2011 年 8 月 26 日，由诸暨市水利局组织通过竣工验收。

第二节 排灌配套工程

征天水库排灌工程主要由沿山排涝渠道、涵闸和引潮提水设施组成。水库灌区内比较大的排灌两用渠道有西小溪、九里渠道、东小溪和门前溪。引潮提水灌溉的设施有遮山电力排灌站和龙山庵抗旱机埠。

西小溪

开挖于 1954 年。1967 年 9 月，为结合排灌两用，在原址沿等高线抬高 4 米开挖而成。渠道从鲇鱼山头经下路畈到下厂，全长 3.5 千米，自北向南逆向排水入栎桥江，排涝面积 10.2 平方千米。工程主要包括建造穿堤引水涵洞、新开内渠、开挖沿山排涝渠。

穿堤引水涵洞建于遮山电排站前江堤上，洞底高程 2.14 米，通过穿堤涵洞引外江低潮位时江水至电排站前池，再将前池底高程降低 1.4 米，引水流量 1 立方米每秒，使泵站能排能灌。

新开内渠自遮山经上新圩、白眼圩、杨家湽到龙山庵，渠长 3.25 千米，其中新开挖 1.9 千米。起点渠底高程 7.14 米，渠堤高 2.2 米，渠底宽 4 米。新建龙山庵二级排灌两用泵站，装机容量 55 千瓦，设计扬程 5 米，流量 0.6 立方米每秒。

沿山排涝渠自龙山庵经青山、陆家岭、建圩湾、石岭山至鲇鱼山渠尾闸，入栎桥江，全长 5 千米，渠底宽 5 米，渠堤高 3.8 ~ 4.4 米，按 5 年一遇频率设计，渠尾设拦水活动堰和自动开关闸门。

工程于 1968 年底完工，共完成土石方工程量 40 万立方米。工程所需资金按旱涝比例分担：受益田以排涝为主的，按涝七旱三比例负担；以灌溉为主的，按旱七涝三比例负担。其中征天水库负担旱的比例，栎新水利会负担涝的比例。

九里渠道

始建于1956年冬，1963年续建并完工。渠道起自枫桥先进村牛轭岭，沿蚂蝗埂向北，过营盘村下，经庵弄堂至鳖山闸排入枫桥江，全长2.25千米。排涝面积9.4平方千米，设计排涝流量5.9立方米每秒。

1999年，山塘畈水利会在征天水库和枫桥镇政府的支持下，结合枫桥江标准堤建设，加固渠道堤埂，在外坡填筑宽3～5米石渣平台，至2012年全线完工。

东小溪

始建于1957年，渠道起自郭店村石马山，经洄村沿山至大虹桥入枫桥江，全长3千米。1961年，征天水库干渠延伸与东小溪尾部相接，建尖山闸，利用东小溪灌溉洄村畈农田。

2018—2019年，枫桥镇政府对东小溪进行彻底整治，并完成20年一遇防洪标准堤建设。

门前溪

门前溪原为枫溪江下游的一段，起自紫薇闸，经廿板桥、先水门、万春桥、六一闸，绕缸盖山接青西畈电排渠，出六口塘入枫桥江，全长1.63千米。1973年8月开始改造，1974年10月完工，设计排涝流量10.25立方米每秒。

2008年，征天水库结合干渠防渗工程，从紫薇闸至艳阳桥实施C20混凝土“三面光”防渗，长800米。

2015年，枫桥镇政府结合城镇环境治理工程，对门前溪进行渠面混凝土梁板覆盖。

2020年征天水库灌区排涝渠道概况表

表01-03-01

名　称	长度（千米）	集雨面积（平方千米）	受益田（亩）	起讫地点		设计流量（立方米/秒）
				起　点	讫　点	
西小溪	8.45	10.2	5360	遮　山	渠尾闸	14.00
九里渠道	2.25	9.4	2052	牛轭岭	枫桥江	5.90
东小溪	3.00	5.0	1100	郭　店	枫溪江	4.00
门前溪	1.63	—	2000	紫薇闸	枫桥江	10.25

遮山电力排灌站

始建于1963年，安装轴流泵3台，装机容量165千瓦，设计流量1.8立方米每秒，除排涝功能外，可于灌溉期抽取枫桥江潮水灌溉栎新畈农田。2012年，枫桥镇政府对遮山电力排灌站进行机组更新改造，总投资500万元。

遮山电力排灌站及其提水灌溉渠道

第三节 堰坝工程

枫桥江上游最早在明代初期就有堰坝，多为块石或篾笼装卵石堆砌而成，也有临时柴堰，分别灌溉农田几十亩至上千亩不等，常筑成水毁，毁后再筑。1949年后，枫桥江上游兴建众多中小型水库，灌溉水源增加，原半固定性的堰坝，部分改建成水库配套工程。这些堰坝主要分布在枫溪江、孝泉江、栎桥江中上游，其特点是地势高、自流灌溉，能调节常流水、稳定河床、缓和水流、保护堤岸。其中青龙堰、蜻蜓堰、新中堰、老中堰是孝泉江中游的梯级堰坝，也是调节征天水库灌区渔稼畈、青龙畈、山塘畈的灌溉配套工程。

黄龙堰

2019 年重建后的黄龙堰

又名铁石堰，位于枫溪江钟瑛村东溪桥分流处，堰上集水面积 110 平方千米。据清乾隆三十五年（1770）楼肯堂撰《续修铁石堰记》载：“昔考亭朱子尝称暨阳山水，惟枫桥一带最秀，其言之然也。然余观枫之山，惟叠石一峰尤奇，嵂屼巉岩，侧立千尺，盱霄日俯溪潭，其下则有铁石堰，论者以为即叠石之异名，以其形似铁，故名铁石。”1973 年改建后，堰长 56 米，宽 11.5 米，堰顶高程 11.42 米，引黄檀溪水补充征天灌区灌溉青龙畈、西畈、湖头畈农田共 2500 余亩。枫桥集镇发展后，黄龙堰的主要作用为稳固河床、调节水源。2019 年，枫桥镇政府投资在原址拆除重建。

青龙堰

又名石壁堰，位于孝泉江渔稼村，截大干溪和全堂溪两水，堰上集水面积 70 平方千米，始建于明永乐年间（1403—1424），枫桥乡贤陈翥所筑，

2013 年重建后的青龙堰

引水灌溉青龙畈。清康熙二十三年（1684）陈曰登重修，会稽鲁德升撰有《青龙堰碑记》。1969 年由征天水库组织重修，并在堰上安装 13 扇钢丝网水泥预制板活动门，门高 0.55 米，宽 1.8 米。重修后，成为征天灌区渔稼畈、青龙畈、山塘畈的重要灌溉枢纽工程，受益面积 3300 余亩。2013 年，由枫桥镇政府组织在原址拆除重建。

蜻蜓堰

位于孝泉江鸬鹚嘴，青龙堰下段，原系砂卵石临时堰。1968 年，改建成混凝土块石滚水坝堰，长 32 米，宽 11 米，高 0.7 米，引水渠长 100 米，引孝泉江和征天水库水，灌溉孝泉畈农田 300 余亩。

新中堰

位于孝泉江三温潭，蜻蜓堰下段，1969 年新建。堰上安装 8 扇钢丝网水泥预制板活动门，门高 1 米，宽 2 米。引孝泉江和征天水库水，沿石甘山脚开渠 2100 米，灌溉圩子畈、山塘畈农田共 1800 余亩。

老中堰

原名中堰，位于孝泉江新中堰下段，原系砂卵石临时堰。1965 年，由征天水库组织改建成混凝土块石滚水坝，1978 年再次改建。堰长 48 米，宽 12.6 米，高 0.8 米，引孝泉江和征天水库水，灌溉圩子畈农田 550 亩。

1 号跌水

位于栎桥江霞朗桥江口村，堰上集水面积 140 平方千米。1957 年，枫桥江、栎桥江、孝泉江三江并道时，为调整新开挖的河床坡降而建。1961 年，征天水库干渠延伸到栎新畈，利用该跌水渡过栎桥江，在跌水上安装 11 扇钢丝网水泥预制板活动门，门高 1.5 米，宽 2 米。引栎桥江和征天水库水，灌溉江口畈、破塘畈、白眼圩、中头圩、上新圩农田共 2000 余亩。

1 号跌水是继栎桥江上游桥亭堰、洄村堰后的梯级引水灌溉配套工程，也是补充征天水库灌区栎江片的灌溉配套工程。

2 号跌水

位于枫桥江和栎桥江汇合处，堰上集水面积 250 平方千米。1957 年，枫桥江、栎桥江、孝泉江三江并道时建成。1972 年，在堰上安装 21 扇钢丝网水泥预制板活动门，门高1.5米，宽2米。引枫桥江和栎桥江水，灌溉门前畈、六合圩、圩塘畈农田共3400余亩。

2号跌水是拦截栎桥江、枫溪江之水，补充征天灌区三江片、西畈的灌溉配套工程。

征天水库灌区灌溉千亩以上堰坝基本情况表

表01-03-02

堰　名	地　点	水　系	堰坝尺寸（米）			灌溉面积（亩）	建造年月
			长	宽	高		
黄龙堰	钟　瑛	枫桥江	56.0	11.5	2.0	2500	1973年老堰改建，2019年重建
青龙堰	渔　稼	孝泉江	26.0	11.0	1.2	3300	明代始建，1969年重建，2013年拆建
蜻蜓堰	鸬鹚嘴	孝泉江	32.0	11.0	0.7	300	1968年改建
新中堰	金　家	孝泉江	40.0	14.8	1.5	1800	1969年新建
老中堰	先　进	孝泉江	48.0	12.6	0.8	550	1978年老堰改建
1号跌水	霞朗桥	栎桥江	30.0	20.5	1.0	2000	1957年新建
2号跌水	汇　地	枫桥江	46.0	6.0	1.5	3400	1957年新建

第四节　防洪堤埂

征天水库灌区下游因地势低洼，依靠围堤御洪，但由于历史原因，导致水以河窄难容、堤以水壅常溃的局面。

1957年，枫桥区委组织灌区群众实施枫桥江、栎桥江、孝泉江（俗称“枫、栎、孝”）三江并道工程。至此，灌区4个湖畈基本形成闭合圈。又经过多年的培堤加固等工程建设，在一定程度上提高了抗洪能力，但实际防御能力仍不足10年一遇。

1994年6月17日和1997年7月9日的两次特大洪水，导致浦阳江流域5个湖畈决堤，460余处堤防出险，给沿江人民敲响了“水患不除，家园难保”的警钟。枫桥镇政府积极响应诸暨市委、市政府“以一代艰辛，换百世安宁”“建

枫桥江栎新畈段标准堤

百里长堤，保百万生灵”的决心，同步实施枫桥江标准堤建设。

1998 年，枫桥镇集资建设枫桥江标准堤，其中栎新畈 7270 米，西畈 3390 米，青龙畈 1572 米，并完成山塘畈 3460 米堤防加固加高和内坡填筑石渣平台。工程总投资 2588.2 万元，累计完成土石方 48.84 万立方米。

2010—2012 年，继续对湖畈标准堤进行黄泥毒液灌浆。至此，湖畈堤埂工程达到 20 年一遇防洪标准。

征天水库灌区湖畈标准堤建设情况表

表 01-03-03

湖畈名称	长度（米）	堤顶高程（米）	施工时间	总投资（万元）	工程量（万立方米）
西　畈	4250	14.54 ~ 12.44	1998—2012	563.7	10.26
青龙畈	1572	13.64 ~ 13.14	1998—2012	220.5	3.96
山塘畈	3410	12.44 ~ 11.14	1997—2012	298.4	4.94
栎新畈	7270	14.14 ~ 12.24	1994—2012	1505.6	29.68
合　计	16502			2588.2	48.84

说明：山塘畈堤防迎水面无砌石护坡。

第四章 管 理

征天水库建成后，建立相应的管理机构，制定水库工程管理、灌区管理以及灌溉管理制度，根据《中华人民共和国水法》，依法治水，依法管理，在实践中不断创新，逐步提高现代科学管理水平。

第一节 组织管理

征天灌区管理委员会

1964年，建立灌区代表大会制度，成立征天灌区管理委员会，设主任1人，副主任3人，委员13人。制度规定主任由枫桥区区长兼任，部分委员由受益乡乡长兼任，其余委员根据工作需要推选产生。

诸暨市撤区扩镇并乡后，市水利局于1992年6月5日发出《关于重新公布征天水库灌区管理委员会组成人员名单的通知》，明确市水利局局长张伟波兼任征天灌区管委会主任，枫桥镇镇长冯庆堂，东一乡副乡长毛金贤，齐东乡副乡长蔡杨明，征天综合开发公司总经理陈伯龙、副总经理杨见明，征天水库管理处主任葛焕康兼任副主任。征天水库管理处主任为征天灌区管委会常务副主任，主持日常工作；委员由梁焕木、周士秀、宣校成、潘正潭、陈燕传、陶朝忠、章启鹏、楼仲新、冯铁华、陈旺辉、陈茂新、葛月明、毛凤高、魏凤校组成。12月12日，征天灌区代表大会决定，乡镇分管农业的副乡镇长、水管站长、征天灌溉总站站长、湖畈水利会主任，及葛村、毛家、霞朗桥村委会主任为当然委员。

2001年行政区划调整后，征天灌区管委会主任由市水利局副局长周长海兼任，副主任由枫桥镇分管农业的副镇长、征天集团主要领导、征天水库管理处主任兼任。

2006 年 9 月，全市村级规模调整后，原任征天灌区管委会委员的葛村、毛家、霞朗桥村委会主任，调整为梅苑、齐东、霞朗桥村党支部书记。

2010 年 10 月，征天灌区管委会主任改由枫桥镇镇长兼任。

2014 年 1 月，制定《征天灌区管理委员会章程》。4 月，征天水库管理处与征天灌区管委会分设。分设后，征天灌区管委会与梁焕木基金会合并，建立“一套班子，两块牌子”的工作机制。主任、副主任、委员均实行职务替补制。

1978—2020 年征天灌区管委会主任、副主任名录

表 01-04-01

任职时间	主　任	副 主 任
1978.5—1982.7	汤华新	潘正潭　梁焕木　宣校成
1982.7—1984.3	徐再生	潘正潭　梁焕木　宣校成
1984.3—1984.11	张伟波	潘正潭　梁焕木　宣校成
1984.11—1985.4	赵利民	潘正潭　梁焕木　宣校成
1985.4—1992.6	汪木伦	葛焕康　陈燕传
1992.6—1994.2	张伟波	冯庆堂　毛金贤　蔡杨明 陈伯龙　杨见明　葛焕康
1994.2—1997.11	张伟波	冯庆堂　毛金贤　蔡杨明 杨见明　陈伯龙　葛焕康　周长荣
1997.11—2001.11	周长海	章颂学　冯绍成　蔡杨明 杨见明　陈伯龙　葛焕康　周长荣
2001.11—2010.10	周长海	冯绍成　杨见明　陈伯龙　宣汉康　周长荣
2010.10—2013.7	蒋志军	徐高飞　冯绍成　宣汉康　周长荣
2013.7—2015.7	何浩明	陈利勇　宣汉康 周长荣（2014.4 止）　魏国苗（2014.4 起）
2015.7—2017.7	郭　昌	陈利勇　宣汉康　魏国苗
2017.7—2020.4	袁新江	葛勇军　宣汉康　魏国苗　阮洪法
2020.4—	黄伟刚	葛勇军　宣汉康　魏国苗　阮洪法

说明：1978 年 5 月前任职名录失考。

附 件：

征天灌区管理委员会章程

（2014年1月14日灌区代表大会通过）

第一章 总 则

第一条 征天灌区管理委员会（以下简称管委会）是征天灌区群众性自治组织，其最高权力机构是灌区代表大会。

第二条 管委会的宗旨：维护征天灌区的权益，巩固和发展征天灌区的水利事业。

第二章 组织机构及负责人

第三条 管委会的组成：由枫桥镇人民政府镇长、分管农业的副镇长，市水利局分管副局长，枫桥镇政府水管站站长，征天集团董事长、征天水库管理处主任、征天渔场法人代表、征天灌溉站站长，栎新畈、西畈、山塘畈、青龙畈水利会主任，梅苑、齐东、霞朗桥村的党支部书记组成，主任由枫桥镇人民政府镇长兼。村党支部书记、村主任、灌溉站长为灌区代表大会的代表。实行职务替补制。

第三章 任务和职责

第四条 主要任务：

（一）维护征天灌区的利益，规划、完善灌区的水利工程建设，制订完善灌区支农政策和合理负担政策；

（二）听取、审议灌区管理委员会年度工作报告，财务预决算报告，并作出决议；

（三）讨论决定灌区重大水利建设项目和投资合作意向。

第五条 管委会行使下列职责：

（一）制定修改章程；

（二）审查灌区代表大会代表资格；

（三）决定重大业务活动计划和资金管理使用计划；

（四）制订内部管理制度；

（五）督查梁焕木水利基金的管理与使用；

（六）决定其他重大事项。

第六条　管委会会议每年召开一至二次，灌区代表大会每三年召开一次。会议由管委会主任负责召集和主持。有三分之一委员提议，必须召开管委会会议和灌区代表大会。如管委会主任不能召集，提议委员可推选召集人召开管委会会议和灌区代表大会，管委会主任或召集人需提前五天通知全体委员、代表。

第七条　管委会会议须有三分之二以上委员出席方能召开，管委会决议须经出席委员过半数通过方为有效。

第八条　管委会主任行使下列职权：

（一）召集、主持管委会会议和灌区代表大会；

（二）检查管委会决议的落实情况；

（三）代表管委会签署重要文件。

第九条　管委会依托水库管理处做好库区和输水干渠工程改造和建设。

第四章　财产管理与使用

第十条　管委会的资金来源：征天集团于2006年2月改制时，根据诸暨市体改办〔2006〕2号文件批复精神，划拨灌区的全部资产。

第十一条　灌区资产全部授权征天渔场法人经营管理，确保资产保值增值。

第十二条　水库供应市水务集团所发生的水费归征天水库管理处收益。

第十三条　灌区资产收益分配：90%用于征天灌区灌溉经费，干渠、堰坝涵闸等水利工程维修养护经费，政策性支农经费；10%提取公积金。

第十四条　灌区资产管理实行独立核算，并委托有法律资质的单位对财务进行审计与监督。

第五章　附　则

第十五条　本管委会如需终止，必须由主任、副主任组成的办公会议提出报告，经管委会会议审议、代表大会通过后，按国家有关法律程序办理注销手续及处理剩余财产。

第十六条　本章程服从于国家法律法规。

第十七条　本章程经灌区代表大会讨论通过之日起生效。

第十八条　本章程的解释权归征天灌区管委会。

征天水库管理中心

行政机构　征天水库管理机构由政府统一命名。1960 年水库建成后，称征天水库养护管理委员会。1969 年 12 月，改称征天水库革命委员会。1979 年 9 月，定名为征天水库管理处，行政上归口枫桥区公所领导。水库管理处设有专门的灌溉总站和 7 个灌溉站，负责征天灌区的灌溉管理和渠系养护。

1985 年 2 月后，征天水库管理处为征天综合开发公司下属单位。

2007 年 10 月，诸暨市政府发文明确征天水库管理处为全民事业单位，归口市水利局管理。

2020 年 4 月，征天水库管理处更名为征天水库管理中心，下设办公室、工程管理科、安保科、电站。

征天水库管理中心历任主任、副主任名录

表 01-04-02

机构名称	任职时间	主　任	副主任
杨村水库建设委员会	1958.11—1959.10	毛洁民	
征天水库建设委员会	1959.10—1960.10	石振良	潘正潭　钱方银　张海怀
征天水库养护管理委员会	1960.10—1961.12	张校金	梁焕木
	1961.12—1963.12	梁焕木	
征天水库管理委员会	1963.12—1969.12	梁焕木	
征天水库革命委员会	1969.12—1978.4	潘正潭	宣校成
	1978.4—1979.9	宣校成	

续表 01-04-02

机构名称	任职时间	主 任	副主任
征天水库管理处	1979.9—1985.2	宣校成	
	1985.2—1993.1	葛焕康	
	1993.1—1994.2	葛焕康	周长荣 王忠明
	1994.2—2014.4	周长荣	
	2014.4—2016.2	楼海祥	
	2016.2—2020.4	厉哲明	
征天水库管理中心	2020.4—	厉哲明	

党组织 1960 年 11 月，设立征天水库养护管理委员会党支部。后随时代变迁，几经易名。

1980 年 4 月，成立征天水库党总支。同时，水库、渔场、电站等合设党支部，隶属于征天水库党总支，随后几经易名。

1982 年 12 月，增设灌溉总站党支部，潘正潭任书记。

1985 年 3 月，征天水库党总支更名为征天综合开发公司党总支。

1990 年 3 月，征天渔场党支部、灌溉总站党支部合并为征天水库管理处党支部。

2006 年 2 月起，征天水库管理处党支部隶属诸暨市水利局党工委。

1960—1985 年征天水库党总支成员名录

表 01-04-03

<table>
<tr><th>组织名称</th><th>任职时间</th><th>书 记</th><th>委 员</th></tr>
<tr><td>征天水库养护管理委员会党支部</td><td>1960.11—1963.12</td><td>梁焕木</td><td>梁焕木 宣校成 樊正贤</td></tr>
<tr><td>征天水库管理委员会党支部</td><td>1963.12—1969.12</td><td>宣校成</td><td>宣校成 梁焕木 樊正贤</td></tr>
<tr><td rowspan="2">征天水库革命委员会党支部</td><td>1969.12—1973.6</td><td>梁焕木</td><td>梁焕木 宣校成 樊正贤</td></tr>
<tr><td>1973.6—1979.9</td><td rowspan="2">宣校成</td><td rowspan="2">宣校成 葛焕康（副书记 1979.11 止）梁焕木 樊正贤 陈汉钦 阮荣其 毛恒山</td></tr>
<tr><td>征天水库管理处党支部</td><td>1979.9—1980.4</td></tr>
</table>

续表 01-04-03

组织名称	任职时间	书　记	委　员
征天水库党总支	1980.4—1985.3	梁焕木	梁焕木　宣校成（副书记）樊正贤　阮荣其　陈汉钦　张仲汉　毛恒山

1980—2020 年征天水库管理中心党支部书记名录

表 01-04-04

组织名称	任职时间	书　记
征天水库党支部	1980.4—1985.4	樊正贤
征天水电组党支部	1985.3—1989.8	樊正贤
征天渔场党支部	1989.8—1990.3	樊正贤
征天水库管理处党支部	1990.3—1991.3	樊正贤
	1991.3—1993.2	葛焕康
	1993.2—2005.8	周长荣
	2005.8—2015.4	魏国苗
	2015.4—2018.4	楼海祥
	2018.4—2020.4	厉哲明
征天水库管理中心党支部	2020.4—	厉哲明

诸暨市征天水库渔场

诸暨市征天水库渔场位于征天水库，养殖面积 1300 亩，另有鱼苗塘面积 37 亩。

征天渔场办场初期为征天水库副业生产单位，企业类型为集体企业，归口征天水库管理处管理。2006 年 2 月开始，分别为征天灌区管委会和梁焕木基金会法人寄靠单位。2013 年 3 月，征天渔场拥有固定资产 6060 万元。

创办历程　1960 年，征天渔场利用征天水库建设时留下的取土坑整理改造成鱼苗塘，面积 37 亩。办场宗旨是“以库办场，以场养库”，发展副业，解决水库管理经费不足。1987 年，成鱼产量 66000 千克，进入全省大中型水库养鱼先进行列。

1988年,征天渔场在老虎山山岙处有3间二层楼房,建筑面积168平方米。配置柴油机动水泥船1只，中小木船6只，以及成套网具。在征天水库引水隧洞出口附近建管理小屋1间，建筑面积15平方米。在鱼苗塘附近又建3间二层管理房，建筑面积168平方米。配电动磨浆机2台，口径4 ~ 6英寸电动抽水泵4台以及成套网具。

1993年，征天渔场有在册职工12人，分水库捕捞和鱼苗养殖2个组，实行月薪制。

1995年，征天水库管理处对征天渔场实行生产经营承包，考虑到养鱼周期性，承包期定为5年。核定在册职工8人，年上缴利润5万元，每年递增10%。承包期内按规定负责母鱼培育，房屋、网具和船只等设施管理和维修保养，并规定每年投放鱼苗数量、投饲化肥量、年成鱼产量等（捕鱼网格不小于10厘米）。征天食品厂生产期间，水库方继续保证酒糟和笋壳输运至水库库湾。

2000年，征天集团将征天渔场职工全部安排到征天自来水公司。之后，征天水库管理处将鱼苗养殖和水库养鱼分别对外承包，承包期5年。合同规定上交承包款基数，每年递增10%；严禁在水库投饲有机肥料；负责打捞水面漂浮物等。其间，承包人尝试在水库水面养蚌育珠。2003年夏秋遇旱，灌溉用水增加，10月中旬水库蓄水量只剩142万立方米，水面缩小至正常水面的五分之一，承包人经济损失较大，要求征天渔场减免承包款并给予经济补偿。经协商,征天渔场同意在确保水质的前提下,将承包期顺延2年作为补偿。

2010年征天水库除险加固工程完成后，实行自然养鱼，根据浙江省“五水共治”要求，实施清水工程。此后，征天渔场保留营业执照，但不再从事渔业生产。

管理组织 1961年1月至1991年3月，征天渔场由征天水库管理处委任一名征天渔场负责人经营渔业生产。1991年3月27日工商注册时，法定代表人毛胜良。1994年1月，法定代表人变更为周长荣。2014年3月，法定代表人变更为魏国苗。2020年10月，法定代表人变更为阮洪法。

征天渔场历任场长名录

表 01-04-05

任 职 时 间	姓　名	任 职 时 间	姓　名
1961.1—1984.2	樊正贤	1992.4—1994.1	王忠明
1984.2—1986.1	俞云良	1994.1—2014.3	周长荣（兼）
1986.1—1988.1	毛胜良	2014.3—2020.1	魏国苗（兼）
1988.1—1991.1	王忠明	2020.1—	阮洪法（兼）
1991.1—1992.4	毛胜良		

荣誉和职称

1962—1983 年，征天水库管理处获得县级以上单位颁发的集体和个人荣誉 10 余项。

至 2007 年，共 2 人获得中级职称。

征天水库集体荣誉录

表 01-04-06

荣誉名称	颁发单位	获奖年月
诸暨县水利模范	诸暨县人民委员会	1962.2
浙江省农业先进集体 出席华东农业先进集体代表	浙江省人民政府	1969.12
1972 年水库管理先进单位	中共诸暨县委 诸暨县革命委员会	1973.2
在农业学大寨普及大寨运动中成绩显著	中共浙江省委 浙江省革命委员会	1977.3
1977 年度综合利用先进单位	中共诸暨县委 诸暨县革命委员会	1978.2
在水文战线学大庆学大寨运动中作出优异成绩	浙江省水利厅	1978.3
全国水利战线学大庆学大寨先进单位	水利电力部	1978.3
全心全意为农业增产服务	浙江省革命委员会	1978.5
坚持为农业生产服务，不断前进	中共绍兴地委 绍兴地区革命委员会	1978.5

续表 01-04-06

荣誉名称	颁发单位	获奖年月
1978 年度综合利用先进单位	中共诸暨县委 诸暨县革命委员会	1979.2
1979 年度水库综合利用先进单位	中共诸暨县委 诸暨县革命委员会	1980.1
全国水利管理先进单位	水利部	1981.5
诸暨县 1982—1983 年度优秀科技成果三等奖 （日本锦鲤池塘养殖）	诸暨县人民政府	1983.12

征天水库个人荣誉录

表 01-04-07

姓　名	荣誉名称	颁发单位	获奖年月
陈满良	浙江省优秀共青团员	共青团浙江省委	1990.5

征天水库资格职称人员名录

表 01-04-08

姓　名	资格职称	发证单位	获取年月
周长荣	工程师	诸暨市人事局	2001.7
魏国苗	工程师	诸暨市人事局	2007.7

第二节　工程管理

大坝观测

观测目的是监视工程状态变化和运行情况，掌握其规律，使管理运行有科学依据，发现异象及早补救。按规范要求，在大坝内安装沉降位移和浸润线观测设备。

1979 年征天水库实施保坝工程时，拆除防浪墙，翻开坝头，重新回填修复，在坝顶安装沉降和位移观测点，定期对水库不同水位进行沉降和位移测量。大坝分 5 个横断面埋设渗漏观测孔，每个横断面 7 个孔，每周进行 1 次渗漏观测，记录测量数据，连接断面渗漏点，分析“浸润线”变化，为大坝的安全运行掌握第一手资料。

大坝右坝头迎水面建有水位观测台，安装自动观测记录仪。大坝下面设置雨量观测站，配套安装直径 80 厘米蒸发皿。规定水文观测员每天上午 8 时正点观测水库水位、降雨量、蒸发量，并及时记录。

2009 年，征天水库大坝进行除险加固，大坝工程原型观测设施全部更新成自动化，应用先进的计算机技术设备，实现各种观测数据长期固态存储，自动进行数据传输。

工程原型观测设置的主要观测项目有坝体表面变形观测、上下游水位观测、坝体渗流监测、绕坝渗流监测、巡视检查、水情自动测报和降水量监测、水质监测、大气压力监测等项目。

表面变形监测 采用视准线法，分别在上游坝坡正常蓄水位以上 49.3 米（坝上 0 + 004.55）、坝顶下游侧 49.3 米（坝下 0 + 004.55）、下游坝坡一级 41 米马道（坝下 0 + 024）、下游坝坡二级 31 米马道（坝下 0 + 047.50）处各布置视准线 1 条，每条视准线取 5 个观测横断面（坝 0 + 045、坝 0 + 085、坝 0 + 125、坝 0 + 165、坝 0 + 205），共计 20 个测点。每条视准线在两岸基岩上各布置 1 个工作基点和校核基点，并在两岸各设 1 个水准基点，用以监测大坝表部的垂直和水平位移。

上游水位观测 在大坝右岸原自计水位井位置更新改造自计水位仪 1 只，并在大坝左岸前方位置设立柱式水尺进行上游水位观测。

坝体渗流监测 选取 5 个断面作为观测断面（坝 0 + 035、坝 0 + 075、坝 0 + 115、坝 0 + 155、坝 0 + 195），各断面分别在坝上 0 + 004.55（埋设高程分别为 40.00 米和 30.00 米）、坝下 0 + 004.55（埋设高程分别为 40.00 米和 30.00 米）、坝下 0 + 020（埋设高程 30.00 米）和坝下 0 + 032（埋设高程 28.00 米）。每个断面各埋设 6 只渗压计，共计 30 只渗压计。

绕坝渗流监测 在大坝左坝头设置 6 根测压管，右坝头设置 4 根测压管，测压管内布置渗压计，用以进行绕坝渗流观测。

控制运用

征天水库的主要功能以灌溉为主，结合防洪、供水和发电。水库管理处根据设计要求和有关技术规范规定编制《控制运用计划》，内容包括蓄水、供水和拦洪泄洪，正确处理蓄水与汛期拦洪的矛盾，以充分发挥工程效益。在保证农业灌溉、城乡供水的前提下，做到少弃水，多兴利，挖潜创新，扩大效益。根据冬季雨量少的规律，采取“抓冬蓄，保春耕”，控制发电用水，加强引水管理。梅汛期雨量集中，采取“控梅汛，保安全；蓄梅尾，备秋旱”的运用原则，服从绍兴市和诸暨市防汛指挥部调度。

2011 年，征天水库列入诸暨市城乡饮用水水源计划，设计年供水量 500 万立方米。2012 年 7 月，连通诸暨市水务集团供水网。

2010 年征天水库特征与水位库容表

表 01-04-09

设定标准	水位（m）	相应库容（$10km^3$）
梅汛期限制水位	46.27	866
台汛期限制水位	46.27	866
起调水位	46.27	866
设计洪水位	48.18	1054
校核洪水位	48.79	1119

工程划界

2016 年 10 月 30 日，诸暨市政府办公室召集市有关部门主持召开征天水库、青山水库管理范围与保护范围划定工作的协调会议，并形成《关于青山水库、征天水库管理范围与保护范围划定工作的协调会议纪要》。11 月 3 日，诸暨市政府下发《关于同意青山、征天水库管理和保护范围划定方案的批复》，明确征天水库的管理范围和保护范围。规定征天水库大坝及枢纽的管理范围为大坝两端以外 80 米的地带，以及大坝背水坡脚以外 200 米内的地带。具体为：大坝左侧自溢洪道起，沿左岸挡墙顶向大坝下游，至溢洪道 150 米处随溢洪道右转，进入泄洪渠段，沿泄洪渠 130 米至东安桥，继续

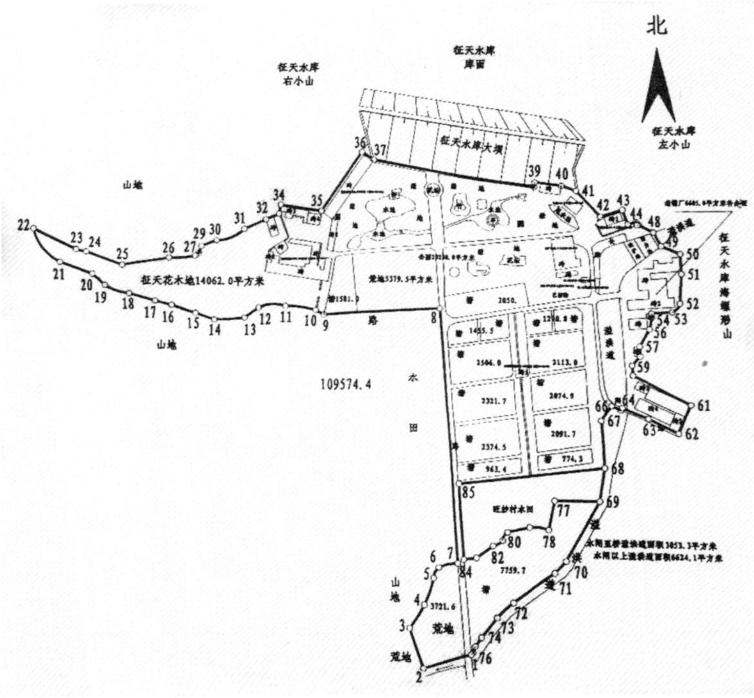

征天水库大坝枢纽管理范围

沿泄洪渠跨过倪家沿节制闸，至下游进库公路沿溪桥止；大坝右侧自征天渔场管理房后面石坎起至山顶，沿山脊向下至山脚，沿山脚线至征天水库管理处围墙，沿管理处南面围墙跨过征天路，至泄洪渠右岸挡墙，沿泄洪渠向下游跨过节制闸至沿溪桥，共425米，与大坝左侧管理线闭合。

保护范围为管理线外80米内范围，其中下游泄洪渠保护范围为管理线外50米内范围。

征天水库库区的管理范围为移民线高程47.87米（20年一遇防洪标准）以下地带，保护范围为管理线外50米内区域。

灌溉管理

征天水库建成后，水库管理处每年编制《水库控制运用计划》，全年实行计划灌溉用水制度，对干渠用水实行统一调度，支渠以村为单位“一把锄头”放水到田。1982年，农村实行家庭联产承包责任制后，征天水库建立灌区灌溉总站，以当时的公社和湖畈为单位设东一、齐东、青龙畈、西畈、山塘畈、栎江、三江7个灌溉站，各灌溉站由受益大队大队长兼站务委员，采取统一领导、集中水权、放水预报、按需供水、专人管理、分等收费的措施，并在实践过程中逐步完善。

1988—2019 年征天水库进出水量分配表

表 01-04-10

年　份	平均雨量（mm）	入库水量（10km³）	径流系数（%）	饮用水供水量（10km³）	灌溉水量（10km³）	发电水量（10km³）	泄洪水量（10km³）
1988	1396.3	1173.9	45.6		676.8	1203.8	43.5
1989	1838.2	1881.3	55.5		568.0	1256.3	348.6
1990	1731.2	1637.2	51.2		719.5	1470.7	
1991	1206.0	1033.5	46.4		717.1	1039.2	
1992	1644.2	1722.5	56.8		582.0	1375.1	58.0
1993	1552.5	1414.0	49.4		725.2	1062.1	79.8
1994	1882.6	1975.0	56.9		1006.7	1607.5	337.6
1995	1452.7	1830.6	68.3		972.5	1835.6	190.2
1996	1336.4	946.4	38.4		693.1	715.1	
1997	1851.9	1768.9	51.8		593.9	1196.0	23.8
1998	1626.4	1453.2	48.4		711.9	1458.1	110.6
1999	1591.3	1568.3	53.4		602.5	1075.5	287.0
2000	1497.2	1041.1	47.7		490.2	781.8	
2001	1576.6	1428.6	49.1		419.2	419.2	130.5
2002	1828.3	1642.4	54.9		450.8	450.8	76.3
2003	1050.5	713.2	36.8		570.8	570.8	34.4
2004	1418.3	802.3	30.7		290.8	290.8	
2005	1561.6	1239.8	43.0		598.7	598.7	75.0
2006	1264.1	1000.6	42.9		610.6	610.6	
2007	1539.5	1122.0	39.5		424.4	424.4	18.7
2008	1534.7	1366.1	58.2		659.9	659.9	69.7
2009	1530.6	1180.4	41.8		387.5	387.5	
2010	1462.2	1371.8	50.8		540.4	745.6	266.1
2011	1396.5	1292.6	50.2		440.1	612.4	284.9

续表 01-04-10

年　份	平均雨量（mm）	入库水量（10km³）	径流系数（%）	饮用水供水量（10km³）	灌溉水量（10km³）	发电水量（10km³）	泄洪水量（10km³）
2012	1977.8	1936.2	53.1	204.6	578.8	923.9	137.8
2013	1548.8	1376.6	48.2	606.9	556.6	640.7	
2014	1578.8	1618.5	55.6	645.9	439.9	894.2	62.1
2015	2069.4	2225.2	58.3	410.0	542.4	1224.1	155.7
2016	1770.8	1965.1	60.0	338.9	425.0	1123.5	283.8
2017	1435.5	1385.5	52.3	370.7	668.2	768.6	153.5
2018	1635.0	1454.6	48.0	367.9	510.8	404.1	86.8
2019	1718.2	1853.4	58.0	208.0	681.9	1085.7	349.0

第三节　灌区管理

征天灌区管理有工程管理和资产管理两大块，根据《征天灌区管理委员会章程》，灌区代表大会闭会期间由征天水库管理处主持日常工作。

管理制度

1988 年，干渠落实管理责任地段和责任人，负责干渠堤埂及沿渠涵闸的日常巡查和维修养护，及时清除渠堤坡面的违章种植，保证渠道畅通、堤面平整、堤坡完好；支渠维修养护划分到受益田片的村，并根据管理难易和受益面积大小承担管理任务。采取受益者投劳、征天水库补贴材料费的办法，解决维修养护经费。灌溉总站对工程维修施工全过程实行质量监督。

1990 年 2 月，《诸暨征天综合开发公司章程》规定，专门建立事业基金和支农基金制度。基金来源为征天综合开发公司下属企业每年提取税前利润 10%，明确用于征天水库管理和灌区水利工程的维修养护，由征天水库管理处掌握使用。

1992 年 10 月，征天水库管理处对干渠工程进行管理范围和保护范围划界确权，规定渠道过水断面、堤面、堤顶外边 1∶2 至堤脚为管理范围，堤脚线外 2 米为保护范围，对管理范围和保护范围内的土地进行调查核实登记。

12 月 15 日，征天灌区代表大会通过《关于灌区配套工程负担政策的实施意见》，明确干渠维修养护和沿渠涵闸维修由受益单位提出申请，经征天水库管理处批准，经费由征天水库管理处负担。田间渠道和机耕道路的建设，制定统一规划和标准，经灌溉总站验收合格，由征天水库管理处补助石方费和混凝土材料费。堰坝、涵闸、倒虹吸等水利配套工程需要更新改造的，经征天灌溉总站同意，由征天水库管理处补助材料费。

1993 年 9 月，对西小溪排灌工程的维修经费进行涝与旱的政策界定。西小溪排灌工程是一项以排涝为主，结合灌溉的区域性水利工程，全部由栎新水利会受益，受益范围内有水田面积 7000 亩，其中征天灌区灌溉面积 5514 亩。根据多年排涝和灌溉实际运行情况，规定排涝为主的水利工程，征天水库管理处负担 30%，栎新水利会负担 70%；以灌溉为主的水利工程，征天水库管理处负担 70%，栎新水利会负担 30%。

2006 年 1 月，根据诸暨市体改办《关于进一步深化完善浙江征天集团有限公司改制实施方案的批复》，征天集团企业改制后，征天灌区管委会支农政策不变，经费来源改为征天集团改制划给灌区的资产收益，授权征天水库管理处经营管理。

2014 年 4 月 19 日，枫桥镇镇长何浩明主持召开梁焕木基金会理事会暨征天灌区管委会联席会议，决定征天水库管理处与征天灌区管委会分离，分离后，征天灌区管委会与梁焕木基金会合并，建立“一套班子，两块牌子”的工作机制，全权接管征天灌区工作。

资产管理

2006 年 1 月 18 日，征天集团企业改制，核定征天灌区资产 6060.24 万元。包括位于征天房产公司 4 号楼 1 ~ 2 层街面房、原枫桥石灰氮厂厂区以及原征天水工商公司综合楼，位于征天水库库区的原征天职校校区、原征天食品厂厂区、原联营食品厂厂区和征天车站饭店等实物产权 2576.59 万元；划拨征天水库管理处货币资产 383.65 万元；梁焕木水利基金 3100 万元。明确灌区资产由灌区管委会授权征天水库管理处经营管理。

1 月 23 日，征天集团与征天水库管理处办理实物产权移交手续。由于征天灌区管委会不具备国家现阶段法人资格，货币资产转入征天渔场账户。

征天集团划拨灌区实物资产清单

表 01-04-11　　单位：万元

资产名称（位置）	地上资产	土地证号或地块	土地评估净值	地上与土地合计
征天渔场（征天水库管理处）	600.43	12-4116	9.64	972.95
		2-94-12-7	1.15	
		2-94-12-2	4.57	
		2-94-12-3	1.80	
		2-94-12-4	1.04	
		2-94-12-10	0.47	
		水库电站	1.97	
		2-94-12-8	0.30	
		水库未批用地	407.68	
		抵扣已评无形资产	56.10	
		小　计	372.52	
征天水工商公司（征天职校、征天食品厂、老钢厂部分）	522.36	12-016	42.59	846.64
		2-94-12-12	8.77	
		2-94-12-13	24.28	
		渠道东侧老糖厂	63.41	
		11-176	185.23	
		小　计	324.28	
联营食品厂	218.08	12-001	107.02	282.80
		抵扣已评无形资产	42.30	
		小　计	64.72	
征天房产公司 4 号楼 1 ~ 2 层及老钢厂宿舍楼	410.37	11-176	63.83	474.20
总　计	1751.24		825.35	2576.59

征天集团划拨灌区土地清单

表 01-04-12

地块位置	土地证号	土地性质	批准用途	土地面积（亩）
原石灰氮厂区	11-176	国有划拨	工　业	25.71
	11-176	国有划拨	商　业	1.17
原征天职校	12-016	集体划拨	工　业	6.45
原糖果车间	2-94-12-12	集体划拨	工　业	1.33
原酒场仓库	2-94-12-13	集体划拨	工　业	3.68
老糖厂	可补发证	集体划拨	工　业	9.91
征天罐头厂	12-001	集体划拨	工　业	16.22
征天车站饭店	12-4116	集体划拨	商　业	0.42
征天渔场管理房	2-94-12-7	集体划拨	工　业	0.17
征天水库管理楼	2-94-12-2	集体划拨	办　公	0.92
电　站	2-94-12-3	集体划拨	工　业	0.27
管理房	2-94-12-4	集体划拨	工　业	0.16
酒糟池	2-94-12-10	集体划拨	工　业	0.07
老电站	可补发证	集体划拨	工　业	0.30
泵　房	2-94-12-8	集体划拨	工　业	0.05
水田水塘	未　批	未　批	水田水塘	57.77
花木园	未　批	未　批	花木园	21.10
旱　地	未　批	未　批	旱　地	15.15
公　园	未　批	未　批	公　园	36.75
山　林	未　批	未　批	山　林	18.38

2014—2019 年，征天灌区管委会的主要收益为房屋店铺出租收入，累计 868.01 万元。其间，按照章程累计资助灌区新农村建设清水河塘治理工程款 298.49 万元。

2014—2019 年征天灌区管委会收支情况一览表

表 01-04-13　　单位：万元

年　份	房屋店铺租金	灌区新农村清水工程
2014	125.77	15.00
2015	130.83	33.07
2016	147.63	45.34
2017	147.83	47.76
2018	156.85	68.54
2019	159.10	88.78
合　计	868.01	298.49

湖畈水利会

水利会源自圩长制。枫桥江干支流河道两岸自宋代占湖围田始，据《经野规略》记载，至明代万历三十年（1602），湖畈堤埂普遍建立圩长制。各湖均编圩长、夫甲，分信地，即按受益面积和堤埂长度，确定每亩应负埂段长度，若干田亩编夫一名，一夫负责埂段若干丈，几夫立一甲长，几甲立一圩长。小湖设圩长一二名，大湖加设总圩长若干名，并将夫甲埂民之数，勒石记载。如遇田产变动，则夫随田转，埂以夫定。

民国元年（1912），仍沿袭旧制。县议会议决：每届农隙之际，由知事或自治委员分别会同区自治会乡董，巡阅检查堤埂，如有圮塌段落，当即查明，令饬该段圩长限期修固；倘逾期不修，则科以罚金，仍令克日兴工。尔后，统一改组为埂务委员会，组织原则为：凡一湖内利害相关湖民，组织埂务委员会，主持全湖堤埂之修筑暨经费之筹集；凡湖民有佃田或业田 5 亩以上者，有选举权和被选举权；埂务委员会由有选举权的湖民开会产生，选举田亩较多而热心公益者 5 ～ 9 人为委员；委员会设常务委员 3 人，总务、财务、工程员各 1 人。1945 年后，沿袭旧制，成立水利公会。防护方式逐步改为“全埂为公，救则出全湖之民以救之，筑则派全湖之钱以筑之”。

1951 年开始，按管理范围组建水利会。水利会为民间自治组织，各湖畈设主任 1 人，工作人员 2 ~ 3 人。征天水库建成后，征天水库灌区有青龙畈、西畈、栎新畈、山塘畈等 4 个湖畈水利会，主管单位枫桥镇政府。水利会不但是民间的自治组织，也是征天水库灌区的灌溉站，承担管理范围内堤防、涵闸、堰坝、渠系的安全运行和维修养护职能，按照征天水库灌溉站的职责，做好日常灌溉管理。水利会主要经费来源，是由水利会每年按受益田亩向湖民收取水利电排费。

2008 年起，政府为减轻农民负担，免除国有电排站排涝区域内农民负担的电排费。2010 年起，对湖畈水利会运行管理经费实行包干财政转移支付。

青龙畈 青龙畈北靠孝泉江，西临门前溪，与西畈相隔。水田面积 585 亩，田面高程从 12.6 米到最低处的 6.9 米。

由于东面与全堂畈相连，集雨面积较大，地面自东向西倾斜，上游来水集中到畈内，易内涝。1946 年，从竹新亭自南向北开挖一条新江，横截全堂畈，使上游来水经新江直接排入孝泉江。1953 年，又从凹子岭沿 8.2 米等高线开挖一条青东排涝渠道，使山水由东畈经龙凤闸排出。1963 年春，与西畈联合建造青西畈电力排涝站。

1963—1992 年，经历多年培埂加固加高，累计完成土方 2.6 万立方米，石方 0.2 万立方米。

1997 年 7 月 9 日洪水后，枫桥镇政府集中力量投入环畈防洪标准堤建设，至 2012 年，完成 20 年一遇防洪标准堤，堤长 1572 米，堤顶高程 13.14 米。

西畈 西畈环绕枫溪江，水田面积 1837 亩，田面高程从 9.2 米到东山圩最低处的 6.8 米。

清光绪二十四年（1898），枫桥镇曾进行东溪桥建闸、西畈拓江筑堤。工程完成后，枫溪东江成为穿镇排涝内渠。

1945 年 9 月后，修建诸暨至绍兴公路，拆除枫桥石拱桥，并在枫溪江尾西畈出口处建大闸，排水入枫桥江。环畈堤防经多次加高加固，防洪标准有所提高。1957 年，独山弄废江为田。

1963 年春，西畈与青龙畈联合在红马头建成青西畈电力排涝站，装机容量 55 千瓦 ×4 台，设计排涝流量 2.4 立方米每秒。1973 年 8 月，枫溪东江改为门前溪，为西畈排除内水的主要通道，北流经六一闸绕缸盖山，由六口塘注入枫桥江。同年，在缸盖山建圬工泵电排站解决门前溪排涝。

1956—1984年，环畈堤防历经多次培埂加固加高，累计完成土方21.9万立方米，石方0.3万立方米。

1997年7月9日洪水后，枫桥镇政府集中力量开展环畈防洪标准堤建设，至2012年，完成20年一遇防洪标准堤，堤长4250米，堤顶高程从枫江桥头的14.5米到三江桥的12.4米。

栎新畈 栎新畈位于枫桥镇，是枫桥江流域左岸的“湖头畈尾巴”，由栎江片、三江片组成，下游连接西泌湖。畈内受益7个自然村，人口6500多人，水田面积6200余亩。属于征天水库、栎桥江筑堰引水和遮山电灌站提潮灌溉三结合的灌区。

1957年，枫、栎、孝三江并道前，三江地区经常遭遇洪涝灾害，田成沧海，民成鱼鳖。当地农谚云：“三江地区牌九田，一夜雷雨满楼板。一年三种田，种在田里收靠天。耘田耘得大腿烂，谷担勿用硬扁担。男人做工当长年，小人放牛白吃饭。”三江并道后，洄村燕头山至双桥闸建成全长7270米的统一防洪堤，江口村以下原栎桥江河段成为内河。

1967年9月，当地政府组织民工，对枫桥江骆家桥至遮山段进行人工疏浚，疏浚后，潮水可涌至遮山。为利用潮水资源提潮灌溉，又将遮山电排站改装成排灌两用站。

1968年，完成龙山庵至鲇鱼山渠尾闸新西小溪排灌工程，将原来的西小溪位置抬高4米，全长5千米。抬高后，10.2平方千米的渠上山水，自北向南逆向排入栎桥江。

1997年7月9日洪水后，枫桥镇政府集中力量开展环湖畈防洪标准堤建设，至2012年，完成20年一遇防洪标准堤，堤长7270米，堤顶高程从霞朗桥的14.14米到双桥闸的12.24米。

山塘畈 山塘畈东南面临孝泉江，西面与栎新畈相隔枫桥江，北面为九里渠道与东泌湖相连。由圩子畈、骆家圩、山塘畈等3个小湖畈组成。水田面积2150余亩，属于枫桥江右岸的“湖头畈尾巴”。

1957 年枫、栎、孝三江并道前，山塘畈是东面高西面低的无堤防滩田，地貌特征有山、荡、畈，历史上称“山荡畈”。水退种植，十年九无收。农谚云：“山塘畈，靠天田，水旱洪涝三灾全。前半夜拨算盘起屋买田，后半夜卷铺盖典妻卖田。”经过三江并道，骆家圩全面退堤，筑成骆家圩西侧向南连接孝泉江右堤的新环畈大埂，全长 3410 米。1958 年，开挖九里排涝渠道。

1964 年新建电力排涝站，装机容量 55 千瓦 ×2 台，排涝流量 1.2 立方米每秒。2010 年拆除重建，重建后装机容量增至 80 千瓦 ×2 台。

1977 年 6 月 16 日洪水后，历经多次培埂，至 2012 年，环畈防洪堤全长 3410 米，堤顶高程 13.14 ~ 12.24 米，内外坡比 1:2，内坡增设石渣平台，宽 4 ~ 5 米，平均高度 2.5 米。累计完成土石方工程量 20.67 万立方米。

1950—2020 年征天灌区湖畈水利会主任名录

表 01-04-14

水利会名称	主　任	任职年份	水利会名称	主　任	任职年份
青龙畈水利会	陈昌全	1950—1960	西畈水利会	楼文贤	1950—1978
	陈全炳	1961—1963		楼胡法	1978—1979
	陈和堂	1964—1965		楼仁浩	1979—1980
	陈全炳	1966—1980		楼仲新	1980—2002
	陈燕传	1981—1982		宣方舟	2003—2019
	陈旺辉	1983—1995		楼国荣	2020—
	金爱祥	1996—2014	栎新畈水利会	陈文炳	1957—1967
	赵祖光	2014—		陶赵忠	1967—1979
山塘畈水利会	陈幼焕	1950—1990		楼炳江	1979—1989
	陈茂新	1991—2008		冯铁华	1989—2016
	谢绍灿	2008—2009		阮洪法	2017—
	陈东海	2009—			

第四节　征地和移民

征天水库移民和库区设计洪水位以下土地征用，在1964年5月全部完成。共拆迁安置杨村58户260人，征用土地1463.88亩。

征天水库建成并发挥效益后，为有利于工程管理范围的完整性和彻底解决水库移民遗留问题，征天水库管理处又于1991—2001年相继安置旺妙村2户移民，并征用旺妙村在水库大坝附近土地50余亩。

1991年12月，征用旺妙村水库坝下“丁”字路口东侧梅园8亩。

1993年2月，征用银杏村海螺形山地33亩，一次性补偿金2万元。

1994年10月，征用旺妙村泄洪溪段的水田、埂地共17亩，一次性补偿金14.45万元。

1996年2月，征用旺妙村小马岭山湾土地，包括水田、旱地、山地及宅基地共33亩，一次性补偿金33.5万元。

1999年10月至2001年12月，拆迁安置旺妙村2户村民旧楼房5间，占地面积152平方米，另加附属平房、茅厕、杂地等，共计补偿拆迁安置款11.23万元。

第五节　水库船运

杨村是征天水库移民村，征天水库建成蓄水后，山地被水库隔断，村民上山作业，需要用船摆渡。开始，征天水库管理处设定杨村渡口，落实1名征天渔场员工用捕鱼船为村民摆渡。1988年，为杨村购置1条钢质船，由杨村村民委员会落实1名船工，征天水库管理处落实杨村渡船经费。1993年开始，征天水库管理处每年与杨村村民委员会签订《渡船安全航行协议书》，明确钢船维修保养费、渡埠维修费、船工工资，并配备救生衣和救生圈等事宜。2020年度，协议补偿杨村渡船经费3万元。

第五章 防汛抗旱

征天水库下游是枫桥江，水库安则枫桥安，水库危则枫桥危。自古以来，由于水旱灾害频繁，人们与之抗争不息。中华人民共和国成立后，历届政府特别重视防灾抗灾工作，根据《中华人民共和国水法》《中华人民共和国防洪法》等有关法规，建立健全的各级行政首长负责制的防汛抗旱领导组织，完备测报系统，制定应急预案，科学调度运用，依法开展抢险救灾。以“安全第一，常备不懈，以防为主，全力抢险”为工作方针，以设计频率内洪水不出险、不失事为工作目标。遭遇超设计洪水时，通过防洪调度和全力抢险，确保水库和下游安全。

第一节 组织体系

1960 年征天水库建成后，设立防汛抗旱领导小组，服从县防汛防旱指挥部统一调度。灌区湖畈和各村设打桩、通信、巡逻组，服从乡镇统一指挥。

1992 年 5 月撤区扩镇并乡后，枫桥镇建立相应的防汛防旱领导小组，整合基层派出所、民兵预备役组织、专职消防队、森林防火队、治安巡逻队、湖畈水利会等，组建抢险突击队、应急小分队，承担所辖区域的防汛、抗旱、抗灾、抢险、救灾工作任务，并服从诸暨市防汛防旱指挥部统一指挥调度。每年进行不同类型的应急演练，强化应急准备和应急响应能力。

第二节 测报系统

1960 年，征天水库设雨量站。1962 年，设骆家桥水位雨量站。水雨情监测设施主要是人工雨量器、水位尺，水雨情传递主要靠电报或电话，传递速度慢、准确性差，而且网点少，代表性不足。

至2012年，逐步建立起一套较完整的自动化网络系统。应用遥测、通信、计算机和网络等技术，建成孝泉江流域或测区内固定站点5处，能自动采集、传输和处理各站的数据信息，包括降水量、蒸发量、水位、流量、潮位和水质等水文要素，使防汛抗旱和抢险救灾服务功能日臻完善。

2019年征天水库库区及下游水雨情测报站情况表

表01-05-01　　单位：米

站　名	站　别	警戒水位	保证水位	地　址	北　纬	东　经
征天水库	水位站	46.27	46.27	枫桥镇大干溪村	29° 50′ 09.4″	120° 26′ 37.0″
征天坝下	雨量站			枫桥镇大干溪村	29° 50′ 03.7″	120° 26′ 47.9″
东　三	雨量站			枫桥镇东三村	29° 52′ 06.0″	120° 27′ 55.4″
骆家桥	水位雨量	8.64	9.64	枫桥镇骆家桥	29° 49′ 50.6″	120° 24′ 05.6″
湄　池	水文站	7.66	8.66	店口镇渔村	29° 55′ 15.8″	120° 17′ 34.3″

第三节　应急预案

征天水库防汛应急预案

征天水库建成后，按照绍兴市防汛指挥部的要求，每年编制《征天水库防汛防旱应急预案》，具体规定水库控制洪水位、洪水调度原则和调度权。

控制洪水位　梅汛期、台汛期限止水位46.27米，相应库容866万立方米。

洪水调度原则　当洪水位超过起调水位46.27米时，电站满发，溢洪道自由出流。

调度权　兴利调度由征天水库管理处自行负责，防洪及其他由诸暨市水利局调度，调度令同时抄送绍兴市防汛指挥部、诸暨市防汛指挥部和绍兴市水利局。

征天灌区湖畈防汛应急预案

征天灌区栎新畈与山塘畈防汛预案，以枫桥江骆家桥水位为代表。骆家桥水位是枫桥江防汛调度的主要控制点，湄池水位与骆家桥水位密切相关。1982年，根据流域综合分析，诸暨县防汛防旱指挥部规定防洪特征水位，确定设防标准：骆家桥警戒水位 8.64 米，保证水位 9.64 米；湄池警戒水位 7.66 米，保证水位 8.66 米。

规定当骆家桥水位接近 8.64 米，湄池水位 7.66 米时，各级防汛组织按照防汛责任地段进入防汛巡逻检查；当骆家桥洪峰水位接近 9.64 米时，沿江乡镇要全力以赴组织各村防汛中队投入防汛抢险准备。

2012 年，根据浙江省防汛防旱指挥部《浦阳江干流洪水防御方案》，坚持流域调度与区域调度相结合，区域调度服从流域调度，兴利调度服从防洪调度的原则，由浦阳江全流域统一指挥，分级调度。

第四节 抗灾抢险

枫桥江流域洪涝灾害历来比较严重，上游源短流急，来水快，下游受钱塘江潮顶托，去水慢，中游宣泄不畅，每遇暴雨常泛滥成灾。流域内地形山多地少，山区又易受干旱影响，抗旱能力相对薄弱。特定的地理和复杂的水系是造成全流域水旱灾害频繁的主要原因。

1965—2019年的55年中，共发生较大洪涝灾害10次，平均接近5年一次。按骆家桥最高洪水位排列：1997 年“7・9”洪水位 10.88 米为最高，其余依次为2011年“6・16”的10.8米，1994年“6・17”的10.58米，2012年“8・8”的 10.54 米，1977 年“6・16”的 10.52 米，1990 年“8・31”的 10.16 米，1973 年“5・17”的 9.88 米，1970 年“6・25”的 9.8 米，1968 年“7・10”的 9.68 米，1965 年“6・26”的 9.35 米。

1949—2019 年，共发生旱灾 9 次，平均 8 年发生一次。按连续干旱天数排列：1967 年夏旱连秋持续干旱 141 天为最长，其次是 2003 年夏旱连秋冬干旱120天，1958年5—8月连续干旱98天，1971年6—9月连续干旱87天，1994年6—8月连续干旱57天，1995年47天，1988年45天，1990年44天，1998年40天。其中1990年为夏旱与台洪交替，1994年为梅汛与夏旱连秋交替。

在防洪、抗旱中，征天水库和湖区的两岸堤防、水闸、排涝泵站等众多水利工程，发挥了主要减灾作用。

1988年干旱

旱情 自6月23日至8月6日，连续高温干旱45天。部分水库干涸，受旱面积4万亩，部分山区农村人畜饮用水发生困难。

抗旱 7月18日，枫桥区公所干部组成工作组赴灌区各乡镇指导抗旱，帮助灌区乡镇安装抽水机埠，进行翻潮、翻塘取水灌溉。

7月29日，诸暨县政府组织人工降雨获得成功，征天水库雨量站测得人工降雨量56.1毫米，旱情得到缓解。

1990年干旱

旱情 自7月4日出梅至8月16日，连续干旱44天，旱情严重，部分山区农村人畜饮用水发生困难。

抗旱 7月25日，灌区乡镇机关干部组成抗旱工作组指导抗旱，调集抗旱机具，设立临时泵站，开挖灌溉渠道、清理大小沟渠，抽取地下水解决旱情。

1994年梅洪

雨情 6月8日至17日连续三轮强降水。8—11日为第一轮强降水，降雨量176.2毫米；12—13日为第二轮强降水，降雨量102.6毫米；16—17日为第三轮强降水，降雨量137毫米，累计过程雨量419.4毫米。创1929年后最高记录。最大24小时降雨量118.1毫米，最大3天降雨量176.2毫米，超20年一遇频率。

水情 6月17日下午3时，暴雨导致征天水库水位骤涨至46.12米，超汛限水位0.65米，为历史最高水位。相应库容852万立方米。最大入库流量36.6立方米每秒，最大出库流量24.4立方米每秒，累计洪水总量595.7万立方米，过程泄洪量337.6万立方米。

枫桥江骆家桥段抗洪抢险现场

枫桥江骆家桥连续出现“6·10”“6·14”“6·17”三次超保证洪峰水位。6月10日第一次洪峰水位9.89米，超保证水位0.25米；14日第二次洪峰水位10.08米，超保证水位0.44米；17日第三次洪峰水位10.58米，超保证水位0.94米。超保证水位历时31小时。湄池站6月17日最高水位10.10米，超保证水位1.44米，超保证水位历时115小时。

青龙畈内涝成湖

抢险 由于洪水持续时间长、水位高，堤防全线告急。6月17日下午15时，栎新畈骆家桥上段堤埂内坡发生大面积滑坡坍塌。枫桥镇政府接到栎新水利会的报告后，立即组织150多名抢险突击队员增援，经一昼夜抢险，采取外坡打桩铺设土工布截渗、内坡开挖导渗沟，筑成500多立方米石渣镇压平台，险情得以控制。

灾情 洪水导致绍（兴）大（唐）公路、枫（桥）湄（池）公路中断，青龙畈、西畈、栎新畈、山塘畈内涝，受涝面积9000余亩。

1994年6月三次洪灾各控制站水位一览表

表 01-05-02　　单位：米

站　名	洪水编号	最高水位	时　间	历史最高纪录	
				水　位	日　期
骆家桥	6・10	9.89	11日5时	10.52	1977.6.16
	6・14	10.08	14日2时		
	6・17	10.58	17日19时		
湄池站	6・10	9.48	11日7时	9.83	1977.6.16
	6・14	9.74	14日2时		
	6・17	10.10	17日20时38分		

1997年梅洪

雨情　7月7日至11日，流域平均降雨量344毫米。最大35分钟降雨量52.9毫米，最大3小时降雨量60.7毫米，最大24小时降雨量128.4毫米，最大3日降雨量248毫米，超过20年一遇频率。

水情　暴雨导致征天水库水位骤涨，7月6日水库水位39.23米，相应库容349万立方米，至12日上午8时，水库最高水位上升至45.63米，超汛限水位0.16米，相应库容806万立方米。过程洪水总量485万立方米。

征天印染厂厂区积水

7月9日下午4时，骆家桥最高水位10.88米，超保证水位1.24米。受富春江大流量泄洪和钱塘江潮顶托影响，湄池站出现2次洪峰，最高水位10.48米，超保证水位1.82米，最大洪峰流量1324立方米每秒，为有记录以来的历史最高值。湄池站超保证洪水位历时105小时，高水位持续时间之长和顶托严重程度为50年来之最。

征天印染厂门口枫湄公路积水

分洪 7月8日中午，枫桥江骆家桥超过保证水位，枫桥镇政府组织征天灌区干部群众和抢险突击队上埂巡逻值守。为保证铁路安全，下午3时，诸暨市政府召开紧急会议，并迅速赴直埠、湄池两镇协调，采取分洪入新联湖、朱公湖的措施。分洪后，枫桥江水位开始下降。

灾情 7月9—10日，青龙畈内涝成灾，征天印染厂厂区积水最深处1米。洪水导致绍大公路、枫湄公路中断，青龙畈、西畈、栎新畈、山塘畈内涝，受涝面积9000余亩。

1997年7月洪灾各控制站水位一览表

表01-05-03 单位：米

站名	洪水编号	最高水位	时间	历史最高纪录	
				水位	日期
骆家桥	7·9	10.88	9日12时	10.58	1994.6.17
湄池	7·9	10.48	9日16时	10.10	1994.6.17

2003年干旱

旱情 自6月30日开始，夏旱连秋，一直持续到年底，干旱天数120天，日气温超过35℃以上56天，年降水量仅1050.5毫米。大部分山塘水库干涸，山区村民生活饮用水困难。

抗旱 8月初，市政府召开抗旱工作会议。8月4日后，山区乡镇着重解决村民饮水困难问题，确立“先生活，后生产”的调度原则。

征天水库平均每天向下游供水5万立方米。枫桥镇投入资金3万元，铺设自来水管150米，使征天自来水公司与枫桥镇自来水厂并网，每天由征天自来水公司供水给镇水厂2000余立方米，解决集镇2万多居民的生活饮用水困难。

2011年梅洪

2011年6月，枫桥遭遇1997年以来最大梅雨洪水。从6月4日入梅至20日，连续遭遇四轮强降水。由于降水持续时间长、面雨量大，导致枫桥江下游黄潭解放湖决口。

雨情 6月4日凌晨至6月20日，连续遭遇四轮强降水。16天平均降雨量518.2毫米。最大日（6月13日）降雨量111.5毫米，最大3日（6月13—15日）降雨量184.5毫米，超过20年一遇。最大7日（6月12—18日）降水量296.5毫米，超过20年一遇，接近50年一遇。暴雨特点是总量大、历时长、分布面广。

水情 暴雨导致征天水库水位骤涨。6月10日水库水位44.71米，相应库容728.7万立方米。受连续强降水影响，15日下午4时35分，水库最高水位46.62米，超汛限水位0.35米，为历史新高。最大入库流量24.4立方米每秒，入库洪水总量343.9万立方米，过程泄洪量284.9万立方米。强降水使江河水位上涨，受富春江大流量泄洪和钱塘江农历月半潮顶托，枫桥江骆家桥水位形成入汛以来“6·16”“6·18”和“6·19”三次超过保证洪水位。

灾情 16日6时35分，江藻镇墨城湖决口。13时52分，店口镇黄潭解放湖决口。两湖决口后，枫桥江水位迅速下降，堤埂有惊无险。

6月21日，国务院副总理回良玉代表党中央、国务院视察浦阳江灾情，到枫桥指导抗灾救灾，看望受灾群众；省委书记赵洪祝，省委副书记、省长吕祖善以及省委副书记夏宝龙先后赴诸暨抗洪一线指导，慰问受灾群众。

2012年台洪

2012年8月8日3时20分，“海葵”台风在象山县鹤浦镇沿海（三门湾北侧）登陆，登陆时为强台风等级。此次台风对枫桥孝泉江流域造成严重灾害。

雨情 受强台风暴雨影响，7—10 日平均雨量 207.6 毫米，其中 7 日晚上 20 时至 8 日上午 8 时平均降雨量 186 毫米，最大日（8 月 8 日）降雨量 100 毫米，最大 1 小时（8 日 13 时）降雨量 21.5 毫米，最大 3 小时（8 日 7—10 时）降雨量 45.5 毫米，最大 12 小时（8 日 1—13 时）降雨量 144 毫米，最大 24 小时（7 日 20 时至 8 日 20 时）降雨量 186 毫米。超 20 年一遇，接近 50 年一遇频率。暴雨特点是强度大、历时短、范围集中。

水情 台风暴雨导致水库水位骤涨。8 月 7 日征天水库水位 44.9 米，相应库容 744.3 万立方米。受台风强降水影响，8 月 8 日 18 时水库水位 46.85 米，超汛限水位 0.58 米，相应库容 920.7 万立方米，最大入库流量为 8 日 13 时的 57.34 立方米每秒，过程洪水总量 288.8 万立方米，最大出库流量 19.76 立方米每秒，泄洪总量 95.3 万立方米。

灾情 台风暴雨导致征天水库和孝泉江流域灾害。8 日上午 9 时孝泉江水位暴涨至征天桥桥面以上，9 时 30 分征天桥冲垮。11 时，干渠穿越孝泉江倒虹吸被洪水冲毁，干渠 2 + 800 段因山体滑坡被填埋，引水隧洞内部大塌方。

专记　梁焕木水利基金会

梁焕木水利基金会成立于2013年3月22日，以征天集团创始人梁焕木命名，是征天集团出资3100万元组建的社团法人，由征天集团、征天水库管理处、征天灌区16个受益村和4个湖畈水利会联合组成，具有时代特色和征天精神的民间自治组织，属枫桥镇政府管辖。

基金会的宗旨是：巩固和发展征天水库以及灌区的水利事业，支持与推动枫桥镇防洪工程的建设。

创建历程

2013年1月23日，按照诸暨市体改办2006年《关于进一步完善浙江征天集团有限公司改制实施方案的批复》文件精神，市水利局、枫桥镇政府、征天集团、征天水库管理处以及梁焕木家属等为基金会理事单位，由理事单位推荐候选人组建梁焕木基金会理事会，并由征天水库管理处负责起草章程。

3月22日，枫桥镇镇长何浩明主持召开有梁焕木家属代表参加的征天灌区管委会会议。根据理事单位推荐，选举何浩明、陈利勇、徐高飞、宣汉康、周长荣、魏国苗、梁贤生、冯铁华、陈东海等9人为第一届梁焕木基金会理事会成员；名誉理事长何浩明，理事长梁贤生，副理事长陈利勇、魏国苗，秘书长周长荣。推选陈国光、楼仁浩、葛焕礼、韩忠龙、魏国民、宣方舟、赵祖光等7人为第一届基金会监事会成员，监事会主席陈国光。

2014年4月19日，由何浩明主持召开第一届梁焕木基金会第二次理事会暨征天灌区管委会联席会议，会议批准同意周长荣因工作调动辞去征天灌区管委会副主任和梁焕木基金会秘书长职务的请求，增选魏国苗为征天灌区管委会副主任兼基金会秘书长，并决定征天水库管理处与征天灌区管委会分设，分设后，征天灌区管委会与梁焕木基金会合并，建立“一套班子，两块牌子”的工作机制。

2017 年 7 月 26 日，由枫桥镇镇长袁新江主持召开第二届梁焕木基金会理事会第一次会议，选举袁新江、葛勇军、章汉军、宣汉康、梁贤生、魏国苗、阮洪法、厉哲明、冯铁华、陈东海等 9 人为第二届梁焕木基金会理事，名誉理事长袁新江，理事长梁贤生，副理事长葛勇军、阮洪法，秘书长魏国苗。推选张铁伟、陈国光、赵祖光、宣方舟、葛建强、韩忠龙、魏校灿等 7 人为第二届梁焕木基金会监事。

2020 年 1 月 14 日，由梁焕木基金会副理事长葛勇军主持召开梁焕木基金会理事会暨征天灌区管委会联席会议，批准同意梁贤生、魏国苗因年龄关系退职，同时免去其梁焕木基金会和征天灌区管委会相关职务。确定阮洪法为征天渔场法定代表人，主持征天灌区管委会和梁焕木基金会日常工作。

经营管理

梁焕木基金会管理职责是使基金保值增值，力求效益最大化。在《梁焕木水利基金会章程》规定范围内行使管理权力，承担责任和义务。

2006 年 1 月，征天集团企业转制，因办理权证手续复杂，时间跨度大，征天集团分别于 2011 年 9 月 9 日、2012 年 12 月 25 日陆续将 3100 万元梁焕木基金全额转给征天灌区管委会，寄靠征天渔场账户，由征天水库管理处负责储存于中国农业银行诸暨市支行枫桥营业所。

2013 年 3 月 22 日，征天灌区管委会会议审议通过《梁焕木水利基金会章程》。

4 月 26 日，第一届梁焕木基金会第一次理事会暨征天灌区管委会联席会议根据《梁焕木水利基金会章程》，补充制定《梁焕木水利基金运作管理办法》。

2013—2019 年，梁焕木基金会累计收益 2002.38 万元。

反馈灌区

2013 年，梁焕木基金会按照《梁焕木水利基金会章程》和《梁焕木水利基金运作管理办法》，制定反馈征天灌区政策：原始受益田每亩分配 30 元，水利工程按实际投入额补助 30%，水利会堤埂管理每千米补贴 4000 元；发给男 60 周岁、女 55 周岁以上老年人慰问金每人每年 30 元，老年水利干部困难补助每人每年 4000 ~ 5000 元。当年共反馈资金 198.86 万元。

此后，逐年递增原始受益田分配标准和老年慰问金额度，增加因水利工程致伤致残人员补贴。至 2019 年，原始受益田每亩分配增加到 40 元，老年人慰问金每人每年增加到 80 元。

2013—2019 年，梁焕木基金会累计反馈征天灌区资金 1712.87 万元。

2013—2019 年梁焕木基金会收支情况表

表 01-06-01　　单位：万元

年　度	利息收入	支　出					
		原始田亩分配	水利工程补助	老年人补助	水利会堤埂补助	老干部及伤残补助	合　计
2013	257.36	53.43	91.64	38.48	11.41	3.90	198.86
2014	262.95	71.80	49.64	67.70	11.41	3.90	204.45
2015	324.33	71.80	32.79	105.41	11.41	4.00	225.41
2016	296.62	71.80	92.78	118.26	11.41	4.55	298.80
2017	280.10	71.82	100.58	122.30	11.41	4.30	310.41
2018	294.80	71.82	13.15	125.93	11.41	4.40	226.71
2019	286.22	71.82	31.65	129.00	11.41	4.35	248.23
合　计	2002.38	484.29	412.23	707.80	79.87	29.40	1712.87

附　件：

梁焕木水利基金会章程

（2013 年 3 月 22 日全体理事会议表决通过）

第一章　总　则

第一条　本基金会的名称是梁焕木水利基金会。

第二条　本基金会由诸暨市体改办〔2006〕2 号文件批准，是浙江征天集团有限公司出资组建的财团法人。

第三条　本基金会的宗旨：巩固和发展征天水库以及灌区的水利事业，支持与推动枫桥镇防洪工程的建设。

第四条　本基金会的原始基金数额为人民币3100万元，来源于浙江征天集团有限公司改制时设置的梁焕木水利基金。

第五条　本基金会暂用诸暨市征天水库渔场工商执照作银行开户。

第六条　本基金会的住所：诸暨市征天水库管理处。

第二章　任　务

第七条　本基金会公益活动的业务范围：

（一）保障原征天集团对征天水库以及灌区支农政策兑现（包括水利工程的维修养护、中低产田改造补助等）；

（二）支持与推动枫桥镇防洪工程和水利事业建设；

（三）支持有助于枫桥镇水利事业发展的科学研究，对其成果有杰出贡献的人员进行必要的奖励和资助；

（四）关注曾对枫桥镇的水利事业有杰出贡献的老水利工作者，在其个人生活发生困难时进行必要的资助。

第三章　组织机构、负责人

第八条　本基金会由七至九名理事组成理事会。每届任期三年，届满可连选连任。

第九条　理事的资格：由枫桥镇政府、市水利局、征天集团公司、征天水库管理处以及梁焕木家属等推荐候选人。

第十条　理事的产生及罢免：

（一）第一届理事由业务主管单位、主要捐赠人、发起人等提名并共同协商确定；

（二）理事会换届改选时，由业务主管单位、理事会、主要捐赠人等提名候选人并组织换届领导小组，组织全部候选人选举产生新一届理事；

（三）罢免、增补理事应当经理事会表决通过，报业务主管单位审查同意；

（四）理事的选举和罢免结果报登记管理机关备案。

第十一条　理事的权力义务：

（一）遵守基金会章程；

（二）积极参与基金会组织的各项活动；

（三）根据需要为基金会提供必要的义务服务；

（四）以基金会的名义参与符合基金会宗旨的各项社会活动；

（五）对基金会有重大贡献时，可获得各种奖励。

第十二条　本基金会的决策机构是理事会。理事会行使下列职权：

（一）制定、修改章程；

（二）选举和罢免理事长、副理事长、秘书长；

（三）决定重大业务活动计划，包括资金的募集、管理和使用计划；

（四）审定年度收支预算及决算；

（五）制定内部管理制度；

（六）决定设立办事机构、分支机构、代表机构；

（七）决定由秘书长提名的副秘书长和各机构主要负责人的聘任；

（八）听取、审议秘书长的工作报告，检查秘书长的工作；

（九）决定基金会的分立、合并或终止；

（十）决定其他重大事项。

第十三条　理事会每年至少召开两次会议。理事会会议由理事长负责召集和主持。有三分之一理事提议，必须召开理事会会议。如理事长不能召集，提议理事可推选召集人。召开理事会会议，理事长或召集人需提前五日通知全体理事、监事。

第十四条　理事会会议必须有三分之二以上理事出席方能召开，理事会决议须经出席理事过半数通过方为有效。

第十五条　理事会会议应当制作会议记录。形成决议的，应当当场制作会议记录，并由出席理事审阅、签名。理事会决策，致使基金会遭受损失的，参与决议的理事应当承担责任。但经证明在表决时反对并记载于会议记录的可免除责任。

第十六条　本基金会设监事五至七名。监事任期与理事任期相同，期满可以连选连任。

第十七条　理事、理事的近亲属和基金会财会人员不得任监事。

第十八条　监事的产生和罢免：

（一）监事由主要捐赠人、业务主管单位等选派；

（二）登记管理机关根据工作需要选派；

（三）监事的变更依照其产生程序。

第十九条　监事的权利与义务：

（一）监事可依照章程规定的程序检查基金会的财务和会计资料，监督理事会遵守法律和章程的情况；

（二）监事列席理事会议，有权向理事会提出质询和建议，并应当向登记管理机关和业务主管单位以及税务、会计主管部门汇报情况；

（三）监事应当遵守有关法律法规和基金会的章程，忠实履行职责。

第二十条　在基金会领取报酬的理事不得超过理事总人数的三分之一。监事和未在基金会担任专职工作的理事不得从基金会中取得报酬。

第二十一条　本基金会理事遇有个人利益与基金会利益关联时，不得参与相关事宜的决策；基金会理事、监事及其近亲属，不能与基金会有任何交易行为。

第二十二条　理事会设理事长、副理事长和秘书长，从理事中选举产生。

第二十三条　本基金会理事长、副理事长、秘书长必须符合以下条件：

（一）在本基金会业务领域内有较大影响；

（二）理事长、副理事长、秘书长最高任职年龄不得超过七十周岁，秘书长为专职；

（三）身体健康，能坚持正常工作；

（四）具有完全民事行为能力。

第二十四条　本基金会的理事长、副理事长、秘书长每届任期三年，连任不超过两届。因特殊情况需超届连任的，须经特殊程序表决通过，报业务主管单位审查并经登记管理机关批准同意后，方可任职。

第二十五条　本基金会理事长为基金会法定代表人。本基金会法定代表人不兼任其他组织的法定代表人。

本基金会的法定代表人在任期间，基金会发生违反《基金会管理条例》和本章程的行为，法定代表人应当承担相关责任。法定代表人失职，导致基金会发生违法行为或基金会财产损失的，法定代表人应当承担个人责任。

第二十六条　本基金会理事长行使下列职权：

（一）召集和主持理事会会议；

（二）检查理事会决议的落实情况；

（三）代表基金会签署重要文件。

本基金会副理事长、秘书长在理事长领导下开展工作，秘书长和下设机构负责基金会的日常工作。

第四章　财产的管理与使用

第二十七条　基金会的基金来源：

（一）基金会的出资人是浙江征天集团有限公司；

（二）基金会的利息、股息、投资委贷收益及其他收入。

第二十八条　基金会必须确保基金会保值、增值。

第二十九条　公益性的开支不得动用基金。

第三十条　基金会盈利的分配比例：

（一）按不高于60%比例用于本章程第七条第（一）款范围；

（二）按不高于30%比例用于本章程第七条第（二）（三）（四）款范围；

（三）按10%比例提取公积金，用于基金会的保值增值。

第三十一条　基金会实行独立核算，并委托有资质的会计师事务所对基金会的财务进行审计。

第五章　附　则

第三十二条　基金会如需终止，必须由理事长、副理事长、秘书长组成的办公会议提出报告，经理事会审议通过后，按国家有关规定办理注销手续，并与原捐赠人协商处理剩余基金和财产。

第三十三条　本章程服从国家法律、法规。

第三十四条　本章程的解释与修改权归基金会理事会。

梁焕木水利基金运作管理办法

（2013 年 4 月 26 日全体理事会议表决通过）

为确保梁焕木水利基金的保值、增值，加强梁焕木水利基金投资委贷业务管理，进一步巩固和发展征天水库以及灌区的水利事业，依据有关规定制订本办法。

第一条　本办法是指：基金会向符合条件的企业进行投资或出借资金，以及委托银行向符合条件的企业、社团组织或个人发放贷款。

第二条　投资委贷业务应当遵循依法合规、审慎经营、平等自愿和公平诚信的原则。

第三条　申请投资委贷业务应具备条件及具体运作方式：

（一）投资、借款对象为取得营业执照的企业法人，原则上要求注册地为枫桥镇且在枫桥镇实际生产经营的企业。企业必须在正常经营中，且经营期限已达到五年以上。委贷对象由银行确定。

（二）投资、借款和委贷用途明确合法，必须有具体的经营用途。

（三）投资、借款申请数额以同一个企业单笔金额不超过 2000 万元为限。投资、借款期限最长不得超过一年。委贷金额、期限由银行确定。

（四）年投资收益率、年借款利率及委贷年收益率均不得低于 10%。投资收益支付方式按协议确定，借款利息结算方式为按季结息，委贷收益结算方式与银行协商确定。

（五）投资、借款企业必须具备还款能力，信用状况较好，无重大不良信用记录。

（六）投资、借款企业必须同时有两家一定规模和经济实力，且信用途高的企业提供信用担保。通过银行委放贷款的，按银行相关规定办理。

第四条　投资、借款企业以书面形式提出申请，提供能够证明其符合投资、借款条件的相关资料。理事会对投资、借款申请内容和相关情况的真实性、准确性和完整性进行调查核实，重点调查投资和借款企业的偿还能力、诚信状况、担保情况、抵（质）押比率和风险程度等。

第五条　出借权限：500 万元以下不予出借；500 万元至 1000 万元（含 1000 万元），由理事长办公会议决定；1000 万元以上必须召开全体理事会议表决（监事会成员列席会议）。理事会同意投资委贷后，应与投资、借款企业签订书面投资或借款合同，担保单位在投资或借款合同上签署担保意见。通过银行委放贷款的，按银行规定的借款合同方式办理。

第六条　投资、借款企业应按照合同约定，支付投资本金、收益和借款本息。对未按照合同约定支付投资本金、收益和借款本息的，理事会应根据合同规定采取措施收回或进行法律诉讼。

第七条　投资委贷业务的具体操作流程：

（一）投资、借款企业提出书面申请；

（二）对投资和借款企业的经营规模、偿还能力、诚信状况、担保情况进行调查核实；

（三）理事会对投资和借款企业的投资、借款金额、期限与保证措施，以及通过银行委贷形式进行可行性研究；

（四）理事长、副理事长、秘书长根据理事会成员的可行性研究意见，分别形成投资、借款或委贷的最终方案；

（五）投资、借款或委贷的合同签订，理事会授权秘书长具体办理，理事长签字同意；

（六）按期收回投资、借款、委放贷款，以及投资收益和借款、委放利息。

第八条　基金会实行独立核算，投资委贷业务按规定进行账务处理。在基金会营业执照未注册之前，先以征天渔场名义进行账务收支核算，在银行开设专户办理资金往来，在会计账户上单独设置基金收入和支出科目。

基金会收入主要指基金的利息、股息、投资委贷收益及其他收入，并应按规定缴纳相关税费。支出按章程规定办理。

第九条　本办法由梁焕木水利基金会理事会负责解释。

第十条　本办法经理事会讨论通过之日起实施。

第二篇 企业

征天大厦

第二篇 企 业

1960年征天水库建成后，为解决水库管理人员的生活问题，在极度艰苦的条件下，以梁焕木为代表的征天老一辈实干家发扬自力更生，艰苦奋斗的精神，挖塘养鱼搞副业，积累资金发展多种经营。20世纪60年代末期起，先后办起征天“五七”修配厂、枫桥石灰氮厂、征天水泥厂等多家工业企业。

1989年，征天综合开发公司拥有8家下属企业和1所职业技术学校。在册职工共计577人，拥有固定资产2020万元；年总产值3500余万元，总利税400余万元。

从征天综合开发公司到征天集团，企业日益壮大，然“情系三农”的初衷不改，先是每年从利润中提取支农专款，后又设立梁焕木水利基金，一如既往支援灌区农田水利建设。

1998年，征天集团正式参加社会保险统筹，成为诸暨市第一家参加社会保险的乡镇集体企业。

征天集团实行股份合作制改革始于1993年。至2006年，进行职工身份置换和企业资产界定，建立起新型劳动关系和产权明晰、权责明确的现代企业制度，完成企事体制改革。

2020年，征天集团总资产达到8亿元，拥有6家股东企业和3家隶属企业，其中包括一家“新三板”挂牌企业。

1997—2020年，征天集团多次获得水利部颁发的“全国水利系统先进企业”荣誉称号，并先后跻身“诸暨市工业三十强规模企业”“诸暨市工业二十强规模企业”“诸暨市规模企业第十三名”等先进行列。

第一章 历史沿革

浙江征天集团有限公司前身为诸暨县征天水库管理处。1960 年 10 月，征天水库主体工程完工，此后水库由建设转入管理。

1985 年 2 月，征天水库管理处实行企事业分线管理，成立诸暨征天综合开发公司，征天水库管理处成为其下属的事业职能机构。

1993 年 1 月，建立浙江诸暨征天集团公司，形成多种经济性质并存，跨地区、跨部门、跨行业的水利系统集体所有制经济实体。

2000 年 1 月，浙江诸暨征天集团公司变更为浙江征天集团有限公司。

2006 年 1 月，征天集团完成水库、灌区及下属各企业的改制，各企业转制为以“职工持股会”为股东的有限公司，真正建立起企事职责分开，产权明晰的现代企业制度。

2015 年，彻底完成经济体制改革。

第一节 征天综合开发公司

1985 年 2 月，诸暨征天综合开发公司成立，公司性质为水利系统集体所有制企业。

1989 年 12 月，征天综合开发公司向诸暨市委递交《关于改善征天综合开发公司管理体制的报告》。1990 年 1 月 31 日，诸暨市委发文同意《关于明确征天综合开发公司管理体制的批复》，确定征天综合开发公司为诸暨市属集体企事业单位，受诸暨市委和市政府直接领导，市水利局主管，市乡镇企业局、市计划经济委员会对征天综合开发公司进行业务指导。

1990 年 2 月，《诸暨征天综合开发公司章程》印发，明确公司宗旨为坚持社会主义方向，解决农村富余劳动力就业，发挥规模企业效益，巩固和壮大集体经济，支援国家建设，支援灌区农业，为当地经济发展和实现四个现代化建设多作贡献。

1992年7月，诸暨市政府批转体改办《关于征天综合开发公司所属企业管理体制的意见的通知》，明确“撤区扩镇并乡”后，征天综合开发公司对所属企业的管理体制及有关政策的调整。将征天综合开发公司所属企业定为集体所有制性质，由市水利局管理；征天综合开发公司及所属企业继续实行税前利润中提取10%的灌区支农基金；征天综合开发公司每年向市水利局交纳管理费5万元，并由水利局转拨返还给枫桥镇3万元、东一乡1万元、齐东乡1万元。

第二节 征天集团公司

1993年1月，绍兴市计划委员会和绍兴市政府经济体制改革办公室根据征天综合开发公司的报告，同意建立浙江诸暨征天集团公司，注册资金3000万元。明确征天集团是以乡镇企业为主体，由多种经济性质企事业并存，跨地区、跨部门、跨行业的经济实体。实行自主经营、独立核算、自负盈亏，具有企业法人资格，经济性质为集体所有制。

征天集团行政上隶属于诸暨市政府，业务上受诸暨市水利局和诸暨市乡镇企业局指导。下属企业（含联营企业）的原法人资格、所有制性质、隶属关系和财政渠道不变。

2000年1月，经浙江省工商行政管理局核准，浙江诸暨征天集团公司变更为浙江征天集团有限公司。

2005年2月起，为建立现代企业制度，明晰企业产权，诸暨市体改办对征天集团进行为期一年的工作指导。2006年1月，征天集团完成企事体制改革，并完成企业与征天水库及灌区的资产分割。

第二章 企业管理

征天集团有健全的企业管理机构和管理制度，先后制定《诸暨征天综合开发公司章程》《浙江诸暨征天集团公司（股份合作）章程》和《浙江征天集团有限公司章程》。在人才使用上不拘一格，重视录用优秀技术人才和经营管理人才，建立自己的征天职称评定制度。征天集团档案室达到省级先进标准，征天集团形象策划以独特、准确、鲜明的视觉形象传递给社会公众，以“人、天”组合的标志图形，体现以人为本的征天精神。征天人有自己的网站、自己的刊物，甚至有自己的史志，企业文化有声有色。

第一节 组织机构

征天集团设置董事会、监事会、经理班子和党委等领导机构，以及工会、团委、妇联和相关科室。2003 年 6 月 5 日，设立人民武装部。

2020 年，征天集团企业架构由机械制造业、纺织印染业、生物科技业、环保科技业、房地产业、商贸服务业等六大类组成。

董事会

1985 年 2 月征天综合开发公司成立后，实行董事会领导下的总经理负责制。经董事会推荐，梁焕木为首任董事长。

1993 年 1 月浙江诸暨征天集团公司成立后，以及 2000 年 1 月变更为浙江征天集团有限公司后，继续实行董事会领导下的总经理负责制。

1993 年 1 月至 2002 年 2 月，征天集团召开第一届至第四届股东代表大会，选举产生董事会和监事会（第一届未设监事会）。董事会选举产生董事长、副董事长，聘请名誉董事长、顾问，聘任总经理、副总经理、总经理助理；监事会选举产生监事会主席。

2006年10月至2018年12月，征天集团召开第五届至第九届股东大会，各股东企业按持股比例推荐产生董事或监事，组成董事会和监事会。董事会选举产生董事长、副董事长，聘请顾问，聘任总经理、副总经理；监事会选举产生监事会主席。

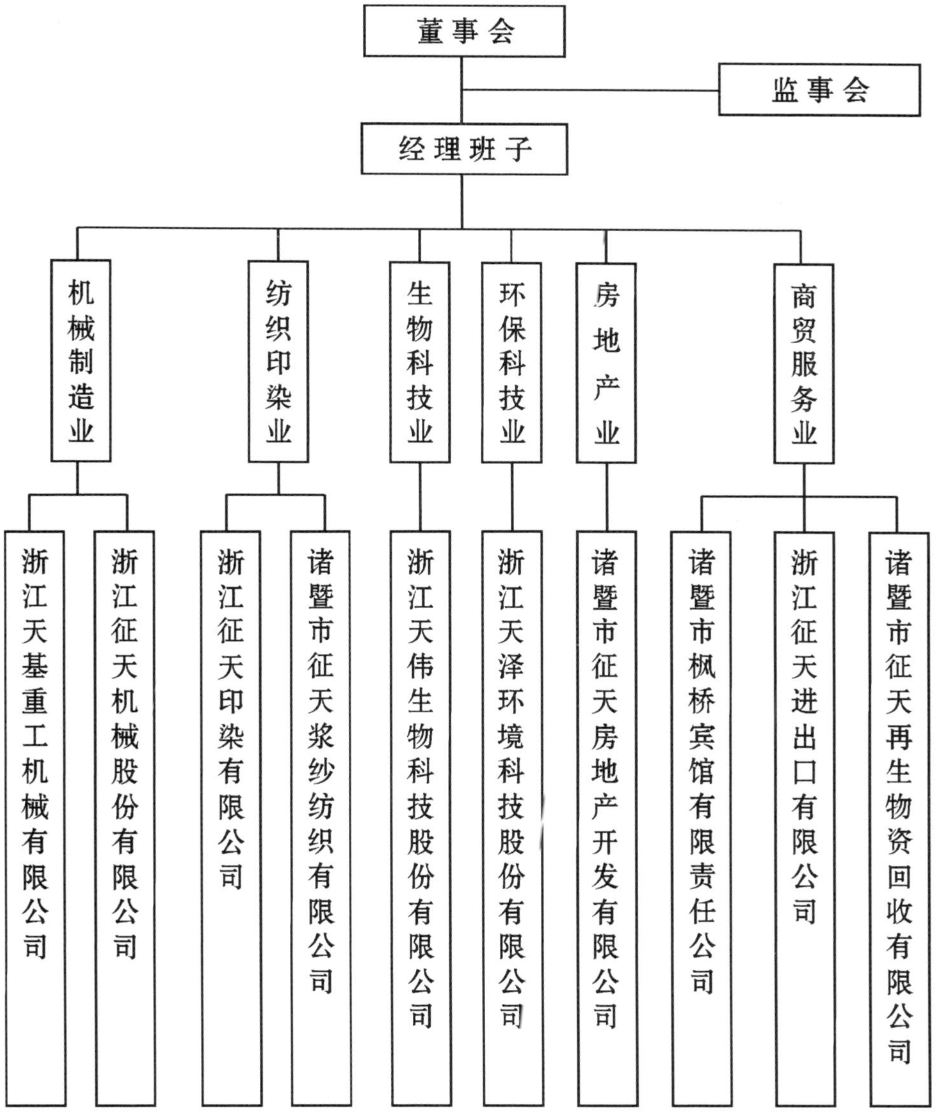

2020年征天集团组织与企业架构图

征天集团董事会历届成员名录

表 02-02-01

单位名称	届次	任 期	董事长	副董事长	董 事	名誉董事长★ 顾 问☆
诸暨征天综合开发公司		1985.3—1986.12	梁焕木	宣校成	梁焕木 宣校成 杨忠琪 蒋胜瑞 楼开新 张仲汉	
		1986.12—1990.2	梁焕木	宣校成	梁焕木 宣校成 杨忠琪 蒋胜瑞 楼开新 张仲汉	
		1990.2—1993.1	陈汉钦	宣校成 阮荣其	梁焕木 陈汉钦 宣校成 阮荣其 郭康均 汪木伦 王伟潮 陈基楠 杨见明 张仲汉 蒋胜瑞 楼开新 樊正贤	梁焕木★
浙江诸暨征天集团公司	第一届	1993.1—1996.1	杨见明	阮荣其 陈伯龙	杨见明 阮荣其 陈伯龙 王葛苗 陈基楠 周长荣 张立群 宣水安 宣汉康 宣国桢 梁贤生 葛焕康 魏国苗	梁焕木★ 陈汉钦☆ 宣校成☆
	第二届	1996.1—1999.2	陈伯龙		陈伯龙 王伟潮 阮荣其 张立群 周长荣 宣水安 宣汉康 宣国桢 梁贤生 葛焕康 魏国苗	梁焕木★ 阮荣其☆
浙江征天集团有限公司	第三届	1999.2—2002.2	陈伯龙		陈伯龙 王伟潮 陈剑凭 周长荣 宣汉康 梁贤生 葛涌泉 魏国苗 魏雪苗	葛焕康☆
	第四届	2002.2—2006.10	陈伯龙		陈伯龙 汤汉根 陈剑凭 杨列鸣 何周龙 周长荣 宣汉康 黄天庭 梁贤生 葛涌泉 魏国苗 魏雪苗	
	第五届	2006.10—2009.12	宣汉康	杨桂昌	宣汉康 杨桂昌 宣建伟 陈剑凭 陈国光 陈基楠 葛涌泉	杨见明☆
	第六届	2009.12—2012.12	宣汉康	杨桂昌	宣汉康 杨桂昌 陈国光 陈剑凭 宣建伟 陈基楠 魏小大	
	第七届	2012.12—2015.12	宣汉康	杨桂昌 （2014.5止）	宣汉康 杨桂昌（2014.5止） 陈国光 阮红祥 宣建伟 骆军伟 魏小大	

续表 02-02-01

单位名称	届次	任期	董事长	副董事长	董事	名誉董事长★ 顾问☆
浙江征天集团有限公司	第八届	2015.12—2018.12	陈国光	陈剑凭 宣建伟	宣汉康 陈国光 陈剑凭 宣建伟 胡铭翔 魏小大 杨军儿	宣汉康☆
	第九届	2018.12—	陈国光	宣建伟	宣汉康 陈国光 宣建伟 胡铭翔 魏小大 杨军儿	宣汉康☆

征天集团监事会历届成员名录

表 02-02-02

届次	任期	主席	监事
第二届	1996.1—1999.2	杨见明	杨见明 陈基楠 宣德信
第三届	1999.2—2002.2	杨见明	杨见明 陈国光 宣国桢
第四届	2002.2—2006.10	杨见明	杨见明 王伟潮 陈国光
第五届	2006.10—2009.12	陈伯龙	陈伯龙 宣永强 周永江 毛永新
第六届	2009.12—2012.12	陈伯龙	陈伯龙 宣永强 周永江 毛永新
第七届	2012.12—2015.12	陈剑凭	陈剑凭 宣永强 周永江 毛永新
第八届	2015.12—2018.12	宣永强	宣永强 阮红祥 周永江
第九届	2018.12—	宣永强	宣永强 阮红祥 周永江

征天集团历任总经理、副总经理、总经理助理名录

表 02-02-03

单位名称	届次	任期	总经理	副总经理	总经理助理
诸暨征天综合开发公司		1985.3—1986.12	何亦泉	杨见明 葛焕康	
		1986.12—1990.2	陈汉钦	杨见明 葛焕康 陈伯龙（1988.2 起） 骆剑明（1988.12 起）	何亦泉
		1990.2—1993.1	陈伯龙	杨见明 葛焕康 骆剑明（1992.10 止）	何亦泉

续表 02-02-03

单位名称	届　次	任　期	总经理	副总经理	总经理助理
浙江诸暨征天集团公司	第一届	1993.1—1996.1	陈伯龙	葛焕康　梁贤生　宣汉康	
	第二届	1996.1—1999.2	陈伯龙	葛焕康　宣汉康　梁贤生	
浙江征天集团有限公司	第三届	1999.2—2002.2	宣汉康	梁贤生	
	第四届	2002.2—2006.10	宣汉康	梁贤生	
	第五届	2006.10—2009.12	宣汉康	陈剑凭　陈国光	
	第六届	2009.12—2012.12	陈国光	陈剑凭　宣永强	
	第七届	2012.12—2015.12	陈国光	陈剑凭　宣永强	
	第八届	2015.12—2018.12	胡铭翔	方潮平　阮红祥	
	第九届	2018.12—	胡铭翔	阮红祥	

党组织

1985 年 3 月，征天水库党总支更名为征天综合开发公司党总支。

1986 年 2 月，成立诸暨征天综合开发公司党委，每届任期 3 年。1993 年 1 月，变更为浙江诸暨征天集团公司党委。2000 年 1 月，变更为浙江征天集团有限公司党委。

2012 年 12 月至 2018 年 12 月，设立纪律检查委员会。

2020 年，征天集团党委下设 6 个党支部，共有党员 106 人。

征天集团党组织历任成员名录

表 02-02-04

组织名称	任　期	书　记	副书记	委　员
诸暨征天综合开发公司党总支	1985.3—1986.2	杨见明		杨见明　梁焕木　何亦泉 宣校成　葛焕康　樊正贤 阮荣其　金炳良　陈汉钦 汤巨根　魏国苗　潘正潭

续表 02-02-04

组织名称	任　期	书　记	副书记	委　员
诸暨征天综合开发公司党委	1986.2—1989.2	杨见明	阮荣其	杨见明　阮荣其　葛焕康　骆剑明　魏国苗
	1989.2—1992.12	杨见明	阮荣其	杨见明　阮荣其　葛焕康　骆剑明　魏国苗　陈伯龙　宣汉康
浙江诸暨征天集团公司党委	1993.1—1996.3	陈伯龙	杨见明 葛焕康	陈伯龙　杨见明　葛焕康　阮荣其　魏国苗　宣汉康　梁贤生
	1996.3—1999.4	宣汉康	陈伯龙 葛焕康	宣汉康　陈伯龙　葛焕康　杨见明　魏国苗　梁贤生　宣国桢
	1999.4—2002.6	陈伯龙	宣汉康	陈伯龙　宣汉康　杨见明　魏国苗　梁贤生
浙江征天集团有限公司党委	2002.6—2006.10	陈伯龙	宣汉康	陈伯龙　宣汉康　杨见明　魏国苗　梁贤生　杨桂昌　魏雪苗
	2006.10—2009.11	陈伯龙	宣汉康 梁贤生	陈伯龙　宣汉康　梁贤生　杨桂昌　陈剑凭
	2009.11—2012.12	陈伯龙	宣汉康 梁贤生	陈伯龙　宣汉康　梁贤生　杨桂昌　陈剑凭　陈国光　宣永强
	2012.12—2015.12	陈国光		陈国光　杨桂昌（2014.5 止）　宣永强　方潮平　胡铭翔
	2015.12—2018.12	宣建伟		宣建伟　陈国光　胡铭翔　宣永强　阮红祥　汪伟英　方潮平
	2018.12—	宣建伟		宣建伟　陈国光　胡铭翔　宣永强　阮红祥

2012—2018 年征天集团纪委成员名录

表 02-02-05

任　期	书　记	委　员
2012.12—2015.12	宣永强	宣永强　汪伟英　方潮平
2015.12—2018.12	宣永强	宣永强　汪伟英　方潮平

征天集团总部党支部历任书记名录

表 02-02-06

任　期	姓　名	任　期	姓　名
1992.4—1996.5	魏国苗	2009.10—2012.12	汪伟英
1996.5—1999.6	杨见明	2012.12—2015.12	汪伟英
1999.6—2002.7	杨见明	2015.12—2018.12	汪伟英
2002.7—2006.8	杨见明	2018.12—	骆铁华
2006.8—2009.10	汪伟英		

群团组织

工会　1989 年 6 月 7 日，诸暨征天综合开发公司工会委员会成立。

2006 年 12 月 13 日，浙江征天集团有限公司工会联合会成立。工会代表大会一般每 3 年召开一次，每届任期 3 年。2020 年，征天集团工会下设 6 个分工会。

征天集团工会历任主席、副主席名录

表 02-02-07

届　次	任　期	主　席	副主席
	1989.6—1992.2		赵齐灿
	1992.2—1996.1	魏国苗	
	1996.1—1999.2	杨见明	
	1999.2—2002.2	杨见明	
	2002.2—2006.12	杨见明	
第一届	2006.12—2007.12	杨见明	
	2007.12—2009.12	陈伯龙	汪伟英
第二届	2009.12—2012.12	梁贤生	汪伟英
第三届	2012.12—2015.12	汪伟英	
第四届	2015.12—2018.12	汪伟英	
第五届	2018.12—		卓伟木

共青团 1986年9月，共青团诸暨征天综合开发公司委员会成立。团员代表大会一般每3年召开一次，每届任期3年。2020年，征天集团团委下设4个团支部。

征天集团团委历任书记、副书记名录

表02-02-08

届 次	任 期	书 记	副书记
	1986.9—1988.9	赵齐灿	
	1988.9—1990.8	赵齐灿	陈天喜
	1990.8—1992.6	陈国光	陈天喜
第一届	1992.6—1995.12	章新康	魏建良
第二届	1995.12—1999.7	张建杨	
第三届	1999.7—2002.6	张建杨	阮红祥
第四届	2002.6—2006.12	方潮平	
第五届	2006.12—2009.12	卓伟木	
第六届	2009.12—2012.12	卓伟木	
第七届	2012.12—2015.12	杨义枫	
第八届	2015.12—2018.12	杨义枫	
第九届	2018.12—	杨义枫	

妇联 1990年6月12日，诸暨征天综合开发公司妇女联合会成立。妇女代表大会一般每3年召开一次，每届任期3年。2020年，征天集团妇联下设6个妇代会。

征天集团妇联历任主席、副主席名录

表02-02-09

届 次	任 期	主 席	副主席
第一届	1990.6—1994.6	陈宝芬	陈晓华
第二届	1994.6—1997.8	陈宝芬	

续表 02-02-09

届　次	任　期	主　席	副主席
第三届	1997.8—2000.9	陈宝芬	
第四届	2000.9—2003.9	汪伟英	
第五届	2003.9—2006.12	汪伟英	
第六届	2006.12—2009.12	汪伟英	
第七届	2009.12—2012.12	汪伟英	
第八届	2012.12—2015.12	骆铁华	
第九届	2015.12—2018.12	骆铁华	
第十届	2018.12—	骆铁华	

第二节　管理制度

1990 年 2 月 1 日，征天综合开发公司召开职工代表大会，讨论通过《诸暨征天综合开发公司章程》和实施细则，统一管理下属企事业单位，对内部管理实行企事职责分开。

1993 年 1 月 29 日，征天集团职工代表大会通过《浙江诸暨征天集团公司(股份合作)章程》。此后，随着企业的改革发展，征天集团董事会分别于 1995 年 2 月、1997 年 2 月和 12 月、2002 年 2 月、2003 年 7 月、2006 年 10 月、2014 年 8 月、2019 年 8 月，对章程内容进行调整和修改。

《征天集团企业年度考核奖励办法》等规章制度制定后，于 2007 年 3 月和 2016 年 3 月先后修订。

附 件:

浙江诸暨征天集团公司(股份合作)章程

(1993年1月29日职工代表大会通过)

第一章 总 则

第一条 为了转换企业经营机制,实现企业的自主经营、自负盈亏、自我发展和自我约束;开辟新的资金来源,聚集建设资金;增强企业的凝聚力,稳定职工队伍;增强职工的主人翁意识,实行企业的民主管理,组建以公有制为主体的社会主义股份合作制集团公司。

第二条 集团公司依上级有关文件和股份制企业有关规定,经政府批准,工商行政管理部门核准注册登记,依法取得法人资格。

公司下属诸暨特种钢厂、征天水利机械厂、征天水泥厂、征天食品厂、征天集团公司上海经营部、征天铝制品厂、征天渔场、征天水工商公司为集团公司核心层企业,诸暨联营食品厂、浙江亚东制药厂为紧密层企业,上述企业对外经营均具有独立法人资格。公司下属征天水库管理处、征天职业技术学校为事业单位。

第三条 公司是一个独立的水利系统综合经济实体,公司资产属集体所有,受法律保护。任何单位和个人不得侵占、分割或平调。

第四条 公司的宗旨是:遵守国家的政策、法规,充分利用拥有的人力、物力、财力扩大生产经营能力,提高经济效益,不断壮大公司资产,为全体股东和公司职工谋取合法利益,并支持灌区发展农业。

第五条 公司为诸暨市人民政府所属企业,接受市水利局、乡企局的业务指导。

第六条 本公司法定名称为浙江诸暨征天集团公司。公司总部设在诸暨市枫桥镇学勉路83号。

第二章 职 能

第七条 根据党和国家的方针、政策、法律、法规制定公司经营方针和政策措施及规章制度，并组织实施。

第八条　领导和协调生产、经营、管理，根据市场需要，开发当地水、农、工、商、渔各业和劳力资源。

第九条　指导和帮助所属企业、事业单位改善经营管理，提高经济效益，加强精神文明建设，提高职工队伍素质。

第十条　兴办为企事业服务的业务经营设施、教育设施和福利设施。

第三章　股份及股权

第十一条　公司现有账面资产3000万元，设置的股份总额为4000万元，由公司集体股、劳动补偿股、个人现金股、社团法人股和外资股组成，每股股值100元。

（一）公司集体股：以现有公司账面资产（固定资产、流动资产）的70%，计2100万元所折成的股份。

（二）劳动补偿股：以现有公司账面资产的30%，计900万元所折成的股份。

（三）个人现金股：公司职工现金投入所形成的股份。

（四）社团法人股：公司以外的企事业单位、社会团体向公司投入资金等生产要素所形成的股份。

（五）外资股：外国和港、澳、台地区的投资者向公司投入所形成的股份。

第十二条　劳动补偿股按工龄长短、工资高低、岗位职务、聘用职称和荣誉称号量化到职工个人，其中工龄、工资和荣誉部分原则上为固定不动股份，职务、职称部分随其变动而进行相应调整或终止，职工没有所有权，只作为职工分红依据；职工离退休后，生前仍可享受劳动补偿股；职工不入现金股，不得享受劳动补偿股；受刑事处分或被公司开除、辞退或自动离职的职工，取消劳动补偿股享受资格。

第十三条　个人现金股有所有权、继承权，但不准买卖，一般不得抽资、退股，特殊情况须经董事会批准，方可在企业内部转让。

第十四条　股份确认后，公司统一编制股权登记清册，劳动补偿股、个人现金股和外资股，公司发给记名股权证。股东凭股权证向公司领取红利及个人现金股股息。

第四章　股息、红利分配

第十五条　公司和下属企业实现利润按下列顺序分配：

（一）企业提取10%的社会性开支作为支农基金，缴水库管理处。

（二）企业依法缴纳国家税金。

（三）企业在税后利润中提取10%的法定盈余公积金和6%的公益金。

（四）企业按经营承包责任制向公司上交利润。

（五）公司提取任意盈余公积金（风险金）后，按股分红。

第十六条　个人现金股实行保息分红，股息不低于银行同期贷款利率，按股分配时息红相加一般为股金的20%，最高不超过25%，超过部分作为增扩个人现金股股份。

第十七条　公司集体股、劳动补偿股、社团法人股和外资股，实行只分红利不计息的制度。

第十八条　公司集体股的分红所得，全部作为增扩集体股股份，用于发展再生产。

第十九条　参股于公司下属企业的社团法人股、外资股，在其合股企业内部进行分红。

第二十条　公司实行股份制以后的新增集体资产，根据股份组成、变化情况，每三年作一次划分调整，具体办法由董事会研究决定。

第二十一条　公司发生亏损时，用风险金抵补，亏损未弥补前，不分配红利。公司结业清算，亏损分摊，享受劳动补偿股的职工，也应承担经济风险责任。

第二十二条　公司破产时，按国家规定的破产法办理，成立资产清算委员会清理公司债务和资产。资产清算的顺序为先抵偿债务，有剩余时按股东股金份额进行清偿。

第五章　财务与审计

第二十三条　公司根据国家的有关政策、法规，结合本公司分级核算的实际，制订出相应的财务会计制度和内部审计制度。

第二十四条　公司按照国家规定的期限，向有关部门报送会计报表，年度会计报表须经公司审计部门验证，每年将当年的会计报表备置于公司本部，供股东随时审阅。

第六章　董事会

第二十五条　公司设立董事会，为公司最高权力机构，董事由职工代表大会选举产生，董事名额十一至十三人，董事任期三年，可连选连任。

第二十六条　董事会行使下列职权：

（一）审议公司的发展规划、年度生产经营计划。

（二）审议公司的年度预、决算，利润分配方案及弥补亏损方案。

（三）制订公司增、减股本，扩大股份认购范围。

（四）决定公司重要资产的抵押、出租、发包和转让。

（五）制定公司分立、合并、终止的方案。

（六）任免总经理、公司财务主管人员和根据总经理提名的副总经理，并决定其报酬和支付方式。

（七）制订公司章程修改方案。

第二十七条　董事会议每半年至少召开一次，在三分之一董事或公司总经理的提议下，应召开临时会议，董事会议应作会议记录，并由出席董事和记录员签字。

第二十八条　董事会设董事长一人，副董事长若干人。董事长、副董事长由董事会选举产生。董事会在必要时设名誉董事长一人，由德高望重的老同志担任。

第二十九条　董事长行使下列职权：

（一）召集、主持董事会。

（二）检查董事会决议的实施情况，并向董事会报告。

（三）签署公司股权证。

（四）在紧急情况下，对公司决议行使特别裁决权和处理权，事后向董事会报告。

（五）董事会授予的其他职权。

浙江征天集团有限公司章程

（2019年8月5日全体股东会议通过）

为规范公司的组织和行为，保护公司、股东和债权人的合法权益，依据《中华人民共和国公司法》（以下简称《公司法》）及其他有关法律、行政法规的规定，由股东各方制订并签署本章程。

第一章　公司名称和住所

第一条　公司名称：浙江征天集团有限公司（以下简称“公司”）。

第二条　公司住所：诸暨市枫桥镇学勉路83号。

第二章　公司经营范围

第三条　公司经营范围：经销建筑材料、五金交电化工（除危险化学品及易制毒品）、机械设备、金属制品、针纺织品、日用百货。

第三章　公司注册资本

第四条　公司注册资本：人民币5080万元。

公司增加或减少注册资本，应当召开股东会并由代表三分之二以上表决权的股东表决通过。公司减少注册资本，还应当自作出决议之日起十日内通知债权人，并于三十日内在报纸上公告。公司变更注册资本应依法向登记机关办理变更登记手续。

第四章 股东的姓名或者名称

第五条 股东的姓名或者名称：

股东姓名或名称	证照号码
浙江征天印染有限公司	91330681732012349N
浙江天基重工机械有限公司	91330681146238898U
诸暨市征天浆纱纺织有限公司	913306811462615969
浙江天伟生物科技股份有限公司	9133068173600264XN
诸暨市天旭进出口有限公司	91330681313540139L
浙江征天机械股份有限公司	913306817539536150

第五章 股东的出资方式、出资额和出资时间

第六条 股东的出资方式、出资额：

股东姓名或名称	出资方式	认缴出资额（万元）	出资比例（%）	出资时间
浙江征天印染有限公司	货币	2649.73	52.16	出资已到位
浙江天基重工机械有限公司	货币	1585.98	31.22	出资已到位
诸暨市征天浆纱纺织有限公司	货币	263.14	5.18	出资已到位
浙江天伟生物科技股份有限公司	货币	254.00	5.00	出资已到位
诸暨市天旭进出口有限公司	货币	254.00	5.00	出资已到位
浙江征天机械股份有限公司	货币	73.15	1.44	出资已到位

第七条 公司成立后，应向股东签发出资证明书。

第六章 公司的机构及其产生办法、职权、议事规则

第八条 公司股东会由全体股东组成，是公司的权力机构,行使下列职权:

（1）决定公司的经营方针和投资计划；

（2）选举和更换非由职工代表担任的董事、监事，决定有关董事、监事的报酬事项；

（3）审议批准董事会的报告；

（4）审议批准监事会的报告；

（5）审议批准公司的年度财务预算方案、决算方案；

（6）审议批准公司的利润分配方案和弥补亏损的方案；

（7）对公司增加或者减少注册资本作出决议；

（8）对发行公司债券作出决议；

（9）对公司合并、分立、变更公司形式、解散和清算等事项作出决议；

（10）修改公司章程；

（11）公司章程规定的其他职权。

对前款所列事项股东以书面形式一致表示同意的，可以不召开股东会会议，直接作出决定，并由全体股东在决定文件上签名、盖章。

第九条 首次股东会会议由出资最多的股东召集和主持。

第十条 股东会会议分为定期会议和临时会议，定期会议应每半年召开一次，并应当于会议召开十五日以前通知全体股东。由代表十分之一以上表决权的股东，三分之一以上董事，监事会提议召开临时会议的，应当召开临时会议。股东出席股东会会议可书面委托他人参加，行使委托书中载明的权利。

第十一条 股东会会议由股东按照出资比例行使表决权。

第十二条 股东会会议应对所议事项作出决议，决议应由代表二分之一以上表决权的股东表决通过，但股东会会议对公司增加或减少注册资本，以及分立、合并、解散或变更公司形式和修改公司章程所作出的决议，必须经代表三分之二以上表决权的股东表决通过。股东会应当对所议事项的决定作成会议记录，出席会议的股东应当在会议记录上签名。

第十三条 公司设董事会，成员为六人，名额由股东按持股比例推选产生，董事任期每届三年，任期届满，可连选连任。董事在任期届满前，股东会不得无故解除其职务。董事会设董事长一人，副董事长一人，由董事会选举产生。董事长、副董事长任期每届三年，任期届满，可连选连任。

董事会对股东会负责，行使下列职权：

（1）召集和主持股东会会议，并向股东会报告工作；

（2）执行股东会决议；

（3）决定公司的经营计划和投资方案；

（4）制订公司的年度财务预算方案、决算方案；

（5）制订公司的利润分配方案和弥补亏损方案；

（6）制订公司增加或者减少注册资本的方案；

（7）制订公司合并、分立、变更公司形式和解散的方案；

（8）决定公司内部管理机构的设置；

（9）决定聘任或者解聘公司经理及其报酬事项，并根据经理的提名决定聘任或者解聘公司副经理、财务负责人及其报酬事项；

（10）制定公司的基本管理制度。

第十四条　董事会会议由董事长召集和主持。董事长不能履行职务或者不履行职务的，由副董事长召集和主持；副董事长不能履行职务或者不履行职务的，由半数以上董事共同推举一名董事召集和主持。

第十五条　股东会会议由董事会召集，董事长主持。董事长不能履行职务或者不履行职务的，由副董事长召集和主持；副董事长不能履行职务或者不履行职务的，由半数以上董事共同推举一名董事召集和主持。董事会不能履行或者不履行召集股东会会议职责的，由监事会召集和主持；监事会不召集和主持的，代表十分之一以上表决权的股东可以自行召集和主持。

第十六条　董事会会议应有过半数的董事出席方可举行，董事因故不能出席董事会会议时，可以书面委托他人参加，由被委托人行使委托书中载明的权力。对所议事项作出的决议必须经全体董事过半数的董事表决通过方可有效，并应作成会议记录，出席会议的董事应当在会议记录上签名。董事会决议的表决，实行一人一票。

第十七条　公司设一名经理，一名副经理，由董事会决定聘任或者解聘。经理对董事会负责，行使下列职权：

（1）主持公司的生产经营管理工作，组织实施董事会决议；

（2）组织实施公司年度经营计划和投资方案；

（3）拟定公司内部管理机构设置方案；

（4）拟定公司的基本管理制度；

（5）制定公司的具体规章；

（6）提请聘任或者解聘公司副经理，财务负责人；

（7）决定聘任或者解聘除应由董事会决定聘任或者解聘以外的负责管理人员；

（8）董事会授予的其他职权。

经理可以列席董事会会议。

第十八条　公司设监事会，监事会应当包括公司股东代表和适当比例的公司职工代表，其中职工代表的比例不得低于三分之一，监事会中的职工代表由公司职工通过职工代表大会、职工大会或者其他形式民主选举产生。监事会由三名监事组成，监事任期每届三年，任期届满，可连选连任。监事会设主席一人，由全体监事过半数选举产生。

第十九条　监事可以列席董事会会议，并对董事会决议事项提出质询或者建议；监事会发现公司经营情况异常，可以进行调查；必要时可以聘请会计师事务所等协助其工作，费用由公司承担。

第二十条　监事会每年度至少召开一次会议，监事可以提议召开临时监事会会议。监事会决议应当经半数以上监事通过。监事会应当对所议事项的决定作成会议记录，出席会议的监事应当在会议记录上签名。

第二十一条　监事会主席召集和主持监事会会议；监事会主席不能履行职务或者不履行职务的，由半数以上监事共同推举一名监事召集和主持监事会会议。监事会行使下列职权：

（1）检查公司财务；

（2）对董事、高级管理人员执行公司职务行为进行监督，对违反法律、行政法规、公司章程或者股东会决议的董事和高级管理人员提出罢免的建议；

（3）当董事、高级管理人员的行为损害公司的利益时，要求董事、高级管理人员予以纠正；

（4）提议召开临时股东会，在董事会不履行法律规定的召集和主持股东会会议职责时召集和主持股东会会议；

（5）向股东会会议提出提案；

（6）依照《公司法》第一百五十一条规定，对董事、高级管理人员提起诉讼。

第二十二条　董事、高级管理人员不得兼任监事。

第七章　公司法定代表人

第二十三条　董事长为公司法定代表人，任期每届为三年，由董事会选举产生和罢免，任期届满，可连选连任。

第二十四条　董事长行使下列职权：

（1）负责召集和主持董事会会议，检查董事会决议的落实情况，并向股东会和董事会报告工作；

（2）执行股东会决议和董事会决议；

（3）代表公司签署有关文件；

（4）提名公司经理人选，交董事会任免；

（5）在发生战争、特大自然灾害等紧急情况下，对公司事务行使特别裁决权和处置权，但这类裁决权和处置权须符合公司利益，并在事后向股东会和董事会报告。

第八章　股东会会议认为需要规定的其他事项

第二十五条　公司的股东之间可以相互转让其全部或者部分股权。股东向股东以外的人转让股权，应当经其他股东过半数同意。股东应就其股权转让事项书面通知其他股东征求同意，其他股东自接到书面通知之日起满三十日未答复的，视为同意转让。其他股东半数以上不同意转让的，不同意的股东应当购买该转让的股权；不购买的，视为同意转让。自然人股东死亡之后，其合法继承人可以继承股东资格。

股东依法转让其出资后，由公司将受让人的名称或姓名、住所以及受让人的出资额记载于股东名册。

第二十六条　公司应当依照法律、行政法规和国务院财政主管部门的规定，建立本公司的财务、会计制度。公司应当在每一会计年度终了时编制财务会计报告，依法经会计师事务所审计，并应于第二年三月三十一日前送交各股东。公司除法定的会计账簿外，不得另立会计账簿。对公司资产，不得以任何个人名义开立账户存储。

第二十七条 公司利润分配按照《公司法》及有关法律、行政法规和国务院财政主管部门的规定执行。

第二十八条 劳动用工制度按国家法律、行政法规和国务院劳动主管部门的规定执行。

第二十九条 公司职工依照《中华人民共和国工会法》组织工会，开展工会活动，维护职工合法权益。

第三十条 董事、监事、高级管理人员，应当遵守法律、行政法规和公司章程，对公司负有忠实义务和勤勉义务。董事、监事、高级管理人员执行公司职务时，违反法律、行政法规或公司章程的规定，给公司造成损失的，应当承担赔偿责任。

第三十一条 公司的营业期限为长期，自公司成立之日起计算。

第三十二条 公司有下列情形之一的，可以解散：

（1）公司章程规定的营业期限届满或者公司章程规定的其他解散事由出现；

（2）股东会决议解散；

（3）因公司合并或者分立需要解散；

（4）依法被吊销营业执照、责令关闭或者被撤销；

（5）人民法院依照《公司法》第一百八十二条的规定予以解散。

第三十三条 公司因章程第三十二条第（1）（2）（4）（5）项规定而解散的，在解散事由出现之日起十五日内成立清算组，对公司进行清算。公司清算组由股东组成。清算组应当自成立之日起十日内将清算组成员、清算组负责人名单向公司登记机关备案。清算结束后，清算组应当制作清算报告，报股东会或人民法院确认，并报送公司登记机关，申请注销公司登记，公告公司终止。

第三十四条 公司章程的解释权属于股东会。

第三十五条 公司登记事项以公司登记机关核定的为准。

第三十六条　本章程如与国家法律、行政法规相抵触的，以国家法律、行政法规为准。

第三十七条　本章程经全体股东共同签署，自公司变更之日起生效。

第三十八条　本章程一式二份，股东各留存复印件一份，公司留存一份，并报公司登记机关备案一份。

第三节　运作机制

机构职能

1985 年 2 月，征天综合开发公司下设综合办公室、企业管理处、水库管理处 3 个职能机构，分别对企事业单位实行统一管理和分类指导。

1994年11月25日，征天集团召开第一届董事会第五次会议，讨论通过《关于落实企业法人财产权若干政策意见》，实行征天集团总部与所属企业两级法人制。建立相应的财务管理制度、固定资产投资制度、设备折旧制度，确保征天集团资产不损害、不流失。明确征天集团总部与各企业之间成为“母子公司”关系：母公司主要行使投资中心、产品开发中心、融资中心和人才培养中心的职能；子公司成为有法人地位的有限责任公司，子公司董事长由母公司委派，对母公司资产和投资负责。

1997 年 10 月 31 日，征天集团董事会讨论通过《关于深化股份合作制改革若干政策意见》，明确企业实行分步改制，征天集团总部在册职工（正式职工、合同工）的劳动人事关系一并转给下属企业管理，由企业按国家有关规定与职工建立劳动关系。总部只管档案不管使用，改制前已退休人员的退休金仍由总部支付，改制后职工退休由所属企业负责。

2003 年，进行职工身份置换和企业资产界定，建立新型劳动关系。

2006 年 1 月，征天集团根据诸暨市体改办《关于进一步深化完善浙江征天集团有限公司改制实施方案的批复》，实施彻底的企业改制政策，一次性划拨征天灌区 6060 万元资产，其中将货币资产 3100 万元组建梁焕木水利基金。

2007 年 10 月，诸暨市政府下发《关于征天水库管理体制改革实施方案的批复》，确认水库管理处划归诸暨市水利局管理。

企业改制后，由股东企业投资组建征天集团，征天集团总部的主要职能为：维护征天集团形象；对企业重大发展和管理给予指导；管理股东企业和隶属企业副厂级以上干部队伍，协调企业与企业之间的关系；管理征天集团所保留的资产，使之保值增值。

投资融资

1985—2000 年，征天集团及其前身征天综合开发公司运作投资融资，进行产品开发、投资方向的可行性考察调查和决策，直接参与投资项目前期的洽谈和协调，委派经营人才主持投资项目全过程管理。

2000—2020 年，征天集团累计投资 2.29 亿元，用于征天水机厂、诸暨特种钢厂、联营食品厂、征天印染厂、征天贸易公司、征天房产公司、征天自来水公司、枫桥宾馆、天伟公司等企业的技改升级，受让上虞积山水泥厂、江苏省猿洲水泥厂，租赁湖北省谷城县永信水泥厂等企业，涉及食品、印染、服务、建材、商贸、生物等多个行业。

企业整改

1994—2013 年，征天集团对前景不佳的老、旧、小企业，如征天食品厂、联营食品厂、征天铝制品厂、征天水工商公司、征天水泥厂等，分别实行兼并、转产、租赁、停业。

第四节 人才管理

顾问和专业人才聘用

1985 年 2 月征天综合开发公司成立后，为适应企业高速发展和解决管理滞后的问题，设立企业顾问等过渡。特聘在绍兴市级机关任职的何亦泉，担任征天综合开发公司第一任总经理。返聘蒋胜瑞、楼开新等有领导才能和管理经验的退休乡镇干部担任企业顾问；返聘何云乐、骆季侃、张锡荣等专业人才为企业技术指导。

聘用的退休干部，或成为征天综合开发公司与当地政府、灌区群众的联系纽带，或在下属企业中为干部队伍做好传、帮、带作用。1995 年 12 月，解除外聘人员。

人才录用

征天综合开发公司为优化中层干部管理队伍，采用“派出去，请进来”的办法，组织干部和专业技术人员进行素质、技能轮训。其间，根据干部队伍“革命化、年轻化、知识化、专业化”的要求，先后选派优秀员工赴浙江大学、浙江水利水电学校等院校学习深造；并从当时的枫桥区乡村干部中，考察录用政治素质好、文化水平高的年轻干部编入征天企事业中层干部行列。

1988 年开始，逐步录用大中专毕业生，为企业输入专业人才。征天综合开发公司又出台“筑巢引凤”政策，专门为企业经营管理人才和录用的大中专毕业生建造“人才楼”“大学生楼”。同时，安排优秀人才的家属进入征天企业单位工作。

职称评定

20 世纪 80 年代，乡镇集体企业无大中专毕业生分配名额，征天水库管理处鉴于水库管理和企业发展，迫切需要水利、水文、机械、化工、建材、电气、微生物等方面的管理人才。1982 年 5 月，征天水库党总支书记梁焕木提出“人才培养可以从学校来，也可以自学成才”，征天可以自己建立专业技术职称制度，并建议在各单位挑选懂技术、善经营的人才。通过各单位推选，生产经营骨干詹海忠、魏国苗、阮荣其分别被征天水库管理处评聘为机械技术员和水泥技术员，工资晋升一级。

1983 年 3 月，征天水库管理处首次建立专业技术职称聘任制度，批准陈仲贤、宣汉康为技术员，汤巨根、陈汉梁为会计员，宣校成、葛焕康、骆剑明为经济员。

1995 年 1 月，征天集团实行专业技术职称一年一评聘制度，由企业上报，集团公司审核后发文公布。是年，征天集团评定并聘任梁焕木等 45 名专业技术人员，其中高级职称 1 人，中级职称 1 人，初级职称 43 人。

同年 4 月，征天集团下发《关于技术职称评聘工作的通知》，明确对专业技术人员由单位根据“实际需要，实际担子，实际能力，现实表现”等考量，实行高职低聘或低职高聘，也可以不聘。

1998年开始，征天集团确定企业实行分步改制，将劳动人事关系转入各下属企业管理，专业技术人员由各企业自行聘任与管理，职称评定与政府有关部门接轨。

第五节 企业文化

档案管理

征天集团成立后，及时建立档案室。强调在当今信息化时代，档案管理是企业管理不可缺少的重要环节，做好企业档案管理工作，强化信息管理，是促进企业发展的基本条件和有效措施。1997年12月，征天集团档案管理工作通过诸暨市级验收，达到县（市）一级标准。1998年，通过省级档案工作目标管理验收，达到省级先进标准。2009年12月，被浙江省档案局评为档案管理示范企业。2010年，被绍兴市档案局评为绍兴市档案管理示范企业。其中骆铁华、杨二瑾、阮陆军共15篇档案论文分别入选浙江省档案局和浙江省档案学会交流论文集，10则档案利用实例分别获诸暨市档案局和档案学会一等奖、三等奖，2则档案编研成果分别获诸暨市档案局和档案学会二等奖、优秀奖。

建档过程 1990年，诸暨特种钢厂首先设置档案室，建立企业档案制度，分党群工作、行政管理、经营管理、生产技术、产品、基建、设备、会计、人事、特种载体等10大类，由专人负责管理。

1993年10月，征天集团成立档案管理筹建小组，先后制订集团档案管理暂行办法，以及档案保密、档案借阅、档案保管、档案利用、档案库房管理、立卷归档和管理员职责等规章制度，设置档案全宗介绍、案卷目录、全引目录。1997年，成立以总经理为组长的档案工作鉴定小组。

此后，征天集团下属的征天印染公司、征天机械公司、征天水泥厂、天伟公司和征天水库管理处等企事业单位相继建立档案室，并落实专人管理制度。其中，天基公司、征天印染公司档案室通过省级档案工作目标管理验收，达到省级先进标准；征天机械公司、征天水库管理处档案室通过诸暨市级档案管理标准验收。

档案存量 1997 年，征天集团设有档案库房建筑面积 80 平方米，办公阅览室建筑面积 30 平方米，荣誉室建筑面积 100 平方米。2005 年进行软件系统改造，将全部档案录入电脑软件。

2020 年，征天集团档案室档案总存量 2477 卷 1099 件，分永久、长期和短期 3 个级别，设置文书、科技、基建、会计、干部职工、特种载体等 6 个门类，其中文书类 310 卷 1099 件，基建类 48 卷，科技类 60 卷，会计类 993 卷，干部人事类 720 卷，特种载体类 346 卷，附设照片、录音录像、碟片，奖牌（杯）、证书、锦旗等档案类别。

征天集团下属企业档案类别与存量未统计在内。

文体活动

1985 年后，征天综合开发公司工会、团委和妇联为丰富职工业余文化生活，经常组织开展文化体育和娱乐活动。1993 年后，征天集团陆续设置职工活动室，配备乒乓球、棋牌、健身器材等设施，建造户外篮球场等活动场所。每年元旦、“三八”国际妇女节、“五四”青年节和国庆节等节日期间，举办多种形式的文体活动，由各单位主要负责人带队参加。

职工篮球比赛

首届赛事 1990年3月，举行首届职工篮球赛；12月，举行首届“今日征天”摄影书画赛。1992年10月，举行首届职工运动会。1995年6月，举行首届象棋赛。1996年4月，举行首届乒乓球赛。2000年12月，举行首届职工趣味运动会。2001年5月，举行首届女职工登山比赛；11月，举行首届羽毛球赛。2002年2月，举行首届女职工扑克“红心”比赛。2003年7月，举行首届钳工技能比赛；8月，举行首屈电脑操作比赛。

荣誉称号 征天集团多次选派优秀选手参加市总工会、团市委和市妇联组织的各类比赛，并取得较好成绩。1998年4月，在全市职工登山比赛中，征天集团代表队获团体冠军。2003年3月，征天集团代表队获诸暨市“征天杯”女职工趣味运动会团体第一名。2005年9月，获诸暨市首届职工龙舟大赛第二名。

征天集团曾获全国模范职工之家、浙江省模范职工之家、绍兴市“五四”红旗团委、绍兴市“五星”级非公企业团组织、绍兴市女职工工作先进集体等荣誉称号，并多次获得诸暨市群众体育工作先进集体称号。

其他文化建设和业绩

1983年9月，《征天简报》创刊。

1988年8月，“诸暨县社会主义建设功臣梁焕木事迹展览”在诸暨县文化馆举办。

1990年6月，征天综合开发公司与诸暨市委宣传部合编的《征天之路》印发。10月，《征天团讯》创刊。

1991年6月，绍兴市委宣传部到征天拍摄新闻专题片《情系青山绿水》。7月，征天水库管理处编纂的《征天水库志》印发。

1993年7月，杨安鹤注释的《四书句选三百题》印发。

1995年10月，梁焕木著作《枫桥江的治理与开发》印发。11月20日，举行梁焕木事迹报告会。

1996年4月，征天风景区被批准为诸暨市级风景名胜区。5月5日，《征天青年》创刊。

1997年4月19日，纪念梁焕木逝世一周年座谈会在征天大厦会议室举行。同月，骆本来主编的《诸暨市征天职业技术学校建校纪念册（1986—1996）》印发。6月，广播剧《农民代表》正式播出。9月2日，宣传梁焕木事迹的电视剧《水魂》在征天水库举行开拍仪式。

1999年7月，《征天青年》更名为《征天简讯》。

2000年10月，为发挥网络渠道的宣传作用，征天集团设立官方网站（网址 http://www.zhengtiangroup.cn），下设《走进征天》《集团产业》《新闻中心》《企业期刊》《产品展示》《企业文化》《人力资源》等栏目。

2001年4月19日，举行纪念梁焕木逝世五周年暨退休职工座谈会。8月，陈茂水作词、何占豪作曲的《征天之歌》完成创作。

2002年6月，诸暨电视台记者专程到征天集团采访拍摄，重点采访天伟公司、诸暨特种钢厂、征天印染公司等企业的生产和技改进展情况，并在《诸暨新闻》栏目中专题报道。9月3日，征天集团协办的“征天之夜”文艺晚会在诸暨剧院举行。

2006年，举行梁焕木逝世十周年纪念活动。

2010年10月，举行征天事业开创五十周年大型庆祝活动。征天集团和征天水库管理处合编的《辉煌50年——庆祝征天事业开创50周年》印发。同时发起“征天杯”征文大赛，获奖作品编成《辉煌50年——“征天杯”征文大赛获奖作品集》。

2011年10月11日，征天集团职工文体活动中心启用。

2013年4月，征天集团被浙江省总工会评为“模范职工之家”。7月，梁焕木纪念馆开馆。

2015年12月，被中华全国总工会评为“全国模范职工之家”。

2016年4月19日，举行梁焕木逝世二十周年纪念活动。

2019年12月31日，征天集团党建厅竣工。

2020年5—10月，举行征天事业开创六十周年系列庆祝活动。10月31日，征天集团组织“2020年诸暨市‘征天杯’电工职业技能大赛”。12月，《征天水库·集团志（1988—2020）》由方志出版社正式出版。

第六节 形象策划

征天集团为更加规范和正确地展示企业形象，提升企业文化，适应现代企业发展，决定实施形象策划。2001 年 12 月，杭州白鲨广告设计有限公司为征天集团完成企业形象策划（CI）规划。

领导小组

2001 年 5 月 12 日，征天集团组建 CI 领导小组，组长宣汉康，组员杨见明、张建杨；CI 执行导入小组组长张建杨，组员宣永强、阮陆军、周永江、陈招法、周长荣、葛涌泉、王伟潮、黄天庭、汤汉根、王孝贤、何潮勇。

基础识别系统

设计制作《浙江征天集团有限公司识别系统管理手册》，内容包括基础设计、事务用品设计、应用设计和各种清样等 4 个部分。从征天的企业精神和产品特性出发，强调科学性、准确性和可操作性，以图解的形式展示和设定各项内容的基本规范，力求将独特、准确、鲜明的视觉形象传递给社会公众。

标志图形 标志是 CI 整体的核心，是最重要的传达要素，给予企业特定的含义；标志也是创造的重要信息价值，所具有的意义和后期操作，将增

浙江征天集团
ZHEJIANG ZHENGTIAN GROUP

征天集团标志

强与公众进行有效的沟通。

标志图形以“人、天”的巧妙组合，体现企业以人为本的发展理念。呈六边图形，包含“六顺”的吉祥寓意。如此组合特征也反映“人定胜天”的企业精神。标志视觉赋予征天集团稳定的构架，以及合作互利、多元经营、改革创新等多重理念。

形象展示 展示企业形象，是基础设计系统在征天集团各种经营事务中的具体应用规范，是正确传达凝缩于基础设计的企业理念、企业形象和固有的征天集团风格。

形象展示包括名片、文件、信封、介绍信、贵宾卡、卷宗夹等，应用部分包括科室牌、室内指示牌、楼层指示牌、室外指示牌，员工徽章、踏垫等。

各种清样 为征天集团企业形象提供标准色标、标准字体、辅助材料等各种形式的清样，以便在实际作业中剪下所需清样参考、复制，以期制作过程中完整传达征天集团的统一形象。

第七节 荣誉和职称

1982—2020年，征天水库管理处、征天综合开发公司、征天集团总部相继获得县（市）级以上集体荣誉50余项，个人荣誉50余项。

2020年，征天集团总部共有中高级专业技术职称人员13人，其中高级9人。

1982—2020年征天集团（总部）集体荣誉录

表02-02-10

荣誉名称	颁发单位	获取年月
1986年度先进党委	中共诸暨县委	1987.2
水利系统综合经营先进单位	水利部	1988.10
1988年度水利综合经营工作贡献奖	水利部	1989.7
1988年度文明单位	诸暨县人民政府	1989
全国水利系统先进企业	水利部	1997.5

续表 02-02-10

荣誉名称	颁发单位	获取年月
1996 年度企业资信等级 AAA 级	中国农业银行浙江省分行	1997
绍兴市水利经济十佳优秀企业	绍兴市水利局	1997
档案工作目标管理省级先进	浙江省档案局	1998.2
1997 年度先进职工之家	诸暨市总工会	1998.2
全国水利经济先进单位	水利部	1998.11
1997 年度企业资信等级 AAA 级	中国农业银行浙江省分行	1998
1999 年度工业规模企业	中共诸暨市委 诸暨市人民政府	1999.2
1998 年度企业资信等级 AAA 级	中国农业银行浙江省分行	1999
1999 年度企业资信等级 AAA 级	中国农业银行浙江省分行	2000
2000 年度工业规模企业	中共诸暨市委 诸暨市人民政府	2000
2000 年度企业资信等级 AAA 级	中国农业银行浙江省分行	2001
2001 年度工业规模企业	中共诸暨市委 诸暨市人民政府	2001.1
2001 年度先进职工之家	诸暨市总工会	2002.1
2001 年度优秀妇联	诸暨市妇女联合会	2002.1
2001 年度企业资信等级 AAA 级	中国农业银行浙江省分行	2002
2002 年度工业规模企业	中共诸暨市委 诸暨市人民政府	2002.2
女职工工作先进集体	绍兴市总工会	2003.2
示范工会	中共诸暨市委组织部 诸暨市总工会	2003.2
2002 年度先进职工之家	绍兴市总工会	2003.2
2002 年度民主管理先进单位	诸暨市委组织部 诸暨市总工会	2003.2
2002 年度企业资信等级 AAA 级	中国农业银行浙江省分行	2003
2003 年度工业规模企业	中共诸暨市委 诸暨市人民政府	2003.2
2003 年度“五四”红旗团委	共青团绍兴市委	2004.1
2003 年度企业资信等级 AAA 级	中国农业银行浙江省分行	2004
2004 年度工业规模企业	中共诸暨市委 诸暨市人民政府	2004.1

续表 02-02-10

荣誉名称	颁发单位	获取年月
非公有制企业党建工作四星级	中共诸暨市委组织部 中共诸暨市委企工委	2004.2
2001—2004 年诸暨市群众体育先进集体	诸暨市人民政府	2004.10
2004 年度先进团委	共青团诸暨市委	2005.2
2005 年度市工业企业二十强	中共诸暨市委 诸暨市人民政府	2005.2
2005 年度企业资信等级 AAA 级	中国农业银行浙江省分行	2006
2006 年度市工业企业二十强	中共诸暨市委 诸暨市人民政府	2006.2
2007 年度工业规模企业	中共诸暨市委 诸暨市人民政府	2007.2
2008 年度工业规模企业	中共诸暨市委 诸暨市人民政府	2008.2
2009 年度市工业企业三十强	中共诸暨市委 诸暨市人民政府	2009.2
“征天”企业商号评为浙江省知名商号	浙江省工商行政管理局	2009.4
档案管理示范企业	浙江省档案局	2009.12
2009 年度绍兴档案工作示范企业	绍兴市档案局	2010.1
2009 年度政府特别奖	诸暨市人民政府	2010.2
2010 年度工业企业三十强	中共诸暨市委 诸暨市人民政府	2010.2
2011 年度市级工业规模企业	中共诸暨市委 诸暨市人民政府	2011.2
2010 年度“五四”红旗团委	共青团绍兴市委	2011.7
绍兴市“五星”级非公企业团组织	共青团绍兴市委	2011.7
2012 年度市级工业规模企业	中共诸暨市委 诸暨市人民政府	2012.1
2013 年度工业企业三十强	中共诸暨市委 诸暨市人民政府	2013.1
模范职工之家	浙江省总工会	2013.4
2014 年度五好民营企业关工委	诸暨市关工委	2015.1
诸暨市第三次全国经济普查 先进集体	诸暨市政府第三次 全国经济普查领导小组	2015.6
全国模范职工之家	中华全国总工会	2015.12

1982—2020年征天集团（总部）个人荣誉录

表 02-02-11

姓　名	荣誉名称	颁发单位	获取年月
梁焕木	浙江省劳动模范	浙江省人民政府	1982.12
	多次被评为诸暨县、绍兴市、浙江省优秀共产党员	中共诸暨县委组织部 中共绍兴市委组织部 中共浙江省委组织部	1983—1990
	全国水利电力系统特等劳动模范	水利电力部	1984.12
	浙江省特等劳动模范	浙江省人民政府	1985.12
	浙江省优秀企业家	浙江省人民政府	1987.12
	诸暨县社会主义建设功臣	诸暨县人大常委会	1988.2
	全国劳动模范	国务院	1989.9
	1989年度中国水利电力企业优秀企业家	水利电力部	1990.8
	全国职业技术教育先进工作者	国家教育委员会、国家计划委员会、劳动部、人事部、财政部	1991.1
陈汉钦	办厂能人	诸暨县人民政府	1985
	浙江省优秀企业家	浙江省人民政府	1987.12
魏国苗	诸暨县优秀共产党员	中共诸暨县委组织部	1985
	1993年度绍兴市优秀工会工作者	绍兴市总工会	1994
陈伯龙	诸暨县劳动模范	诸暨县人民政府	1989.2
	1992年度绍兴市水利综合经营先进个人	绍兴市水利局	1992.12
	1994年度优秀共产党员	中共诸暨市委组织部	1995.1
	全国水利经济优秀管理者	水利部	1997.5
	全国水利经济先进个人	水利部	1998.11
	2005年度诸暨市经济建设优秀人才	诸暨市人民政府	2006.1
	2006年度诸暨市“十佳企业党务工作者”	中共诸暨市委组织部 中共诸暨市委企工委	2007.2
陈国光	优秀团干部	共青团诸暨市委	1992.2
	2012年度“十佳企业党务工作者”	中共诸暨市委组织部	2013.2

续表 02-02-11

姓　名	荣誉名称	颁发单位	获取年月
宣汉康	1995 年度诸暨市优秀共产党员	中共诸暨市委	1996.2
	绍兴市水利经济“十佳优秀工作者”	绍兴市水利局	1997.5
	诸暨市首届“十大青年企业家”	中共诸暨市委宣传部 共青团诸暨市委	1998.4
	1999 年度诸暨市优秀共产党员	中共诸暨市委	2000.2
	全国纺织工业系统劳动模范	人事部　纺织工业部	2000.5
	2000—2001 年度绍兴市成人教育先进工作者	绍兴市教委	2001.9
	2002—2005 年度绍兴市群众体育先进个人	绍兴市体育局	2006.10
梁贤生	1996 年度诸暨市优秀共产党员	中共诸暨市委	1996.12
	2010 年度诸暨市优秀工会工作者	诸暨市总工会	2011
张建杨	2000 年度绍兴市优秀团干部	共青团绍兴市委	2001.1
胡铭翔	诸暨市优秀共青团员	共青团诸暨市委	2002.2
	诸暨市体育工作先进工作者	诸暨市人民政府	2008.10
赵月芬	巾帼建功标兵	诸暨市妇联	2003.3.8
杨见明	诸暨市“十佳工会主席”	诸暨市总工会	2003.5
	2003 年度先进工会工作者	诸暨市总工会	2004
	2004 年度优秀工会工作者	诸暨市总工会	2005
	2005 年度优秀工会工作者	诸暨市总工会	2006
	2006 年度优秀工会工作者	诸暨市总工会	2007
骆铁华	全市档案系统先进工作者	绍兴市人事局 绍兴市档案局	2003.12
	2011 年度《诸暨工运》优秀通讯员	诸暨市总工会	2012.5
	2013 年度《诸暨工运》优秀通讯员	诸暨市总工会	2013.7
魏雪苗	诸暨市“十大优秀青年”	中共诸暨市委宣传部 共青团诸暨市委等	2004.1
周立峰	2003 年度财务先进工作者	诸暨市总工会	2004
卓伟木	2007 年度优秀团干部	共青团诸暨市委	2008
	2010 年度优秀团干部	共青团诸暨市委	2011
	2011 年度优秀团干部	共青团诸暨市委	2012
杨义枫	2012 年度优秀团员	共青团诸暨市委	2013

续表 02-02-11

姓　名	荣誉名称	颁发单位	获取年月
汪伟英	2014 年度绍兴市优秀工会工作者	绍兴市总工会	2015.3
	2014 年度绍兴市“安康杯”竞赛先进个人	绍兴市总工会、绍兴市安全生产监督管理局	2015.3
	诸暨市优秀党务工作者	中共诸暨市委	2016.6

征天集团（总部）资格职称人员名录

表 02-02-12

姓　名	资格职称	发证单位	获取年月
梁焕木	高级工程师	诸暨市职称改革领导小组办公室	1991.1
陈伯龙	高级经济师	诸暨市职称考评服务中心	2003.12
宣汉康	高级经济师	浙江省人力资源和社会保障厅	2009.12
骆铁华	副研究馆员	浙江省档案局 浙江省人力资源和社会保障厅	2011.12
汪伟英	一级企业人力资源管理师	人社部职业技能鉴定中心	2012.12
方潮平	高级会计师	浙江省人力资源和社会保障厅	2015.4
胡铭翔	高级经济师	浙江省人力资源和社会保障厅	2018.12
宣建伟	高级经济师	浙江省人力资源和社会保障厅	2019.12
陈国光	高级经济师	浙江省人力资源和社会保障厅	2020.12
陈剑凭	会计师	浙江省财政厅	1981.7
陈汉钦	经济师	诸暨市职称改革领导小组办公室	1989.12
梁贤海	工程师	诸暨市职称改革领导小组办公室	1999.8
杨见明	政工师	诸暨市职称改革领导小组办公室	2003.11

第八节　反馈社会

基金援助

1985 年起，征天综合开发公司设立征天灌区水利建设基金，每年将所属企业利润中的 10%用于征天灌区水利事业。

2006年1月，征天集团实行企业改制时，一次性提取3100万元，作为梁焕木水利基金，继续支援枫桥江堤防加固工程和征天灌区农田水利基本建设。2006—2020年，梁焕木水利基金收益援助枫桥地区水利建设和回报社会累计2000余万元。

公益捐赠

征天集团一贯支持公益事业，只要社会需要，总是带头捐款捐物。1998—2020年，共计捐款500余万元。其中，城乡建设方面，为枫桥镇枫北路拓宽改造、标准堤建设、青龙畈电排站建造、枫桥大庙修缮、征天灌区三江片自来水改造工程，以及诸暨市“五水共治”、五泄景区深度开发等工程捐款300余万元。社会慈善、扶贫和助学方面，认捐枫桥镇第一批公益基金、学勉中学助学金、红枫义警注册、诸暨市扶贫济困送温暖活动等捐款100余万元。文化体育建设方面，捐款30余万元。救灾方面，为抗击2003年“非典”疫情、2008年四川省汶川地震、2011年枫桥镇先进村洪灾、2012年“海葵”台风、2020年“新冠”疫情捐款近70万元。

2020年3月，征天进出口公司为尼日利亚华商联合会发起的“心系卡诺，同心抗疫”爱心活动捐赠人民币3万元。

第三章 经济体制改革

20世纪80年代初，为解决企业体制不活、机制不灵、效益不高的问题，征天企业开始从生产车间尝试按件计酬的经济责任制改革。1985年，征天综合开发公司对下属企业逐步推行承包合同、绩效挂钩等不同类型的经济责任制考核。90年代开始，为适应社会主义市场经济，征天集团进一步转换企业经营机制，建立股份合作制，完善企业法人制，落实企业产权制。1997—1999年，为增强市场竞争力，改变产权不清、体制不明的企业管理制度，根据诸暨市政府的要求，决定参照国有企业改革模式，进行存量资产转让，建立现代企业制度。按照“坚持解放思想，坚持市场导向，坚持规范操作，坚持集体资本与混合资本互促共赢，坚持在稳定中改制”的基本原则，在市体改办的指导下，征天集团于2006年1月，完成企业与征天水库及灌区资产分割。2015年12月，全面完成企业经济体制改革。

第一节 建立经济责任制

按件计酬制

1985年之前，征天水库管理处为加强企业经营管理，提高企业经济效益，推行“转轨变型，全面服务”和“两个支柱，一把钥匙”的改革方针，企业职工基本为月薪制，此后逐步转换为按月定产、超产奖励和按件计酬制。

承包合同制

1985年征天综合开发公司成立后，推行企业承包合同制，内容包括定人员、定工资、定上缴利润等经济指标，对厂务会实行“超奖减赔”政策，奖赔比例适度向经营者倾斜。

1986年开始，企业承包合同制全面铺开，征天综合开发公司与诸暨县铸钢厂、征天水机厂、征天水泥厂、征天渔场、征天糖厂、征天水工商公司等6家企业签订经济承包合同。

绩效挂钩

1990年开始，征天综合开发公司根据企业前3年的产值、销售、工资奖金总额和税后利润等基数考量，实行扩权让利政策，推行工资奖金与绩效挂钩，设定在企业利润中按规定提取公积金和公益金，包干上缴公司利润为经济考核指标。征天综合开发公司与下属企业签订绩效挂钩经济合同，对下属企业实行“超利润奖励上不封顶，减利润赔损下不保底”政策。

第二节　实行股份合作制

1993年1月16日，征天综合开发公司实行股份合作制。1月18日，征天集团成立。2月1日，征天集团董事会下发《浙江诸暨征天集团公司（股份合作）章程》和实施细则，明确征天集团下属诸暨特种钢厂、征天水机厂、征天水泥厂、征天食品厂、征天铝制品厂、征天渔场、征天水工商公司等7家企业为集团核心层企业；联营食品厂、浙江亚东制药厂为紧密层企业；征天集团下属征天水库管理处和征天职校为事业单位。

股份设置

1993年2月1日，征天集团核定账面资产3000万元，设置股份总额4000万元，由征天集团集体股、劳动补偿股、职工现金股、社团法人股和外资股等5个要素组成，每股股值100元。明确集体股占征天集团账面资产的70%计2100万元，劳动补偿股占征天集团账面资产的30%计900万元；职工现金股、社团法人股和外资股是按实际投入所形成的股份。

劳动补偿股按职工工龄、工资级别、岗位职务、技术职称和个人荣誉量化设置。职称与岗位随调整而上下浮动。职工现金股有所有权，可继承但不得买卖。职工必须认购现金股后才能享受劳动补偿股。

设定职工工龄每年7.73股，工资级别每元0.48股。岗位职务按征天集团及下属企业的岗位分为三类七级：集团正职25分、副职20分；一类企业厂部正职20分、副职16分，车间正职10分、副职8分，值班长5分；二类企业厂部正职16分、副职10分，车间正职8分、副职5分，值班长3分。每分11.39股。

技术职称分四段：高级职称20分，中级职称16分，助理工程师12分，技术员10分，每分10.41股。

个人荣誉分四级：国家级40分，省部级25分，地市级15分，县市级10分，每分5.9股。

分配总额为9万股，其中工龄股占50%计45000股，工资级别股占30.5%计27450股，岗位职务股占15%计13500股，技术职称股占4%计3600股，个人荣誉股占0.5%计450股。

现金配股

1994年11月25日，征天集团根据董事会《关于落实企业法人财产权若干政策意见》文件精神，征天集团作为母公司，对子公司劳动补偿股进行增量扩股51%。增扩部分的劳动补偿股现金配股方式：母、子公司的法人劳动补偿股与现金配股比为1:3；岗位职务分在16分以上的经营骨干为1:1.8；12分以上的经营骨干为1:1.2；其他人员配股自由，配足1:0.1即可享受增扩的劳动补偿股，最高不超过1:0.3；如不配现金股则不得享受增扩的劳动补偿股。

1997年2月，根据修正后的《浙江诸暨征天集团公司（股份合作）章程》和《浙江诸暨征天集团公司（股份合作）章程实施细则》，设置母公司集体股、子公司集体股、职工劳动补偿股、个人现金股、社团法人股和外资股，每股股值100元。

母公司集体股由征天集团投入各企业可动资产5371.4万元的67.74%部分形成，计3638.62万元，折363862股；子公司集体股由各企业增加投入，形成新的生产能力折成的股份，计331.95万元，折33195股，占总股本的6.1%；劳动补偿股从征天集团投入各企业可动资产中划出26.1%形成，计1400.83万元，折140083股；个人现金股按职工所享受劳动补偿股1:1投入现金所形成，应配现金1400.83万元，在1996年年底已配416.95万元的基础上增加现金配股983.88万元；社团法人股为征天集团以外的企事业单位、社会团体向征天集团投入资金等生产要素形成的股份；外资股为国外投资者投入资金；还有中国港、澳、台地区的投资者向征天集团投入资金形成的股份。

劳动补偿股由基本股、工龄股和职务股3个要素组成，分别占比为基本股45%，工龄股40%，职务股15%。

存量资产转让

1997年11月8日，征天集团董事会出台《关于深化股份合作制改革的若干政策意见》和试行办法。确定以1993年法定程序评估资产为依据，根据各企业资产进行核销、提留、剥离，核销和剥离资产实行“账销案存”，对核销、剥离、提留后的净资产按有关界定由职工现金置换。鼓励个人入股，确定每位职工首次认购不少于5000元，中层干部不少于职工人均的5倍，董事会、监事会、经理班子成员不少于职工人均的10倍，实行股份制运作。征天集团要求下属企业制订完善股份合作制方案，落实扩股确权，并书面向诸暨市体改办申报。

1998年1月至1999年4月，诸暨市体改办相继批复同意征天食品厂、联营食品厂、征天水机厂、征天水泥厂、征天印染厂和诸暨特种钢厂等6家企业以存量转让的方式进行扩股的股份合作制完善方案。

2002年2月18日修改后的《浙江征天集团有限公司章程》确定，征天集团注册资本10188.36万元，并确认征天集团在子公司中所占的股份比例分别为诸暨特种钢厂54.48%，征天印染公司52.34%，积山水泥公司51%，枫桥宾馆80.03%，征天自来水公司60%。集团公司在子公司的土地、核销和剥离资产均属征天集团所有，由征天集团租赁给企业有偿使用。

征天食品厂 核定在册职工20人，所有者权益165.66万元，以存量资产转让的方式进行改组。经法定评估机构评估，核销、提留和剥离后的净资产37.13万元全部由职工现金置换，并以此款作为企业注册资本。

设置股本总额37.13万元，每股股值100元，计3713股，全部设置为职工个人股。确定基本股1960股，占总股份的52.78%，每人定额认购70股；职务股1753股，占总股份的47.22%。职务股按选举产生的董事会、监事会成员，以及厂部领导班子成员和中层干部认购。

联营食品厂 核定在册职工25人，所有者权益59.2万元，以存量资产转让的方式进行改组。经法定评估机构评估，核销、提留和剥离后的净资产28.2万元全部由职工现金置换，并以此款作为企业注册资本。

设置股本总额28.2万元，每股股值100元，计2820股，全部设置为职工个人股。确定基本股1500股，占总股份的53.19%，每人定额认购60股；职务股1320股，占总股份的46.81%。职务股按选举产生的董事会、监事会成员，以及厂部领导班子成员和中层干部认购。

征天水机厂 核定在册职工64人，所有者权益201.5万元，以存量资产转让的方式进行改组。经法定评估机构评估，核销、提留和剥离后的净资产93.6万元全部由职工现金置换，并以此款作为企业注册资本。

设置股本总额93.6万元，每股股值100元，计9360股，全部设置为职工个人股。确定基本股5120股，占总股份的54.7%，每人定额认购80股；职务股4240股，占总股份的45.3%。职务股按选举产生的董事会、监事会成员，以及厂部领导班子成员和中层干部认购。

征天水泥厂 核定在册职工90人，所有者权益189.7万元，以存量资产转让的方式进行改组。经法定评估机构评估，核销、提留和剥离后的净资产90万元全部由职工现金置换，并以此款作为企业注册资本。

设置股本总额90万元，每股股值100元，计9000股，全部设置为职工个人股。确定基本股5400股，占总股份的60%，每人定额认购60股；职务股3600股，占总股份的40%。职务股按选举产生的董事会、监事会成员，以及厂部领导班子成员和中层干部认购。

征天印染公司 核定在册职工149人，所有者权益1067.72万元，以存量资产转让的方式进行改组。经法定评估机构评估，核销、提留和剥离后的净资产985.99万元，并以此款作为企业注册资本，设立股份合作制企业。

设置股本总额985.99万元，每股股值100元，计98599股，其中征天集团股股本516.01万元，计51601股，占总股本的52.34%；企业股股本235.98万元，计23598股，占总股本的23.93%；职工股股本234万元，全部由职工现金置换，计23400股，占总股本的23.73%。确定以基本股和职务股合成职工股，基本股14900股，占职工股的63.68%，每人定额认购100股；职务股8500股，占职工股的36.32%。职务股按选举产生的董事会、监事会成员，以及厂部领导班子成员和中层干部认购。

诸暨特种钢厂 核定在册职工375人，所有者权益3070.32万元，以存量资产转让的方式进行改组。经法定评估机构评估，核销、提留和剥离后的净资产1227.17万元，并以此款作为企业注册资本，设立股份合作制企业。

设置股本总额1196.42万元，每股股值100元，计119642股。其中征天集团股股本651.82万元，计65182股，占总股本的54.48%；企业股股本103.8元，计10380股，占总股本的8.68%；职工股股本440.8万元，全部由职工现金置换，计44080股，占总股本的36.84%。确定以基本股和职务股合成职工股，其中基本股26240股，占职工股的59.53%，每人定额认购80股；职务股17840股，占职工股的40.47%，职务股按选举产生的董事会、监事会成员，以及厂部领导班子成员和中层干部认购。

股息和红利分配

根据1993年1月《浙江诸暨征天集团公司（股份合作）章程》规定，职工现金股实行保息分红，股息不低于银行同期贷款利率，按股分红时息红相加为股金的20%，最高不超过25%。根据2002年2月修改后的《浙江征天集团有限公司章程》规定，利润分红率每年不超过股本额的35%。征天集团集体股、劳动补偿股、社团法人股和外资股实行只分红利不计息。

第三节 身份置换和资产界定

2003年7月26日，征天集团根据诸暨市委《关于深化完善国有集体流通企业改革的若干意见》文件精神，经股东代表大会讨论通过《建立现代企业制度，建立新型劳动关系实施方案》。决定建立产权明晰、权责明确的现代企业制度，实行企业职工身份置换，建立新型劳动关系，并对企业人数和资产进行界定。

实施中，职工身份置换对象为厂级合同工身份以上的员工，一次性补偿额度为集团级合同工以上每人每年1000元，厂级合同工和集团级岗临工每人每年800元，退休人员同等享受。职工身份置换的资金来源由征天集团和企业各半分担。职工身份置换后，原则上仍受原单位聘用上岗，每名员工重新签订劳动合同，建立新型劳动关系。

资产界定以1997—1998年各企业资产评估与完善股份制实施方案为依据，按2003年3月底征天集团在各企业的资产额度和职工现状进行界定，根据企业职工人数和拥有征天集团资产额度的多少进行现金轧差找补。轧差找补到位后，征天集团与企业，企业与企业之间资产清晰、范围清楚。

2004年1月1日起，征天集团各企业的资产均实行独立，企业独立后，所界定的资产归企业所有，不再与征天集团有连带关系，各自依法经营，自负盈亏，照章纳税，并按规定上缴征天集团管理费和工会经费。

2003年征天集团和各企业范围界定基本情况表

表02-03-01

企业名称	企业界定范围
诸暨特种钢厂	厂区范围内所有资产及土地（不包括枫桥石灰氮厂厂区），驻沪、杭、甬3家办事处
征天印染公司	厂区范围内所有资产、土地，在建职工住宅楼及土地
积山水泥公司	厂区范围内所有自置资产
征天水泥厂	厂区范围内所有资产、土地，包括码头及厂外的4.12亩水田，不包括诸暨特种钢厂的专用码头和吊机设备
征天水机厂	厂区范围内所有资产、土地，不包括征天铝制品厂宿舍楼和枫桥石灰氮厂的翻砂车间厂房及土地
征天食品厂	征天罐头厂和征天浆纱公司区域范围内所有资产、土地，原征天糖厂内的设备
征天自来水公司	资产按全部权益由征天自来水公司出资向征天集团置换；枫桥宾馆11人，征天渔场5人的资产份额与股份均转入征天自来水公司，享受征天自来水公司的股份制待遇；枫桥宾馆人员继续受聘于枫桥宾馆工作，征天渔场人员划归征天自来水公司管理
天伟公司	征天集团在天伟公司的股本中划出一部分作为天伟公司人员的界定资产
集团公司	枫桥石灰氮厂内所有资产和土地，征天大厦内所有资产（包括枫桥宾馆）、征天房产公司（含街面房）、征天职校、天伟公司（征天集团投资的份额），征天水库库区所有资产、土地，原征天糖厂的土地和房屋，杨波坞与紫薇窑厂的1.48亩水田

2003 年征天集团人员和各企业资产界定基本情况表

表 02-03-02　　　　单位：人、万元

企业名称	核算人数	每人份额	应结算资产	征天集团在企业实际资产	轧差划出金额	轧差找进金额
诸暨特种钢厂	330	13.0293	4299.68	4896.27	596.59	—
征天印染公司	196	13.0293	2553.74	3557.21	1003.47	—
征天水机厂	53	13.0293	690.55	185.42	—	505.13
征天水泥厂	67	13.0293	768.73	219.45	—	549.28
谷城水泥公司	8	13.0293	104.23	—	—	104.23
征天食品厂	44	13.0293	573.29	385.97	—	187.32
积山水泥公司	12	13.0293	156.35	162.84	6.49	—
征天渔场	5	13.0293	260.59	—	—	260.59
枫桥宾馆	11					
征天自来水公司	4					
天伟公司	12					
合　计	722		9407.17	9407.17	1606.55	1606.55

说明：（1）征天集团资产统计截止日期为 2003 年 3 月 31 日。（2）诸暨特种钢厂人数含征天集团总部 58 人和征天水库管理处 18 人。（3）天伟公司人员 12 人从征天集团投入资金 1750 万元股本中划出 250 万元作为人均结算资产界定。（4）征天自来水公司、枫桥宾馆、天伟公司等资产不计入界定范围；征天渔场、枫桥宾馆及征天自来水公司 3 家单位人员总体承接征天自来水公司资产，并由单位出资向征天集团置换。

第四节　明晰产权和股权集聚

明晰产权

2005 年 1 月 10 日，诸暨市政府成立征天集团体制改革领导小组，由副市长阮建明任组长，市府办主任楼保明、市府办副主任郦国忠、市水利局局长张光海为副组长，市体改办、水利局、财政局、审计局、枫桥镇等单位领

导为成员，进驻征天集团并召开专题会议。会议根据市委和市政府的要求，提出企业改制必须坚持依法依规的原则，尊重历史、尊重事实的原则，有利于企业发展和社会稳定的原则。成立征天集团“清产核资”工作小组，要求征天企业的改制结论要经得起历史的检验。

工作小组经过近一年的清产核资、丈量土地，召开各部门多层次座谈会，广泛征求征天灌区干部群众意见。

12 月 27 日，征天集团召开职工（股东）代表大会，通过《关于进一步深化完善征天集团有限公司改制的初步方案》。

2006 年 1 月 18 日，诸暨市体改办下发《关于进一步深化完善浙江征天集团有限公司改制实施方案的批复》，明确征天集团企业资产评估及净资产截止日为 2005 年 10 月 31 日。经诸暨天阳会计师事务所有限公司地上资产评估审计和诸暨市中天不动产评估代理有限公司土地评估，征天集团（含下属企业）的存量集体净资产 11812.57 万元，按照浙江省委办公厅、浙江省政府办公厅《关于进一步完善乡村集体企业产权制度改革的若干意见》文件精神，将征天集团存量集体净资产按征天企业和征天灌区各半分配，设定 50% 计 5906.285 万元作为企业职工劳动补偿股量化；50% 计 5906.285 万元，以及界定征天灌区支农资金 153.95 万元，合计 6060.235 万元一并划拨征天灌区管委会和征天渔场。其中，将征天水库周围的原征天职校、征天食品厂、征天渔场、联营食品厂、征天车站饭店等全部土地和资产，以及在枫桥集镇中心的原枫桥石灰氮厂地块和街面房，折合 2576.59 万元，以实物资产形式的产权划拨征天水库灌区；货币资产 3483.645 万元中，提取 3100 万元划拨征天渔场，设立梁焕木水利基金；余下 383.645 万元划拨征天水库管理处，征天灌区资产由征天灌区管委会授权征天水库管理处经营管理。

1 月 23 日，征天集团与征天水库管理处办理 2576.59 万元实物产权移交手续。货币资产的划拨和各项权证手续的办理同步进行，由政府部门协调完成。

1 月 25 日，征天集团公布《征天集团改制运作办法》，其中征天集团存量资产由下属企业现金认购组建“征天集团”，认购方式以划拨征天灌区

3483.65万元及各企业拥有人数为基准，由企业自愿报名认购和企业之间互相调节确定。

10月25日，征天集团根据董事会制订的《浙江征天集团有限公司章程》，向浙江省工商行政机关办理变更股东名称，注册资本5080万元。

2006年征天集团股东企业货币出资比例基本情况表

表02-03-03 单位：万元、%

股东名称	工商注册号	出资额	实缴资本	占 比
征天特钢铸锻有限公司	3306811003011	2855.98	2855.98	56.22
浙江征天印染有限公司	3306811003031	1753.62	1753.62	34.52
诸暨市征天浆纱纺织有限公司	3306811003288	263.14	263.14	5.18
诸暨市征天水泥有限公司	3306811003057	127.00	127.00	2.50
浙江征天机械制造有限公司	3306812002490	73.15	73.15	1.44
谷城县征天水泥制造有限公司	4206251001510	7.11	7.11	0.14

2006年征天集团全资企业基本情况表

表02-03-04 单位：万元

企业名称	工商注册号	出资额
诸暨市征天房地产开发有限公司	330681000130682	2000
诸暨市枫桥宾馆有限责任公司	330681000023067	545
浙江征天纺织品进出口有限公司	330681000093387	1080
诸暨市征天再生物资回收有限公司	330681000143871	800
诸暨市征天物业管理有限公司	330681000023091	580

征天集团企业转制后，因办理权证手续复杂，时间跨度大，于2011年9月9日至2012年12月25日陆续将梁焕木水利基金全额转付给征天灌区管委会。

2014年7月19日，征天集团股东会通过决议，同意征天印染公司受让天基公司15%的股权和征天水泥公司、谷城水泥公司的全部股权；同意天伟公司、天旭公司各受让天基公司5%的股权。

2018年8月修改《浙江征天集团有限公司章程》后，征天集团重新向浙江省工商行政机关办理变更股东名称。

2014年征天集团股东企业货币出资比例基本情况表

表02-03-05 单位：万元、%

股东名称	工商注册号	注册资本出资	占 比
浙江征天印染有限公司	330681000062316	2649.73	52.16
浙江天基重工机械有限公司	330681000020116	1585.98	31.22
诸暨市征天浆纱纺织有限公司	330681000064455	263.14	5.18
浙江天伟生化工程有限公司	330681000000562	254.00	5.00
诸暨市天旭进出口有限公司	330681000249603	254.00	5.00
浙江征天机械制造有限公司	330681000141062	73.15	1.44

股权集聚

2011年起，为适应现代企业经营机制，征天集团下属各企业陆续通过协议表决、公开竞标等方式，将企业职工持股会中的职工股份进行集聚。

2011年1月，征天印染公司将所持天伟公司55.03%的股份转让给胡铭翔等7人。

2013年12月，征天印染公司将所持征天进出口公司100%的股份转让给杨军儿等67人（2015年12月集聚到杨军儿等6人，2019年5月完成注册变更手续）。

2014年1月，征天印染公司将所持天泽公司49%的股份转让给葛沈祥等10人。

至2015年12月，天伟公司、天基公司、征天印染公司、征天机械公司、征天浆纱公司、天旭公司等6家征天集团股东企业，相继完成股权集聚，并与企业工会委员会（职工持股会）签订股权转让协议。至此，征天集团彻底完成企业改制，持股人以自然人身份向工商机关办理变更股东名称和注册资本。

2015 年征天集团股东企业股权集聚基本情况表

表 02-03-06　　单位：万元

企业名称	股权额	注册资本	持股人	完成集聚年月
浙江天伟生化工程有限公司	965.0	3180	胡铭翔等 20 人	2011.1
浙江天基重工机械有限公司	6409.0	5410	陈国光等 12 人	2014.6
浙江征天印染有限公司	9450.0	5500	宣建伟等 12 人	2015.6
浙江征天机械制造有限公司	2460.0	1500	周永江等 4 人	2015.8
诸暨市征天浆纱纺织有限公司	1165.0	676	魏小大等 2 人	2015.9
诸暨市天旭进出口有限公司	1261.5	558	杨军儿等 6 人	2015.12

隶属企业

2019 年 1 月 31 日，诸暨市征天物业管理有限公司转让给葛涌泉等 3 人，与征天集团脱离隶属关系。

5 月 20 日，浙江征天纺织品进出口有限公司转让给杨军儿等 6 人，与天旭公司实行“一套班子，两块牌子”。

7 月 3 日，诸暨市征天再生物资回收有限公司转让给黄建伟、阮红祥，归属天基公司管理。

2020 年，征天集团有枫桥宾馆、征天房产公司、天泽公司等 3 家隶属企业。

2020 年征天集团隶属企业基本情况表

表 02-03-07　　单位：万元

企业名称	注册资本	出资人
诸暨市枫桥宾馆有限责任公司	1045	征天集团
诸暨市征天房地产开发有限公司	2000	征天集团
浙江天泽环境科技股份有限公司	500	葛沈祥等 16 人

第四章 社会保险

1991 年，征天综合开发公司参照国企模式建立职工退休制度，但很难适应市场变化，存在企业效益不稳定，职工退休金得不到保障等实际问题。职工因此有后顾之忧，向往退休制度能与政府社会保险接轨。

1998 年 1 月，征天集团向诸暨市劳动局提交《关于要求参加社会统筹养老保险的报告》。3 月 6 日，诸暨市劳动局根据浙江省政府《关于原行业统筹企业职工基本养老保险移交地方管理问题的通知》精神，下达《关于同意浙江诸暨征天集团公司所属企业职工参加社会保险的批复》。5 月，征天集团向诸暨市劳动局一次性补缴社会保险费 350 万元，成为诸暨市第一家参加社会保险的乡镇集体企业。

第一节 前期基础工作

1991 年，征天综合开发公司出资 30 万元，为企业职工参加商业保险，并在征天综合开发公司内部参照国企模式建立职工退休制度。

1997 年 4 月，为让职工退休制度与社会保险接轨，征天集团领导班子经过多次会议讨论，并咨询市级有关部门，答复是乡镇企业不宜自己办理职工退休，主要原因是财税部门不允许乡镇企业在税前提留退休保险金，担心企业效益不稳定，职工退休金难以保障。

5 月，诸暨市劳动局社保处主动到征天集团洽谈，提出在征天集团搞企业社保试点，并承诺给予特定的优惠政策。征天集团领导班子统一思想后，邀请社保处专家到征天集团为下属企业干部进行业务培训。征天集团专门成立以总经理为组长，下属企业厂长为主要成员的领导小组，并组成具体工作班子，由一名副总经理负责，集团公司办公室成员和各企业财务人员为工作班子成员，集中时间和精力核实职工身份证、整理职工档案、补签企业劳动合同等基础工作。

12月底，基础工作整体完成，最后核定符合参加社会保险条件的职工人数。

第二节　接轨社会保险

养老保险

1998年1月1日起，征天集团正式参加社会保险统筹。保险对象为集团级固定工，保险内容包括养老、失业、工伤、生育4项，缴费标准按全市统一规定的标准，由各企事业单位自行向诸暨市劳动局办理缴费。

对于1997年12月31日前已退休的人员，从1998年1月起，按全市统一标准列入统筹支付范围。1998年1月1日以后符合国家规定退休条件的职工，按规定办理退休手续，享受养老金待遇。

对于1997年年底前参加工作的职工，参照浙江省劳动厅《关于改革企业职工基本养老金计发办法试行意见》文件精神，原固定工从1998年1月起按规定标准补缴，其以前的连续工龄视作缴费年限；原下乡知识青年在农村插队年限、复员退伍军人军龄、精简退职职工精简前的工作时间和被企业辞退的固定工辞退前的工作年限，均视作缴费年限。

1998年5月，根据诸暨市劳动局社保处承诺的优惠政策，对1997年12月31日以前符合参加社保条件的552名职工，由征天集团向诸暨市劳动局一次性补缴职工社会保险费350万元。

医疗保险

2003年4月9日，诸暨市政府办公室印发《关于诸暨市城镇企业职工住院医疗保险的实施意见》，规定城镇集体企业职工按时足额缴纳社会养老保险费的，均纳入住院医疗保险范围；明确按全市上年度职工月平均工资5%的标准缴纳住院医疗保险费，另加每人每月5元的重大疾病医疗救助金；企业职工退休时，由所在企业一次性缴纳7500元医疗保险补偿金，方可享受医疗保险待遇。

4月16日，征天集团下发《关于职工医疗保险等问题的通知》，下属各企事业单位从5月1日起参照执行。

此后，征天集团职工医疗保险纳入社会保险范围。

第三节 社会保险扩面

2000年4月，征天集团出台《关于公司级岗临工参加社会劳动保险的政策意见》。下属各企事业单位随即进行社保扩面，扩面对象为集团级岗临工和部分厂级合同工，厂级合同工的名额由各单位自行确定，参保时间从2000年1月开始。此后，征天集团下属各企事业单位参加社会保险的政策逐步与政府统筹接轨。

根据政府有关政策和征天集团相关规定，参保职工至退休的养老保险费必须连续缴满15年。如男职工年龄在45周岁以上，女职工年龄在35周岁以上，缴费年限不满15年的人员，按社保政策允许以“退五补三”的办法予以办理；并规定“退五补三”的参保人员按“先退再补”的政策，退迟5年内的缴费金额全部由个人承担，补缴3年内的缴费金额由企业承担。对“退五补三”后仍不足15年再需补缴的金额，由企业和参保人各半负担。

第四节 社会保险费预提

2006年1月，根据诸暨市体改办《关于进一步深化完善浙江征天集团有限公司改制实施方案的批复》，征天集团在企业改制中，对企业退休人员和离正常退休年龄不足5周年的职工社会保险费实行企业预提，一次性向诸暨市劳动和社会保障局缴纳。缴纳后，这部分企业人员即可享受住院医疗保险和重大疾病医疗救助待遇。征天集团确定2005年12月31日为工龄界定日，所属企事业共有退休人员74人，离正常退休年龄不足5周年的职工38人，新参保人员中离正常退休年龄不足5周年及养老缴费年限不满15年的职工6

人，共计118人。经核算，这些人员共需缴纳社会保险费317.7万元，全部由企业预提，一次性向诸暨市劳动和社会保障局缴纳后，与企业脱离社会保险关系。

征天集团为企改职工118人预提的社会保险费，分别按2005年度诸暨市企业职工平均工资和医疗保险缴费标准测算，预提人均养老保险基金基数1万元；“退五补三”人员补缴养老保险费人均3年，每人每年补缴2805元；退休时每人一次性缴纳医疗补偿金7500元，医疗保险缴费不满20年的，人均每年补缴1002元；补缴每人丧葬费、抚恤金6000元。以上费用均由征天集团预提，并一次性向诸暨市劳动和社会保障局缴纳。

第五章 下属企业

1969年8月，征天水库管理委员会创办第一家工业企业——征天“五七”修配厂，后发展为征天水机厂，直至征天机械公司。

1976—1984年，征天水库管理处先后创办枫桥石灰氮厂、征天水泥厂、征天糖厂、征天水工商公司等企业。枫桥石灰氮厂转为电炉炼钢生产后，又转而发展为诸暨特种钢厂，直至天基公司。征天水泥厂曾向外扩展上虞积山、宿迁淮河、谷城征天等水泥公司，后征天水泥厂因配合政府环保政策而关停。征天糖厂曾联办浙江亚东制药厂，后来变更为征天食品厂，又兼并联营食品厂，最后发展为征天浆纱公司。征天水工商公司由征天水库管理处兼并枫桥区农工商公司变更而来，后并入征天贸易公司。

1985—1992年，征天综合开发公司先后创办征天罐头厂、征天铝制品厂、联营食品厂等企业。征天罐头厂于20世纪90年代初联办联营食品厂时以资产入股，遂告歇业。征天铝制品厂于1995年并入征天水机厂。联营食品厂初为三方合资，继而成为征天集团全资企业，2002年并入征天食品厂。

1993—1999年，征天集团先后创办征天贸易公司、征天房产公司、征天印染厂、征天自备水厂等企业。其中征天印染厂由征天集团兼并枫谊纺织印染厂而来，后变更为征天印染公司。征天自备水厂后改建为征天自来水公司，2006年由诸暨市水务集团收购。

2000—2010年，征天集团先后创办枫桥宾馆、天伟公司、征天进出口公司、天泽公司等新兴企业。其中征天进出口公司原为征天印染公司子公司，后独立运营，并组建天旭公司，实行“一套班子，两块牌子”。

2020年，征天集团有征天印染公司、天基公司、征天浆纱公司、天伟公司、天旭公司、征天机械公司等6家股东企业，枫桥宾馆、征天房产公司、天泽公司等3家隶属企业。企业形势稳步发展，各行各业齐驱并进。

第一节　浙江征天机械股份有限公司

浙江征天机械股份有限公司位于诸暨市枫桥镇兴业路88号，是生产水工金属结构产品、水利工程启闭机的专业厂家。企业类型为股份有限公司（非上市）。为中国水利企业协会会员、中国水利企业协会AAA级信用单位、国家高新技术企业、国家产品质量监督抽查合格单位、浙江省科技型中小企业、浙江省重质量守诚信示范企业，在水利行业率先取得ISO 9002质量认证证书。

多年来，征天机械公司为国内外众多大中型重点水利水电工程制作安装品质优良的水工金属结构产品和水利工程启闭设备，从原材料进厂、工艺编制、生产制造、组装运输、现场安装调试、售后服务等各个环节，均做到严把质量关。生产的自主知识产权QTB-HST系列闭式直推启闭机，通过水利部综合事业局专家新产品鉴定。

公司始终以“科技为本，精求发展；满意顾客，诚赢市场”为宗旨，不断提升企业的创新能力和服务能力。

发展历程

企业沿革　征天机械公司前身为征天水库“五七”修配厂，创办于1969年8月15日，厂址枫桥镇凤山脚水电站。1974年7月，迁址征天水库右坝头山边。

1976年，更名为诸暨县征天水库水利机械厂。

1986年8月，迁址枫桥镇王家弄枫北路口，并入诸暨县铸钢厂为机械车间，对外仍称征天水机厂。

1989年11月，恢复独立运行，更名为诸暨市征天水库水利机械厂，注册资金56.3万元，厂址枫桥镇枫北路3号。

1995年3月1日，根据征天集团的决定，由征天水机厂兼并征天铝制品厂。兼并后，将原征天铝制品厂设为车间，实行“对内一套班子，对外两块牌子，单独考核”的经营管理方式。

2001 年 3 月，更名为诸暨市征天水利机械厂。

2003 年 6 月 30 日，全资组建浙江征天机械制造有限公司，完成注册登记，法定代表人魏国苗，注册资本 500 万元。与征天水机厂“一套班子，两块牌子”。

2006 年 8 月 15 日，法定代表人变更为周永江。9 月 5 日，注销诸暨市征天水利机械厂，同时由征天机械公司承接所有经营业务。2008 年 1 月 1 日起，征天水机厂全部资产账户由征天机械公司合并接转。

2012 年 9 月 13 日，征天机械公司增加注册资本 1000 万元，总注册资本增加到 1500 万元。

2016 年 11 月 23 日，更名为浙江征天机械股份有限公司。

企业规模 1988 年，征天水机厂建筑面积 1800 平方米，职工 50 人，设有金工、钳工、铸造 3 个车间，固定资产 55 万元。

1995 年 3 月兼并征天铝制品厂后，全厂总占地面积 0.71 公顷，建筑面积 3987 平方米，员工 85 人。

2000 年 9 月，在征天集团的支持下，征天水机厂决定实行整体动迁。11 月 13 日，诸暨市计经委批复同意移址扩建工程项目建设计划。

2003 年 5 月 23 日，征用枫桥镇青龙畈土地 31 亩。

2004 年 3 月，移址扩建项目开工建设，一期工程投资 699.5 万元，同年 10 月竣工。

2005 年 1 月初，新厂区试运行生产。10 月，完成整体搬迁。扩建后有钢结构生产车间建筑面积 4105 平方米，办公用房建筑面积 1108 平方米；新安装 250 千伏安变压器 1 台，添置 5 ~ 10 吨单梁、双梁行车多台。

2006 年 1 月开始，将枫北路 3 号原厂区对外租赁（至 2019 年 10 月整体转让）。

2008 年 8 月，征天机械公司综合楼（即职工宿舍楼）建成，共 5 层。

2012 年起，除老厂设备搬迁安装的 B2020 × 6 米龙门刨床、波兰产 T6110 卧式镗床等机械加工设备外，又先后投资 300 余万元，添置 GS/Z–3 × 10 米数控等离子切割机、CW61200 卧式车床、CW6180D 卧式车床、TPL6111B 数控镗床、YA31160B（24 模数）滚齿机、QC2Y 液压摆式剪板机、YM1150T

双梁四柱液压机、自制 300 吨液压机和起吊高度 12 米跨度 22.5 米的 32/10 吨露天行车，5 ~ 10 吨起重行车 13 台套，等等。

2004—2020 年，共投入技改资金 862.33 万元。

2020 年，征天机械公司占地面积 2.07 公顷，其中经营占地面积 1.51 公顷，厂房建筑面积 1.03 万平方米；职工宿舍楼占地面积 0.35 公顷，建筑面积 9930 平方米。设有金工车间、金结构车间、工程技术部、产品研发部、供应处、仓库等部门，在册职工 45 人。装有 250 千伏安变压器 2 台，完整配置金属结构、机械加工、热处理、防腐蚀等各类设备 200 余套，具有车、刨、铣、磨、镗各类金属切削加工能力。配有超声波探伤仪、X 射线探伤仪、渗透探伤、磁粉探伤、磁性测厚仪、三维数字成像等检测设备和先进的三维机械制图设计软件。

2004—2020 年征天机械公司技改投资额一览表

表 02-05-01　　单位：万元

年　份	金　额	年　份	金　额	年　份	金　额
2004	40.40	2010	6.30	2016	70.30
2005	1.80	2011	21.60	2017	61.90
2006	0	2012	103.40	2018	73.40
2007	11.90	2013	124.50	2019	79.80
2008	5.20	2014	102.60	2020	48.93
2009	2.60	2015	107.70		

生产经营

生产状况　1987 年，征天水机厂主要生产小型螺杆式启闭机，以及直径 100 ~ 1600 毫米各种规格的插板门、G105 立式双缸灌浆机、SH-D 手摇灌浆机、0.25 立方拌浆桶、E-15 锥探机、0.2 立方打浆桶、HW-01 夯土机等水利机械产品。

2005—2019 年，完成诸暨市石壁水库除险加固工程溢洪道改造金属结构制造安装、诸暨市青山水库除险加固工程金属结构设备制作采购施工、绍兴县滨海闸枢纽工程–金属结构和启闭机设备及配套电气项目施工、诸暨市永宁水库金属结构制造及阀门采购、丽水城区出险段应急闭合工程闸门和拦污栅及埋件采购、江西省广丰县军潭水库除险加固工程溢洪道弧形闸门及启闭机升级改造、宁波杭州湾新区建塘江十一塘闸金属结构制作及安装、衢江塔底船闸检修闸门及配套埋件制作加工、四川省都江堰灌区毗河洪水一期工程金属结构制造等数十项工程。其中，诸暨市石壁水库除险加固工程溢洪道改造金属结构制造安装工程获2007年钱江杯奖（优质工程），诸暨市永宁水库金属结构制造及阀门采购工程获2017年钱江杯奖（优质工程）。

征天机械公司生产车间

2020年，征天机械公司承建工程有：诸暨市高湖蓄滞洪区改造工程金属结构设备采购合同闸站标、诸暨市五泄水库除险加固工程金属结构制造安装、航天智造（上海）VEA390–200吨车体制作、瑞安

征天机械公司施工项目绍兴滨海闸工程

市滨江城防东延伸一期段除险加固及生态修复工程设备承揽加工、绍兴市上虞区虞东河综合整治工程三段金属结构制造安装、绍兴市曹娥江综合整治工程（柯桥段）一标钢结构预制构件定作等，合同总金额1017.9万元。

生产工艺 主导产品钢闸门制作流程，从放样、下料、面板拼接到梁位置固定，或从放样、下料、单个构件（梁）拼接、构件焊接、构件矫正到梁位置固定，然后吊耳及余件固定、加强点焊、背格对称焊接、全方位焊接、去应力处理、除锈到防腐（热喷镀、油漆）；从零件毛坯铸造（锻造）及下料、粗加工、热处理、半精加工、镀铬、精加工到装配，或外协件采购/标准件采购到装配，最后检验出厂。

卷扬式启闭机制作流程，从零件毛坯铸造（锻造）及下料、去应力处理、粗加工、热处理、半精加工、镀铬、精加工到检验入库；从焊接零部件下料、拼焊、去应力处理、机加工到检验入库，或标准件采购/外协件采购到检验入库，然后部件装配、整机装配、厂内调试，最后检验出厂。

经营业绩 1988年，征天水机厂产值61.61万元，利税16.75万元。

2000年后，征天机械公司产品销售省内诸暨、绍兴（柯桥）、杭州、宁波、湖州、台州、丽水、衢州、嵊州、义乌、苍南、景宁、瑞安、黄岩等市县，以及广东、江西、云南、贵州、四川等省，并远销巴勒斯坦、老挝、斯里兰卡、洪都拉斯等国家。

2000—2020年，征天机械公司总产值12494.45万元，总销售额18473.04万元，总利税1307.78万元。

2000—2020年征天机械公司主要经济指标一览表

表02-05-02 单位：万元

年 份	产 值	销售额	利 税	年 份	产 值	销售额	利 税
2000	317.32	331.74	24.32	2011	403.27	647.11	23.62
2001	272.59	415.41	27.96	2012	751.17	1155.09	13.08
2002	250.77	369.38	23.00	2013	789.75	1148.01	79.05
2003	423.40	569.82	19.48	2014	1025.82	1454.70	86.50

续表 02-05-02

年 份	产 值	销售额	利 税	年 份	产 值	销售额	利 税
2004	654.98	792.12	39.11	2015	644.83	1206.22	114.60
2005	519.36	702.82	29.11	2016	826.14	903.04	50.27
2006	360.02	634.34	28.94	2017	704.03	1293.18	94.66
2007	610.18	756.09	50.66	2018	872.90	1423.25	89.68
2008	442.59	793.41	53.15	2019	881.91	1317.50	323.05
2009	699.61	1002.76	53.67	2020	539.43	774.01	57.60
2010	504.38	783.04	26.27				

股份演变

1993 年 2 月 1 日，征天集团下发《浙江诸暨征天集团公司（股份合作）章程》和实施细则，确定征天集团与下属企业为“母子公司”关系，明确征天集团账面资产 30%作为劳动补偿股，量化到企业职工。

1995 年 11 月 1 日，征天水机厂股东代表大会讨论通过股份合作制章程和实施细则。

1998 年 8 月，诸暨市体改办批复同意《诸暨市水利机械厂股份合作制完善方案》。征天水机厂总股本 93.6 万元，每股股值 100 元，计 9360 股，全部设置为职工个人股。确定基本股 5120 股，占总股份的 54.7%，每人定额以现金认购 80 股；职务股 4240 股，占总股份的 45.3%。

2003 年 7 月，根据征天集团《关于建立现代企业制度建立新型劳动关系实施方案》文件精神，进行人员界定、资产界定，并结算资产，对职工采取一次性经济补偿的方式进行身份置换，建立起新型劳动关系。核定征天水机厂职工 53 人，结算资产 690.55 万元。

2006 年 1 月，根据诸暨市体改办《关于进一步深化完善浙江征天集团有限公司改制实施方案的批复》，征天水机厂全部资产由职工现金配股置换。2 月 21 日，经董事会、监事会及股东（职工）代表会议讨论，通过《浙江征天机械制造有限公司改制办法》。8 月 15 日，完成股权变更。

2010 年 7 月，征天机械公司以自然人投资形式参与组建浙江天泽环境科技有限公司，总投资500万元，占总投资额的51%。2011年1月，经天泽公司股东同意，征天机械公司自然人所持天泽公司股份全额转让给征天印染公司和自然人陈小锋。

2015年8月，通过公开竞标，周永江以2460万元的竞标额中标征天机械公司100%股权。22日，与公司工会职工持股会签订股权转让协议，公司股东变更为自然人周永江、赵锋、楼海平、魏晓江。

2016年10月4日，征天机械公司股东会议通过公司名称变更决议，并以2016年9月30日为基准日，将审计后的净资产产值折合成股份。12月28日，“征天机械”在浙江省股权交易中心成长板挂牌，代码800516。

企业管理

组织机构 1969年8月至2006年9月，征天“五七”修配厂、征天水

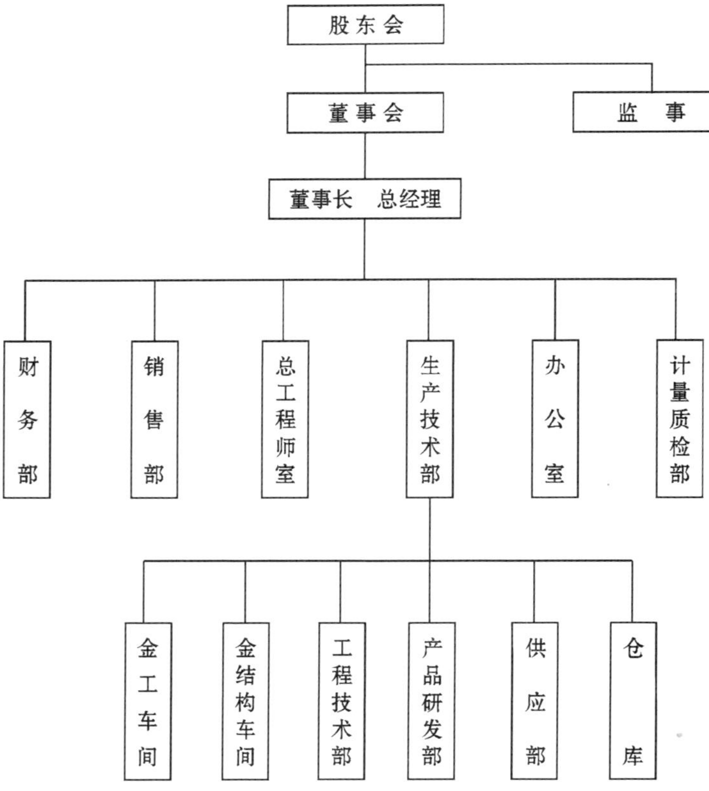

2020年征天机械公司组织机构图

机厂均实行厂长负责制，并设立相应的组织机构。1980 年 4 月，设立党支部。

2006 年 9 月，征天机械公司实行董事会领导下的总经理负责制，并设立相应的组织机构。

2020 年，征天机械公司设有总工程师室、财务部、销售部、生产技术部、计量质检部和办公室等科室。

征天机械公司历任主要负责人一览表

表 02–05–03

<table>
<tr><th>单位名称</th><th>董事长</th><th>总经理（厂长）</th><th>党支部书记</th></tr>
<tr><td>诸暨县征天水库“五七”修配厂</td><td></td><td>阮荣其
（1969.8—1976.8）</td><td></td></tr>
<tr><td rowspan="2">诸暨县征天水库水利机械厂</td><td rowspan="2"></td><td>阮荣其
（1976.8—1984.3）</td><td rowspan="2">阮荣其
（1980.4—1986.8）</td></tr>
<tr><td>宣国桢
（1984.3—1986.8）</td></tr>
<tr><td rowspan="4">诸暨市征天水库水利机械厂</td><td></td><td rowspan="3">宣国桢
（1990.2—1998.5）</td><td>宣国桢
（1990.3—1991.2）</td></tr>
<tr><td rowspan="2">宣国桢
（1996.1—1998.5）</td><td>毛恒山
（1991.2—1993.2）</td></tr>
<tr><td>宣国桢
（1993.2—1998.8）</td></tr>
<tr><td>魏国苗
（1998.5—2001.3）</td><td>魏国苗
（1998.5—2001.3）</td><td>魏国苗
（1998.8—2001.3）</td></tr>
<tr><td rowspan="2">诸暨市征天水利机械厂
（浙江征天机械制造有限公司）</td><td>魏国苗
（2001.3—2005.8）</td><td>魏国苗
（2001.3—2002.3）</td><td>魏国苗
（2001.3—2005.8）</td></tr>
<tr><td>周永江
（2005.8—2006.9）</td><td>陈永波
（2002.3—2006.9）</td><td>周永江
（2005.8—2006.9）</td></tr>
<tr><td>浙江征天机械制造有限公司</td><td>周永江
（2006.9—2016.11）</td><td>周永江
（2006.9—2016.11）</td><td>周永江
（2006.9—2016.11）</td></tr>
<tr><td>浙江征天机械股份有限公司</td><td>周永江
（2016.11— ）</td><td>周永江
（2016.11— ）</td><td>周永江
（2016.11— ）</td></tr>
</table>

说明：1986 年 8 月至 1989 年 11 月，征天水机厂并入诸暨县铸钢厂为机械车间时期。

薪酬机制　20 世纪 80 年代，征天水机厂实行月薪制。90 年代起，生产线员工开始试行工时定额制，打破级别工资，核定基础工时以发放基本工资，超出工时按定额计发奖金。

1998 年 3 月，铸工车间通过内部投标确定承包人，签订为期 1 年的自负盈亏、自主经营内部承包协议，采用铸件定价、车间定员定岗全额包干，包括全部工资、奖金、福利、年终奖及当年红息。此后，进行连续 5 轮承包（至 2007 年底因环境政策和加工业务量不足而停止）。

是年起，对专职销售人员采用区域包干，将销售基数、销售价格、资金回笼三方面组成具体考核内容，把个人全部收入与销售额直接挂钩，按一定比例结算工资和奖金（实施至 2014 年 12 月）。

2003 年 1 月起，后勤行政人员工资、奖金的考核与企业产值及销售额挂钩，按基本工资、激励奖、职务补贴、技术补贴分职级考核发放。

2004 年 1 月起，实行生产部门和一线车间人员的全部工资、奖金与工效挂钩的承包责任制，承包方以全年产值产量、实际销售的平均数为基数，以当月完成的产值和销售额平均数，按比例分段考核结算。

2006 年 1 月起，后勤行政人员实行年薪制，并根据年度企业经济效益和工作业绩，适度发放年终考核奖。

2012—2014 年，征天机械公司实行生产经营全额总承包，设立产销、利润和员工收入等经营成果总指标，总包公司的全年业务接洽、产品销售、生产制造安装、售后服务等经营活动全过程；承包人每年向公司上交承包款。

2015—2020 年，公司对中层以上干部及部分职工实行聘用制，计酬方式为年薪制；金结构车间按吨计酬，金工车间实行加工定额制。

资质认证和知识产权　2000 年 12 月，征天水机厂“征天”牌商标注册成功。

2000—2018 年，征天机械公司先后通过广东质量体系认证中心、北京博天亚认证有限公司、北京中润兴认证有限公司的质量体系认证。2019 年，通过北京中润兴认证有限公司的环境管理体系认证和职业健康安全管理体系认证。

至2020年，共获得“钻孔锥探机”“立式双缸灌浆机”等实用新型专利17项。

2000—2020年征天机械公司资质认证一览表

表02-05-04

资质名称	发证单位	发证时间	有效截止期	备 注
质量体系认证	广东质量体系认证中心	2000.12	2003.12	ISO 9002:1994 B0350
质量体系认证	北京博天亚认证有限公司	2003.12	2006.12	ISO 9001:2000 CNAB046-Q
质量体系认证	北京中润兴认证有限公司	2006.12	2021.12	ISO 9001:2000 CNAB076-Q
质量体系认证	北京中润兴认证有限公司	2009.12	2012.12	ISO 9001:2008 07609Q11061R1S
质量体系认证	北京中润兴认证有限公司	2012.12	2015.12	ISO 9001:2008 07612Q11729R2S
质量体系认证	北京中润兴认证有限公司	2015.12	2018.12	ISO 9001:2015 07615Q12721R3S
质量体系认证	北京中润兴认证有限公司	2018.12	2021.12	ISO 9001:2015 07618Q13704R4S
环境管理体系认证	北京中润兴认证有限公司	2019.12	2022.12	ISO 14001:2015 07619E171ROM-ZJ/001
职业健康安全管理体系认证	北京中润兴认证有限公司	2019.12	2022.12	ISO 45001:2018 Q7619S1474ROM-ZJ/001

征天机械公司获得实用新型专利项目一览表

表02-05-05

专利名称	专利号	授权公告日
钻孔锥探机	ZL 2013 2 0376889.4	2013.12.25
立式双缸灌浆机	ZL 2013 2 0382804.3	2013.12.25
一种钻孔锥探机	ZL 2016 2 0915556.8	2017.1.11
一种便携式钻孔锥探机	ZL 2016 2 0915508.9	2017.1.11
一种用于启闭机的推杆总成装置	ZL 2016 2 0915570.8	2017.1.8

续表 02-05-05

专利名称	专利号	授权公告日
一种直推式启闭机	ZL 2016 2 0915864.0	2017.2.1
一种新型手动螺旋闸门	ZL 2016 2 0440504.X	2017.2.1
一种手动螺旋闸门	ZL 2016 2 0440490.1	2017.2.1
一种卷扬式启闭机	ZL 2016 2 0915816.1	2017.2.8
一种灌浆机	ZL 2016 2 0915782.6	2017.2.8
一种便携式手压灌浆机	ZL 2016 2 0915750.6	2017.2.8
一种可控制负载的直推式启闭机	ZL 2016 2 0915640.X	2017.2.8
一种闭式启闭机	ZL 2016 2 0915885.2	2017.3.8
一种用于启闭机的推杆机构	ZL 2016 2 0915742.1	2017.3.8
一种改良型灌浆搅拌桶装置	ZL 2016 2 0440620.1	2017.5.24
一种松子破壳装置	ZL 2016 2 1494105.8	2017.9.15
一种螺旋闸门	ZL 2016 2 0440458.3	2017.10.20

生产许可证 1991 年，征天水机厂通过全面质量管理、三级计量管理、企业标准化达标 3 项基础管理验收，获得合格证。1994—2020 年，征天机械公司先后获得水利部颁发的“中型螺杆式启闭机使用许可证”“大型螺杆式启闭机使用许可证”，以及国家质量监督检验检疫总站颁发的“中型平面定轮闸门生产许可证”“中型弧形闸门生产许可证”等 20 项许可证。

1991—2020 年征天机械公司生产许可证一览表

表 02-05-06

证书名称	发证单位	发证时间	有效截止期	备　注
三级计量合格证	绍兴市标准计量局	1991.7	2002.6	
省企业标准化合格证	诸暨市标准计量管理局	1991.9	1998.1	
全面质量管理验收合格证	绍兴市经济委员会 绍兴市质量管理协会	1991.10	—	
中型螺杆式启闭机使用许可证	水利部	1994.4	1996.3	（94）金质便字 001 号

续表 02-05-06

证书名称	发证单位	发证时间	有效截止期	备 注
小型卷扬式启闭机使用许可证	水利部	1994.4	1996.3	（94）金质便字002号
中型螺杆式启闭机使用许可证	水利部	1996.3	1997.11	SXK55-3083-96
小型卷扬式启闭机使用许可证	水利部	1996.3	1997.11	SXK55-4067-96
中型固定卷扬式启闭机使用许可证	水利部	1996.12	1997.11	SXK55-4100-96
中型平面定轮闸门生产许可证	水利部	1996.12	2001.12	XK34-101-2021
中型拦污栅生产许可证	水利部	1996.12	2001.12	XK34-101-7059
中型螺杆式启闭机使用许可证	水利部	1998.8	2003.8	SXK55-L008-98
中型固定卷扬式启闭机使用许可证	水利部	1998.6	2003.8	SXK55-G020-98
中型压力钢管生产许可证	水利部	1998.12	2001.12	XK34-101-6094
中型弧形闸门生产许可证	国家质量监督检验检疫总站	2002.9	2007.9	XK34-305-20001
中型压力钢管生产许可证	国家质量监督检验检疫总站	2002.9	2007.9	XK34-307-20002
中型拦污栅生产许可证	国家质量监督检验检疫总站	2002.9	2007.9	XK34-306-20003
中型平面定轮闸门生产许可证	国家质量监督检验检疫总站	2002.9	2007.9	XK34-302-20004
中型螺杆式启闭机使用许可证	水利部	2004.3 2008.12	2009.3 2013.12	SXK55-055-2004
中型固定卷扬式启闭机使用许可证	水利部	2004.3 2008.12	2009.3 2013.12	SXK55-054-2004
水工金属结构生产许可证	国家质量监督检验检疫总站	2008.1	2013.1	XK34-301-00106
水工金属结构生产许可证	国家质量监督检验检疫总站	2012.10 2017.7	2017.10 2022.7	XK07-001-00315
中型固定卷扬式启闭机使用许可证	水利部	2014.1	2019.1	SXK55-043-2013
大型螺杆式启闭机使用许可证	水利部	2014.1	2019.1	SXK55-044-2013

荣誉和职称

荣誉称号 1996—2020年，征天机械公司先后获得县级以上单位颁发的集体荣誉20余项，个人荣誉11项。

1996—2020年征天机械公司集体荣誉录

表02-05-07

荣誉名称	颁发单位	获取年月
企业资信等级AAA级	中国农业银行浙江省分行 浙江融达信息咨询公司	1996 1998 2000
企业资信等级AAA级	中国农业银行浙江省分行 浙江华亿评估咨询公司	2002
浙江市场优质产品	浙江优质产品推广办公室	2002.10
省重质量守诚信示范单位	浙江省诚信企业推广办公室 浙江省产品质量市场调研办公室	2003.1
“安康杯”竞赛优胜企业	诸暨市总工会等	2010
诸暨市四星级职工之家	诸暨市总工会	2010.6
青年文明号	诸暨市青年文明号·青年岗位能手活动指导委员会	2010
诚信守法企业	诸暨市信用工程建设领导小组办公室 中共诸暨市委依法治市领导小组办公室	2012.7
劳动关系和谐企业	诸暨市人民政府	2012.1
绍兴市名牌产品	绍兴市名牌战略推进委员会	2013.11
“安康杯”优胜企业	绍兴市安全生产监督管理局	2014.3
绍兴市劳动关系和谐企业	绍兴市人民政府	2014.9
水利部新产品鉴定证书	水利部新产品鉴定中心	2014.12
浙江省科技型中小企业	浙江省科学技术厅	2014.12
绍兴市诚信守法示范企业	绍兴市普法办、经信委、司法局、 环保局、市场监督局、质监局、国资委	2015.12
企业信用等级AAA级	中国水利企业协会	2016.3
国家高新技术企业	浙江省科学技术厅、财政厅 浙江省国家税务局、地方税务局	2017.11
企业信用等级AAA级	杭州智库信用评估有限公司	2019.9
中国水利企业协会会员	中国水利企业协会	2020.4
2020年诸暨市“征天杯” 电工职业技能大赛优秀组织奖	诸暨市总工会等	2020.10

1991—2020 年征天机械公司个人荣誉录

表 02-05-08

姓 名	荣誉名称	颁发单位	获取年月
宣国桢	绍兴市水利综合经营先进个人	绍兴市水利局	1991.3
楼勤康	诸暨市级青年岗位能手	共青团诸暨市委	1997.5
方 伟	2004 年度工会经审工作先进个人	诸暨市总工会	2005.2
	2010 年度诸暨市优秀工会工作者	诸暨市总工会	2011.2
周瑞锋	2010 年度诸暨市专业技术拔尖人才·学术技术带头人后备人才	中共诸暨市委组织部	2010.3
	2020 年“诸暨工匠”	诸暨市总工会等	2020.10
张欢炯	2011 年度优秀团员	共青团诸暨市委	2012
魏浩祥	“格博机电杯”焊接技能大赛三等奖	诸暨市总工会	2017.5
	2020 年“诸暨工匠”	诸暨市总工会等	2020.10
冯欢根	“格博机电杯”焊接技能大赛三等奖	诸暨市总工会	2017.5
寿宝东	2020 年“诸暨工匠”	诸暨市总工会等	2020.10

资格职称 2020 年，征天机械公司共有中高级专业技术职称和技能等级人员 12 人，其中高级 5 人。

征天机械公司资格职称人员名录

表 02-05-09

姓 名	资格职称	发证单位	获取年月
方 伟	一级企业人力资源管理师	人社部职业技能鉴定中心	2011.12
周永江	一级企业人力资源管理师	人社部职业技能鉴定中心	2012.12
	高级工程师（机械）	全国职业资格考试认证中心	2016.7
陈 英	高级项目管理师	人社部职业技能鉴定中心	2014.3
周瑞锋	高级工程师（机械）	全国职业资格考试认证中心	2016.7
寿宝东	高级技师（维修电工）	浙江省人力资源和社会保障厅	2011.12
方 伟	工程师（机械）	诸暨市人事局	2002.7

续表 02-05-09

姓　名	资格职称	发证单位	获取年月
陈永波	工程师（机械）	诸暨市人事局	2002.7
周永江	经济师	诸暨市人事局	2004.11
楼海平	经济师	诸暨市人事局	2010.7
魏晓江	工程师（机械）	诸暨市人事局	2010.7
赵　锋	会计师	诸暨市人事局	2013.7
王旺根	二级技师（焊工）	诸暨市劳动和社会保障局	2009.12
魏浩祥	二级技师（焊工）	诸暨市人力资源和社会保障局	2011.12
杨曙峰	二级技师（车工）	绍兴市人力资源和社会保障局	2012.1

第二节　浙江天基重工机械有限公司

浙江天基重工机械有限公司位于诸暨市枫桥镇步森大道463号，是一家具有30余年特种钢铸造和锻造史的企业。企业类型为有限责任公司。是浙江省锻造行业协会副会长单位，中国锻压协会会员单位。获得1999年度浙江省行业最大工业企业、浙江省科技型中小企业、国家高新技术企业等荣誉称号。

天基公司生产工艺先进，技术力量雄厚，设有绍兴市级企业研究开发中心，并与东北大学冶金学院等高校进行技术合作。拥有锻后处理和机械加工能力，以及先进的理化检测能力和设备，建有完备的安全、环保设备设施。

公司专业生产高合金钢锻坯、工模具钢模块及各类机械用自由锻件，产品广泛用于石油、船舶、大型汽轮发电机组、水力发电机组、港口机械、起重机械、汽车、模具等行业，在客户中享有较高知名度。

秉承“质量为本，创新发展”的企业宗旨，以及“客户的需求是我们不竭的动力，客户的满意是我们永恒的追求”的经营理念，天基公司依托长三角发达的区域经济和巨大的国内外需求市场，立足产品创优与管理创新，向高品质、高科技大型重工机械制造企业目标迈进。

发展历程

企业沿革 天基公司前身枫桥石灰氮厂，创办于1976年12月，厂址枫桥镇凤山脚下。1984年，转为电炉炼钢生产。

1985年4月，更名为诸暨县铸钢厂。

1986年8月，兼并征天水机厂，设为机械车间。

1988年1月，兼并征天车队，设立厂运输车队。

1989年2月，更名为诸暨特种钢厂。11月，机械车间分立，恢复为征天水机厂。是年，诸暨特种钢厂归口浙江省冶金工业行业管理。

1994年12月，诸暨特种钢厂经浙江省计经委、统计局、财政局、劳动局、人事厅批准为中二型企业。

2006年10月，更名为征天特钢铸锻有限公司，注册资金5410万元，法定代表人陈伯龙。

2012年7月16日，更名为浙江天基重工机械有限公司。11月，法定代表人变更为陈国光。

企业规模 1987年12月，诸暨县铸钢厂易址扩建工程在绍诸公路以北的施家山湾破土动工，征用土地58.85亩。同时，扩建炼钢电弧炉技改项目展开。

1988年6月，开始扩建锻造、轧钢车间。

1990年7月，锻造车间建成。是年，工厂占地面积3.92公顷，建筑面积1.67万平方米。设炼钢、锻造、轧钢、机械、空分（在原诸暨县铸钢厂旧址）等5个车间，1个中心试验楼。全厂职工258人，其中聘用工6人，女职工56人。主要设备有：HX-5B电弧炉1座，HX-3B电弧炉1座，2200千伏安变压器1台，4000千伏安变压器1台，3吨单臂锤1只，1吨单臂锤1只，4吨锅炉1台，50立方米制氧机1套。

1990年8月至1991年5月，诸暨特种钢厂逐次搬迁至施家山湾新址，即枫桥镇步森大道463号。

1994年3月，获得枫桥镇紫薇村大山脚1.51公顷国有土地使用权，作为新建厂房用地。

1990—1994年，新增ZB350三机架轧机1套，ZB250五机架轧机1套，150立方米制氧机1套，1.6吨机械手1只，3吨双臂锤2只，机械摇摆式冷床1套等设备。

1995年，全厂有职工346人，为历年职工数之最。其中聘用工2人，岗临工44人；女职工75人。

1999年，新增炼钢炉外精炼炉和20吨炼钢除尘设备。

2001年7月，实施10吨锅炉、真空脱气炉技改项目。

2006年9月，将原有大山脚1.51公顷土地置换枫桥工业园区52.09亩预征土地，并新预征46.05亩土地。同时，市政府收回1.51公顷国有土地使用权。

2007年6月，征天特钢公司高合金钢锻造件生产线项目开始实施，新增主要设备有2000吨快速锻造液压机1套，20吨双轨液压操作机1台等配套设施。

2008年5月，新设锻压车间。7月，对枫桥工业园区预征土地以竞标的方式取得3.53公顷土地使用权。2009年9月，又以竞标的方式取得枫桥工业园区1公顷预征土地的土地使用权。

2010年7月，锻造车间2只3吨蒸汽锤改造为电液锤。

2011年8月，撤销空分车间，设立液氧站。

2012年7月，天基公司在枫桥工业园区新厂区建设精加工车间，厂房建筑面积2644平方米。

2013年8月，将枫桥工业园区4.53公顷土地分割有偿转让，并将精加工车间厂房建筑面积2644平方米同时有偿转让。

2014年，锻造车间与锻压车间合并为新的锻压车间。是年，因公司转制后人员精简，在册职工减至138人。

2015年5月，锻压车间实施移位搬迁和设备技术改造，新厂房建筑面积2635.7平方米。主要装备为3150吨锻造液压机及其配套设施，包括40吨操作机、25吨轨道式装取料机、加热炉、热处理炉等，以及6000立方米循环冷却水池1座，为生产大型锻压件提供技术装备保障。10月，对枫桥工业园区预征土地以竞标的方式取得1.3公顷土地使用权，并于同月分割有偿转让。

12月，增设金工车间，主要为锻压产品进行后道深加工服务。

2016年7月，新增退火炉2只，钢包烘烤炉1只。

2017年4—9月，购置QD16/3.2吨电动双梁起重机1台，QD20/5吨电动双梁起重机1台，DMC1180H脉冲布袋除尘器1台，WNS10-1.25-Y.Q蒸汽天然气锅炉1台，动态补偿兼滤波装置1套。12月，天基公司“退二进三”商住项目开发用地1.01公顷，由诸暨市国土资源局进行公开拍卖出让。

2018年，增添RFSM-5X6水膜除尘器1台，退火炉2只。因城镇建设需要，新建传达室、地磅房、值班室及公司大门等。

2019年，安装HJSSPZ-4000/10型变压器1台，购置电加热炉2只、冷却塔2只，启用300立方米调质水池1座。

1988—2020年，天基公司技改投资总额14580.49万元。

2020年，天基公司占地面积3.04公顷，建筑面积1.1万平方米。注册资金5410万元，在册职工127人。设铸钢、锻压、金工3个车间，拥有年产5万吨高合金锻造生产线和铸钢生产线各1条。

铸钢车间主要设备有20吨工模具钢电弧炉1座，20吨精炼炉1只，20吨真空脱气炉1座，10吨天然气锅炉1台，美国产ARL3460成分分析仪1台，德国产ONH-2000氮氢氧检测仪1台，以及配套行车等设备。

锻压车间主要设备有3150吨锻造液压机1台，2000吨锻造液压机1台，40吨全液压操作机1台，20吨全液压操作机1台，25吨装取料机1台，配套的天然气蓄热式加热炉9座及电加热炉4只。

金工车间主要设备有用于机械切削和车刨加工的铣床2台，车床4台，锯床5台。

公司同时配备DUT-860数字式超声探伤仪、CDX-Ⅲ磁粉探伤仪、JB-300B冲击试验机、WE-600液压式万能材料试验机、4XC光学显微镜、TH110里氏硬度计等各类检测设备。

1988—2020 年天基公司技改投资额一览表

表 02-05-10　　　　单位：万元

年　份	金　额	年　份	金　额	年　份	金　额
1988	523.49	1999	860.70	2010	206.19
1989	593.81	2000	281.87	2011	130.30
1990	302.85	2001	2018.94	2012	54.16
1991	48.30	2002	313.46	2013	25.33
1992	70.76	2003	651.00	2014	23.50
1993	856.48	2004	790.58	2015	632.51
1994	338.22	2005	1837.37	2016	807.43
1995	98.25	2006	34.78	2017	716.23
1996	34.76	2007	1225.29	2018	487.45
1997	70.94	2008	209.21	2019	123.68
1998	33.87	2009	117.63	2020	61.15

生产经营

生产状况　1987—1988 年，诸暨县铸钢厂仅有 1 只 3 吨电弧炉生产，钢锭产量 2.21 万吨。

天基公司生产车间

1989 年 6 月，诸暨特种钢厂新扩建的电弧炉投产。7 月，锻造车间正式试锤生产。是年，主要产品为 45#、38CrMoAl 等各类碳素钢和合金结构钢钢锭，钢产量 2.09

万吨。

1990年3月，轧钢车间250轧机试车投产。5月，350轧机试车投产。1991年4月，150立方米制氧机投入使用。至此，以炼钢、锻造、轧钢生产为主，制氧生产配套的一条龙生产线基本形成。

1991年，钢锭产量递增到2.54万吨，锻材产量0.03万吨，轧材产量0.51万吨。

1992年3月，经浙江省乡镇企业局、浙江省科学技术委员会鉴定，诸暨特种钢厂的高碳高铬模具钢Cr12圆钢、20CrMnTi锻圆、5CrMnMo锻圆等3只产品被认定为省级新产品。是年，生产钢锭2.85万吨，锻材0.3万吨，轧材1.46万吨。

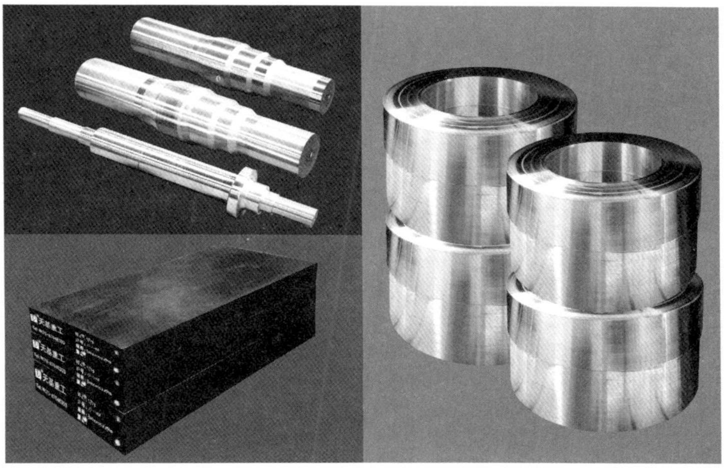

天基公司各类锻件产品

1993年，38CrMoAl锻圆被认定为省级新产品。至1994年10月，共有20～51厘米的各类钢锭8种规格29只品种，各类锻圆29种规格18只品种，以及10种规格9只品种的螺纹钢产品。

1995年9月，与全国特钢生产骨干企业抚顺钢厂有关技术人员签订协议，由对方为诸暨特种钢厂轧制合金钢圆钢生产技术进行指导。

1996年10月，产品20CrMnTi、38CrMoAl锻圆及40Cr圆钢参加水利电力部在北京举办的机械产品国际展览会。

2000年8月和2002年10月，20吨炉外精炼炉和真空脱气炉先后投入使用，促进企业产品的提档升级和质量水平的提高。2002年，锻圆产量增加到1万余吨。

2007年6月，淘汰能耗高、生产工艺落后的轧钢生产线，新上年产1.5万吨高合金钢锻造件生产线。

2008年11月，2000吨快速锻造液压机投入使用。

2010年起，生产和销售的重心由铸钢产品向机械锻造件产品转化，企业行业结构由铸钢业逐步转型为机械锻造业。

2011年8月起，由外购液氧替代空分车间制氧，设立液氧站，向炼钢车间电炉供氧。

2016年11月29日，天基公司投资近2000万元的3150吨自由锻造液压机项目试产成功。

2018年1月，与东北大学冶金学院签订校企合作协议，就教育实践、技术指导协作、研发成果共享等进行广泛合作。3月，铸钢车间创造锻坯单月产量3563吨的历史最高纪录。1—7月，锻件产量7636吨，同比增长100%，取得历史性突破。

2020年，在全国遭受新冠肺炎疫情的情况下，天基公司生产实现逆势增长。3—5月，生产锻坯1.08万吨，同比增长6.5%；生产锻压件0.63万吨，同比增长55%。其中，3月份锻压件单月产量突破2000吨大关，创造单月产量历史新高。

生产工艺 铸钢车间以优质返回废料以及合金为主要原料，经电弧炉初炼、精炼、真空脱气后模铸成坯。铸坯热送锻压车间后，再加热、锻压及后道热处理，成品送金工车间机械加工，经检验检测合格入库。

经营业绩 天基公司主要产品为各种轴类、环类、饼类等机械类自由锻件，及P20、718、5CrNiMo等工模具钢模块，产品种类100余种，在国内特别是江苏、上海、浙江、福建等省市拥有较高市场占有率。

1988—2020年，天基公司总产值124692.58万元，总销售额336015.13万元，总利税35776.44万元。

1988—2020 年天基公司主要经济指标一览表

表 02-05-11　　单位：万元

年 份	产 值	销售额	利 税	年 份	产 值	销售额	利 税
1988	1628.29	1585.18	223.10	2005	3148.25	11173.46	615.36
1989	2839.71	2531.23	331.88	2006	3464.35	12022.72	1229.25
1990	3702.58	3462.46	109.70	2007	3795.63	16253.04	2515.06
1991	3762.44	3914.57	222.95	2008	3561.13	17524.60	2222.29
1992	4236.08	5918.30	520.02	2009	3030.25	12312.59	1185.18
1993	3381.86	9197.50	532.83	2010	3820.47	15131.77	2158.09
1994	4682.41	9632.88	389.54	2011	3674.67	13949.98	1802.07
1995	3875.69	8807.51	560.74	2012	2462.78	10801.95	1040.18
1996	3709.05	8034.21	489.29	2013	3084.43	10060.48	1361.13
1997	3340.35	8552.01	352.82	2014	2929.66	9032.28	805.61
1998	2578.42	5965.24	82.55	2015	3783.05	8842.06	439.51
1999	2676.03	5554.01	336.42	2016	3159.54	7195.99	287.72
2000	3242.96	7112.63	675.96	2017	5523.69	13235.29	2570.20
2001	3287.24	8038.43	821.84	2018	6906.81	20113.93	3942.85
2002	2967.04	6904.68	804.23	2019	7268.20	20133.57	2519.80
2003	3124.95	8788.52	982.16	2020	8844.87	22569.10	1891.50
2004	3199.70	11662.96	1754.61				

子公司和经营部

浙江征天特种钢有限公司　1993 年 5 月，诸暨特种钢厂与香港耀江国际有限公司达成意向，决定双方投资创办合资企业。9 月，浙江征天特种钢有限公司成立，与诸暨特种钢厂“一套班子，两块牌子”。10 月 21 日，完成注册登记，注册资金 513 万美元。其中诸暨特种钢厂用厂房设备作为资本投入，计 384.75 万美元，占总注册资本的 75%；香港耀江国际有限公司投入 128.25 万美元，占总注册资本的 25%。

2006 年 12 月，撤销浙江征天特种钢有限公司。

舟山市征天物资有限公司 1994 年 5 月，诸暨特种钢厂在舟山市定海区沥港镇设立金塘经营部，法定代表人陈伯龙，注册资金 15 万元。为非独立核算的对外产品销售窗口。

2007 年 5 月，更名为征天特钢铸锻有限公司金塘经营部，经营场地变更为舟山市定海区金塘镇沥港村。

2010 年 6 月，由征天特钢公司出资组建舟山市征天物资有限公司，作为独立核算单位，实行承包经营，与征天特钢公司金塘经营部“一套班子，两块牌子”。

2012 年 12 月，征天特钢公司金塘经营部更名为浙江天基重工机械有限公司金塘分公司。

2014 年 8 月，天基公司全面改制，实行股权集聚，将舟山市征天物资有限公司及天基公司金塘分公司整体转让给分公司原负责人王胜荣。

诸暨特种钢厂玉环经营部 1996 年 3 月，诸暨特种钢厂在玉环县城关镇玉坎路设立锻圆经营部。1998 年注销。

诸暨市征天再生物资回收有限公司 1996 年 6 月 28 日，诸暨特种钢厂为加强废钢等主要炼钢原材料的经营，成立诸暨市征天废品回收部，注册资金 30 万元，地址枫桥镇学勉路 111 号（现步森大道 463 号）。

2000 年 12 月 13 日，取得特种行业许可证。

2001 年 9 月和 2003 年 9 月，被浙江省经济贸易委员会两次认定为浙江省资源综合利用企业。

2006 年 3 月，诸暨市征天废品回收部注销。10 月，诸暨市征天再生物资回收有限公司成立，注册资本 800 万元，公司类型为有限责任公司（法人独资），经营范围为废旧金属回收与批发。征天再生公司股东为征天集团，陈国光为法定代表人兼执行董事、经理。

2012 年 11 月，法定代表人变更为杨桂昌。

2014 年 9 月，阮红祥为公司法定代表人兼执行董事、经理。

2019 年 7 月，经征天再生公司股东决议，征天集团不再为征天再生公司股东。新的股东按天基公司股权结构比例委派人员持股，公司类型由有限责任公司（非自然人投资或控股的法人独资）变更为有限责任公司（自然人投资或控股），阮红祥为公司法定代表人兼经理，黄建伟任执行董事。

浙江天凯精工股份有限公司 2017年6月28日，天基公司以自然人名义组建浙江天凯精工股份有限公司，注册资金2000万元，法定代表人黄建伟，地址设在天基公司内。

股份演变

1993年2月1日，征天集团下发《浙江诸暨征天集团公司（股份合作）章程》和实施细则，确定征天集团与下属企业为“母子公司”关系，明确征天集团账面资产30%作为劳动补偿股，量化到企业职工。

1995年6月20日，诸暨特种钢厂第一届股东代表大会召开，讨论通过《诸暨特种钢厂章程》和《诸暨特种钢厂股份合作制实施细则》。选举产生董事会、监事会和持股会。企业注册资本总额4986.55万元，除租赁资产1260.11万元外，总股本为3726.44万元。其中企业法人股2828.31万元，计282831股，占总股本的76%；社团法人股898.13万元，计89813股，占总股本的24%。社团法人股中，劳动补偿股70628股，个人现金股19185股。

1999年5月4日，第二届股东代表大会召开，讨论通过《诸暨特种钢厂股份合作制章程》和《进一步完善诸暨特种钢厂股份合作制的实施方案》。采用“定额认股，入股自愿，股权平等，利益共享，风险共担”的原则，选举产生新一届董事会、监事会。企业股本由征天集团、企业、职工共同出资组成，股本总额1196.42万元，每股股值100元，共计119642股。其中征天集团股651.82万元，计65182股，占总股本的54.48%；企业股105.4万元，计10540股，占总股本的8.81%；职工股439.2万元，计43920股，占总股本的36.71%。职工股中，诸暨特种钢厂职工认购32960股，占总职工股的75%；征天集团总部职工认购4800股，占总职工股的11%；征天房产公司职工认购1760股，占总职工股的4%；征天水库管理处职工认购2000股，占总职工股的4.5%；退休人员认购2400股，占总职工股的5.5%。

2003年7月，根据征天集团《关于建立现代企业制度建立新型劳动关系实施方案》文件精神，进行人员界定、资产界定，并结算资产，对职工采取一次性经济补偿的方式进行身份置换，建立起新型劳动关系，核定诸暨特种钢厂职工 330 人，结算资产 4299.68 万元。

2004 年 2 月 20 日，股东代表大会通过修订《诸暨特种钢厂股份合作制章程》和《诸暨特种钢厂股份置换配股方案》。将股本总额调整为 1846.4 万元，每股股值调整为 8000 元，共计 2308 股。并规定员工股份不再任意变动，干部卸职、退休或去世，其股份留退自愿；股份可以继承，也可以自愿转让；股东要求退股须经董事会同意。

2005 年 2 月 3 日，经股东代表大会决议，股本总额调整为 1202.4 万元，每股股值 8000 元，共计 1503 股。

2006 年 2 月 27 日，股东代表大会通过《诸暨特种钢厂股份设置和认购办法》。7 月 9 日，征天特钢公司（筹）职工持股会会员代表大会通过《征天特钢铸锻有限公司章程》和《征天特钢铸锻有限公司职工持股会章程》，选举产生第一届职工持股会理事会。28 日，选举产生第一届公司董事会和监事会。持股会出资总额 5410 万元，一是职工以现金方式出资 2758.4 万元，二是职工量化所得的劳动补偿股出资 2651.6 万元。

2009 年 8 月 31 日，第二届职工持股会会员代表大会召开，选举产生第二届职工持股会理事会，并选举产生第二届公司董事会和监事会。

2012 年 10 月 27 日，第三届职工持股会会员代表大会召开，选举产生第三届职工持股会理事会，并通过新的公司章程，选举产生第三届公司董事会和监事会。

2013 年 12 月，进行企业深化股份制改革。

2014 年 6 月 30 日，天基公司职工持股会全体会员大会通过《进一步深化股份制改革的实施方案》。7 月 8 日，天基公司职工持股会举行股权整体转让投标会，共有 2 名会员竞标，陈国光以 6409 万元投标额中标公司 100% 股权。经过募股，由陈国光、阮红祥等 12 名股东受让天基公司全部股权。

8 月 8 日，天基公司以陈国光、阮红祥等 12 名股东进行工商注册登记，取得新营业执照，注册资本 5410 万元。

8月16日，经征天集团股东会决议，同意天基公司将部分出资额1270万元转让给征天印染公司、天伟公司、天旭公司。转让出资后，天基公司以1585.98万元的出资额，占征天集团注册资本的31.22%。

企业管理

组织机构 1976年12月起，枫桥石灰氮厂、诸暨县铸钢厂先后实行厂长负责制，并设相应的组织机构，同时设立党支部。

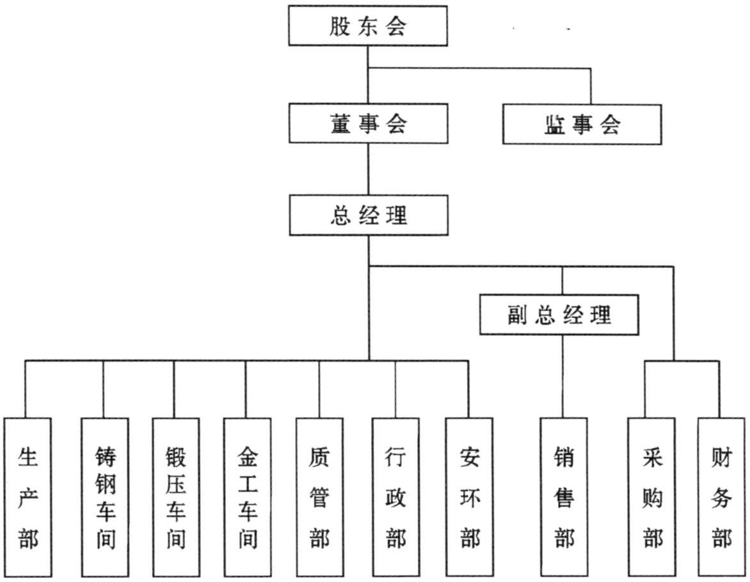

2020年天基公司组织机构图

1989年2月，诸暨特种钢厂实行厂长负责制。内设办公室、供销科、能源技术科、生产计划科、化验室、计量质检科、销售科、劳资科、设备科、安保科、原料科等11个科室。1990年，成立企业管理委员会，成员由厂长、副厂长及重要车间和科室负责人组成。1996年1月，设立董事会、监事会。

2006年10月，征天特钢公司实行董事会领导下的总经理负责制，建立经理办公会议制度，经理办公会议人员由董事长、总经理、副总经理、工会主席及有关车间和科室负责人组成。

2015年，天基公司增设外贸部。

2020年，天基公司设有行政部、财务部、销售部、采购部、生产部、质管部、安环部等7个科室，铸钢、锻压、金工等3个车间。

天基公司历任主要负责人一览表

表02-05-12

<table>
<tr><th>单位名称</th><th>董事长</th><th>总经理（厂长）</th><th>党支部书记</th></tr>
<tr><td rowspan="2">枫桥石灰氮厂</td><td rowspan="2"></td><td>陈汉钦
（1977.5—1984.3）</td><td rowspan="2">陈汉钦
（1977.5—1985.4）</td></tr>
<tr><td>骆剑明
（1984.3—1985.4）</td></tr>
<tr><td rowspan="3">诸暨县铸钢厂</td><td rowspan="3"></td><td rowspan="2">骆剑明
（1985.4—1988.12）</td><td>陈汉钦
（1985.4—1987.1）</td></tr>
<tr><td>骆剑明
（1987.1—1989.1）</td></tr>
<tr><td>陈汉钦
（1989.1—1989.2）</td><td>陈伯龙
（1989.1—1989.2）</td></tr>
<tr><td rowspan="6">诸暨特种钢厂</td><td rowspan="3"></td><td>陈汉钦
（1989.2—1990.2）</td><td rowspan="2">陈伯龙
（1989.2—1992.3）</td></tr>
<tr><td>骆剑明
（1990.2—1992.3）</td></tr>
<tr><td>陈伯龙
（1992.3—1996.1）</td><td>杨见明
（1992.3—1993.1）</td></tr>
<tr><td>梁贤生
（1996.1—1999.1）</td><td>梁贤生
（1996.1—1999.1）</td><td>梁贤生
（1993.2—2002.7）</td></tr>
<tr><td rowspan="2">陈伯龙
（1999.1—2006.10）</td><td>陈伯龙
（1999.1—2006.7）</td><td rowspan="2">杨桂昌
（2002.7—2006.10）</td></tr>
<tr><td>陈国光
（2006.7—2006.10）</td></tr>
<tr><td>征天特钢铸锻有限公司</td><td>陈伯龙
（2006.10—2012.7）</td><td>陈国光
（2006.10—2012.7）</td><td>杨桂昌
（2006.10—2012.7）</td></tr>
<tr><td rowspan="4">浙江天基重工机械有限公司</td><td>陈伯龙
（2012.7—2012.10）</td><td>陈国光
（2012.7—2012.10）</td><td rowspan="2">杨桂昌
（2012.7—2014.5）</td></tr>
<tr><td rowspan="3">陈国光
（2012.10—　）</td><td>杨桂昌
（2012.10—2014.5）</td></tr>
<tr><td>陈国光
（2014.7—2015.12）</td><td rowspan="2">阮红祥
（2014.7—　）</td></tr>
<tr><td>阮红祥
（2015.12—　）</td></tr>
</table>

薪酬机制 1989年起，诸暨特种钢厂后勤科室员工实行基本工资加奖金的薪酬机制，奖金参照车间平均奖，并按职务、岗位、工龄等要素确定系数计算，按月发放，年终根据企业效益发放年终奖（包括出勤奖、厂长经理基金奖等）；车间员工按照工资、奖金、夜餐费等全部收入合在一起为基数的考核方案进行结算，并参照产量、质量、消耗、修理经费等考核要素，再加上年终奖；销售人员按照销售实绩、货款回收、业务拓展等内容的考核方案，结算工资和奖金。

2008年起，征天特钢公司实行年休假制度。

2011年起，锻压车间、锻造车间、铸钢车间相继实行自负盈亏和自主经营的内部承包经营。在承包机制摸索阶段，为激励承包者的积极性，根据经营实绩，公司对承包者实行绩效奖励。车间实行定员定岗全额包干，包括基本工资、奖金、各种补贴、节假日加班工资、年终奖及年休假工资。后来，根据生产经营实绩适当提高奖金发放比例，但发放总额度根据销售额的一定比例进行限额，并适当提成于年终一次性发放，公司不再发放年终奖。

2014年起，天基公司实行更加灵活的薪酬机制。车间根据公司年初制定的产量、质量、消耗、安全等考核方案，按月结算，由车间主任分配；销售部门根据业务量、回款额、业务拓展等为主要考核内容的方案，按月结算发放；后勤科室人员根据不同的岗位和工作量高低确定定额工资，按月发放。

2018年起，实施管理层年薪制，按月定额发放，年终再按考核成绩折算发放。

资质认证和知识产权 1995年6月，诸暨特种钢厂计算机计量管理系统在征天集团率先应用。

2001年3月，企业信息化管理系统项目全面启动，主要为诸暨特种钢厂MIS系统、锻压生产管理系统、计量管理系统、视频监控系统等计算机管理应用。

1990—2016年，天基公司先后获得浙江省和绍兴市计量部门颁发的计量体系合格证。

2006—2019年，天基公司相继通过北京中大华远质量认证中心、中国船级社质量认证中心的质量体系认证，以及北京中大华远质量认证中心的环境体系认证。

2018—2019 年，获得实用新型专利 35 项。

1990—2020 年天基公司资质认证一览表

表 02-05-13

资质名称	发证单位	发证时间	有效截止期	备　注
计量合格证（三级）	绍兴市标准计量局	1990.10	1995.9	量工证字〔1990〕复 090 号
计量合格证（二级）	浙江省标准计量局	1991.10	1996.10	量工证字〔1991〕052 号
计量水平确认合格证书	浙江省技术监督局	1997.6	2000.6	〔1997〕量企浙字 005 号
计量水平确认合格证书	浙江省技术监督局	2001.9	2004.9	〔2001〕量企浙字 110 号
计量检测体系合格证书	绍兴市计量测试学会	2007.12	2010.12	〔2007〕量企浙绍字 243 号
计量检测体系合格证书	绍兴市计量测试学会	2016.11	2019.10	〔2016〕量企浙绍字 011 号
质量体系认证	北京中大华远质量认证中心	2006.12	2009.12	ISO 9001:2000
质量体系认证	北京中大华远质量认证中心	2009.12	2012.12	ISO 9001:2008
质量体系认证	中国船级社质量认证中心	2010.7	2013.7	ISO 9001:2008
质量体系认证	中国船级社质量认证中心	2013.7	2016.7	ISO 9001:2008
质量体系认证	北京中大华远质量认证中心	2016.7	2019.7	ISO 9001:2015
质量体系认证	北京中大华远质量认证中心	2019.7	2022.7	ISO 9001:2015
环境体系认证	北京中大华远质量认证中心	2019.7	2022.7	ISO 14001:2015

天基公司专利项目一览表

表 02-05-14

专利名称	专　利　号	授权公告日
一种新型钢包车	ZL 2017 2 1660883.4	2018.7.10
一种用于行车的横梁装置	ZL 2017 2 1668511.6	2018.7.10

续表 02-05-14

专利名称	专 利 号	授权公告日
一种车床的打磨机构	ZL 2017 2 1661220.4	2018.7.10
一种布袋除尘器	ZL 2017 2 1661218.7	2018.7.10
一种加热炉的废渣回收装置	ZL 2017 2 1665547.9	2018.7.10
一种装取料机的夹送装置	ZL 2017 2 1665110.5	2018.7.10
一种锻造加热炉的炉门口装置	ZL 2017 2 1665456.5	2018.7.10
一种起重机吊钩	ZL 2017 2 1659681.8	2018.7.10
一种用于卷扬机的防护机构	ZL 2017 2 1661212.X	2018.7.10
一种加热炉余热回收系统	ZL 2017 2 1665478.1	2018.7.10
一种锻造机的下砧座	ZL 2017 2 1665598.1	2018.7.10
一种轴承端盖	ZL 2017 2 1665186.8	2018.8.10
一种锻压机用砧	ZL 2017 2 1665150.X	2018.8.10
一种装取料机的夹送装置	ZL 2017 2 1665623.6	2018.8.10
一种用于车床的打磨机构	ZL 2017 2 1660677.3	2018.8.10
一种用于车床车刀的报警装置	ZL 2018 2 0730824.8	2018.12.28
一种用于锻压机的长度检测装置	ZL 2018 2 0750429.6	2018.12.28
一种锻压机的长度检测装置	ZL 2018 2 0749777.1	2018.12.28
一种电炉的加料装置	ZL 2018 2 0733161.5	2018.12.28
一种真空炉	ZL 2018 2 0731206.5	2018.12.28
一种真空炉测温装置	ZL 2018 2 0731118.5	2018.12.28
一种锻造件用的降温装置	ZL 2018 2 0749449.1	2018.12.28
一种电炉的加料装置	ZL 2018 2 0730719.4	2018.12.28
一种带有限位装置的油压机	ZL 2018 2 0730496.1	2018.12.28
一种锻造操作机	ZL 2018 2 0731109.6	2018.12.28
一种气楼的除尘装置	ZL 2018 2 0749764.4	2019.2.5
一种锯床的对刀装置	ZL 2018 2 0749638.9	2019.2.5
一种氧气罐的余冷利用装置	ZL 2018 2 0738805.X	2019.2.5

续表 02-05-14

专利名称	专 利 号	授权公告日
一种节能锻造加热炉	ZL 2018 2 0730904.3	2019.2.5
一种转运钢渣的除尘装置	ZL 2018 2 0731110.9	2019.2.5
一种铸件冷却装置	ZL 2020 2 0134258.1	2020.9.18
铸件冷却装置	ZL 2020 2 0136096.5	2020.9.18
一种布袋除尘器	ZL 2020 2 0135802.4	2020.9.29
一种加热炉的台车定位装置	ZL 2020 2 0136099.9	2020.10.2
一种车底式加热炉的台车	ZL 2020 2 0135652.7	2020.10.2

生产许可证 1994 年 10 月，诸暨特种钢厂获冶金工业部颁发的钢筋混凝土热轧带肋钢筋生产许可证。

2009 年 12 月，征天特钢公司获绍兴市特种设备检测院颁发的气瓶充装许可证。

2019 年 6 月，天基公司获得国家知识产权局批准的第 33375853 号、第 33389061 号、第 33392422 号三类商标注册证。

荣誉和职称

荣誉称号 1995—1997 年，诸暨特种钢厂连续 3 年被浙江省计划经济委员会和浙江省统计局评为“浙江省行业最佳效益企业”“浙江省行业经济效益第二位”“浙江省炼钢业经济效益第三位”。

1988—2020 年，天基公司先后获得县级以上单位颁发的集体荣誉近 120 项，个人荣誉 50 余项。

1988—2020 年天基公司集体荣誉录

表 02-05-15

荣誉名称	颁发单位	获取年月
明星企业	诸暨县人民政府	1989.1
文明单位	诸暨县人民政府	1989.1
节能先进企业	诸暨县人民政府	1989.1

续表 02-05-15

荣誉名称	颁发单位	获取年月
“三电工作”先进集体	绍兴市人民政府三电办公室	1989.3
优秀乡镇企业	绍兴市人民政府	1989.9
明星企业	诸暨市人民政府	1990.1
特级信用企业	中国农业银行浙江省分行	1990.3
档案管理省级先进企业	浙江省档案局	1990.12
三级标准计量合格企业	绍兴市标准计量局	1990.12
全面质量管理合格企业	绍兴市经济委员会	1990.12
百家企业生产竞赛优胜企业 生产销售持续稳定增长第一名	诸暨市人民政府	1991.1
节能行业先进企业	诸暨市人民政府	1991.2
市级重点企业	绍兴市乡镇企业局	1991.3
特级信用企业	中国农业银行浙江省分行	1991.3
绍兴市级先进企业	绍兴市人民政府	1991.4
能平衡测试合格企业	绍兴市经济计划委员会	1991.4
绍兴市 1990 年度“三电工作”先进集体	绍兴市人民政府三电办公室	1991.6
绍兴市级重点企业	绍兴市人民政府	1991.9
1990 年度绍兴市级先进企业	绍兴市企业管理领导小组	1991.9
二级计量验收合格企业	浙江省计量局	1991.10
1991 年度安全生产先进单位	绍兴市乡镇企业局	1992.2
1992 年度诸暨市级重点企业	诸暨市人民政府	1992.2
特级信用企业	中国农业银行浙江省分行	1992.3
1991 年度节能先进企业	诸暨市人民政府	1992.3
1991 年度安全建设先进班组（炼钢甲班）	绍兴市总工会 绍兴市经济委员会	1992.3
绍兴市重点乡镇企业	绍兴市人民政府	1992.4
绍兴市级节能行业先进企业	绍兴市经济委员会	1992.5
“应用价值工程，降低炼钢成本” 获现代化成果奖二等奖	绍兴市乡镇企业局	1992.5

续表 02-05-15

荣誉名称	颁发单位	获取年月
“现代化管理价值工程的应用” 获 QC 成果奖三等奖	绍兴市乡镇企业局	1992.5
1992 年浙江省百家知名乡镇企业	劳动时报社	1992.8
劳动保护先进集体	绍兴市总工会	1992.12
1992 年度绍兴市水利综合经营优秀企业	绍兴市水利电力局	1992.12
1993 年度市重点工业企业	诸暨市人民政府	1993.1
1992 年度市级明星企业	诸暨市人民政府	1993.2
1992 年度节能先进企业	诸暨市人民政府	1993.2
特级信用企业	中国农业银行浙江省分行	1993.3
行业节电竞赛先进企业	绍兴市经委、计委、三电办	1993.3
1993 年全市重点工业企业	绍兴市经济委员会	1993.5
1993 年度中国 500 家最大乡镇企业第 463 位	国家统计局	1993.7
1992 年度全省工业企业排序： 行业规模第 8 位，行业效益第 10 位	浙江省计划经济委员会 浙江省经济体制改革委员会 中国企业评价中心浙江分中心	1993.7
绍兴市级重点企业	绍兴市人民政府	1993.7
先进党组织	中共绍兴市委	1994.3
1993 年电炉钢行业节电竞赛先进企业 （二等奖）	绍兴市计委、经委、三电办	1994.3
先进基层党组织	中共诸暨市委	1994.3
1993 年度节能先进企业	诸暨市人民政府	1994.3
1993 年度绍兴市工业企业 销售收入 100 强第 41 位	绍兴市人民政府办公室	1994.5
1993 年度 AAA 级资信企业	中国工商银行浙江省分行	1994.7
1994 年进入全省行业最佳经济效益 工业企业评价序列	浙江省计划经济委员会 浙江省经济体制改革委员会 中国企业评价中心浙江分中心	1994.9
中二型企业	浙江省计经委　浙江省统计局	1994.12
1994 年度企业资信等级 AAA 级	中国农业银行浙江省分行 浙江融达信息咨询公司	1995.5

续表 02-05-15

荣誉名称	颁发单位	获取年月
1994 年度企业资信等级 AAA 级	中国工商银行浙江省分行	1995.6
1994 年电炉钢节电竞赛先进单位	绍兴市计委、经委、电力局	1995.6
1994 年进入全省最大经营规模工业企业评价序列	浙江省计划经济委员会 浙江省经济体制改革委员会 中国企业评价中心浙江分中心	1995.7
1995 年浙江省行业最佳效益企业	浙江省计经委、体改委、统计局、浙江省企业评价中心	1995.7
绍兴市计量工作先进单位	绍兴市标准计量局	1995.9
企业档案管理省级先进	浙江省档案局	1995.12
1995 年度共青团工作先进集体（团总支）	共青团诸暨市委	1996.1
诸暨市企业管理三星级	诸暨市人民政府	1996.3
诸暨市节能先进企业	诸暨市人民政府	1996.4
1995 年度企业资信等级 AAA 级	中国农业银行浙江省分行	1996.5
1995 年度企业资信等级 AAA 级	中国工商银行浙江省分行	1996.6
1996 年进入浙江省行业最大工业企业评价序列	浙江省计经委、体改委、统计局、浙江省企业评价中心	1996.10
浙江省行业经济效益第二位	浙江省计经委、体改委、统计局、浙江省企业评价中心	1996.12
诸暨市级工业规模企业	中共诸暨市委　诸暨市人民政府	1997.3
诸暨市企业管理三星级	诸暨市人民政府	1997.3
1996 年度企业 AAA 级资信	中国农业银行浙江省分行	1997.5
1996 年度 AA 级信用企业	中国工商银行浙江省分行	1997.5
绍兴市节能先进企业	绍兴市经济委员会	1997.5
节电先进企业	绍兴市计委、经委、电力局	1997.6
二级计量水平合格单位	浙江省技术监督局	1997.6
1997 年浙江省行业最佳效益企业	浙江省计经委、体改委、统计局、浙江省企业评价中心	1997.8
浙江省炼钢业经济效益第三位	浙江省计经委、体改委、统计局、浙江省企业评价中心	1997

续表 02-05-15

荣誉名称	颁发单位	获取年月
1997 年度 AAA 级企业资信	中国农业银行浙江省分行	1998.3
1997 年度企业管理三星级企业	诸暨市人民政府	1998.4
1998 年浙江省工业企业评价排序中，进入全省行业最佳经济效益工业企业评价序列	浙江省计经委、体改委、统计局、浙江省企业评价中心	1998.7
1998 年度治安安全单位	绍兴市综合治理委员会 绍兴市公安局 中国人民保险公司绍兴分公司	1999.1
1998 年度企业管理三星级企业	诸暨市人民政府	1999.3
1998 年度 AAA 级企业资信	中国农业银行浙江省分行	1999.4
绍兴市冶金（有色）行业管理重点企业	绍兴市冶金化工建材行业管理办公室	1999.5
浙江省行业最大工业企业	浙江省计经委、体改委、统计局、浙江省企业评价中心	1999.7
1999 年度管理三星级企业	诸暨市人民政府	2000.3
1999 年度 AAA 级企业资信	中国农业银行浙江省分行	2000.4
2000 年度 AAA 级企业资信	中国农业银行浙江省分行	2001.5
绍兴市“九五”节能先进企业	绍兴市经贸委、财政局	2001.10
2001 年度治安安全单位	绍兴市综合治理委员会 绍兴市公安局 中国人民保险公司绍兴分公司	2002.1
2001 年度 AAA 级资信企业	中国农业银行浙江省分行	2002.4
浙江省冶金有色行业“重质量重信誉”优秀企业	浙江省冶金有色行业协会 浙江市场导报社	2002
钢锭、锻制圆钢为 2002 年“浙江质量信得过产品”	浙江质量技术监督网	2002
浙江省工商企业叁级“守合同重信用”单位	诸暨市人民政府	2003.2
2002 年度 AAA 级资信企业	中国农业银行浙江省分行	2003.4
38CrMoAl 锻制圆钢被推荐为“浙江省名优科技产品”	浙江省科学技术协会 浙江省企业联合会 浙江科技报社	2003.5
2002 年度纳税信用 A 级企业	绍兴市国家税务局	2003.9

续表 02-05-15

荣誉名称	颁发单位	获取年月
浙江优质产品（钢锭、锻制圆钢）	浙江企业管理认证服务中心 浙江优质产品宣传活动办公室	2003
钢锭、锻制圆钢为 2003 年“浙江质量信得过产品”	浙江质量技术监督网	2003
2003 年度 AAA 级资信等级	中国农业银行浙江省分行	2004.4
2003 年度 AA 级纳税信誉等级	绍兴市国家税务局	2004.11
浙江市场诚信满意钢材经销单位 50 强	浙江省行业市场诚信维权调查组委会、行业市场消费者满意度组委会、浙江市场导报社	2004
2004 年度绍兴市先进团（总）支	共青团绍兴市委	2005.1
浙江省工商企业信用 AA 级“守合同重信用”单位	绍兴市工商局	2005.3
2004 年度 AAA 级资信等级	中国农业银行浙江省分行	2005.4
2005 年度 AAA 级资信等级	中国农业银行浙江省分行	2006.5
2006 年度 AAA 级资信企业	中国农业银行浙江省分行	2007.6
安全标准化市级企业	绍兴市安监局	2008.1
2008 年度文明单位	中共诸暨市委　诸暨市人民政府	2009.2
示范基层工会	中共绍兴市委组织部　绍兴市总工会	2009.3
四星级“职工之家”	诸暨市委组织部　诸暨市总工会	2009.5
浙江省锻造行业协会副会长单位	浙江省锻造行业协会	2010.3
浙江省清洁生产阶段性成果企业	浙江省经济和信息化委员会 浙江省环境保护厅	2010.9
安全标准化市级企业	绍兴市安全生产监督管理局	2010.12
青年文明号	共青团诸暨市委	2010
2010 年度诸暨市先进团（总）支部	共青团诸暨市委	2011.2
2010 年度绍兴市能源计量示范单位	绍兴市质量技术监督局 绍兴市经济和信息化委员会	2011.3
青年文明号	共青团绍兴市委	2011
工人先锋号	诸暨市总工会	2013.4

续表 02-05-15

荣誉名称	颁发单位	获取年月
2018 年度浙江省第一批科技型中小企业	浙江省科学技术厅	2018.7
天基精密锻件研究开发中心为“绍兴市级企业研究开发中心”	绍兴市科学技术局	2018.12
中国锻压协会会员单位	中国锻压协会	2019.1
国家高新技术企业	浙江省科学技术厅 浙江省财政厅 国家税务总局浙江省税务局	2019.12
浙江省高新技术企业协会会员单位	浙江省高新技术企业协会	2020.9

1988—2020 年天基公司个人荣誉录

表 02-05-16

姓　名	荣誉名称	颁发单位	获取年月
陈国光	浙江省职业中学优秀毕业生	浙江省教育委员会	1988.1
谢银传	1990 年度绍兴市模范职工	绍兴市总工会	1991.2
	1991 年度优秀职工	诸暨市总工会	1992.4
阮红祥	1991 年诸暨市“电力杯”选拔赛一等奖	共青团诸暨市委 诸暨市供电局	1991.9
	绍兴市“电力杯”青年电工技术比武二等奖	共青团绍兴市委 绍兴市电力局	1991.11
	1992 年浙江省操作技术运动会高配电工乙组第三名	浙江省劳动竞赛委员会	1992.10
	浙江省操作技术能手	浙江省劳动竞赛委员会	1993.3
	绍兴市 10 千伏电力组操作技术能手	绍兴市社会主义劳动竞赛委员会	1993.4
	诸暨市第三批职业技能带头人	诸暨市人民政府	2009.4
郑秋月	1991 年度青年电工技术比武二等奖	绍兴市电力局	1991.11
	1992 年浙江省操作技术运动会高配电工乙组第一名	浙江省劳动竞赛委员会	1992.10
	浙江省操作技术能手	浙江省劳动竞赛委员会	1993.3
	1992 年度全国先进女职工	中华全国总工会	1993.3
	1992 年度巾帼英雄	绍兴市总工会	1993.3
	1993 年度优秀职工	诸暨市总工会	1994.3
	1997 年度浙江省技术能手	绍兴市劳动局	1998.8
	2008 年度绍兴市突出贡献高技能人才	中共绍兴市委 绍兴市人民政府	2008.4

续表 02-05-16

姓　名	荣誉名称	颁发单位	获取年月
杨桂昌	1991 年度优秀支乡科技人员	绍兴市人事局	1991.12
	1998 年度绍兴市节能先进工作者	绍兴市经济委员会 绍兴市财政局	1999.2
	绍兴市“九五”节能先进个人	绍兴市经贸委 绍兴市财政局	2001.10
	2010 年度专业技术拔尖人才 · 学术技术带头人后备人才	诸暨市委组织部	2010.3
阮陆军	“地质杯”科技在我身边征文二等奖	共青团诸暨市委	1992.5
	学习十六大精神钢笔书法比赛一等奖	中共诸暨市委宣传部 共青团诸暨市委	2003.2
	2003 年度浙江省学习党的十六大钢笔书法优秀奖	中共浙江省委宣传部 共青团浙江省委	2003.5
	2006 年度《绍兴日报》荣誉读者	绍兴日报社	2006.10
	2019 年度绍兴市首届农民书法大赛三等奖	中共绍兴市委宣传部 绍兴市农业农村局	2019.9
陈建松	绍兴市级计量工作先进个人	绍兴市标准计量局	1992.9
	绍兴市计量先进工作者	绍兴市标准计量局	1995.9
	2010 年度绍兴市能源计量工作先进个人	绍兴市质监局	2011.3
章新标	1992 年浙江省操作技术运动会维修电工组第五名	浙江省劳动竞赛委员会	1992.10
	浙江省操作技术能手	浙江省劳动竞赛委员会	1993.3
陈伯龙	1992 年度市级优秀厂长	诸暨市人民政府	1993.1
	1992 年度市长奖励基金	诸暨市人民政府	1993.1
陈　芸	1993 年度企业档案管理工作积极分子	浙江省档案局	1993.8
梁贤生	1996 年度诸暨市优秀共产党员	中共诸暨市委组织部	1996.12
汤汉根	1998 年度科技进步二等奖	浙江省建材总公司	1998.10
郭月辉	1999 年度冶金组统计先进工作者	绍兴市冶化建材行管办	1999.12
詹海忠	诸暨市“菲达杯”钳工技能操作比武第三名	诸暨市总工会等	2002.6
	诸暨市钳工技术能手	诸暨市总工会等	2002.6
	2003 年度专业技术拔尖人才·学术技术带头人后备人才	中共诸暨市委组织部	2003.11
	2004 年全市职工操作技能大赛钳工第三名	中共诸暨市委组织部 诸暨市总工会等	2004.6
	2011 年度诸暨市第四批职业技能带头人	诸暨市人民政府	2011.4

续表 02-05-16

姓　名	荣誉名称	颁发单位	获取年月
陈越岗	2003 年度浙江省学习党的十六大钢笔书法优秀奖	中共浙江省委宣传部 共青团浙江省委	2003.5
王少华	2004 年全市职工操作技能大赛电工第六名	中共诸暨市委组织部 诸暨市总工会等	2004.6
张广元	市百名优秀外来建设者	诸暨市总工会	2007.9
陈基楠	2009 年度诸暨市工会经审工作先进个人	诸暨市总工会	2010
胡洪磊	2009 年度优秀团员	共青团诸暨市委	2010
	2012 年度优秀团员	共青团诸暨市委	2013
	2020 年“诸暨工匠”	诸暨市总工会等	2020.10
冯志钢	入选“绍兴市工匠人才库”	绍兴市总工会 绍兴市人社局	2018.10
	2020 年“诸暨工匠”	诸暨市总工会等	2020.10
魏何灿	入选“绍兴市工匠人才库”	绍兴市总工会 绍兴市人社局	2018.10
	2020 年“诸暨工匠”	诸暨市总工会等	2020.10

资格职称　至 2020 年，天基公司获中高级专业技术职称和技能等级人员 10 人，其中高级 1 人。

天基公司资格职称人员名录

表 02-05-17

姓　名	资格职称	发证单位	获取年月
郑秋月	高级技师	浙江省劳动厅	1999.12
王和明	工程师	绍兴市职改办	1997.8
陈国光	会计师	财政部	1999.5
梁贤生	经济师	诸暨市职改办	1999.8
孙　彧	工程师	诸暨市职改办	1999.8
黄天庭	经济师	诸暨市人事局	2002.8
陈越岗	工程师	诸暨市人事局	2005.7

续表 02-05-17

姓　名	资格职称	发证单位	获取年月
詹海忠	工程师	绍兴市人事局	2013.12
陈剑锋	工程师	绍兴市人事局	2013.12
杨桂昌	工程师	绍兴市人事局	2013.12

第三节　诸暨市征天水泥有限公司

诸暨市征天水泥有限公司位于诸暨市枫桥镇三江村骆家桥，原属征天集团集体企业。

征天水泥公司紧靠枫桥江，水陆交通方便，设备齐全，工艺先进。1993年，与武汉工业大学协作研制的新产品“高铁高掺量石煤渣硅酸盐水泥（早强型）”，获浙江省科技进步三等奖。1998年1月，列入浙江省资源综合利用企业。随后，享受国家减免税优惠政策，并通过ISO 9001：2000质量管理体系认证。

公司一贯奉行“信誉至上，以诚相待”的经营宗旨，坚持“质量第一，科技为先”的发展理念。产品广泛用于水利建筑和民用建筑，以及国家重点工程建设。

发展历程

企业沿革　1979年4月，征天水库管理处和绍兴地区水利局、诸暨县水利局联合创办诸暨县征天水泥厂。12月建成。

2000年7月，征天集团和征天水泥厂员工（自然人）共同出资，租赁上虞市积山水泥有限公司。

2002年11月，积山水泥公司魏雪苗与征天集团员工（自然人）共同出资，购买江苏猿洲水泥厂，组建江苏宿迁淮河水泥有限公司。

2003年2月25日，征天水泥厂8名自然人出资，租赁湖北省谷城县永信水泥制造有限公司，组建谷城县征天水泥制造有限公司。

征天水泥厂外景（2000 年摄）

2005 年 12 月，根据诸暨市政府对机立窑实行“关、停、并、转”的整顿政策，征天水泥厂关停。关停后，由厂部班子负责处理后续事宜，与征天集团仍保持隶属关系。

2006 年 10 月，更名为诸暨市征天水泥有限公司，法定代表人毛永新。

2011 年 6 月，征天水泥公司持股会形成股份内部集聚转让的决议。

2013 年 1 月，征天集团解除对征天水泥公司的隶属关系。

企业规模 1979 年，征天水泥厂占地面积 4 公顷，厂房建筑面积 7000 平方米，职工 100 余人。第一期工程设计规模年产水泥 2 万吨，建造安装 2 米 ×8 米立窑 1 座，安装 1.5 米 ×5.7 米球磨机 2 台，组建载重量 250 吨船队 1 支，总投资 86 万元。

1984 年 2 月，设计规模年产水泥 4 万吨的第二期工程动工。1985 年 1 月 29 日完工，增加建筑面积 4311 平方米，扩建 2 米 ×7 米塔式液压机立窑 1 座，增置 1.33 米 ×7 米球磨机 1 台、1.5 米 ×5.7 米球磨机 1 台，总投资 80 万元。

1987 年，全厂职工 107 人。

2000 年 3 月，更换球磨机 2 台，其中 1.5 米 ×5.7 米生料球磨机更换为 2.2 米 ×6 米生料球磨机，1.5 米 ×5.7 米成品球磨机更换为 1.83 米 ×6.5 米成品球磨机，生产规模升级为年产 8 万吨。

2005 年，征天水泥厂占地面积 4.53 公顷，建筑面积 2 万平方米。

生产经营

1979 年 12 月，征天水泥厂投产。

1984 年 5 月，征天水泥产品质量经浙江省建材总公司检验合格，并获得产品合格证书。

1979—1984 年，水泥产量累计 9.23 万吨。

1985 年，水泥产量 3.11 万吨。

1980—1987 年，累计产值 2286.57 万元，利税 328.76 万元。

1998 年起，经营方式变更为制造、加工、销售，经营范围变更为水泥、高岭土加工。

2004 年，生产“天竺”牌 42.5 普通硅酸盐水泥 6.18 万吨。

1988—2005 年，征天水泥厂总产值 10834.87 万元，总销售额 17782.58 万元，总利税 1377.03 万元。

1988—2005 年征天水泥厂主要经济指标一览表

表 02-05-18 单位：万元

年 份	产 值	销售额	利 税	年 份	产 值	销售额	利 税
1988	308.75	469.53	60.30	1997	548.76	834.36	39.58
1989	274.55	544.84	37.13	1998	630.95	904.14	61.20
1990	228.95	407.99	23.05	1999	852.08	1132.23	210.21
1991	237.50	450.78	26.54	2000	785.36	1041.95	113.12
1992	382.85	737.76	58.58	2001	824.88	1205.17	70.60
1993	623.64	1293.71	162.35	2002	944.45	1323.35	26.31
1994	661.99	1379.61	81.34	2003	1021.62	1697.38	226.43
1995	653.01	1341.35	96.55	2004	896.66	1703.95	60.60
1996	552.70	890.42	20.26	2005	406.17	424.06	2.88

股份演变

1993 年 2 月 1 日，征天集团下发《浙江诸暨征天集团公司（股份合作）章程》和实施细则，确定征天集团与下属企业为“母子公司”关系，明确征天集团账面资产 30%作为劳动补偿股，量化到企业职工。

1995 年 8 月 17 日，征天水泥厂股东代表大会讨论通过股份合作制章程和实施细则。

1998 年 8 月，诸暨市体改办批复同意《诸暨市征天水泥厂股份合作制完善方案》。

2003 年 7 月，根据征天集团《关于建立现代企业制度建立新型劳动关系实施方案》文件精神，进行人员界定、资产界定，并结算资产，对职工采取一次性经济补偿的方式进行身份置换，建立起新型劳动关系。核定征天水泥厂职工 67 人，结算资产 768.73 万元。

2006 年 1 月，根据诸暨市体改办《关于进一步深化完善浙江征天集团有限公司改制实施方案的批复》，征天水泥厂彻底转制，全部资产由职工现金配股置换。

2011 年 6 月 12 日，征天水泥公司召开股东大会，决定采用投标方式，将征天水泥公司股份进行内部集聚转让，即整体转让。

2014 年 5 月，征天水泥公司所持征天集团 2.5%的股份，全部转让给征天印染公司。

企业管理

1979 年 8 月，征天水泥厂实行厂长负责制，并设立相应的组织机构，随后成立党支部。1997 年 3 月，设立董事会。

2006 年 10 月，征天水泥公司实行董事会领导下的总经理负责制。

征天水泥公司历任主要负责人一览表

表 02-05-19

<table>
<tr><th>单位名称</th><th>董事长</th><th>总经理（厂长）</th><th>党支部书记</th></tr>
<tr><td rowspan="10">诸暨县（市）征天水泥厂</td><td rowspan="6"></td><td>张仲汉
（1979.8—1984.3）</td><td rowspan="2">张仲汉
（1980.4—1987.12）</td></tr>
<tr><td>魏国苗
（1984.3—1989.1）</td></tr>
<tr><td>杨见明
（1989.1—1990.2）</td><td rowspan="2">魏国苗
（1987.12—1991.5）</td></tr>
<tr><td>魏国苗
（1990.2—1991.5）</td></tr>
<tr><td>陈海堂
（1991.5—1993.1）</td><td>—</td></tr>
<tr><td>张立群
（1993.1—1997.3）</td><td>杨列鸣
（1993.2—1997.3）</td></tr>
<tr><td>汤汉根
（1997.3—1998.7）</td><td>汤汉根
（1997.3—1998.7）</td><td>陈基楠
（1997.3—1998.7）</td></tr>
<tr><td>魏雪苗
（1998.7—2002.3）</td><td>魏雪苗
（1998.7—2002.3）</td><td>杨列鸣
（1998.7—2004.2）</td></tr>
<tr><td>杨列鸣
（2002.3—2004.2）</td><td>杨列鸣
（2002.3—2004.2）</td><td>—</td></tr>
<tr><td>魏大龙
（2004.2—2006.10）</td><td>魏大龙
（2004.2—2006.10）</td><td>崔纪江
（2006.8—2006.10）</td></tr>
<tr><td>诸暨市征天水泥有限公司</td><td>毛永新
（2006.10—2012.12）</td><td>毛永新
（2006.10—2012.12）</td><td>崔纪江
（2006.10—2012.12）</td></tr>
</table>

说明：1991年5月至1993年2月，党支部由副书记杨列鸣主持工作；2004年2月至2006年8月，党支部由副书记崔纪江主持工作。

外扩企业

上虞市积山水泥有限公司 上虞市积山水泥有限公司位于上虞市道墟镇积山下，紧靠104国道。公司占地面积6.46公顷，固定资产4018万元，拥有年产 15 万吨级水泥生产线，专业生产“积山”牌 32.5 普通硅酸盐水泥。企业获得“浙江省优质水泥”“上虞市质量信得过产品”“上虞市消费者信得过单位”等荣誉称号，通过 ISO 9001：2000 质量管理体系认证。

2000 年 7 月，积山水泥公司由征天集团和征天水泥厂员工（自然人）共同出资租赁。公司注册资本 150 万元，其中征天集团出资 76.5 万元，占总出资额的 51%，征天水泥厂 12 名自然人出资 73.5 万元，占总出资额的 49%。

2001 年 2 月 19 日，征天集团任命征天水泥厂魏雪苗为积山水泥公司董事长，杨见明为副董事长，陈剑凭为监事。6 月 21 日，积山水泥公司召开股东大会，审议通过《上虞市积山水泥有限公司章程》，选举产生董事会和监事会成员。

2003 年 7 月，由征天集团统一部署，对企业职工进行身份置换，建立新型劳动关系；对企业人员、资产进行界定，建立现代企业制度，核定积山公司职工 12 人，结算资产 156.35 万元。

是年，积山水泥公司生产水泥 13.69 万吨，销售额 3284.5 万元，利税 229.18 万元。

2004 年 2 月 3 日，征天集团批复同意《上虞积山水泥有限公司要求改制的报告》。改制时，积山水泥公司付清 2003 年底前企业须缴纳征天集团的各项费用和股份分红。改制后，积山水泥公司和征天集团之间的隶属关系不变，继续履行原有的义务和责任。同时规定，积山水泥公司股东若将股金转让其他股东，不再持股，即为社会自然人，与征天集团无任何连带关系。

2006 年 1 月，经积山水泥公司要求，征天集团同意解除隶属关系。

江苏宿迁淮河水泥有限公司 江苏宿迁淮河水泥有限公司位于江苏省泗洪县双沟镇西山头，公司占地面积 13.33 公顷，拥有年产 30 万吨级水泥生产线。

2002 年 9 月 16 日，征天集团决定出资 850 万元，收购江苏猿洲水泥厂。收购款分 3 年付清，第 1 年首付 400 万元。土地以租赁方式按每亩每年 50 元有偿使用，设备设施一次性买断。根据征天集团员工（自然人）的股份募集情况与经营者控制的原则，设定企业注册资本 561.23 万元，其中魏雪苗出资 286.23 万元，占总出资额的 51%，征天集团 55 名自然人以征天集团名义出资275万元，占总出资额的49%。

11月6日，江苏宿迁淮河水泥有限公司成立。

2003年2月25日，召开股东大会，审议通过淮河水泥公司章程，选举产生董事会和监事会成员，魏雪苗任董事长，杨见明任监事会主席。

2005年，生产42.5普通硅酸盐水泥10.7万吨，销售额1916.02万元，利税19.67万元。

2006年初，经淮河水泥公司报告，征天集团同意解除隶属关系。

2008年12月31日，征天集团与淮河水泥公司形成一致意见，淮河水泥公司还清征天集团有偿借款，征天集团员工（自然人）所持淮河水泥公司股份按原值转让给魏雪苗，并办理工商变更手续。

谷城县征天水泥制造有限公司 谷城县征天水泥制造有限公司位于湖北省谷城县南河镇岛岩村二组，公司占地面积2公顷余，拥有年产10万吨级水泥生产线，注册资本50万元。

2003年1月4日，征天集团与谷城县永信水泥制造有限公司签订投资性租赁永信水泥制造有限公司合同。租赁期从2003年3月18日至2015年3月18日，共12年。

1月9日，谷城县政府就谷城县永信水泥制造有限公司投资性租赁经营有关问题召开专题协调会，形成《关于谷城县永信水泥制造有限公司投资性租赁经营有关问题协调会议纪要》，为永信水泥制造有限公司的租赁经营提供政策、服务和环境上的支持。

2月25日，征天水泥厂8名自然人出资租赁经营谷城县永信水泥制造有限公司，并变更为谷城县征天水泥制造有限公司。设置股份120万元，征天水泥厂杨列鸣任董事长兼总经理。

7月，由征天集团统一部署，对企业职工进行身份置换，建立新型劳动关系；对企业人员、资产进行界定，建立现代企业制度，核定谷城水泥公司职工8人，结算资产104.23万元。

9月4日，根据征天集团《关于加强谷城县征天水泥制造有限公司领导力量等问题的会议纪要》文件精神，由征天印染公司陈海堂出任谷城水泥公司总经理，陈海堂个人投资扩股50万元，谷城水泥公司总股本增至170万元。9月23日，谷城水泥公司成立董事会和监事会，陈海堂任董事长。10月底开始，谷城水泥公司人事与行政完全独立，归属征天集团管理。

2006年，谷城水泥公司生产“浙征”牌水泥4.22万吨，销售额823.58万元，利税79.52万元。

2007年12月8日，根据谷城县政府《关于关停谷城县水泥厂的决定》，谷城水泥公司被列入关停范围。12月31日，经股东大会决定，作出《关于谷城县征天水泥制造有限公司解散的决议》，依据《中华人民共和国公司法》和《谷城县征天水泥制造有限公司章程》的规定，成立清算小组进行清算，并注销工商登记，公司终止。

第四节　诸暨市征天浆纱纺织有限公司

诸暨市征天浆纱纺织有限公司位于诸暨市枫桥镇绍诸公路与齐乐公路交叉口泥桥头，是一家集轻纺加工、经销于一体的生产企业，主要从事各档棉纱以及坯布的加工经销。企业类型为有限责任公司。

公司始终秉承“质量，价格，服务”三大经营宗旨，强调产品即人品的理念，并将产品的质量与员工的工资和奖金考核直接挂钩。

征天浆纱公司优质的产品和服务，以及合理的价格，赢得了越来越多的客户，企业知名度日益提升。在不断巩固加工业务的同时，企业注重技术与管理人才，在相关产业链上寻求新的突破，不断扩大规模，增加自身实力，努力做大做强，力争把企业建成一个原料、加工、产品综合型的经济实体。

发展历程

企业沿革　征天浆纱公司前身诸暨县征天葡萄糖厂，始建于1981年9月，厂址征天水库大坝左端溢洪道出口东侧。

1986年4月，诸暨县征天罐头厂建成，附设于征天糖厂内，实行“一套班子，两块牌子”的经营管理模式。

1992年9月9日，诸暨市卫生局会同中国工商银行诸暨市支行与征天综合开发公司商谈，依靠征天糖厂的药证文号，联办浙江亚东制药厂。10月31日，征天糖厂制糖车间折价35万元入股浙江亚东制药厂，建立亚东制药厂胶囊生产车间。

同年11月，征天糖厂变更为诸暨市征天食品厂，注册资金136万元。

1999年5月，投资组建浆纱车间。8月，开始加工生产。

2002年9月10日，征天食品厂兼并诸暨市征天罐头食品有限公司（联营食品厂）。

2003年6月，浆纱车间移址枫桥镇泥桥头。

2006年9月28日，诸暨市征天浆纱纺织有限公司完成注册登记，注册资本676万元，法定代表人葛涌泉。同时，征天食品厂停业注销。

2009年10月，法定代表人变更为魏小大。

企业规模 1981年10月，征天糖厂淀粉车间建成。1982年3月，葡萄糖车间建成。9月，酒精车间建成。

征天糖厂占地面积1.07公顷，建筑面积6559平方米，固定资产145万元。有专业技术人员7名，大专生3名，聘用教授、药剂师、工程师指导生产。

20世纪80年代后期，征天糖厂共有淀粉车间、制糖车间、制酒车间、瓶酒车间、糖果车间、罐头车间等6个车间和1个配酒场，职工300余人。

1992年，征天食品厂固定资产106万元，员工20人。此后，相继建立钢材门市部、食品饮食门市部、轻纺门市部和浆纱车间。

2006年，征天浆纱公司占地面积0.67公顷，建筑面积4500平方米。主要设备有360型郑纺机1台，ASGA288型超高速整经车4台，1452G型整经车3台等。

2020年，主要设备有GA332C-280型浆纱机1台，G142-200C型纺机1台，1452G型整经机8台等。

1992 年征天糖厂主要生产设备一览表

表 02-05-20

类 别	名 称	数 量	类 别	名 称	数 量
制糖设备	洗薯机	1 台	制酒设备	高压杀菌锅	1 台
	鲜薯破碎机	1 台		大曲蒸煮锅	1 台
	薯丝破碎机	2 台		制曲培养房（$600m^2$）	1 套
	曲 筛	1 套		调浆池（$10m^3$）	1 只
	调浆池	10 个		蒸煮锅（$5m^3$）	1 只
	不锈钢调酸桶	1 个		糖化锅（$10m^3$）	2 只
制糖设备	不锈钢糖化锅	1 个	制酒设备	发酵池（$20m^3$）	18 只
	不锈钢中和罐	2 个		粗馏塔（Φ1000）	1 台
	不锈钢脱色罐	2 个		精馏塔（Φ800）	1 台
	木 桶	2 只		酒精贮罐（$100m^3$）	1 个
	不锈钢蒸发锅	2 台		酒精贮罐（$10m^3$）	2 个
	不锈钢运动结晶罐	4 个	瓶酒设备	净水处理器	1 套
	SS600 离心脱水机	2 台		配料罐（$20m^3$）	2 只
	SS800 离心脱水机	1 台		洗瓶机	1 台
	气流干燥机	1 套		自动灌装生产线	1 套
	燃煤锅炉	2 台	糖果设备	真空熬糖机	1 台
	板框压滤机	2 台		搅拌机	4 台
	塑料板框	3 台		硬糖生产线	1 条
	不锈钢缓冲桶	1 个		奶糖生产线	1 条
	碳钢离交塔	2 台		牛轧糖生产线	1 条
	不锈钢贮槽（$3m^3$）	3 台		酥心糖生产线	1 条
	碳钢贮槽（$3m^3$）	6 只		自动包糖机	1 台

生产经营

生产状况 1982 年起，征天糖厂生产糖、酒及饮料食品。其中糖类有注射用葡萄糖、口服多维葡萄糖、工业葡萄糖、液体葡萄糖及各种软硬糖果；

酒类有95° 食用酒精、95° 工业酒精、95° 药用酒精、30 ~ 50° 糟香白酒，以及特曲烧、汽酒、汽水、配制瓶酒等。

征天浆纱公司生产车间

1992年起，征天食品厂主营白酒，兼营酒精、饮料、糖果、淀粉。经营方式为加工自销。

2006年9月至2020年，征天浆纱公司经营纱线加工、针织品和纺织品原料批发，以及各档棉纱的加工经销。

生产工艺 征天糖厂利用酸法水解工艺生产葡萄糖，即用盐酸作为催化剂，将淀粉在高温高压的情况下水解成为葡萄糖，然后浓缩结晶干燥。制作流程从淀粉调浆、调酸、糖化、中和、脱色、蒸发浓缩、结晶、脱水、气流干燥、检测，直到包装入库。

征天浆纱公司主要产品纱线整经

利用液体厌氧发酵工艺生产酒精，即用糖化酶（uv-11菌种）制作小曲、大曲，酒精酵母菌（k氏酵母菌）作用于糊化的淀粉质液体，通过厌氧发酵得到醪液，再经蒸馏塔蒸馏获得酒精。制作流程依次有：糖化酶种子（uv-11）、接种、摇瓶、培养、制成小曲，麦麸蒸煮、摊冷、接种曲、通气培养、制成大曲，再用酵母菌种子试管斜面、500毫升摇瓶、卡氏罐、酒母罐培养。然后把番薯（渣、丝、片）粉碎、调浆、蒸煮、糖化（加曲麦）、酒母接种、发酵、粗塔蒸馏、精塔蒸馏、检验，直到入库。

浆纱的一般工艺流程分为两步。第一步先整经，按照整经工艺设计的规定，将一定根数和长度的经线，平行地卷绕在经轴上（头份不同，经轴的个数不等）；整好经后，开始第二步浆纱，纱线通过引纱棍进入浆槽，在浆槽里通过经木棍、上浆棍、压浆棍等一系列棍子的作用进行上浆，然后进入烘房，把纱线烘干，再到干分区，通过干分绞棒把粘连的纱线分干，最后通过升缩筘把浆好的纱线卷在织轴上。

经营业绩 1982—1991年，征天糖厂总产值1805.41万元，总销售额1647.07万元，总利税217.84万元。

1992—2005年，征天食品厂总产值1477.57万元，总销售额1710.83万元，总利税150.78万元。

2006—2020年，征天浆纱公司总产值1885.57万元，总销售额3110万元，总利税211.72万元。

1982—1991年征天糖厂主要经济指标一览表

表02-05-21　　单位：万元

年份	产值	销售额	利税	年份	产值	销售额	利税
1982	33.47	60.69	4.06	1987	335.32	314.20	36.99
1983	141.50	86.76	13.08	1988	226.99	261.32	29.85
1984	153.11	132.12	17.13	1989	155.57	246.35	32.38
1985	284.60	121.24	15.69	1990	98.94	118.12	13.79
1986	261.42	166.27	19.95	1991	114.49	140.00	34.92

说明：1986—1991年，含征天罐头厂数据。

1992—2005年征天食品厂主要经济指标一览表

表02-05-22 单位：万元

年份	产值	销售额	利税	年份	产值	销售额	利税
1992	33.19	72.62	9.38	1999	46.75	71.87	4.18
1993	66.10	104.31	14.62	2000	68.36	83.70	7.42
1994	67.16	85.60	0.83	2001	78.20	106.47	9.04
1995	34.40	84.51	10.73	2002	61.83	95.17	2.58
1996	105.97	132.81	6.30	2003	31.33	39.70	2.07
1997	63.33	72.17	10.40	2004	341.31	315.43	42.78
1998	47.64	65.76	5.34	2005	432.00	380.71	25.11

2006—2020年征天浆纱公司主要经济指标一览表

表02-05-23 单位：万元

年份	产值	销售额	利税	年份	产值	销售额	利税
2006	203.82	232.83	13.81	2014	121.57	382.12	42.71
2007	232.03	178.72	11.88	2015	112.80	282.59	20.95
2008	118.00	113.56	8.02	2016	80.62	201.55	15.66
2009	154.61	129.36	3.42	2017	56.25	140.63	16.49
2010	184.39	249.11	10.97	2018	47.42	118.55	6.81
2011	187.03	340.74	9.91	2019	31.36	207.55	6.08
2012	162.71	202.60	10.18	2020	35.51	53.27	15.28
2013	157.45	276.82	19.55				

股份演变

1993年2月1日，征天集团下发《浙江诸暨征天集团公司（股份合作）章程》和实施细则，确定征天集团与下属企业为“母子公司”关系，明确征天集团账面资产30%作为劳动补偿股，量化到企业职工。

1998年8月，诸暨市体改办批复同意《诸暨市征天食品厂股份合作制完善方案》。确定总股本37.13万元，每股股值100元，共计3713股，全部设置为职工个人股。其中基本股1960股，占总股份的52.78%，每人定额以现金认购70股；职务股1753股，占总股份的47.22%。

2003年7月，根据征天集团《关于建立现代企业制度建立新型劳动关系实施方案》文件精神，进行人员界定、资产界定，并结算资产，对职工采取一次性经济补偿的方式进行身份置换，建立起新型劳动关系。核定征天食品厂职工44人，结算资产573.29万元。

2006年1月，根据诸暨市体改办《关于进一步深化完善浙江征天集团有限公司改制实施方案的批复》，征天食品厂彻底转制，全部资产由职工现金配股置换。

2015年9月3日，通过公开竞标，魏小大以1165万元的竞标额中标征天浆纱公司100%股权。9月28日，与公司工会职工持股会签订股权转让协议，公司股东变更为自然人魏小大、谢可可。

2020年6月，魏小大协议受让谢可可全部股权（待工商注册变更）。

企业管理

组织机构 1981年9月至2006年9月，征天糖厂、征天食品厂均实行厂长负责制，并设立相应的组织机构，同时设立党支部。其间，于1992年10月起，增设董事会；1998年6月，与联营食品厂联合设立联营食品厂党支部，2002年7月更名为征天食品厂党支部。

2006年9月，征天浆纱公司实行董事会领导下的总经理负责制。2015年11月，党组织并入征天集团总部党支部。

征天浆纱公司历任主要负责人一览表

表 02-05-24

单位名称	董事长	总经理（厂长）	党支部书记
诸暨县（市）征天葡萄糖厂		金炳良（1981.9—1984.3）	金炳良（1981.9—1986.1）
		汤巨根（1984.3—1984.11）	
		宣汉康（1984.11—1991.1）	杨见明（1986.1—1987.2）
			宣汉康（1987.2—1991.2）
		王伟潮（1991.1—1992.9）	宣德信（1991.2—1992.9）
诸暨市征天食品厂		王伟潮（1992.9—1993.1）	宣水安（1992.9—1998.4）
	宣水安（1996.1—1998.4）	宣水安（1993.1—1998.4）	—
	葛涌泉（1998.6—2006.10）	葛涌泉（1998.6—2006.10）	葛涌泉（2002.7—2006.10）
诸暨市征天浆纱纺织有限公司	葛涌泉（2006.10—2009.10）	葛涌泉（2006.10—2009.10）	葛涌泉（2006.10—2011.1）
	魏小大（2009.10— ）	魏小大（2009.10— ）	魏小大（2011.1—2015.11）

薪酬机制 1981—1990年，征天糖厂按定级工资加奖金、补贴的方式，发放职工薪酬。

1991—2020年，征天糖厂、征天食品厂、征天浆纱公司均实行计件工资。

资质认证和知识产权 1984年，浙江省医药管理局、浙江省卫生厅批准征天糖厂为定点生产注射用葡萄糖的药厂，颁发生产许可证和药证文号“浙卫药字（84）1035-7”。葡萄糖粉注册商标“征天”牌，酒类产品注册商标“枫桥”牌，罐头类产品注册商标“西湖”牌、“天竺”牌，糖果类产品注册商标“口福”牌。

荣誉称号

征天糖厂曾经是征天综合开发公司的一家重要企业，是浙江省乃至全国水利系统综合经营的样板，对农业、农村、农民服务起到了示范引领作用。1986 年 2 月，征天糖厂被绍兴市乡镇企业局授予“绍兴市 1985 年安全生产先进单位”称号。

1998 年 3 月，宣水安被评为 1997 年度诸暨市优秀共产党员。

第五节　诸暨市征天水工商联合公司

诸暨市征天水工商联合公司位于诸暨市枫桥镇凤山脚下枫桥石灰氮厂，原属征天水库管理处集体性质的商贸企业。

随着农村家庭联产承包责任制的实施，农村富余劳动力日趋增多，“无农不稳，无工不富，无商不活”成为解放生产力的重要理念，办商业促工业是解决农村富余劳动力的重要途径。征天水工商公司的建立，对征天集团引进生产技术、收集经济信息、开拓供销渠道、促进商品经济发展发挥了很大的作用。

发展历程

企业沿革　1984 年 11 月 13 日，征天水库管理处兼并枫桥区农工商公司，成立诸暨县征天水工商联合公司，注册资本 50 万元。

1985—1987 年，征天综合开发公司先后在杭州、宁波、上海购置房屋，设立办事处，均由征天水工商公司管理。

1994 年 1 月，征天水工商公司并入征天贸易公司。

企业规模

1984 年 11 月，征天水工商公司有职工 24 人。在枫桥集镇设立食品、建材、五金门市部。

1985 年，设立驻杭办事处，位于杭州市中山中路 363 号，建筑面积 80 平方米。

1986 年，设立驻甬办事处，位于宁波市柳汀街协作大厦，建筑面积 76

平方米。

1987年，设立驻沪办事处，位于上海市广中路133号中山大厦302室，建筑面积113平方米。

1993年11月，驻沪办事处成立上海征天实业公司。2004年12月歇业。

生产经营

征天水工商公司经营方式为批发、零售兼营，以及代购代销；经营范围包括食品、副食品、日用百货、劳保用品、五金交电，兼营建筑材料、土特产品、农产品。

1984—1989年，征天水工商公司总营业额397.1万元，总利税9.5万元。

企业管理

1984年10月至1994年1月，征天水工商公司实行经理负责制，并设立党支部。

征天水工商公司历任主要负责人一览表

表02-05-25

<table>
<tr><th>单位名称</th><th>经　理</th><th>党支部书记</th></tr>
<tr><td rowspan="4">诸暨市征天水工商联合公司</td><td>汤巨根
（1984.10—1986.10）</td><td rowspan="3">楼开新
（1984.10—1989.8）</td></tr>
<tr><td>陈汉钦
（1987.1—1988.1）</td></tr>
<tr><td>陈伯龙
（1988.1—1990.2）</td></tr>
<tr><td>金炳良
（1990.2—1993.12）</td><td>金炳良
（1989.8—1994.1）</td></tr>
</table>

说明：1986年10月至1987年1月，经理职位暂缺。

第六节　诸暨市征天罐头厂

诸暨市征天罐头厂位于征天水库大坝左端溢洪道出口东侧征天糖厂内，是一家农产品加工生产的集体企业，隶属征天综合开发公司。

征天罐头厂的建立，为解决枫桥地区农副产品的贸、工、农配套问题，推动当地农业产业结构的调整起到良好的作用。在征天罐头厂的带动影响下，枫桥、浬浦、璜山、岭北等乡镇，相继种植黄桃、黄李、樱桃等水果和象牙竹，开发竹笋两用山，种植蘑菇等经济作物，活跃了当地的农村经济。

发展历程

企业沿革 1985年10月，诸暨市征天罐头厂开始筹建，基建投资22万元。1986年4月建成，附设于征天糖厂内。

征天罐头厂产品清水竹笋

1992年9月7日，征天综合开发公司会同浙江省粮油食品进出口公司和诸暨市对外经济贸易公司，商谈合作兴办诸暨联营食品厂，征天综合开发公司以征天罐头厂资产折合75万元入股，征天罐头厂遂告歇业。

企业规模 1986年，征天罐头厂厂房建筑面积1100平方米，固定资产25.9万元。主要工艺设备有卧式杀菌锅2台，2.95升封口机1台，碱处理锅4台，日本产18升自动封口机1台，国产18升自动封口机2台，预煮锅12只，杀菌锅4只。

生产经营

1986年起，征天罐头厂主要产品有出口水煮笋、清水竹笋、清水蘑菇、鲜辣茭白、油焖茭白、糖水黄桃、糖水杨梅、荸荠等罐头食品。注册商标“西湖”“天竺”。经济指标统计并入征天糖厂。

1988年，征天罐头厂主持实施“山区种植业和加工业技术开发项目”，列入国家“七五”星火计划。

企业管理

1986 年 1 月，征天罐头厂实行厂长负责制，并设立相应的组织机构。党组织并入征天糖厂党支部。

1987 年，征天罐头厂通过三级计量认证和标准化管理认证。

征天罐头厂历任主要负责人一览表

表 02-05-26

单位名称	厂　长
诸暨县（市）征天罐头厂	宣汉康 （1986.1—1991.1）
	王伟潮 （1991.1—1992.9）

荣誉称号

1989 年 11 月，征天罐头厂在全国星火计划成果适用技术展览交易会上获得银奖。

1992 年 7 月，征天罐头厂生产的“西湖”牌水煮笋获浙江省粮油食品进出口公司“全省出口水煮笋产品质量评比一等奖”。

第七节　诸暨市征天铝制品厂

诸暨市征天铝制品厂位于诸暨市枫桥镇枫北路 3 号，是一家日用铝制品生产的集体企业，隶属征天集团。

征天铝制品厂主要生产 14 ~ 16 厘米咖啡壶，18 ~ 26 厘米日用铝茶壶（电热茶壶）及配件，32 厘米双屉锅，以及铝汤灌等日用铝制品，产品严格按国家质量标准出厂。

企业设备精良，工艺先进。所产铝制品质量上乘，是浙江省铝制品质量监督检查抽样合格产品，畅销新疆、重庆、云南、陕西、江西、江苏等 20 多个省（直辖市、自治区），在同行业中享有较高的知名度，深受广大用户欢迎。

发展历程

企业沿革 1987 年初，诸暨县征天铝制品厂开始筹建。4 月，全面开工建设。7 月 11 日，完成工商注册登记。11 月，建成投产。

征天铝制品厂生产车间

1990 年 2 月 14 日，更名为诸暨市征天铝制品厂，注册资金 102 万元。

至 1994 年底，企业面临经营困难。1995 年 3 月 1 日，经征天集团研究决定，由征天水机厂兼并征天铝制品厂，设铝制品车间。实行“对内一套班子，对外两块牌子，单独考核”的经营管理方式。

1997 年 5 月 1 日，铝制品车间全面停产。

2001 年 4 月 19 日，征天铝制品厂注销。

企业规模 1987 年，征天铝制品厂占地面积 0.45 公顷，厂房建筑面积 1960 平方米，员工 80 人，固定资产投资 76 万元。

1994 年，主要生产设备有拉伸机、冲床、铆钉机、锅炉等 49 台。

至 1995 年，设有壶身车间、壶嘴车间、小件车间、抛光车间和装配车间。

1994 年征天铝制品厂主要生产设备一览表

表 02-05-27　　单位：台

设备名称	型号规格	数　量	设备名称	数　量
拉伸机	J44-55E	1	半自动液压收口机	2
拉伸机	J44-32B	1	自制壶身拉线机	1
冲　床	TG106-63T	2	自制壶身切边机	1
冲　床	J23-35T	4	自制壶盖切边机	1
冲　床	J23-25T	1	自制半自动洗白槽	1
冲　床	J23-15T	3	自制蒸汽烘干（箱）机	1

续表 02-05-27

设备名称	型号规格	数 量	设备名称	数 量
冲 床	J23–3.5T	1	自制液压吹胖机	1
冲 床	J23–1T	1	自制液压涨形机	1
脚踏冲床	JR0–3A	1	自制割嘴机	1
铆钉机	0.5T	6	自制壶嘴切平机	1
空压机	3W–0.9/7	1	自制入库提升机	1
燃煤锅炉	2T	1	自制揩油机	3
电热退火炉	76KW	1	自制抛光机	10

生产经营

生产状况 1987 年，征天铝制品厂设计规模年产日用铝茶壶 100 万把。规划列入重点项目后，厂部成立以厂长为组长，技术员和工人三结合的科研班子，自绘图纸，自制模具，自己设计工艺，克服多种困难，最终按期投产。

1988 年，生产铝茶壶 20.29 万把。1989 年，生产铝茶壶 20.36 万把。1988—1989 年，累计产值 319.21 万元，利税 18.75 万元。

投产初期至 1989 年，征天铝制品厂生产 22 厘米铝茶壶。1990 年 2 月，开发 24 厘米铝茶壶。8 月，开发铝制汤罐。11 月，开发 22 厘米 1500W 和 24 厘米 2000W 电热茶壶等新产品。是年，共生产各种铝茶壶和电热茶壶 5.9 万把，铝制汤灌 0.27 万只。

1991 年 4 月，开发 26 厘米铝茶壶。9 月，开发 14 厘米咖啡壶。是年，共生产各种日用铝制品 18.25 万只（把），产值 251 万元，利税 11.47 万元。

1992 年 1 月，开发 20 厘米铝茶壶。5 月，开发 16 厘米咖啡壶。8 月 15 日起，将加工、自销的经营方式，改为制造、自销。是年，共生产各种日用铝制品 26.63 万只（把）。

1993 年 1 月，开发 18 厘米铝茶壶。至此，形成洗白、抛光全系列多规格铝茶壶生产线，并生产与之配套的自鸣壶盖和各系列茶壶嘴等配件。4 月，开发 32 厘米双屉锅。全年共生产各种日用铝制品 35.76 万只（把），其中双屉锅 0.2 万只。年产值 491.66 万元，销售额 619.18 万元，利税 28.16 万元，产值和销售额均超历史纪录。

1994 年，共生产各种日用铝制品 25.58 万只（把）。

生产工艺 铝茶壶生产技术是日用铝制品中难度最大的一种，生产过程和工艺流程长，设备和模具数量多，工艺复杂。其中壶身车间工艺流程，从身片揩油、拉伸、切边、收口、拉底线、洗白（碱洗、水洗、酸洗、水洗）、烘干、检验，到半成品入库。壶嘴车间工艺流程，从嘴片揩油、首道拉伸、四道拉伸、切平、四道冲锥、退火、二道打弯、吹胖、割嘴、压筋、修毛、洗白、烘干、检验，到半成品入库。装配车间工艺流程，从壶身冲孔、冲耳孔、铆耳、上蜡装嘴、压嘴、铆柄、检验、贴标签、放盖，到装箱打包。

企业管理

组织机构 1987—1995 年，征天铝制品厂实行厂长负责制，并设立党支部。内设供销科、财务科、生产科、技术科、计质科。

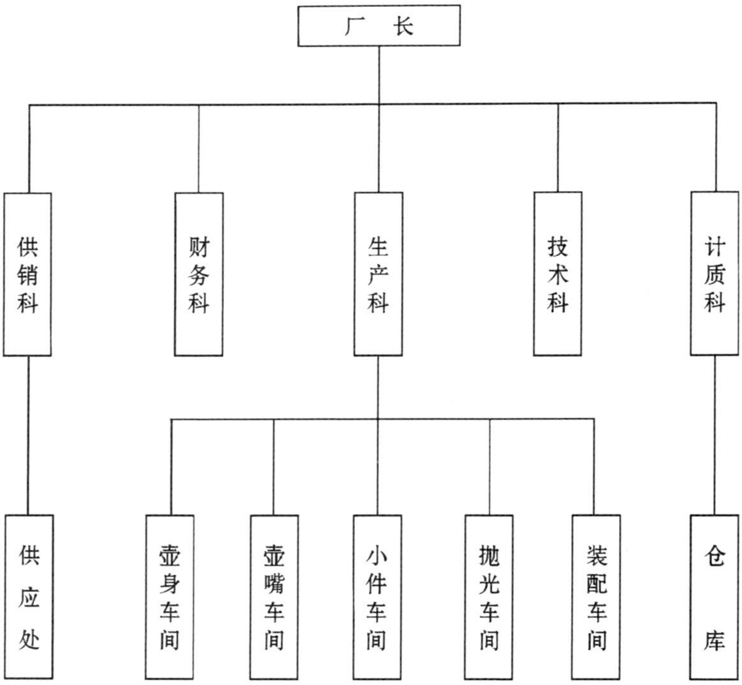

1995 年征天铝制品厂组织机构图

征天铝制品厂历任主要负责人一览表

表 02-05-28

单位名称	厂　长	党支部书记
诸暨县征天铝制品厂	陈伯龙（1988.1—1990.2）	陈伯龙（1988.1—1988.6）
		宣德信（1988.6—1990.2）
诸暨市征天铝制品厂	宣德信（1990.2—1991.1）	宣水安（1990.2—1992.10）
	宣汉康（1991.1—1994.1）	宣汉康（1992.10—1994.4）
	章新康（1994.1—1995.3）	章新康（1994.4—1995.3）

薪酬机制 1987年建厂初期，征天铝制品厂实行工资加奖金的薪酬制度。

1988 年 5 月起，为充分体现按劳分配、多劳多得原则，为每个车间制订生产定额，工资奖金与产量质量挂钩；并实行浮动工资，除级别工资差异升降外，厂部结算到车间，车间分配到个人。

1991 年 2 月起，进一步细化生产定额。3—5 月，先在壶身、壶嘴、小件车间进行试点，然后制订完善的按月结算方案，对壶身、壶嘴、小件、洗白、装配等5个车间的员工推行“按件、论质计酬”方案，即全额浮动工资制，包括全部工资、补贴和奖金（不包括年终奖），依“定人员、定产量、定质量、定报酬、定奖赔”的五定考核内容，按月将实际产量结算到车间，各车间根据岗位系数分配到人。6月试行，7月起全面实施。同时为拓展产品销售渠道，提高市场占有率，加速资金回笼，从“年度时间、销售任务、报酬范围、奖赔措施”4 个方面制定销售承包责任制，大幅度调动员工的工作积极性和生产责任感。

证书 1989 年 6 月，征天铝制品厂获得国家工商行政管理局商标局颁发的“天竺”牌商标注册证。1992—1996 年，先后获得浙江省技术监督局等单位颁发的“浙江省产品质量检查合格证”等证书。

1989—1996年征天铝制品厂注册合格证书一览表

表 02-05-29

证书名称	发证单位	获证日期
“天竺”牌商标注册证	国家工商行政管理局商标局	1989.6.10
计量验收合格证书	诸暨市标准计量管理局	1992.7.18
浙江省标准化验收合格证书	诸暨市标准计量管理局	1992.12.7
全面质量管理达标验收合格证书	绍兴市经济委员会 绍兴市质量管理协会	1993.6.27
浙江省企业产品执行标准登记证	诸暨市标准计量管理局	1995.11.1
浙江省产品质量检查合格证	浙江省技术监督局	1996.7.23

第八节　诸暨联营食品厂

诸暨联营食品厂位于诸暨市枫桥镇征天水库征天桥南侧，是一家农产品加工企业。企业类型为合资企业。

发展历程

企业沿革　1992年9月7日，浙江省粮油食品进出口公司（甲方）、诸暨市对外经济贸易公司（乙方）、诸暨征天综合开发公司（丙方）三方联合组建浙江省粮油食品进出口公司诸暨联营食品厂。固定资产投资总额150万元，其中甲方出资45万元占总投资额的30%，乙方出资30万元占总投资额的20%，丙方以征天罐头厂资产折合75万元投入，占总

联营食品厂（2000年摄）

投资额的50%。9月18日破土动工。10月10日，完成工商注册登记。

1998年12月，浙江省粮油食品进出口公司、诸暨市对外经济贸易公司由于国企改革而撤资，联营食品厂成为征天集团全资企业。

2000年3月至2001年10月天伟公司筹备期间，在征天集团的领导下，进行结冷胶项目的洽谈和产品试验。

2001年12月4日，更名为诸暨市征天罐头食品有限公司。

2002年9月10日，诸暨市征天罐头食品有限公司并入征天食品厂，企业自动注销。

企业规模 1993年，联营食品厂在册固定职工26人。

2002年，工厂占地面积1.12公顷，建筑面积6560平方米，其中预煮冷却车间600平方米，挑选分级装罐车间1000平方米，锅炉房200平方米，仓库800平方米，鲜笋收购房600平方米，剥壳整形车间600平方米。

拥有80千伏安变压器1台，2吨燃煤锅炉2台，5吨电瓶铲车1台，1.5吨行车2台，2吨预煮锅10只，2吨冷却锅20只，2吨杀菌锅8只，30千瓦水泵5台，日产封口机2台，日产全自动真空包装机1台，切片、切丝机4台等机电设备。

生产经营

1993年3月13日，联营食品厂正式投产，生产经营模式为“农户+企业”“收购加工+外销出口”。

1993—2002年，产品有出口18千克装水煮笋罐头、真空软包装精加工水煮笋制品，以及内销18千克装笋罐头等。年产水煮笋罐头1200吨。

主要产品远销日本，客户有日本丸红食料株式会社、日本大信实业株式会社、日本东明水果食料株式会社、日本北岛食品株式会社等37家商社，并内销国内市场。

1993—2002年，联营食品厂总产值2499.88万元，总销售额3155.37万元，总利税209.72万元。

1993—2002年联营食品厂主要经济指标一览表

表02-05-30　　　　单位：万元

年份	产值	销售额	利税	年份	产值	销售额	利税
1993	153.66	244.82	16.52	1998	428.25	335.21	16.22
1994	178.50	204.52	5.30	1999	422.95	391.56	22.63
1995	163.64	201.45	5.81	2000	281.20	155.73	5.97
1996	135.09	522.47	63.04	2001	190.09	378.63	48.41
1997	428.77	574.29	22.64	2002	117.73	146.69	3.18

股份演变

1993年2月，联营食品厂在征天集团领导下实行股份合作制。作为征天集团的下属企业，企业职工按照征天集团的股份政策同步实施。3月，浙江省粮油食品进出口公司（甲方）、诸暨市对外经济贸易公司（乙方）、浙江诸暨征天集团公司（丙方）三方股东在诸暨召开第一届股东会议。

1993—1995年，联营食品厂的利润按三方出资比例分配。

1998年8月，诸暨市体改办批复同意《诸暨市联营食品厂股份合作制完善方案》。确定总股本28.2万元，每股股值100元，计2820股，全部设置为职工个人股，其中基本股1500股，占总股份的53.19%，每人定额以现金认购60股；职务股1320股，占总股份的46.81%。

1996—1998年，联营食品厂对诸暨市对外经济贸易公司的利润分配方式，为每年3万元的固定分红，浙江省粮油食品进出口公司放弃分红。

企业管理

组织机构　1993年2月，联营食品厂建立党支部。3月，实行董事会领导下的厂长负责制，并设立相应的组织机构。

2001年12月，诸暨市征天罐头食品有限公司实行董事会领导下的经理负责制。

其间于1998年6月，与征天食品厂联合设立联营食品厂党支部。2002年7月，更名为征天食品厂党支部。

联营食品厂历任主要负责人一览表

表 02-05-31

<table>
<tr><th>单位名称</th><th>董事长</th><th>厂长（经理）</th><th>党支部书记</th></tr>
<tr><td rowspan="2">浙江省粮油食品进出口公司诸暨联营食品厂</td><td>何贤成
（1993.3—1996.1）</td><td rowspan="2">王伟潮
（1993.3—1998.12）</td><td rowspan="2">王伟潮
（1993.2—1998.12）</td></tr>
<tr><td>王伟潮
（1996.1—1998.12）</td></tr>
<tr><td rowspan="2">诸暨联营食品厂</td><td>王伟潮
（1998.12—2001.10）</td><td>王伟潮
（1998.12—2001.10）</td><td rowspan="2">王伟潮
（1998.12—2001.12）</td></tr>
<tr><td>何周龙
（2001.10—2001.12）</td><td>何周龙
（2001.10—2001.12）</td></tr>
<tr><td>诸暨市征天罐头食品有限公司</td><td>何周龙
（2001.12—2002.9）</td><td>何周龙
（2001.12—2002.9）</td><td>王伟潮
（2001.12—2002.7）</td></tr>
</table>

薪酬机制 1993—2002 年，联营食品厂固定员工的薪酬以固定工资加奖金的方式发放，奖金以产量、质量为考核依据；一般加工工人按计件制核发工资和奖金。

荣誉称号

1993—2002 年，联营食品厂获得县级以上单位颁发的集体荣誉 16 项，其中连续 6 年被评为“诸暨市十佳农业龙头企业”，连续 7 年获浙江省粮油食品进出口公司颁发的“全省出口水煮笋质量评比一等奖”。

1993—2002 年联营食品厂集体荣誉录

表 02-05-32

荣誉名称	颁发单位	获取年月
全省出口水煮笋质量评比二等奖	浙江省粮油食品进出口公司	1993.7
全省出口水煮笋质量评比一等奖	浙江省粮油食品进出口公司	1994.7
全省出口水煮笋质量评比一等奖	浙江省粮油食品进出口公司	1995.7
诸暨市十佳农业龙头企业	诸暨市人民政府	1996.2

续表 02-05-32

荣誉名称	颁发单位	获取年月
全省出口水煮笋质量评比一等奖	浙江省粮油食品进出口公司	1996.7
诸暨市十佳农业龙头企业	诸暨市人民政府	1997.2
全省出口水煮笋质量评比一等奖	浙江省粮油食品进出口公司	1997.7
诸暨市十佳农业龙头企业	诸暨市人民政府	1998.2
全省出口水煮笋质量评比一等奖	浙江省粮油食品进出口公司	1998.7
诸暨市十佳农业龙头企业	诸暨市人民政府	1999.2
全省出口水煮笋质量评比一等奖	浙江省粮油食品进出口公司	1999.7
诸暨市十佳农业龙头企业	诸暨市人民政府	2000.2
全省出口水煮笋质量评比一等奖	浙江省粮油食品进出口公司	2000.8
绍兴市先进农业龙头企业	绍兴市人民政府	2001.1
诸暨市十佳农业龙头企业	诸暨市人民政府	2001.2
绍兴市创汇农业先进单位	绍兴市人民政府	2002.2

第九节　诸暨市征天贸易公司

诸暨市征天贸易公司位于诸暨市枫桥镇学勉路 85 号，是一家集体性质的商贸企业。创办的初衷，是为了开拓商贸市场，加强横向联系，推动征天企业产、供、销一条龙服务，整合当地“低、小、散”家庭纺织群体，组建枫桥地区轻纺龙头。

征天贸易公司以商贸作后盾，为繁荣枫桥经济，扶持东和乡山区村民脱贫致富，发展轻纺业块状经济发挥了积极的作用。

发展历程

1993 年 3 月，征天集团组建诸暨市征天贸易公司，注册资本 200 万元。

1994 年 1 月，征天贸易公司兼并征天水工商公司。

同年 5 月，根据征天集团的决定，由征天贸易公司负责筹建诸暨市征天印染厂。

1996 年 1 月，征天贸易公司停业分解。

生产经营

1993 年，征天贸易公司主营征天集团企业自产自销产品，主要有建材、燃料、食品、饮料、土特产，兼营轻纺化工原料。

1994 年 1 月后，利用原征天水工商公司驻沪、杭、甬 3 家办事处的职能，承担信息收集、技术培训，并拓展经营范围，在枫桥镇枫北路口开设轻纺市场，经营织机零配件、轻纺原材料、坯布销售，为织机户提供产前、产中、产后技术服务。

1994—1995 年，征天贸易公司为东和等乡镇织机户担保银行贷款 150 万元，设立 16 台纤经车，扶持农民家庭购置织布机 509 台，为织机户提供 10 多个品种 20 多个规格的纺织技术工艺，并负责原料供应、回收坯布等配套服务。其间，东和乡年纺织生产量 200 余万米；枫桥地区纺织机发展到 6788 台，年纺织生产量 1.4 亿米。

企业管理

1993 年 3 月，征天贸易公司实行经理负责制，并设相应的组织机构。1994 年 4 月，设立党支部。

1995 年 6 月，征天贸易公司发起成立枫桥纺织协会，由征天贸易公司、枫桥地区轻纺大户、征天职校等为理事单位，首届理事长宣汉康。

征天贸易公司历任主要负责人一览

表 02-05-33

单位名称	经　理	党支部书记
诸暨市征天贸易公司	梁贤生 （1993.3—1994.1）	
	宣汉康 （1994.1—1996.1）	宣汉康 （1994.4—1996.1）

第十节　诸暨市征天房地产开发有限公司

诸暨市征天房地产开发有限公司位于诸暨市枫桥镇学勉路 83 号征天大厦，属征天集团全资企业，资质等级为三级，经营范围为房地产开发经营。企业类型为有限公司。

征天房产公司始终坚持以“质量第一”为企业的生命，以“业主满意，诚信经营”为企业的宗旨，以“追求卓越，争创行业先进”为企业的发展方向，努力为建筑业的现代化打造优质精品工程。

发展历程

1993 年 5 月，诸暨市征天房地产开发有限公司成立，注册资本 550 万元；同时，兼并征天基建队。

1999 年 12 月，扩股增资 1000 万元，注册资本变更为 1550 万元。

2006 年 10 月，再次扩股增资 450 万元，注册资本变更为 2000 万元。

生产经营

1994—2000 年，征天房产公司相继投资开发征天大厦，以及职工住宅楼 3 号、4 号、5 号、6 号、AB 楼共 5 幢，建筑面积 3 万余平方米，质量合格率 100%。其中征天大厦于 1996 年 6 月建成，占地面积 893 平方米，建筑面积 6398 平方米，主楼高 8 层，是枫桥镇标志性建筑之一。

2001—2005 年，征天房产公司实行经营承包责任制（定额上缴）。

2006 年 4 月，投资合作开发“枫都嘉苑”楼盘，位于诸暨市枫桥镇步森大道 16 号，建筑面积 3.05 万平方米。

2007 年 1 月，投资合作开发“枫江家园”楼盘，位于诸暨市枫桥镇步森大道 90–1 号，建筑面积 3.36 万平方米。

2009 年 1 月，投资合作开发“东明商住楼”楼盘，位于诸暨市枫桥镇海魄大道与东明路交叉口，建筑面积 5081 平方米。

2011 年 1 月，投资合作开发“康馨苑”楼盘，位于江西省弋阳县南岩镇凤凰大道与康伯路交叉口，建筑面积 4.83 万平方米。7 月，投资合作开发“征天荣城”楼盘，位于诸暨市枫桥镇尚义路与天洋路交叉口，建筑面积7.96万平方米。

2013年4月，投资合作开发“东方俊园”楼盘，位于诸暨市城区东一路与东三环路交叉口，建筑面积13.54万平方米。9月28日，江西“康馨苑”楼盘被上饶市房地产业协会评为优秀楼盘。

1994—2018年，征天房产公司总销售额142795.08万元，总利税15196.52万元。

1994—2018年征天房产公司主要经济指标一览表

表02-05-34　　　　单位：万元

年　份	销售额	利　税	年　份	销售额	利　税
1994	70.00	11.75	2007	335.33	18.51
1995	209.50	7.61	2008	292.55	64.02
1996	113.85	6.18	2009	8730.08	2028.16
1997	102.53	5.59	2010	10388.74	2221.66
1998	305.88	21.21	2011	2117.45	330.80
1999	124.73	6.80	2012	3655.31	436.99
2000	143.39	9.21	2013	6577.76	1352.83
2001	80.42	11.26	2014	2288.25	1895.57
2002	34.04	2.36	2015	56871.47	2873.10
2003	30.46	2.80	2016	42819.91	3138.44
2004	32.02	68.56	2017	2076.44	73.81
2005	2107.54	195.07	2018	2926.80	337.64
2006	360.64	76.59			

企业管理

1994年，征天房产公司实行董事会领导下的经理负责制，并设立相应的组织机构。党组织并入征天集团总部党支部。

1998 年，实行董事会领导下的总经理负责制。

征天房产公司历任主要负责人一览表

表 02-05-35

单位名称	董事长	总经理（经理）
诸暨市征天房地产开发有限公司		魏国苗（1994.1—1998.5）
		宣国桢（1998.5—2000.9）
	宣汉康（2002.2—2006.10）	—
	陈剑凭（2006.10—2015.12）	陈剑凭（2006.10—2015.12）
	陈国光（2015.12—2018.12）	方潮平（2015.12—2018.12）

说明：2001—2005 年，征天房产公司实行承包。2019 年起，暂停运作。

第十一节　浙江征天印染有限公司

浙江征天印染有限公司位于诸暨市枫桥镇海魄大道 16 号，是国家大二型印染规模企业。企业类型为有限公司。主要产品有漂白、漂染涤棉和全棉衬衫布及染色丝（纱）等。

征天印染公司是中国印染行业协会会员单位、浙江省印染行业协会理事单位，是诸暨市级文明单位、绍兴市纺织行业最具成长型优秀企业、浙江省绿色染整质量领先优秀印染示范企业、全国纺织和谐企业建设先进单位。“征天”牌漂白衬衫布获中国名牌产品称号，“征天”商标被认定为绍兴市著名商标。

公司一贯秉承“诚信、专业、共赢”的经营理念，将企业发展作为主题，把改革调整作为主线，以“用户满意，追求更好”为宗旨，求真务实，开拓创新，在国内国际市场中寻求更大的发展空间。

发展历程

企业沿革 征天印染公司前身为诸暨市枫谊纺织印染厂，位于枫桥镇枫北路黄老湾，原属枫桥镇办企业。1994 年 4 月，征天集团与枫桥镇政府签订《兼并、联办枫谊纺织印染厂意向书》。5 月 24 日，征天集团与枫桥镇化农村（今属陈家社区）签订土地征用协议，征得水田 16.1 亩，山地 10.46 亩。6 月 1 日，枫谊纺织印染厂移址技改扩建项目破土动工，总投资 800 万元。6 月 30 日，征天集团成立枫谊纺织印染厂技改扩建筹建小组，组长宣汉康。7 月 5 日，征天集团与枫桥镇政府正式签订《企业兼并协议书》。

1995 年 2 月，诸暨市枫谊纺织印染厂变更为诸暨市征天印染厂，注册资金 498 万元，法定代表人宣汉康。

2001 年 9 月，征天印染厂变更重组为浙江征天印染有限公司。注册资金 1100 万元。

2019 年 9 月 7 日，根据《诸暨市印染产业整合集聚提升行动》文件精神，征天印染公司被列为关停对象，关停截止日 2019 年 12 月 31 日。9 月 25 日，征天印染公司与洁丽雅兰家纺公司签订搬迁新建项目承接协议，由洁丽雅兰家纺公司设立浙江天雅染整有限公司，并由浙江天雅染整有限公司实施搬迁新建项目。同日，征天印染公司与意龙轧染厂签订合作协议书，明确运作框架。

2020 年 1 月 3 日，征天印染公司收购浙江天雅染整有限公司。2 月 25 日，诸暨市印染行业集聚提升工作领导小组同意征天印染公司在承接实施洁丽雅兰家纺公司搬迁新建项目的同时，在原址实施过渡性生产，期限为新建项目土地摘牌后 20 个月。

企业规模 1995 年，征天印染厂占地面积 2 公顷，建筑面积 6600 平方米，员工 51 人。

1998 年 5 月，食堂、宿舍楼动工新建。是年，引进韩国产定型机 1 台。

1999 年 8 月，引进定型机技改项目，扩建厂房，建设配套污水处理设备，增添进口设备拉幅定型机 1 台。

2001 年 3 月，征用枫桥镇枫北路工业园区土地 0.96 公顷（现海魄大道

85号），建造职工住宅楼。

2002年5月，新增浆染联合机2套。

2003年10月，租用枫桥镇化农村十三头圩水田8亩，建设污水处理设施。租费32万元一次性付清，长期使用。

2004年4月，引进韩国产理和拉幅定型机1台。12月，出资77.8万元，铺设三江桥至三江片各村口的自来水主管道。

2005年1月，职工住宅楼1号楼、2号楼交付使用，共计建筑面积1.03万平方米。

2006年3月18日，新办公大楼建成使用。6月，新增意大利产罐蒸机1台。10月，预征厂区西侧土地46亩，预付土地款700万元。

2010年4月，征用枫桥镇陈家村（今陈家社区）土地15亩，位于青龙畈A块，新建大楼，建筑面积7200平方米。5月，职工住宅楼3号楼交付使用，建筑面积5368平方米。

2012年2月，职工住宅楼房产权证全部办理完毕。

2013年3月，在枫桥镇青龙畈A地块新建钢结构厂房2跨，建筑面积4353平方米，用于征天进出口公司和天泽公司厂房。10月，翻建征天印染公司3层厂房，建筑面积3400平方米，投入使用于染丝车间。4—10月，以全省印染行业专项整治提升为契机，进行“4000吨每日废水处理”改造工程，并新上“1000吨每日中水回用”项目。

是年，漂染车间对原有技术和工艺进行升级改造，新增轧光机、脱水机、进口罐蒸机，更换部分染缸，并淘汰一批落后产能设备。

2014年5月，一期改建工程原3跨厂房竣工并交付使用，建筑面积4916平方米。8月，青龙畈A地块新建的2幢大楼分别转让给征天进出口公司和天泽公司。

2015年1月，二期翻建工程漂染车间成品仓交付使用，建筑面积2030平方米。10月，三期改建工程主跨和水池上二楼完工，建筑面积3320平方米。

2016年7月，原白坯仓库翻建工程完工，建筑面积3601平方米。

2017年3月，钢结构厂房交付使用，建筑面积8720平方米。

2001—2020年，共投入技改资金13042.04万元。

2020年，征天印染公司占地面积4.66公顷，建筑面积4.96万平方米。共有员工500余人，其中专业管理、技术人员168人。拥有染整生产线6条，配置进口定型机6台、进口罐蒸机2台、退煮机2台、丝光机2台、烧毛机2台、轧光机5台、预缩机2台、高温高压染色机50台、700万大卡导热锅炉1台、6吨蒸气锅炉1台等机械设备。

是年，浙江天雅染整有限公司征用位于诸暨市陶朱街道张四里印染集聚区土地3.16公顷，规划设计建筑面积8.36万平方米。项目总投资3.08亿元，第一期工程于6月1日破土动工。

2001—2020年征天印染公司技改投资额一览表

表02-05-36　　单位：万元

年　份	金　额	年　份	金　额	年　份	金　额
2001	185.42	2008	88.05	2015	574.78
2002	628.76	2009	464.86	2016	1567.02
2003	646.48	2010	846.72	2017	700.34
2004	1520.85	2011	422.16	2018	27.94
2005	513.39	2012	246.50	2019	11.93
2006	673.40	2013	1276.61	2020	241.15
2007	377.11	2014	2028.57		

生产经营

生产状况　1995年3月18日，征天印染厂年产1200万米漂白布生产线投产。

1996年9月，年产1500万米染色布生产线投产。10月，年产450吨筒子染色丝生产线投产。

1997年9月，年产1800万米高档全棉、涤棉衬衫面料生产线投产。

1998年4月，获浙江省外经贸局批准发放征天印染厂进出口经营权资格证书，设立外贸部，开展代理出口和自营进出口业务。

征天印染公司生产车间

2000年11月，年产1200万米摇粒绒生产线投产。

2002年5月，浆染生产线试产。10月，摇粒绒生产线撤销。

2008年12月，浆染生产线撤销。

2013年3月，以480万元竞标购买排污权指标化学需氧量（COD）9吨每年、氨氮1.35吨每年。

2015年5月，以380.8万元竞拍得浙江天盛印染有限公司持有的排污许可证，污水排放量7.14万吨。

2019年，征天印染公司加工坯布1亿余米，染色丝（纱）1000余吨。

生产工艺 漂白、染色流程：从坯布经缝头后，涤棉或棉面料需经烧毛去除表面短纤，然后根据产品需要经丝光处理，无需丝光处理的直接进染色机，全涤面料缝头后直接进入染色机；通过加碱进行退浆，去除面料纺织时的浆料，退浆后用水洗净；染色前根据产品质量需要，部分面料先经预定型，然后进入染色机，添加染料和助剂，在一定温度和压力条件下进行染色，染色后洗去浮色和残留的

印染公司主要产品高档衬衫面料

助剂；出缸后经离心脱水机脱水后，经开幅机开幅，通过定型机进行烘干热定型，最后轧光机进行光泽和平整整理。

筒子丝（纱）加工流程：从筒子纱坯纱经缸外装篮后，吊入染色机，进水的同时，按工艺配方加入染料、助剂，在一定温度下进行染色，染色后用水洗去浮色和残留的助剂，根据材质进行不同的后处理；棉及涤棉纱线加入固色、柔软剂等助剂，进行固色和柔软处理，全涤纱线先加入还原剂还原后，再加入抗静电剂等功能助剂进行功能处理；出缸后经离心脱水机脱水后，通过烘干机烘干。

经营业绩 1995—2020年，征天印染公司总产值85714.14万元，总销售额175638.66万元，总利税12551.35万元。

1995—2020年征天印染公司主要经济指标一览表

表02-05-37 单位：万元

年份	产值	销售额	利税	年份	产值	销售额	利税
1995	285.91	351.46	19.44	2008	4206.14	7370.72	269.04
1996	1104.54	1104.90	98.89	2009	3326.38	6325.14	416.73
1997	1955.02	1962.04	251.61	2010	3747.44	7712.85	614.34
1998	2309.04	2309.96	366.67	2011	3990.86	8091.84	562.53
1999	2392.63	2392.78	478.04	2012	3760.39	8192.94	769.14
2000	3122.96	3122.96	484.12	2013	2991.35	7385.32	628.91
2001	3499.58	5320.28	475.35	2014	3065.46	8237.93	729.24
2002	3290.56	5799.60	132.25	2015	2936.18	8776.57	941.21
2003	4079.62	7619.84	201.55	2016	2909.35	9093.76	1263.24
2004	4692.35	6988.16	319.02	2017	2903.75	8733.10	1025.90
2005	7058.59	11556.32	115.52	2018	2875.61	9199.99	1017.25
2006	6408.93	15197.38	174.15	2019	2460.08	8328.10	586.68
2007	4916.32	9139.71	436.35	2020	1425.10	5325.01	174.18

子公司和分厂

诸暨市意龙纺织轧染厂 2003 年 9 月，征天印染公司为筹建轧染分厂征地 25 亩，新增退煮漂联合机、丝光机、轧光机、轧染机、打卷机等设备，设计年加工能力 5000 万米。

2004 年 1 月，征天印染公司轧染分厂成立。由绍兴姚关水与企业自然人出资组建，姚关水占总股本的 68.42%，企业自然人占总股本的 31.58%，实行自负盈亏的股份运作体制。3 月，投入生产运营。12 月，获得独立排污权。

2005 年 3 月，轧染分厂独立，命名为诸暨市齐力轧染厂，注册资金 50 万元，法定代表人姚关水。

2008 年 8 月，更名为诸暨市意龙纺织轧染厂。

2015 年 12 月，企业自然人股份向姚关水集聚。

2019 年 9 月 25 日，与征天印染公司签订《关于浙江天雅染整有限公司合作协议书》。12 月 31 日，意龙轧染厂关停，并入征天印染公司进行过渡性生产。

浙江征天纺织品进出口有限公司 2006 年 9 月，征天印染公司为发展业务，以外贸部为基础，组建浙江征天纺织品进出口有限公司。10 月，征天印染公司出资 1080 万元，以征天集团名义注册登记。

2011 年 5 月，征天进出口公司与征天印染公司分立，独立运营。

浙江天晨环境科技有限公司 2017 年 7 月，征天印染公司与浙江创晨环保工程有限公司共同出资组建浙江天晨环境科技有限公司，注册资金 2500 万元，法定代表人宣建伟。第一期印染公司出资 300 万元，占总出资额的 60%；浙江创晨环保工程有限公司出资 200 万元，占总出资额的 40%。租用征天印染公司新建钢结构厂房的一部分，建筑面积 4007 平方米。主要从事环保技术和环境污染防治设备的研究、开发，进行塑料粒子的改性、研究、开发；制造和销售塑料粒子、水暖管材管件、塑料制品、环境污染防治专用设备。产品远销广东、湖南、江苏、江西等地。

2019 年 1 月，自然人陈建伟出资 88 万元。出资后，天晨公司股份比例为：征天印染公司 51.02%，浙江创晨环保工程有限公司 34.01%，陈建伟 14.97%。

股份演变

根据1993年2月《浙江诸暨征天集团公司(股份合作)章程》和实施细则，确定征天集团与下属企业为“母子公司”关系，明确征天集团账面资产30%作为劳动补偿股，量化到企业职工。1995年3月，征天印染厂实行股份合作制，按照征天集团的股份政策同步实施。

1999年4月，诸暨市体改办批复同意《诸暨市征天印染厂股份合作制完善方案》。改制原则采取集团控股、企业参股、职工现金置换资产的方式。总股本985.99万元，每股股值100元，共计98599股。其中征天集团股516.01万元，计51601股，占总股份额的52.3%；企业股235.98万元，计23598股，占总股份额的23.9%；职工股234万元，计23400股，占总股份额的23.8%。职工股中：基本股14900股，占职工股的63.68%；职务股8500股，占职工股的36.32%。

2001年9月，征天印染厂率先实施股权转让，设立公司。其中，以宣汉康等7人的名义，代持征天集团原投资于征天印染厂的1100万元注册资本中的部分股权。变更重组后，重新注册登记，征天印染公司出资比例为：征天集团出资866万元，占总出资额的78.73%；宣汉康等7人出资234万元，占总出资额的21.27%。

2003年7月，根据征天集团《关于建立现代企业制度建立新型劳动关系实施方案》文件精神，进行人员界定、资产界定，并结算资产，对职工采取一次性经济补偿的方式进行身份置换，建立起新型劳动关系。核定征天印染公司职工196人，结算资产2553.75万元。

2006年1月，根据诸暨市体改办《关于进一步深化完善浙江征天集团有限公司改制实施方案的批复》，征天印染公司彻底转制，全部资产由职工现金配股置换，以企业工会法人名义设立职工持股会，并以职工持股会的一名股东为代表登记注册。9月，新增注册资本460万元，职工人数增至214人。

2009年2月，征天印染公司出资500万元，受让天伟公司55.03%的股份。

2011年1月，出资441万元，受让征天机械公司所持天泽公司49%的股份。同月，转让天伟公司55.03%的股份给胡铭翔等7名公司自然人。

2013年12月，转让征天进出口公司100%的股份给杨军儿等67名公司自然人。

2014年1月，转让天泽公司49%的股份给葛沈祥等10名公司自然人。8月，出资896万元，受让天基公司、征天水泥公司、谷城水泥公司所持征天集团股份，分别为天基公司15%、征天水泥公司2.5%、谷城水泥公司0.14%。受让后，征天印染公司占征天集团52.16%的股份。

2015年1月，开始进行股权集聚方案的酝酿和讨论。6月，宣建伟等12名自然人以9450万元价值受让征天印染公司全部股份，实现企业股权集聚。受让后，注册资本增加到5500万元，法定代表人变更为宣建伟。

2020年1月3日，征天印染公司与意龙轧染厂以股权受让形式出资4358.64万元，受让浙江天雅染整有限公司100%股权，注册资金1000万元，其中意龙轧染厂为隐名股东，出资比例33.33%。法定代表人宣建伟。

企业管理

组织机构 1995年2月，征天印染厂实行厂长负责制，并设相应的组织机构，同时设立党支部。1996年1月起，增设董事会。

2001年9月，征天印染公司实行董事会领导下的总经理负责制。

2016年，征天印染公司对组织机构和领导分工进行调整，内设办公室、综合部、环保部、财务部、业务部等5个科室。总经理全面主持公司经营活动，并直接领导财务部、环保部、业务部；行政副总经理协助总经理分管办公室和综合部；生产副总经理协助总经理分管各生产车间。

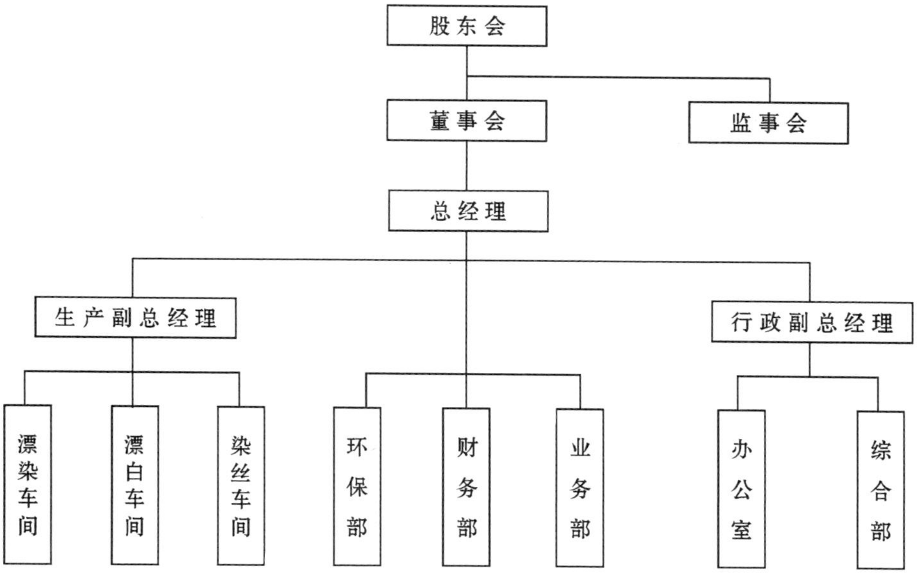

2020 年征天印染公司组织机构图

征天印染公司历任主要负责人一览表

表 02-05-38

单位名称	董事长	总经理（厂长）	党支部书记
诸暨市征天印染厂	宣汉康（1996.1—2001.9）	宣汉康（1995.3—2001.9）	宣汉康（1995.3—1999.6）
			毛陆新（1999.6—2001.9）
浙江征天印染有限公司	宣汉康（2001.9—2015.12）	宣汉康（2001.9—2009.10）	毛陆新（2001.9—2002.1）
		宣永强（2009.10—2013.5）	宣汉康（2002.1—2004.2）
	宣建伟（2015.12— ）	宣建伟（2013.5— ）	宣永强（2004.2— ）

薪酬机制 1995—2000 年，征天印染厂实行基本工资加奖金的薪酬机制。

2001 年起，各部门、车间实行承包责任制，行政人员按岗位系数与所承包的车间业绩挂钩。

2016年起，行政人员实行年薪制，以职位等级、任职能力和绩效为依据，按不同职位，设置不同的薪酬结构；承包车间工人按件计酬，多劳多得；业务人员报酬按销售额比例提成。

资质认证和知识产权

证书 1999年11月，征天印染厂获国家工商行政管理局商标局“征天”商标注册证。

资质认证 1998年，征天印染厂通过北京中大华远认证中心ISO 9001质量管理体系认证，2006年通过ISO 14001环境管理体系认证，每3年持续通过ISO 9001:2015质量管理体系和ISO 14001:2015环境管理体系审核换证。2009年，通过浙江省清洁生产验收，为浙江省清洁生产阶段性成果企业。

知识产权 2012年11月和2013年4月，征天印染公司共获外观设计专利50项。

征天印染公司专利项目一览表

表02-05-39

专利名称	专利号	授权公告日
一种外观设计专利	ZL 201230581212.5	2012.11.14
一种外观设计专利	ZL 201230581231.8	2012.11.14
一种外观设计专利	ZL 201230581254.9	2012.11.14
一种外观设计专利	ZL 201230581211.0	2012.11.14
一种外观设计专利	ZL 201230581199.3	2012.11.14
一种外观设计专利	ZL 201230581198.9	2012.11.14
一种外观设计专利	ZL 201230581196.X	2012.11.14
一种外观设计专利	ZL 201230581200.2	2012.11.14
一种外观设计专利	ZL 201230581185.1	2012.11.14
一种外观设计专利	ZL 201230581268.0	2012.11.14
一种外观设计专利	ZL 201230581213.X	2012.11.14
一种外观设计专利	ZL 201230581214.4	2012.11.14
一种外观设计专利	ZL 201230581215.9	2012.11.14
一种外观设计专利	ZL 201230581233.7	2012.11.14

续表 02-05-39

专利名称	专利号	授权公告日
一种外观设计专利	ZL 201230581234.1	2012.11.14
一种外观设计专利	ZL 201230581251.5	2012.11.14
一种外观设计专利	ZL 201230581255.3	2012.11.14
一种外观设计专利	ZL 201230581197.4	2012.11.14
一种外观设计专利	ZL 201230581252.X	2012.11.14
一种外观设计专利	ZL 201230581270.8	2012.11.14
一种外观设计专利	ZL 201330155258.5	2013.4.19
一种外观设计专利	ZL 201330155243.9	2013.4.19
一种外观设计专利	ZL 201330155259.X	2013.4.19
一种外观设计专利	ZL 201330155256.6	2013.4.19
一种外观设计专利	ZL 201330155249.6	2013.4.19
一种外观设计专利	ZL 201330155269.3	2013.4.19
一种外观设计专利	ZL 201330155286.7	2013.4.19
一种外观设计专利	ZL 201330155250.9	2013.4.19
一种外观设计专利	ZL 201330155266.X	2013.4.19
一种外观设计专利	ZL 201330155288.6	2013.4.19
一种外观设计专利	ZL 201330155263.6	2013.4.19
一种外观设计专利	ZL 201330155244.3	2013.4.19
一种外观设计专利	ZL 201330155246.2	2013.4.19
一种外观设计专利	ZL 201330155245.8	2013.4.19
一种外观设计专利	ZL 201330155257.0	2013.4.19
一种外观设计专利	ZL 201330155260.2	2013.4.19
一种外观设计专利	ZL 201330155276.3	2013.4.19
一种外观设计专利	ZL 201330155265.5	2013.4.19
一种外观设计专利	ZL 201330155267.4	2013.4.19
一种外观设计专利	ZL 201330155264.0	2013.4.19
一种外观设计专利	ZL 201330155261.7	2013.4.19
一种外观设计专利	ZL 201330155247.7	2013.4.19
一种外观设计专利	ZL 201330155270.6	2013.4.19

续表 02-05-39

专利名称	专利号	授权公告日
一种外观设计专利	ZL 201330155262.1	2013.4.19
一种外观设计专利	ZL 201330155279.7	2013.4.19
一种外观设计专利	ZL 201330155280.X	2013.4.19
一种外观设计专利	ZL 201330155278.2	2013.4.19
一种外观设计专利	ZL 201330155248.1	2013.4.19
一种外观设计专利	ZL 201330155277.8	2013.4.19
一种外观设计专利	ZL 201330155268.9	2013.4.19

荣誉和职称

荣誉称号　1995—2020 年，征天印染公司先后获得县级以上单位颁发的集体荣誉 70 余项，个人荣誉 50 余项。

1995—2020 年征天印染公司集体荣誉录

表 02-05-40

荣誉名称	颁发单位	获取年月
浙江省印染行业协会团体会员	浙江省印染协会	1995.4
中国印染行业协会会员	中国印染行业协会	1995.12
1996 年度信用 AAA 级企业	中国建设银行浙江省分行 浙江建设投资咨询公司	1997.7
1997 年度信用 AAA 级企业	中国建设银行浙江省分行 浙江建设投资咨询公司	1998.6
1997 年度企业管理三星级企业	诸暨市人民政府	1998
涤棉漂白衬衫布、T/C 布、染色布 获第十一届中国新技术新产品博览会金奖	中国新技术新产品博览会	1999.5
1998 年度信用 AAA 级	中国建设银行浙江省分行	1999.7
“征天”牌漂白衬衫布、T/C 布获中国名牌产品	中国企业品牌调查委员会	1999
档案工作目标管理省级合格证	浙江省档案局	2000.1
1999 年度绍兴市纺织工程学会先进集体	绍兴市纺织工程学会	2000.1
“征天”牌漂白衬衫布被认定为绍兴名牌产品	绍兴市人民政府	2000.1

续表 02-05-40

荣誉名称	颁发单位	获取年月
1999 年度信用 AAA 级	中国建设银行浙江省分行	2000.8
2000 年度绍兴市纺织工程学会先进团体会员	绍兴市纺织工程学会	2000.12
绍兴市四星级企业	绍兴市企业管理协会 绍兴市企业管理现代化研究会	2001.1
2001 年度优秀成果二等奖	浙江省质量管理协会	2001.6
2001 年度绍兴市纺织工程学会先进集体	绍兴市纺织工程学会	2001.12
绍兴市企业管理创新优秀成果一等奖	绍兴市经济贸易委员会 绍兴市企业联合会 绍兴市企业管理现代化研究会	2001.12
浙江省工商企业信用三级“守合同重信用”单位	诸暨市人民政府	2003.2
外贸车间 QC 小组 被评为浙江省丝绸行业优秀 QC 小组	浙江省丝绸协会	2003.6
漂染车间 QC 小组 被评为浙江省丝绸行业优秀 QC 小组	浙江省丝绸协会	2003.6
外贸车间 QC 小组 被命名为 2003 年浙江省优秀质量管理小组	浙江省总工会 共青团浙江省委等	2003.9
绍兴市纺丝行业 2003 年度出口创汇优秀企业	绍兴市纺织丝绸行业管理办公室	2003.12
绍兴市纺丝行业 2003 年度经济效益优秀企业	绍兴市纺织丝绸行业管理办公室	2003.12
24 类布“征天”商标为绍兴市著名商标(2004—2008)	绍兴市工商行政管理局	2004.12
浙江省纺织印染业优质产品暨质量管理优秀企业	浙江省印染行业协会 浙江省棉纺织行业协会 浙江省化纤行业协会 浙江日报社	2004
2004 年度绍兴市纺织行业最具成长型优秀企业	绍兴市纺织工程学会	2005.1
外贸车间 QC 小组 被评为浙江省丝绸行业优秀 QC 小组	浙江省丝绸协会	2005.5
漂染车间 QC 小组 被评为浙江省丝绸行业优秀 QC 小组	浙江省丝绸协会	2005.5
2005 年浙江省丝绸行业质量管理小组活动优秀企业	浙江省丝绸协会	2005.5
外贸车间质量管理小组获 2005 年度浙江省 优秀质量管理小组成果发表会一等奖	浙江省质量协会	2005.6

续表 02-05-40

荣誉名称	颁发单位	获取年月
漂染车间 QC 小组 获 2005 年度全国纺织行业优秀质量管理小组	中国纺织工业协会 中国财贸轻纺烟草工会全国委员会	2005.7
外贸车间 QC 小组 获 2005 年度全国纺织行业优秀质量管理小组	中国纺织工业协会 中国财贸轻纺烟草工会全国委员会	2005.7
2005 年度全国纺织行业 优秀质量管理小组活动优秀企业	中国纺织工业协会 中国财贸轻纺烟草工会全国委员会	2005.7
浙江省印染行业协会第三届理事单位	浙江省印染行业协会	2005.9
浙江省绿色染整质量领先优秀示范印染企业	浙江省印染行业协会 浙江日报社广告中心	2005
2005 年度绍兴市纺织行业最具成长型优秀企业	绍兴市纺织工程学会	2006.1
漂染车间 QC 小组被评为优秀质量管理小组	浙江省丝绸协会	2006.5
漂染车间 QC 小组获 2006 年度 浙江省优秀质量管理小组成果发表会一等奖	浙江省质量协会	2006.6
漂染车间 QC 小组获全国纺织行业优秀质量管理小组	中国纺织工业协会 中国财贸轻纺烟草工会全国委员会	2006.7
浙江省工商企业信用 AA 级“守合同重信用”单位 （2006—2009）	绍兴市工商行政管理局	2006.7
绍兴市对外贸易诚信企业	绍兴市人民政府	2006.8
2006 年度绍兴市纺织行业最具成长型优秀企业	绍兴市纺织工程学会	2007.1
2007 年度绍兴市纺织行业最具成长型优秀企业	绍兴市纺织工程学会	2008.1
漂染车间 QC 小组被评为优秀质量管理小组	浙江省丝绸协会	2008.5
2008 年全国纺织和谐企业建设先进单位	中国纺织工业协会	2008.7
漂染车间环保 QC 小组被命名为 2008 年度全国纺织行业优秀质量管理小组	中国纺织工业协会 中国财贸轻纺烟草工会全国委员会	2008.7
24 类布“征天”商标为绍兴市著名商标 （2008—2012）	绍兴市工商行政管理局	2008.12
2008 年度绍兴市纺织行业最具成长型优秀企业	绍兴市纺织工程学会	2009.1
浙江省印染行业协会第四届理事单位	浙江省印染行业协会	2009.3
环保 QC 小组被评为优秀质量管理小组	浙江省丝绸协会	2009.6

续表 02-05-40

荣誉名称	颁发单位	获取年月
环保 QC 小组被命名为 2009 年度全国纺织行业优秀质量管理小组	中国纺织工业协会 中国财贸轻纺烟草工会全国委员会	2009.7
浙江省清洁生产阶段性成果企业	浙江省经济和信息化委员会 浙江省环境保护厅	2009.8
浙江省工商企业信用 AA 级“守合同重信用”单位（2009—2012）	绍兴市工商行政管理局	2009.11
档案管理示范企业	浙江省档案局	2009.12
2009 年度绍兴市纺织行业最具成长型优秀企业	绍兴市纺织工程学会	2010.1
全省丝绸行业质量管理小组活动优秀企业	浙江省丝绸协会	2010.6
漂染车间染缸工段被评为 全省丝绸行业质量管理信得过班组	浙江省丝绸协会	2010.6
漂染车间 QC 小组被评为优秀质量管理小组	浙江省丝绸协会	2010.6
漂染车间 QC 小组被命名为 2010 年度全国纺织行业优秀质量管理小组	中国纺织工业协会 中国财贸轻纺烟草工会全国委员会	2010.7
漂染车间 QC 小组被命名为 2010 年度全国纺织行业优秀质量管理小组	中国纺织工业协会 中国财贸轻纺烟草工会全国委员会	2010.7
2010 年度全国纺织业质量管理小组活动优秀企业	中国纺织工业协会 中国财贸轻纺烟草工会全国委员会	2010.7
漂染车间染缸工段被命名为 2010 年全国纺织行业质量信得过班组	中国质量协会　中华全国总工会 中华全国妇女联合会 共青团中央　中国科学技术协会	2010
2010 全国纺织劳动关系和谐企业	中国纺织工业协会 中国财贸轻纺烟草工会全国委员会	2010.9
2010 年度绍兴市先进团支部	共青团绍兴市委	2011.1
2010 年度绍兴市纺织行业最具成长型优秀企业	绍兴市纺织工程学会	2011.1
绍兴市 2010 年度先进职工之家	绍兴市总工会	2011.3
浙江省工商企业信用 AA 级守合同重信用单位	绍兴市工商行政管理局	2012.11
24 类布“征天”商标为绍兴市著名商标	绍兴市工商行政管理局	2012.12
2012 年度浙江省“安康杯”竞赛优胜班组	浙江省总工会 浙江省安全生产监督管理局 浙江省卫生厅	2012

续表 02-05-40

荣誉名称	颁发单位	获取年月
浙江省印染行业协会第五届理事会理事单位	浙江省印染行业协会	2013.3
浙江省丝绸企业 QC 小组活动优秀企业	浙江省丝绸协会	2013.5
2013 年度全国纺织行业优秀质量管理小组	中国纺织工业联合会 中国财贸轻纺烟草工会全国委员会	2013.7
全国纺织企业思想政治工作创新奖	中国纺织职工思想政治工作研究会	2013.8
绍兴市纺织行业协会会员单位	绍兴市纺织行业协会	2016
浙江省印染行业协会第六届理事会理事单位	浙江省印染行业协会	2017.3
绍兴市企业家联合会会员单位	绍兴市企业家联合会	2018

1995—2020 年征天印染公司个人荣誉录

表 02-05-41

姓　名	荣誉名称	颁发单位	获取年月
宣汉康	绍兴市环境保护先进个人	绍兴市人民政府	1998.8
	绍兴市纺织丝绸行业优秀企业家	绍兴市纺织丝绸行业协会办公室	1999.12
	2001 年度绍兴市纺织工程学会先进个人	绍兴市纺织工程学会	2001.12
	出口创汇优秀企业家	绍兴市纺织丝绸行业管理办公室	2003.1
	绍兴市纺丝行业 2003 年度优秀企业家	绍兴市纺织丝绸行业管理办公室	2003.12
	浙江省纺织工程学会积极分子	浙江省纺织工程学会	2005.12
蔡海永	1996 年度诸暨市级模范职工	诸暨市总工会	1997.5
	2008 年度浙江省质量管理小组活动优秀推进者	浙江省丝绸协会	2008.5
	2008 年度全国纺织行业 质量管理小组优秀推进者	中国纺织工业协会	2008.7
	诸暨市劳动模范	诸暨市人民政府	2010.4
	全省丝绸企业 QC 小组活动卓越领导者	浙江省丝绸协会	2013.5
	入选“绍兴市工匠人才库”	绍兴市总工会等	2018.10
	2020 年“诸暨工匠”	诸暨市总工会等	2020.10
冯桂根	1998 年度诸暨市级模范职工	诸暨市总工会	1999.3

续表 02-05-41

姓　名	荣誉名称	颁发单位	获取年月
宣永强	1999—2000 年绍兴市 自然科学优秀论文二等奖	绍兴市人事局 绍兴市科技协会	2001.11
	全国纺织行业优秀 质量管理小组活动卓越领导者	中国纺织工业协会	2003.8
	2005 年浙江省丝绸行业 QC 小组活动优秀领导者	浙江省丝绸协会	2005.5
	浙江省纺织工程学会积极分子	浙江省纺织工程学会	2005.12
	全国纺织优秀思想政治工作者	中国纺织工业协会	2006.6
	2008 年全国纺织行业 质量管理小组活动卓越领导者	中国纺织工业协会 中国财贸轻纺烟草工会全国委员会	2008.7
	2008 年度优秀工会工作者	诸暨市总工会	2009
	全国纺织工业劳动模范	人力资源和社会保障部 中国纺织工业协会	2010.12
	绍兴市纺织工程学会先进工作者 （1999—2000、2004—2011）	绍兴市纺织工程学会	2000.1— 2012.1
	全国纺织思想文化建设突出贡献奖	中国纺织工业联合会 中国纺织职工思想政治工作研究会	2013.8
	2020 年“诸暨工匠”	诸暨市总工会等	2020.10
楼建立	诸暨市十佳技术革新积极分子	诸暨市总工会等	2000.12
宣春凤	2002 年度统计先进工作者	绍兴市纺丝行业协会	2003.1
陈翊凤	百名优秀外来建设者	诸暨市委宣传部等	2004.12
张生祥	2005 年浙江省丝绸行业 QC 小组活动优秀推进者	浙江省丝绸协会	2005.5
宣张伟	2004 年度优秀团员	共青团诸暨市委	2006
陈利平	百名优秀外来建设者	诸暨市总工会	2007.1
王黎霞	诸暨市专业技术拔尖人才· 学术技术带头人后备人才	中共诸暨市委组织部	2007.10
	2020 年“诸暨工匠”	诸暨市总工会等	2020.10
胡铭翔	诸暨市优秀工会工作者	诸暨市总工会	2008.2
陈汝松	2009 年度浙江省丝绸行业 质量管理小组活动优秀推进者	浙江省丝绸协会	2009.6

续表 02-05-41

姓　名	荣誉名称	颁发单位	获取年月
陈仲贤	2009 年度绍兴市能源计量工作先进个人	绍兴市质量技术监督局 绍兴市经济贸易委员会	2010.2
杨二瑾	2010 年度浙江省丝绸行业 质量管理小组活动优秀推进者	浙江省丝绸协会	2010.6
	2010 年度全国纺织行业 质量管理小组活动优秀推进者	中国纺织工业协会 中国财贸轻纺烟草工会全国委员会	2010.7
	绍兴市纺织工程学会先进工作者	绍兴市纺织工程学会	2011.1
官志英	2009 年度“青年岗位能手”	共青团诸暨市委	2010
宣建伟	全国纺织群众工作优秀工作者	中国纺织职工思想政治工作研究会	2011.10
	全国纺织行业优秀思想政治工作者	中国纺织职工思想政治工作研究会	2018.6
陈海堂	2012 年度诸暨市级优秀工会工作者	诸暨市总工会	2013
毛春伟	2020 年诸暨市“征天杯” 电工职业技能大赛三等奖	诸暨市总工会等	2020.10

资格职称　2020 年，征天印染公司共有中高级专业技术职称和技能等级人员 12 人，其中高级 2 人。

征天印染公司资格职称人员名录

表 02-05-42

姓　名	资格职称	发证单位	获取年月
宣永强	高级经济师	浙江省人力资源和社会保障厅	2012.12
杨二瑾	一级企业人力资源管理师	人社部职业技能鉴定中心	2014.5
陈海堂	经济师	诸暨市职改办	1999.8
楼新龙	工程师（机械）	诸暨市职改办	1999.8
陈仲贤	工程师（电工）	诸暨市职改办	1999.8
陈仲吉	会计师	诸暨市职改办	1999.10
陈满良	经济师	诸暨市人事局	2000.9
杨二瑾	馆员（档案）	绍兴市人事局	2003.8
周松华	经济师	诸暨市人事局	2003.11

续表 02-05-42

姓　名	资格职称	发证单位	获取年月
宣建伟	会计师	诸暨市人事局	2004.9
张小平	会计师	诸暨市人事局	2005.12
蔡海永	工程师（印染整理）	诸暨市人力资源和社会保障局	2012.11
汤智勇	二级技师	诸暨市劳动和社会保障局	2009.12
宣永强	二级技师	诸暨市劳动和社会保障局	2010.12

第十二节　诸暨市征天自来水有限公司

诸暨市征天自来水有限公司位于诸暨市枫桥镇先进村创业自然村孝泉江鸬鹚嘴，是一家为青龙畈工业园区供应生产和生活用水的集体企业，隶属征天集团。

征天自来水公司以方便城镇和农村居民生活为宗旨，以良好的水质，优质的服务，深受广大用户好评。

征天自来水公司外景

发展历程

企业沿革 征天自来水公司前身为征天自备水厂，创办于1995年10月，由征天房产公司建造和管理。

2000年8月8日，征天集团根据枫桥镇政府有关规划，决定征天自备水厂与征天房产公司分离，在原址建造枫桥第二自来水厂，成立筹建班子，汤汉根任组长。

10月5日，根据枫桥镇政府《关于筹建诸暨市征天自来水有限公司的决定》文件精神，由征天集团投资，筹建诸暨市征天自来水有限公司。2000年11月20日，办理工商营业执照，注册资金128万元，法定代表人汤汉根。

2006年4月26日，根据诸暨市体改办文件精神，诸暨市水务集团与征天集团签订收购合同，以评估价净资产246.06万元收购征天自来水公司。

企业规模 1995年，征天自备水厂设计日供水能力3000吨，总投资108万元。

2000年9月1日，诸暨市计经委批复同意《关于征天自来水厂扩建项目实施方案》。项目总投资550万元，由上海市政工程有限公司设计。

2001年9月，征天自来水公司一期工程开工建设，总投资250万元。2002年2月投入运行，公司占地面积1公顷，新建沉淀池、滤池、消水池各1座，日供水能力5000吨。

2004年2月，征天渔场职工5人调入征天自来水公司工作。

2006年4月，征天自来水公司在册职工9人并入诸暨市水务集团。

生产经营

2001—2006年，征天自来水公司总产值70.81万元，总销售额341.97万元，总利税83.61万元。

2001—2006年征天自来水公司主要经济指标一览表

表 02-05-43 单位：万元

年份	产值	销售额	利税	年份	产值	销售额	利税
2001	11.01	38.71	9.63	2004	14.56	67.83	17.88
2002	10.40	39.68	3.75	2005	17.21	108.87	24.25
2003	12.77	60.15	9.64	2006	4.86	26.73	18.46

股份演变

2003年7月，根据征天集团《关于建立现代企业制度建立新型劳动关系实施方案》文件精神，进行人员界定、资产界定，并结算资产，对职工采取一次性经济补偿的方式进行身份置换，建立起新型劳动关系。以征天自来水公司的资产为界定基础，企业股东由征天自来水公司4人，征天渔场5人，枫桥宾馆11人，合计20人组成；核定征天自来水公司结算资产260.59万元。

2006年1月，根据诸暨市体改办《关于进一步深化完善浙江征天集团有限公司改制实施方案的批复》文件精神，征天自来水公司被诸暨市水务集团收购后，20名股东的股权分别落实到诸暨特种钢厂和征天印染公司。

企业管理

1995年8月，征天自备水厂实行厂长负责制，设立相应的组织机构。

1995年8月至2004年2月，党组织并入征天集团总部党支部。2004年2月，与枫桥宾馆联合设立征天自来水公司党支部，黄天庭任副书记，主持工作。

2000年8月，征天自来水公司实行董事会领导下的经理负责制。

征天自来水公司历任主要负责人一览表

表 02-05-44

单位名称	董事长	经理（厂长）
征天自备水厂		魏国苗 （1996.1—1998.5）
		宣国桢 （1998.5—2000.8）

续表 02-05-44

单位名称	董事长	经理（厂长）
诸暨市征天自来水有限公司	汤汉根 （2000.8—2006.4）	汤汉根 （2000.8—2006.4）

说明：2000 年 8 月至 11 月，为征天自来水公司筹建期。

第十三节　诸暨市枫桥宾馆有限责任公司

诸暨市枫桥宾馆有限责任公司位于诸暨市枫桥镇学勉路83号征天大厦，是一家按三星级行业标准兴建的综合型涉外旅游饭店。企业类型为有限责任公司。

枫桥宾馆地理位置优越，交通便利，东至绍兴古城 30 千米，距书法圣地兰亭 15 千米，西临“西施故里”诸暨市城区 20 千米，至国家 AAAA 级风景名胜五泄风景区 40 千米。获得诸暨市优秀经营单位、诸暨市卫生单位、优质移动互联网营销酒店等荣誉称号。

宾馆客房内数字电视、宽带和无线网络一应俱全，大、小会议室能接待各式商务和团队会议；酒店餐厅配有实力强大的厨师阵容和高素质的服务队伍，可承办各种档次的宴会与酒席，有各式绿色菜品可供选择，是宾客在商务、旅途之余理想的休憩场所。

枫桥宾馆餐厅

发展历程

企业沿革 1999年12月20日，征天集团为促进枫桥第三产业发展，转型企业经济模式，更好地开发利用征天大厦，组建诸暨市枫桥宾馆有限责任公司，以三星级行业标准兴建综合型涉外旅游饭店，总投资560万元。成立枫桥宾馆筹建组，组长刘洪芳，副组长杨见明。

枫桥宾馆客房

2000年5月28日，枫桥宾馆正式开业。

2003年4月，枫桥宾馆被诸暨市政府指定为枫桥镇“非典”疫情隔离点，5月结束。

2020年2月5日，枫桥宾馆被枫桥镇政府指定为枫桥镇新冠肺炎隔离点，至3月20日结束。

企业规模 2000年5月起，枫桥宾馆在征天大厦营业，其中第1层为大堂，第2层为餐厅，第3层为征天集团总部和枫桥宾馆行政办公区域，第4层为小会议室和休闲娱乐场所，第5～7层为客房，第8层为会议室，地下层为休闲娱乐场所。

2008年4月，休闲娱乐场所停业。

2011年3月，征天集团投资400余万元，对宾馆进行重新装修。

2020年，枫桥宾馆共有在册员工25人。宾馆内设有各种规格的客房51间（床位100余张），大型会议室1个，小型会议室数个，酒店餐厅可同时容纳500余位宾客用餐。

生产经营

2000年5月起，枫桥宾馆经营范围为餐饮、住宿、娱乐、购物。

2008 年 4 月起，经营范围调整为住宿、餐饮。

2000—2020 年，枫桥宾馆总营业额 5998.73 万元，总利税 413.84 万元。

2000—2020 年枫桥宾馆主要经济指标一览表

表 02-05-45 单位：万元

年　份	营业额	利　税	年　份	营业额	利　税
2000	210.20	12.21	2011	291.97	29.47
2001	352.13	21.07	2012	399.04	21.95
2002	329.38	18.94	2013	340.88	22.65
2003	344.91	21.95	2014	295.65	18.31
2004	274.69	14.97	2015	245.06	15.15
2005	421.58	22.98	2016	196.44	9.88
2006	361.96	19.86	2017	223.05	18.02
2007	274.81	15.11	2018	230.72	22.66
2008	270.11	14.86	2019	218.92	23.36
2009	281.24	15.96	2020	173.12	12.51
2010	262.87	41.97			

股份演变

1999 年 12 月，枫桥宾馆注册资本 545 万元，其中征天集团出资 436.2 万元，占总注册资本的 80.04%，自然人黄文华出资 108.8 万元，占总注册资本的 19.96%。

2000 年 9 月，征天集团领导班子会议通过《诸暨市枫桥宾馆有限责任公司章程》补充规定，决定枫桥宾馆扩股增资 150 万元，其中征天集团出资 120 万元，自然人楼仁君出资 30 万元。扩股增资后，总注册资本增至 695 万元，其中征天集团占总注册资本的 80.03%，黄文华占总注册资本的 15.65%，楼仁君占总注册资本的 4.32%。

2003 年 7 月，根据征天集团《关于建立现代企业制度建立新型劳动关系实施方案》文件精神，进行人员界定、资产界定，并结算资产，对职工采取一次性经济补偿的方式进行身份置换，建立起新型劳动关系。核定枫桥宾馆正式职工 11 人，结算资产 143.32 万元，落实到征天自来水公司。

2005 年，在改制方案形成过程中，枫桥宾馆职工股权落实到诸暨特种钢厂和征天印染公司。

2006 年 5 月，征天集团以 55.8 万元收购黄文华股权，以 15.38 万元收购楼仁君股权。收购后，枫桥宾馆为征天集团全资子公司。

2008 年 4 月，枫桥宾馆再次扩股增资后，注册资本 1045 万元。

企业管理

组织机构　2000 年 5 月至 2020 年，枫桥宾馆实行董事会领导下的总经理负责制。党组织并入征天集团总部党支部，其中 2004 年 2 月至 2006 年 4 月并入征天自来水公司党支部。

枫桥宾馆历任主要负责人一览表

表 02-05-46

<table>
<tr><th>单位名称</th><th>董事长</th><th>总经理</th></tr>
<tr><td rowspan="8">诸暨市枫桥宾馆有限责任公司</td><td>宣汉康
（2000.5—2002.3）</td><td>刘洪芳
（2000.5—2001.2）</td></tr>
<tr><td rowspan="2">黄天庭
（2002.3—2006.10）</td><td>黄天庭
（2001.2—2004.2）</td></tr>
<tr><td>胡铭翔
（2004.2—2006.2）</td></tr>
<tr><td rowspan="2">陈剑凭
（2006.10—2013.7）</td><td>黄天庭
（2006.2—2007.1）</td></tr>
<tr><td>周　勇
（2007.1—2013.7）</td></tr>
<tr><td>陈国光
（2013.7—2016.7）</td><td>徐秀华
（2013.7—2016.7）</td></tr>
<tr><td>胡铭翔
（2016.7—2019.7）</td><td>陈海堂
（2016.7—2019.7）</td></tr>
<tr><td>陈　林
（2019.7—　）</td><td>陈　林
（2019.7—　）</td></tr>
</table>

薪酬机制 2001—2005年，枫桥宾馆实行内部考核责任制。2006年起，实行经营承包责任制。

第十四节 浙江天伟生物科技股份有限公司

浙江天伟生物科技股份有限公司位于诸暨市枫桥镇北环路295号，是中国第一家用生物技术进行产业化生产结冷胶产品的企业。企业类型为股份有限公司（“新三板”挂牌企业）。

天伟公司曾参与结冷胶国家标准的制定，是中国食品工业协会发酵工程研究会会员单位、浙江省食品添加剂和配料行业协会理事单位。获得诸暨市百家创新企业、浙江省行业创新成长企业、浙江省高新技术产品、浙江省科技型中小企业、国家高新技术企业等荣誉称号。

企业工艺技术力量雄厚，设有生产专业研究所和应用研发中心。拥有发酵和提取等多道工序的设备、生产工艺及产品应用的专利技术。主导产品微生物多糖结冷胶。

天伟公司以生产的专业化和产品开发应用的细分化为基础，不断开拓创新、追求卓越，以顾客满意为经营理念，力争把“天伟生物”打造成全球最诚信、最安全、最有责任的亲水胶体第一品牌。

发展历程

企业沿革 2000年3月，征天集团领导与诸暨联营食品厂负责人，商讨企业如何转型，需寻找一个与产业相近的新项目来谋求生存发展。后经诸暨市经贸委周海东介绍，上海市科委正在为一只微生物多糖结冷胶生物制品寻找合作单位，为此双方进行了四五个月的联系洽谈。10月30日，征天集团总经理宣汉康等与上海众伟生化有限公司（简称上海众伟）董事长张士楚，就“年产200吨结冷胶”项目签订兴办合资公司意向书。

2001年1月15日，征天集团领导班子召开联席会议，将诸暨联营食品厂结冷胶投资项目摆上议事日程，并进行专题研究。10月16日，征天集团与上海众伟签订补充合同，明确投资比例，确定为征天集团投资项目，并签订成立合资公司协议书，制定章程。10月17日，在绍兴黄酒节上举行项目签约仪式。10月31日，结冷胶项目筹建小组成立，组长梁贤生，常务副组长王伟潮。

2002年1月31日，浙江天伟生化工程有限公司完成工商注册登记，法定代表人梁贤生。

2009年2月，天伟公司重组，法定代表人宣汉康。

2016年12月，更名为浙江天伟生物科技股份有限公司，法定代表人胡铭翔。

企业规模 2002年1月20日，天伟公司筹建小组与枫桥镇化农村经济合作社签订土地征用协议，征得水田39.2亩，山地3亩。7月3日，获取诸暨市建设局建设工程许可证，建设面积26730平方米。11月25日，诸暨市国土资源局与天伟公司签订国有土地使用权出让合同，面积23267平方米，用地性质为工业用地，期限50年。

12月，完成基本建设，共计建筑面积1.05万平方米。其中发酵车间建筑面积2618平方米，提取车间建筑面积2239平方米，锅炉房建筑面积324平方米。建筑物中锅炉房为钢架结构，其余均为框架砖混结构。

同时完成设备安装，建成发酵车间和提取车间。发酵车间置有20平方米配料池2只，500立升一级种子罐5只，5000立升二级种子罐4只，50立方米发酵罐10只；提取车间置有18立方米预处理罐3只，5立方米酒精洗涤罐2只，12立方米溶胶罐3只，12立方米凝胶罐3只，15立方米预热保温罐2只，100平方米板框箱式压滤机7台，100平方米隔膜板框箱式压滤机3台。公司变配电系统有1000千伏安和800千伏安变压器各1台，双回路高配电设备1套；空气制冷系统有28立方米空压机4台，每小时7立方米制冷机组1套；排污系统有污水处理池等整套设备，污水处理量800吨每日；1200立方米清水池1只，每年地下水取水量240万立方米泵房设备1套。另有4吨锅炉1台，蒸馏回收量75吨每日的酒精蒸馏回收塔1套，以及造粒、沸腾干燥、烘干、粉碎、过筛、混合等整套设备。

是年，共有在册职工80人。

2009 年 4 月，投资 10 万元，增添 6 吨锅炉 1 台。8 月，投资 17 万元，增添隔膜板框和式过滤机 1 台。10 月，投资 18 万元，增添酒精回收塔 1 台。11 月，投资 46.7 万元，新建钢结构厂房建筑面积 750 平方米。

2010—2020 年，持续进行技改投资，设备更新，共投入技改资金 962 万元。

2020 年，天伟公司共有在册员工 84 人，其中行政人员 26 人，生产人员 58 人。设有发酵车间、提取车间、能动部等生产部门。

2010—2020 年天伟公司技改投资额一览表

表 02-05-47　　单位：万元

年　份	金　额	年　份	金　额	年　份	金　额
2010	16.00	2014	19.20	2018	210.90
2011	5.60	2015	170.00	2019	93.50
2012	7.40	2016	114.30	2020	156.00
2013	47.00	2017	122.10		

生产经营

生产状况　2001 年 3 月 1 日，征天集团委派王伟潮、楼小逸到上海参与实验室小试。7 月，在上海市工业微生物研究所实验室生产出结冷胶 1 克，小试结束。9 月，在诸暨联营食品厂连续中试 3 批，获得结冷胶产品 1 千克。10 月 10 日，由上海众伟陈冠东和征天集团王伟潮为代表，联合完成《结冷胶中试达到预定目标的总结报告》，认定结冷胶生产实现产业化工艺可行性成立。

天伟公司生产车间

11 月 15 日，诸暨市环境保护局批复同意《浙江征天集团有限公司年产 350 吨结冷胶及复配产品环境影响评价报告》。11 月 27 日，诸暨市计经委批复同意《浙江征天集团有限公司与上海众伟生化有限公司联合建设年产 350 吨结冷胶及复配产品生产线项目可行性研究报告》。

天伟公司结冷胶及延伸产品

2002 年 3 月 4 日，诸暨市经贸局批复同意《浙江征天集团有限公司与上海众伟生化有限公司联合建设年产 350 吨结冷胶及复配产品生产线项目初步设计》。

2003 年 1 月，进行试投产，10 月正式批量生产，总投资 3310 万元。

2004 年 7 月 22 日，上海众伟张士楚出任天伟公司总经理，与天伟公司签订经营承包合同书。至 2005 年 7 月，未完成目标任务，张士楚离开天伟公司。此后半年多，天伟公司基本处于停产状态。

2006 年 2 月，王伟潮出任天伟公司总经理。是年，产值和销售突破 1000 万元。

2009 年 2 月，征天印染公司注资重组天伟公司后，进行多项技改，降低了生产成本，产量直线上升。

2010—2011 年，由于国内同类企业增多，市场鱼龙混杂，出现恶性竞争，产销一度受阻。

2014 年，产量首次突破 200 吨，企业步入良性发展的轨道。

2012—2020 年，天伟公司先后与浙江工业大学、浙江工商大学、河南工业大学、江南大学、浙江省农科院进行校企合作，不断优化结冷胶产品的生产工艺、检测程序和检验标准，提高生产效率和产品质量，提升企业经济效益。与广东喜之郎、蜡笔小新（福建）、宝洁（中国）、上海家化等国内外知名企业建立良好的业务往来。

生产工艺 结冷胶又称凯可胶，是一种高分子线性多糖，由4个单糖分子组成的基本单元重复聚合而成。结冷胶生产流程，从原辅材料开始，经过菌种培养、发酵、碱处理、洗涤、溶胶、凝胶、压榨、干燥、杀菌、粉碎等工序，然后包装、入库。

经营业绩 2019年，天伟公司主要产品有低酰基结冷胶、高酰基结冷胶、复配产品3个系列，年产结冷胶250吨。微生物多糖结冷胶拥有自主知识产权，具有产业化生产发明专利，可以作为多功能胶凝剂、悬浮剂、增稠剂等，广泛应用于食品、药品、化妆品、化工等诸多行业。产品主要销售浙江、上海、广东、福建、山东等省市和中国台湾地区，并远销俄罗斯、美国、韩国、泰国、越南、印度等20多个国家。

2004—2020年，天伟公司总产值46399.66万元，总销售额34460.77万元，总利税3187.61万元。

2004—2020年天伟公司主要经济指标一览表

表02-05-48　　单位：万元

年　份	产　值	销售额	利　税	年　份	产　值	销售额	利　税
2004	461.00	131.53	23.03	2013	3760.06	2631.44	102.79
2005	375.20	474.73	51.24	2014	4344.02	2854.36	180.01
2006	1245.53	1053.98	50.50	2015	3179.63	2365.02	141.29
2007	1822.19	1491.57	80.67	2016	3530.35	2552.19	254.38
2008	1824.81	1634.87	126.80	2017	4472.28	3007.22	225.10
2009	2468.40	1422.22	40.38	2018	5024.20	3190.70	541.71
2010	1575.76	1413.57	48.30	2019	4730.33	3319.16	498.99
2011	1175.18	1275.42	12.92	2020	4339.23	3748.64	770.40
2012	2071.49	1894.15	39.10				

新三板挂牌 2016年4月26日，天伟公司高层邀请诸暨市金融办公室、浙江财通证券公司座谈企业股改工作，争取通过股改新三板上市。5月5日，浙江财通证券公司、浙江儒毅律师事务所、中审亚太会计师事务所到天伟公司开展新三板上市评估。5月17日，天伟公司召开董事会、监事会、股东会，通过表决，一致同意开展新三板上市运作。至12月15日，经过浙江财通证券公司、中审亚太会计师事务所、浙江儒毅律师事务所的帮助，完成上市前股改准备工作。

天伟公司领导和枫桥镇党委书记金均海（中）出席新三板挂牌仪式

2017年6月5日，“天伟生物”正式在全国中小企业股份转让系统挂牌，证券代码871471。6月28日，天伟公司董事长宣汉康、总经理胡铭翔、党支部书记王伟潮，与枫桥镇党委书记金均海同赴北京出席新三板挂牌敲钟仪式。

股份演变

2002年1月31日，天伟公司注册资本3000万元。其中征天集团出资1750万元，占注册资本总额的58.33%；上海众伟出资250万元，并以知识产权、技术、管理、市场作价1000万元，合计1250万元，占注册资本总额的41.67%。

2004年5月10日，天伟公司调整上海众伟技术人员陈亮等3人持股份额，并对原章程加以修正，变更注册资本。变更后天伟公司注册资本3180万元。

其中征天集团出资1750万元，占注册资本总额的55.03%；上海众伟出资250万元，并以知识产权、技术、管理、市场作价1000万元，合计1250万元，占注册资本总额的39.3%；陈亮等3人技术股180万元，占注册资本总额的5.67%。

2006年2月28日，根据诸暨市体改办《关于进一步深化完善浙江征天集团有限公司改制实施方案的批复》和征天集团董事会《关于公布征天集团改制运作办法》的文件精神，天伟公司进行资产界定，落实改制方案。

8月15日，征天集团与天伟公司工会职工持股会签订股东股权转让协议，征天集团将其拥有的天伟公司1750万元出资额以79.41万元的价值转让给天伟公司工会职工持股会。经2007年4月29日股东会决议，修改章程并确认。

2007年6月14日，上海众伟将1250万元出资额以438万元的价值转让给天伟公司工会职工持股会（梁贤生代持）；陈亮等3人技术股180万元以33万元的价值转让给天伟公司工会职工持股会（王伟潮代持）。

9月26日，天伟公司重新确定认缴出资额，并再次修改章程。总注册资本3180万元，其中天伟公司工会职工持股会出资1750万元（征天集团在编职工11人），自然人出资1430万元（天伟公司合同工48人）。

2009年2月，征天印染公司出资500万元，受让天伟公司职工持股会55.03%的股份；王伟潮、楼小逸等13人以465万元受让44.97%的自然人股份。

2011年1月，胡铭翔等7名自然人受让征天印染公司持天伟公司55.03%的股份。此后，天伟公司股权均为自然人持股。

2014年8月，天伟公司出资254万元，受让天基公司所持征天集团5%的股权，成为征天集团股东企业。

2016年12月，为争取新三板上市，天伟公司股东增资1000万元，注册资本变更为1680万元。

2017年6月，“天伟生物”挂牌，发行股份总数为1680万股，持股股东20人。

2020年，天伟公司所有者权益2332万元。

企业管理

组织机构 2002年7月，天伟公司实行董事会领导下的总经理负责制，并设相应的组织机构，同时设立党支部。

董事会和监事会由股东大会选举产生，第一届至第六届股东大会先后于2002年3月11日、2006年10月25日、2009年10月21日、2012年12月18日、2016年12月15日、2019年12月30日举行。

总经理负责全面工作，并主管财务部、市场部、办公室等；生产副总经理主管提取车间、发酵车间、能动部的生产工作；总工程师主管质控部，以及行政后勤工作。2015年12月起，增设客服中心/复配事业部，由总工程师主管。

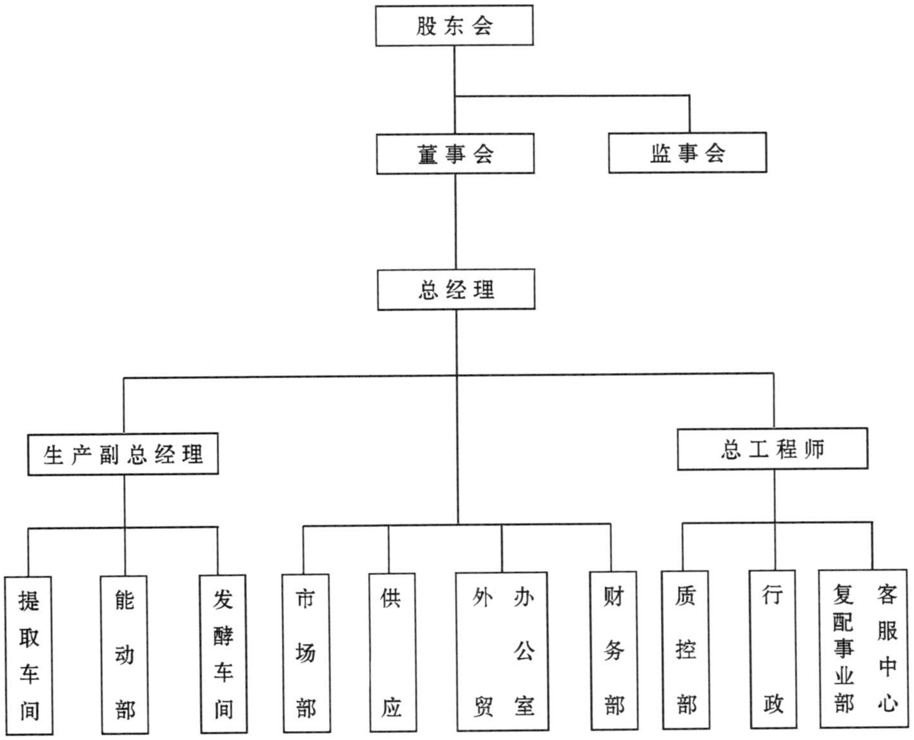

2020年天伟公司组织机构图

天伟公司历任主要负责人一览表

表 02-05-49

<table>
<tr><th>单位名称</th><th>届次</th><th>董事长</th><th>总经理</th><th>党支部书记</th></tr>
<tr><td rowspan="7">浙江天伟生化工程有限公司</td><td rowspan="2">第一届</td><td rowspan="2">梁贤生
（2002.7—2006.2）</td><td>梁贤生
（2002.7—2004.8）</td><td rowspan="2">梁贤生
（2002.7—2006.2）</td></tr>
<tr><td>张士楚
（2004.8—2005.7）</td></tr>
<tr><td rowspan="2">第二届</td><td>梁贤生
（2006.2—2009.2）</td><td>王伟潮
（2006.2—2009.2）</td><td rowspan="2">梁贤生
（2006.2—2009.10）</td></tr>
<tr><td>宣汉康
（2009.2—2009.12）</td><td>宣汉康
（2009.2—2009.12）</td></tr>
<tr><td rowspan="2">第三届</td><td rowspan="2">宣汉康
（2009.12—2012.12）</td><td>宣汉康
（2009.12—2011.2）</td><td rowspan="2">王伟潮
（2009.10—2012.12）</td></tr>
<tr><td>胡铭翔
（2011.2—2012.12）</td></tr>
<tr><td>第四届</td><td>宣汉康
（2012.12—2016.12）</td><td>胡铭翔
（2012.12—2016.12）</td><td>王伟潮
（2012.12—2016.12）</td></tr>
<tr><td rowspan="2">浙江天伟生物科技股份有限公司</td><td>第五届</td><td>宣汉康
（2016.12—2019.12）</td><td>胡铭翔
（2016.12—2019.12）</td><td>王伟潮
（2016.12—2018.12）</td></tr>
<tr><td>第六届</td><td>宣汉康
（2019.12— ）</td><td>胡铭翔
（2019.12— ）</td><td>王伟潮
（2018.12— ）</td></tr>
</table>

薪酬机制 2002 年 11 月至 2004 年 7 月，天伟公司员工薪酬按职务、职称设立月薪制。

2004 年 8 月至 2005 年 7 月，以经营承包制形式，设立目标任务，每半年考核一次，衡量任务完成情况，核发工资和奖金。

2006 年 1 月至 2009 年 1 月，市场销售业务员按销售收入货款入账数额的 4% 提成作为报酬，生产人员按产量、质量、原材料消耗指标考核情况发放工资和奖金，行政人员按级别工资加奖金发放。

2009 年 2 月起，市场销售业务员按产品销售收入货款回笼额计提成发给报酬，管理人员按职务系数和以每月奖金及正式员工固定工资发给，生产人员分别按产量、质量、消耗指标考核计算月奖金再加员工固定月工资发给，部分岗位实行计件制核发工资和奖金。

2016 年 12 月起，生产车间工人按产量、质量、消耗、管理现状达标情况核发工资，部分岗位采用计件制核发工资；销售业务员采用业务承包合同，按货款回笼额计提成结算工资和奖金；行政人员按职务系数及生产线平均奖核发工资；各职能部门均按考核指标完成得分数核发奖金，股东分红按比例分配。

资质认证和知识产权 2004 年起，天伟公司先后通过食品安全管理体系、质量管理体系、环境管理体系等资质认证，以及犹太认证和清真认证。

2007 年 6 月至 2010 年 12 月，天伟公司会同卫生部、国家标准化委员会有关人员，参与起草食品安全国家标准《食品添加剂结冷胶》（GB25535—2010），于 2010 年 12 月 21 日发布，2011 年 2 月 21 日开始实施。

2003—2020 年，天伟公司共获专利 14 项，其中发明专利 2 项，实用新型专利 12 项。发明专利中，天伟公司为中国第一家获得“新的微生物多糖结冷胶生产工艺”专利的企业。

2004—2020 年天伟公司资质认证一览表

表 02-05-50

资质名称	发证单位	有效年份	备注
食品安全管理体系	方圆标志认证集团	2004—2018	每 3 年通过审核换证
食品安全管理体系	SGS	2018—2021	每 3 年通过审核换证
质量管理体系	方圆标志认证集团	2004—2022	每 3 年通过审核换证
环境管理体系	方圆标志认证集团	2011—2014	
犹太认证（Kosher）	赛克斯（SKS）	2010—2011	
犹太认证（Kosher）	赛克斯（SKS）	2011—2014	
犹太认证（Kosher）	赛克斯（SKS）	2014—2016	
犹太认证（Kosher）	KOF-K	2016—2022	每 2 年通过审核换证
清真认证（Halal）	IFRC Asia	2014—2016	
清真认证（Halal）	IFANCA	2016—2021	2016—2017 年有效期 1 年，2017—2021 年每 2 年通过审核换证

天伟公司专利项目一览表

表 02-05-51

专利类别	专利名称	专利号	授权公告日
发明专利	新的微生物多糖结冷胶生产工艺	ZL 00125858.3	2003.8.6
	果粒、果汁防沉淀剂	ZL 201010621951.2	2012.11.7
实用新型专利	一种凝胶强度检测装置	ZL 201720622855.7	2017.12.22
	一种摇瓶机用快速固定瓶子装置	ZL 201720622851.9	2017.12.22
	一种结冷胶生产用带喂料机构的螺旋挤出造粒装置	ZL 201720622868.4	2017.12.22
	一种结冷胶生产用螺旋挤出造粒装置	ZL 201720622870.1	2017.12.22
	一种改良型沸腾干燥机的料斗装置	ZL 201720759620.2	2018.1.12
	一种沸腾干燥机料斗的通风网固定装置	ZL 201720759661.1	2018.1.12
	一种沸腾干燥机的可随时取料料斗装置	ZL 201720759618.5	2018.1.12
	一种多功能沸腾干燥机的料斗装置	ZL 201720759665.X	2018.1.12
	一种厢式压滤机用过滤组件	ZL 201720895455.3	2018.2.2
	一种结冷胶生产用粉碎机	ZL 201720895451.5	2018.2.6
	一种生产结冷胶用高产率的发酵罐	ZL 201720935142.6	2018.2.6
	一种摇瓶机用瓶子固定装置	ZL 201720622867.X	2018.2.16

商标和证书 2003 年 9 月 8 日，天伟公司“微生物多糖结冷胶工业化生产技术研究”获浙江省科学技术厅科学技术成果鉴定证书（浙科鉴字〔03〕第 235 号），鉴定天伟公司“采用该技术在国内首家实现了工业化规模生产，该项目的生产工艺达到国内领先水平”。

2004 年，天伟公司获国家工商行政管理总局商标局颁发的“商标注册证”。

2011 年 5 月，天伟公司获得结冷胶生产许可证，成为全国第一家取得结冷胶生产许可证的生产企业。

荣誉和职称

荣誉称号 2002—2020 年，天伟公司先后获得县级以上单位颁发的集体荣誉 20 余项，个人荣誉 6 项。

2002—2020年天伟公司集体荣誉录

表02-05-52

荣誉名称	颁发单位	获取年月
2002年度政府特别奖	诸暨市人民政府	2002
浙江省高新技术产品证书	浙江省科学技术厅	2003.12
食品卫生等级A级单位	浙江省卫生厅	2004
绍兴市科学技术奖三等奖	绍兴市人民政府	2004
浙江省食品添加剂和配料行业协会会员单位	浙江省食品添加剂和配料行业协会	2004
2004年度诸暨市科学技术奖二等奖	诸暨市人民政府	2005.4
2006年绍兴市优秀QC小组活动成果三等奖	绍兴市质量技术监督局	2006.6
2007年度青年文明号	诸暨市青年文明号·青年岗位能手活动指导委员会	2007
中国食品工业协会发酵工程研究会会员单位	中国食品工业协会发酵工程研究会	2007
2008年绍兴市优秀QC小组活动成果三等奖	绍兴市质量技术监督局	2008.5
2009年绍兴市优秀QC小组活动成果三等奖	绍兴市质量技术监督局	2009.5
2008年度企业信用等级AAA级	浙江众诚资信评估有限公司	2009.8
绍兴市知名商品	绍兴市工商行政管理局	2010.6
绍兴市级企业研究开发中心	绍兴市科学技术局	2010.9
浙江省科技型中小企业证书	浙江省科学技术厅	2010.12
绍兴市著名商标	绍兴市市场监督管理局	2015.1
浙江省2015年第一批高新技术企业	浙江省科学技术厅 浙江省财政厅 浙江省国家税务局 浙江省地方税务局	2015.9
浙江省食品添加剂和配料行业协会理事单位	浙江省食品添加剂和配料行业协会	2015
浙江省饮料工业协会会员单位	浙江省饮料工业协会	2017
行业创新成长企业	浙江省食品添加剂和配料行业协会	2018.1
国家高新技术企业	浙江省科学技术厅 浙江省财政厅 国家税务总局浙江省税务局	2018.11

2002—2020年天伟公司个人荣誉录

表 02-05-53

姓　名	荣誉名称	颁发单位	获取年月
楼小逸	2007年度诸暨市专业技术人才学术技术带头人后备人才	诸暨市委组织部 诸暨市人事局	2008
陈明东	2010年度绍兴市优秀团员	共青团绍兴市委	2011
	2010年度诸暨市优秀团员	共青团诸暨市委	2011
王伟潮	2020年“诸暨工匠”	诸暨市总工会等	2020.10
蔡锋锋	2020年诸暨市“征天杯”电工职业技能大赛一等奖	诸暨市总工会等	2020.10
楼金焕	2020年诸暨市“征天杯”电工职业技能大赛二等奖	诸暨市总工会等	2020.10

资格职称　2009—2012年，天伟公司有外聘博士4人。2016年起，聘请博士生导师、教授1人。2020年，天伟公司本部共有中高级专业技术职称和技能等级人员5人，其中高级1人。

天伟公司资格职称人员名录

表 02-05-54

姓　名	资格职称	发证单位	获取年月
章新标	高级技师（电工）	浙江省人力资源和社会保障厅	2011.8
王伟潮	工程师（食品）	诸暨市人事局	1998.10
楼小逸	工程师（食品）	诸暨市人事局	2003.8
陈湘舟	会计师	诸暨市人事局	2004.5
蔡锋锋	二级技师	诸暨市人力资源和社会保障局	2020.10

第十五节　浙江征天进出口有限公司

浙江征天进出口有限公司位于诸暨市枫桥镇海魄大道171号，是一家主营针纺织品与原料、纺织机械设备及其他货物与技术进出口业务的企业。企业类型为有限公司。产品畅销国内外市场，年出口创汇 1 千万美元以上，是绍兴市对外贸易诚信企业。

为进一步开拓国际市场，公司特聘一批高级经营管理人员和高级技术人员，在尼日利亚卡诺州、拉格斯州等地设立对外窗口，并加强产品研发，提升产品档次，发展国际贸易。

公司秉承“以百倍的努力，获得客户一分满意”的经营理念和宗旨，竭诚与国内外客商密切合作，共同发展经济。

发展历程

企业沿革 2006 年 9 月，征天印染公司以外贸部为基础，成立浙江征天纺织品进出口有限公司，归属征天印染公司管理。10 月，由征天印染公司出资，以征天集团名义完成征天进出口公司工商登记，注册资金 1080 万元，法定代表人宣汉康。

2010 年 11 月，法定代表人变更为宣永强。

2011 年 5 月，征天进出口公司与征天印染公司分立，独立运营。

2013 年 12 月，法定代表人变更为杨军儿。

2014 年 8 月，出资组建诸暨市天旭进出口有限公司。

2019 年 6 月，更名为浙江征天进出口有限公司。

企业规模 2011 年 5 月，征天进出口公司搬迁至枫桥镇海魄大道 171 号新址，占地面积 0.39 公顷。是年，投资 188.6 万元，新建钢结构厂房，建筑面积 1713 平方米，并增添轧光机等机械设备。

2017 年 11 月，受让征天印染公司土地 0.13 公顷，购置厂房，建筑面积 707 平方米。

2011—2020 年，共投入技改资金 677.39 万元。

2020 年，征天进出口公司占地面积 0.52 公顷，厂房建筑面积 2420 平方米，办公楼建筑面积 2745 平方米。共有员工 70 人，其中拥有大中专学历的 7 人。

2011—2020 年征天进出口公司技改投资额一览表

表 02-05-55　　单位：万元

年　份	金　额	年　份	金　额	年　份	金　额
2011	188.60	2015	10.80	2019	102.70
2012	0.89	2016	13.80	2020	64.32
2013	54.00	2017	155.30		
2014	85.50	2018	1.48		

生产经营

生产状况　2011 年 5 月征天进出口公司独立运作后，外贸出口以代理为主，打包加工为辅，主营涤棉染色布、窗帘布等产品。

2013 年，打包车间实行承包制，承包期 3 年。

2016 年，因企业转制，重新接管打包车间。

征天进出口公司外贸部

征天进出口公司主要产品各类纺织面料

2017 年起，出口外贸业务由代理为主的经营模式转型为自营出口，同时打包车间再次实行 3 年承包制。

2019 年，外贸部和业务部派遣团队至尼日利亚卡诺州、拉格斯州办事处，实时掌控国外市场信息，及时销售产品，加大资金回流。

2020 年，为把更多的精力用在国外市场的开拓上，打包车间实行租赁制，租赁期 3 年。

经营业绩 征天进出口公司产品远销欧美、东南亚地区，西非的塞内加尔、多哥、贝宁等国家。

2011—2020 年，征天进出口公司出口创汇总额 13838.75 万美元，总销售额 92250.44 万元，总利税 764.34 万元。

2011—2020 年征天进出口公司主要经济指标一览表

表 02-05-56 单位：万美元 / 万元

年 份	出口创汇	销售额	利 税	年 份	出口创汇	销售额	利 税
2011	1417.8	9304.70	57.62	2016	1741.9	11692.82	127.22
2012	1017.5	6488.40	66.51	2017	1858.6	12878.93	143.69
2013	961.0	5988.36	37.37	2018	1290.9	8589.08	115.76
2014	1314.4	8201.43	66.95	2019	1088.4	7562.08	99.69
2015	1753.1	11068.18	23.08	2020	1395.15	10476.46	26.45

股份演变

2013 年 12 月，杨军儿等 67 名自然人受让征天印染公司所持征天进出口公司 100%股权。

2015 年 12 月，67 名自然人的 100%股权，集聚至杨军儿等 6 名自然人。

2019 年 5 月，完成注册变更手续。

企业管理

组织机构 2011 年 5 月，征天进出口公司实行董事会领导下的总经理负责制，并设立相应的组织机构。2015 年 12 月，与天泽公司联合设立天泽公司党支部。

2020 年，内设管理部、财务部、业务部、外贸部、后勤部，以及生产车间等 6 个部门。

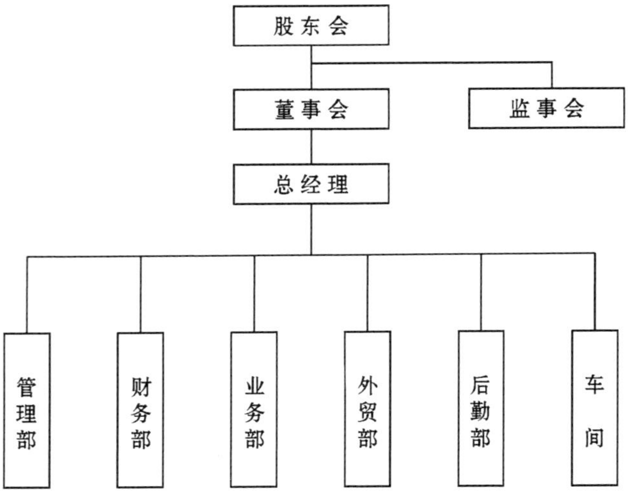

2020年征天进出口公司组织机构图

征天进出口公司历任主要负责人一览表

表 02-05-57

<table>
<tr><th>单位名称</th><th>董事长</th><th>总经理</th></tr>
<tr><td rowspan="4">浙江征天纺织品进出口有限公司</td><td rowspan="2">宣汉康
（2006.10—2011.1）</td><td>胡铭翔
（2006.11—2009.2）</td></tr>
<tr><td>杨军儿
（2009.10—2011.1）</td></tr>
<tr><td>宣永强
（2011.1—2014.2）</td><td rowspan="2">杨军儿
（2011.1—2019.6）</td></tr>
<tr><td>杨军儿
（2014.2—2019.6）</td></tr>
<tr><td>浙江征天进出口有限公司</td><td>杨军儿
（2019.6—　　）</td><td>杨军儿
（2019.6—　　）</td></tr>
</table>

说明：2009年2—10月，副总经理杨军儿主持工作。

薪酬机制 2011—2016年，征天进出口公司实行基本工资、奖金、职务工资相结合的结构工资制。

2016年后，科室实行年薪制，以职务等级为依据，按不同职务，设置不同薪酬结构。车间实行承包制，车间工人按件计酬，多劳多得。

荣誉称号 2012年，征天进出口公司被诸暨市委、市政府评为诸暨市级三产苗子企业。

诸暨市天旭进出口有限公司

2014年8月，征天进出口公司出资，以3名自然人名义设立诸暨市天旭进出口有限公司，注册资金300万元。主要从事货物及技术的进出口业务，与征天进出口公司实行“一套班子，两块牌子”。

同月，天旭公司出资254万元，受让天基公司所持征天集团5%的股权，成为征天集团股东企业。

2016年11月，注册资金增至558万元，股权变更为杨军儿等6名自然人。

第十六节 浙江天泽环境科技股份有限公司

浙江天泽环境科技股份有限公司位于诸暨市枫桥镇海魄大道173号，是中国专业生产机动车尾气催化净化用金属蜂窝载体的国家高新技术企业，集研发、生产、销售于一体。企业类型为股份有限公司（非上市）。

天泽公司拥有一支金属蜂窝载体产品研发的专业技术队伍和规模化加工生产线，拥有自主知识产权和专利技术，拥有先进的测量设备，对产品进行严格检验，保证百分百的出厂合格率。生产的高性能金属载体，可满足各种机动车尾气催化净化处理装置的要求。确保最先进的技术和产品符合越来越严格的排放法规：机动车废气排放标准从“国三”提升到“国六”。金属蜂窝载体从单芯型扩展到双芯型、三芯型，以及跑道形、椭圆、LS等异型。产品畅销国内外市场。

公司一直以“追求卓越品质，诚信服务客户”的质量方针为指导，在科技方面不断创新，兢兢业业，凭着先进的技术、完善的服务，在客户中获得极佳的口碑。

发展历程

企业沿革 2010年7月，征天机械公司在征天集团领导的支持下，与清华大学硕士研究生田昊洋、孟繁荣合作开发生产机动车尾气催化净化用金属蜂窝载体，成立浙江天泽环境科技有限公司，法定代表人周永江。

2011年1月，法定代表人变更为宣汉康。

2016年10月，更名为浙江天泽环境科技股份有限公司。11月28日，取得绍兴市市场监督管理局核发的企业法人营业执照。

2020年6月，法定代表人变更为葛沈祥。

企业规模 2010年，天泽公司租用枫桥镇兴业路88号征天机械公司厂房及办公用房，建筑面积2000平方米。

2011年8月，搬入征天印染公司新建厂房，建筑面积2600余平方米，办公、研发用房建筑面积1000平方米。

2014年8月，天泽公司出资780万元，受让征天印染公司新建厂房等资产，厂房占地面积0.67公顷，建筑面积4565平方米。

2011—2020年，共投入技改资金701.3万元。

2020年，天泽公司厂房和办公楼合计建筑面积8000余平方米。

2011—2020年天泽公司技改投资额一览表

表02-05-58　　　　单位：万元

年　份	金　额	年　份	金　额	年　份	金　额
2011	31.18	2015	130.33	2019	57.27
2012	37.42	2016	89.00	2020	45.00
2013	61.64	2017	71.79		
2014	63.18	2018	114.49		

生产经营

生产状况 2010年10月18日，天泽公司正式投产。是年，生产金属蜂窝载体240万件，占有国内市场近15%的份额，在同行业中排名前三位。

天泽公司生产车间

此后，经济效益一直保持良好，产品在满足国内市场需求的情况下，远销瑞典、德国、加拿大、意大利等欧美市场，是巴斯夫、贺利氏、依柯卡特等国际企业的合格供应商。

2019 年，生产汽车用金属蜂窝载体 10 万余件，摩托车用金属蜂窝载体 100 万余件。

生产工艺 天泽公司生产的机动车尾气催化净化用金属蜂窝载体，具有抗震抗疲劳性能好、催化剂涂层结合力强、钎焊强度高、使用寿命长等特点，可以满足各种型号的摩托车、汽车等机动车尾气催化净化处理装置的制造和配套需要。

金属蜂窝载体制作流程，以专用耐高温的 SUS 系列规格不锈钢管和不锈钢板、00Cr21Al6 系列规格铁铬铝、BNi73CrSi 系列焊料为主要原材料，经过制管、切管、倒角、洗管、烘干、涂焊料、检验，洗带、烘干、焊料定位、压波纹、剪料、检验，卷制、推装、点焊定位、检验，钎焊、检压、检圆、抛光等 20 余道工序，然后终检、

天泽公司主要产品金属蜂窝载体

包装、入库。

经营业绩 2010—2020年，天泽公司总产值13041.23万元，总销售额13051.92万元，总利税826.64万元。

2010—2020年天泽公司主要经济指标一览表

表02-05-59 单位：万元

年份	产值	销售额	利税	年份	产值	销售额	利税
2010	221.42	221.42	6.20	2016	1069.94	1085.36	87.37
2011	2414.12	2405.35	164.55	2017	671.12	682.37	26.97
2012	1478.43	1444.48	133.15	2018	799.91	819.90	33.62
2013	1265.18	1252.33	97.46	2019	1482.92	1479.05	73.99
2014	886.34	867.89	50.29	2020	836.56	831.85	23.23
2015	1915.29	1961.92	129.81				

股份演变

2010年7月天泽公司成立时，注册资本500万元。其中征天机械公司出资255万元，占51%的股份；田昊洋和孟繁荣以技术股折价125万元、现金入股20万元，占29%的股份；社会自然人出资100万元，占20%的股份。

2011年1月，征天机械公司所持天泽公司股份，转让给征天印染公司49%，自然人陈小锋2%。

2014年1月，征天印染公司所持天泽公司49%的股份，转让给葛沈祥等10名自然人。

2016年10月，股东会议通过公司名称变更决议，并以2016年9月30日为基准日，将审计后的净资产值折合成股份。

12月26日，“天泽环境”在浙江省股权交易中心成长板挂牌，代码800523。

企业管理

组织结构 2010年7月，天泽公司实行董事会领导下的总经理负责制，内设财务部、营销部、生产部、研发部、技术质量部等科室。

2015 年 12 月，与征天进出口公司联合设立天泽公司党支部。

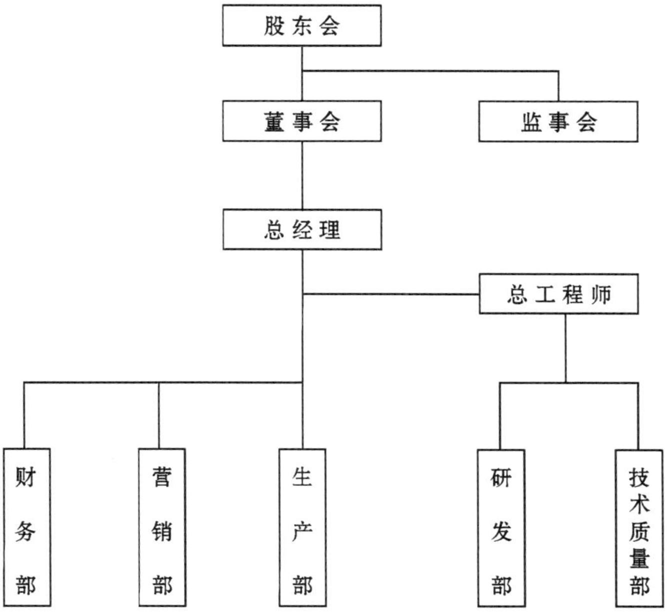

2020 年天泽公司组织机构图

天泽公司历任主要负责人一览表

表 02-05-60

单位名称	董事长	总经理（厂长）	党支部书记
浙江天泽环境科技有限公司	周永江（2010.7—2011.1）	田昊洋（2010.7—2014.2）	
	宣汉康（2011.1—2016.10）	葛沈祥（2014.2—2016.10）	葛沈祥（2015.12—2016.10）
浙江天泽环境科技股份有限公司	宣汉康（2016.10— ）	葛沈祥（2016.10— ）	葛沈祥（2016.10— ）

薪酬机制 2010—2020 年，天泽公司一线工人全部实行计件工资。经营管理人员按月发放基本工资，当年盈利与年终奖金和股份分红双向兼顾。

资质认证和知识产权

2012 年，天泽公司通过国际汽车工作组中国江苏艾凯艾国际标准认证有限公司 IATF 16949：2016 质量管理体系认证。

2014 年，通过中鉴认证有限责任公司环境管理体系认证。

2011—2020 年，天泽公司共获 31 项实用新型专利授权，并得到诸暨市循环经济发展基金奖励。

2012—2020 年天泽公司资质认证一览表

表 02-05-61

资质名称	发证单位	有效年份	备　注
质量管理体系	江苏艾凯艾国际标准认证有限公司	2012—2020	每 3 年通过审核换证
环境管理体系	中鉴认证有限责任公司	2014—2020	每 3 年通过审核换证

天泽公司专利项目一览表

表 02-05-62

专利名称	专利号	授权公告日
用于施加焊料的方法和设备	LZ 2011 1 0099208.X	2011.4.20
用于施加焊料的设备	LZ 2012 2 0117335.3	2011.11.16
金属载体波纹带成型装置	LZ 2011 1 0435925.5	2011.12.23
金属载体及金属载体焊接工艺	LZ 2011 1 0435943.3	2011.12.23
高效金属载体	LZ 2011 2 0229251.9	2012.1.11
漩涡形金属载体	LZ 2011 2 0229266.5	2012.1.11
尾气净化用金属载体	LZ 2011 2 0229276.9	2012.1.11
新型金属载体	LZ 2011 2 0229278.8	2012.1.11
三元催化转化器金属载体	LZ 2011 2 0229286.2	2012.1.11
高性能金属蜂窝载体	LZ 2011 2 0229288.1	2012.1.11
机动车尾气催化净化用金属蜂窝载体	LZ 2011 2 0229289.6	2012.1.11
蜂窝状金属载体	LZ 2011 2 0229269.9	2012.2.8

续表 02-05-62

专利名称	专利号	授权公告日
改良型金属载体	LZ 2011 2 0229247.2	2012.2.8
一种颗粒捕集结构的制作工艺	LZ 2014 1 0129692.X	2014.4.2
一种全闭式颗粒捕集器的过滤元件及使用方法	LZ 2015 1 0067941.1	2015.2.10
一种半闭式等压颗粒捕集器的过滤元件及使用方法	LZ 2015 1 0068371.8	2015.2.10
一种半闭式等压颗粒捕集器的过滤元件	LZ 2015 2 0092020.6	2015.8.5
一种均匀加热颗粒捕集器	LZ 2015 2 0092050.7	2015.8.5
一种半闭式颗粒捕集器的过滤元件	LZ 2015 2 0092019.3	2015.8.5
一种全闭式颗粒捕集器的过滤元件	LZ 2015 2 0092794.9	2015.8.5
一种全闭式等压颗粒捕集器的过滤元件	LZ 2015 2 0092826.5	2015.8.12
一种 V 型燃烧板	LZ 2015 2 0152877.2	2015.8.12
一种均匀燃烧板	LZ 2015 2.0152868.3	2015.8.12
一种 W 型燃烧板	LZ 2015 2 0153461.2	2015.8.19
一种低背压颗粒捕集器的过滤元件	LZ 2015 2 0648157.5	2016.1.13
一种半闭式燃烧板	LZ 2015 2 0648866.3	2016.1.13
一种机动车三元催化转化器	LZ 2015 2 1008840.9	2016.4.20
一种带挡板及通孔燃烧板	LZ 2015 2 1008774.5	2016.4.20
一种带圆弧挡板燃烧板	LZ 2015 2 1009023.5	2016.4.20
一种圆弧挡板燃烧板	LZ 2015 2 1008591.3	2016.4.20
一种低背压机动车三元催化转化器	LZ 2015 2 1010070.1	2016.8.17

荣誉和职称

2013—2020 年，天泽公司先后获得县级以上单位颁发的集体荣誉 4 项，个人荣誉 4 项。

2020 年，共有中高级职称人员 3 人，其中高级 1 人。

2014—2020 年天泽公司集体荣誉录

表 02-05-63

荣誉名称	颁发单位	获取年月
浙江省科技型中小企业	浙江省科学技术厅	2014
浙江省 2015 年第一批高新技术企业	浙江省科学技术厅 浙江省财政厅 浙江省国家税务局 浙江省地方税务局	2015.9
通过清洁生产验收	浙江省经济和信息化委员会 浙江省环境保护厅	2015
天泽公司金属蜂窝载体研究开发中心 为绍兴市级企业研究开发中心	绍兴市科学技术局	2016.12

2013—2020 年天泽公司个人荣誉录

表 02-05-64

姓　名	荣誉名称	颁发单位	获取年月
田昊洋	诸暨市第三届“十大杰出外来建设者”	诸暨市总工会	2013.5
孟繁荣	诸暨市“第五批职业技能带头人”	诸暨市劳动竞赛委员会	2013
	身边的道德典型（敬业奉献模范）	诸暨市精神文明建设委员会	2014.12
	入选“绍兴市工匠人才库”	绍兴市总工会 绍兴市人力资源和社会保障局	2018.10

天泽公司资格职称人员名录

表 02-05-65

姓　名	资格职称	发证单位	获取年月
葛沈祥	高级行政管理师	中国高级公务员培训中心	2013.9
田昊洋	工程师	绍兴市人力资源和社会保障部	2009.9
孟繁荣	工程师	绍兴市人力资源和社会保障部	2012.6
葛沈祥	工程师	绍兴市人力资源和社会保障部	2014.6

第十七节 其他单位

20世纪80年代中期，征天综合开发公司组建征天车队和征天水库基建队，主要为下属企业提供运输服务和参与枫桥地区水电工程建设。

征天车队

1985年6月，征天车队成立，拥有货车5辆。实行独立核算、自负盈亏的经济承包合同制。

车队实行队长负责制，队长宣正明由征天综合开发公司任命，主要负责车辆统一调度、驾驶员工作管理，以及制定各项规章制度、检查车辆维修保养。

根据征天综合开发公司规定，各下属企业运输货物不得自行向外单位租车，应服从车队统一安排，并至少提前一天向车队预约；车队收费按吨公里0.255元标准结算。

1988年1月，征天车队成建制并入诸暨县铸钢厂。

征天水库基建队

1986年10月，征天水库基建队成立，为征天综合开发公司下属水电工程基建施工单位，实行独立核算、自负盈亏的经济承包合同制。服从公司统一规划，开展创全优工程活动。

征天基建队实行征天综合开发公司基建科领导下的队长负责制，队长张仲汉，由征天综合开发公司任命。下设若干小组。

职工招收条件为枫桥区范围内的基建能工巧匠，年龄40周岁以下，初中文化以上，二级以上建筑专业技术证书，经本人申请，领导批准。在试用期6个月后，根据工作综合能力择优录用，并与征天综合开发公司基建科签订劳动合同。

劳动用工参照四级建筑业劳动保护制度，享受劳保用品、医疗费包干待遇，工伤事故根据事故性质由队部报征天综合开发公司基建科协商处理。

1993年5月，征天基建队成建制并入征天房产公司。

专记　诸暨市征天职业技术学校

诸暨市征天职业技术学校创建于1986年，为诸暨市教育局直属职业中学。学校树立“团结、勤奋、求是、创新”的优良校风，对学生进行德智体和操作技能的全面教育、培训与考核。考核实行学分制，毕业时成绩合格者，由诸暨市教育局发给职业高中毕业证书。学生毕业后，由学校推荐给征天集团，征天集团再根据所属企事业单位和毕业生“双向选择”的原则分配毕业生就业。每年被分配就业的征天职校毕业生数，占毕业生总数的85%；在征天集团所属企事业单位中，征天职校毕业生占职工总数的30%。

发展历程

1985年5月，征天综合开发公司董事长梁焕木为完善用人制度，全面提高职工素质，提出创办职业技术学校的建议。经公司讨论，决定创办一所中等职业学校，并报请诸暨县教育局审批。11月4日，县教育局批复同意。学校由县教育局、县水利局、枫桥区公所和征天综合开发公司联办，校名为诸暨县枫桥区职业技术学校，校址在征天水库右坝脚，由县教育局负责指派基础课教师，征天综合开发公司负责安排专业课教师。

1986年1月，征天职校建校筹备会在枫桥召开，参加人员有枫桥区区长汪木伦、县水利局副局长郭康均、县教育局副局长杨仲坚、枫桥区教办主任魏纪春、征天职校筹建负责人吴五六，以及征天综合开发公司领导梁焕木、宣校成、阮荣其、杨见明等，主要商讨建校事项（后称该次会议为第二次校董会）。2月，县教育局正式调吴五六至征天职校，具体负责修理校舍、购置教具、选聘教师、招收学生等筹备工作。招生考试由县教育局统一举行，招生范围一般限定在枫桥区范围内，县水电系统的职工子弟可以推荐入学，但不包录用。9月5日，举行职校首届开学典礼，浙江省教委副主任邵宗杰、绍兴市教委主任董枫、诸暨县副县长车珊珠、诸暨县教育局局长孔向东，以及浙江省水利厅有关处长、兄弟学校校长、征天综合开发公司各级干部和职校全体师生共计250余人出席。

征天职校

1987年，征天职校被绍兴市教育委员会定为“绍兴市双元制试点学校”。是年，校办工厂开工，经营加工胶木配件业务。

1989年，建立金工实习工场。根据每年在职校择优录用60%毕业生的规定，有113人被征天企事业单位录用，均享受合同工待遇。

1992年6月22日，更名为诸暨市征天职业技术学校。是年，校办纸箱厂开工，并开始招收自费生和代培生。

1994年，大专院校开始向征天职校招生。

1995年6月，成为枫桥纺织协会理事单位。9月，建立征天职校电影放映队，配置16毫米电影放映机1台。是年，从浙江纺校引进相关课程和教材，并增添计算机房设施。

1997年4月16日，征天职校建校十周年庆祝大会在征天大厦举行，诸暨市副市长陈国燕等出席会议。

1998年9月，3个新生班迁入位于枫桥镇“十一”林场枫桥地毯厂的新校址。至1999年9月，其余职高班和农水（二）班全部迁入。

2004年8月，因办学条件跟不上时代步伐，且人们普遍存在“重普高，轻职校”的思想观念，征天职校撤并。征天职校的房产和土地使用权、债权债务由征天集团接收，教师由诸暨市教育局负责安置，学生由市教育局负责转入其他职校，教学装备、仪器、学生档案等均由市教育局接收。

学校规模

1986年，征天职校占地面积0.33公顷，建筑面积4450平方米，建有教室、办公室、宿舍、食堂、实习车间（仓库）等。开设教学班2个，学生96人。

1996年，资产总值800余万元。有教职员工23人，教学班8个，学生400余人。

1998年6月，征天职校以122万元的价格收购枫桥地毯厂，占地面积0.56公顷，建筑面积4577平方米，并陆续租赁厂区周边土地1.27公顷。8月，投入118.5万元，在原地毯厂东侧建造宿舍楼和食堂，宿舍楼建筑面积1762平方米，食堂建筑面积1348平方米。

1999—2000年，先后投资60余万元，向十一林场和枫桥孝义村租用水塘、旱地、梯田1.55公顷，填挖土方1万余立方米，砌筑石塥和围墙380米，新建300米跑道的标准田径场1个。

2001年，学校投资50余万元，建造道路、门台和传达室，其中征天集团出资20万元。

2003年1月1日，开工建造教学楼。同年7月28日竣工，建筑面积2886平方米，投资173.2万元，由学校和征天集团各分担50%，其中学校向教师借资47万元。

2004年7月，征天职校占地面积3.33公顷，建筑面积8856平方米，其中教学楼2886平方米，男生宿舍1762平方米，女生宿舍及实习用房2500平方米，食堂1348平方米。固定资产536.52万元，教职员工18人，学生252人。

专业设置

1986年，征天职校开设机械、电气2个专业。机械专业招收高中毕业生，电气专业招收初中毕业生。课程设置为文化课、专业课和实习三部分。

1996年，开设机械电气、电子电工、染整装潢3个专业，有配套的电工、钳工、车工和计算机等8个实习场地，学制3年。

1998年9月开始，连续2年在全省水利系统招生，与浙江水利水电学校联合举办农水班，在征天职校学习2年。

1999年8月至2000年12月，与浙江工业大学联合举办企业管理班1个，参加对象为征天集团各单位的中青年干部等，学制1年半（半脱产）。

2001年9月，与浙江经贸职业技术学院联合举办计算机应用与维护专业教育班1个，学制3年。

机电类 先后设机械、电气、机电，机械电气、电子电工、机械电子等专业，旨在培养具有机械、数控、电子知识，掌握机电设备安装、维修和管理的基本知识，从事机电设备维修、安装及设计的初级和中级技术人员。校内设有实习工场，校外设有实习基地。

机械专业课程设置为语文、体育、机械制图、工程力学、机械基础、机械制造、金属工艺、钳工学、热处理等。学制1年，其中半年为校内理论学习，半年到工厂顶岗实习。

电气专业课程设置为语文、体育、数学、物理、化学、电工学、电力拖动、电气控制等。

机电专业课程设置为政治、语文、数学、物理、化学、体育、计算机、财会税务、机械基础、机械制图、金属工艺、工程力学、车工学、钳工学、热处理、电工学等。

电子电工专业课程设置为政治、语文、数学、物理、化学、体育、计算机、财会税务、电工基础、电力拖动、电气控制、电子线路、无线电安装等。学制3年，其中2年在校内以理论学习为主，动手实习为辅；1年到工厂顶岗实习为主，并结合生产实习安排相应的专业理论知识学习。

染整装潢类 为适应印染厂需要，课程设置为政治、语文、数学、体育、计算机、染整工艺学、织造基础、图案、素描基础、色彩学、装潢设计、浸染助剂、电工基础、电机维修，并传授染色、打样、纹样设计等技术，学制3年。

水利水电类 主要为农水班，培养水利水电工程施工人员与管理人员。毕业生主要面向水利水电系统部门，从事水利水电工程施工与中小型水电工程勘测、设计、管理等工作，也可从事河道管理、整治和防洪工作，学制3年。

计算机 设计算机通信技术和计算机外设及维修专业。旨在培养具有计算机维修、软硬件安装、计算机网络维护等知识，掌握相应通信设备、计算机设备操作的中级技术人员。校内设有标准计算机房、电子工场，注重专业技能的学习和考核，学制 3 年。

综合改革实验班 学习普通高中教材，学生可自愿参加省普通高中证书会考，符合毕业标准者发给普高毕业证书；不参加普通高中证书会考的学生，达到规定的职校毕业标准，发给职业中专或职业高中毕业证书。学制 3 年。

其他 主要为财会专业，培养财会人员。课程设置为政治、语文、数学、体育、计算机、会计基础、会计电算化、财经法规、财务管理，学制 3 年。

1986—2003 年征天职校招生数一览表

表 02-06-01

年　份	专业名称	班级数	招生数	年　份	专业名称	班级数	招生数
1986	机　械	1	49	1997	机械电子	1	80
	电　气	1	47		化工类	1	
1987	机　械	1	20	1998	电子电工	1	74
	机　电	1	42		机　电	1	
1988	机　械	1	26		农水（一）	1	50
	机　电	1	45	1999	机　电	1	66
1989	机　电	1	46		其　他	1	
1990	机　电	1	45		农水（二）	1	50
1991	机　电	1	49		企业管理	1	60
1992	机　电	1	55	2000	综　合	1	72
1993	机　电	1	55		染　整	1	
	印　染	1	38		计算机	1	

续表 02-06-01

年　份	专业名称	班级数	招生数	年　份	专业名称	班级数	招生数
1994	机　电	1	61	2001	综　合	1	99
	印　染	1	60		机　电	1	
1995	机　械	1	56		计算机	1	
	电　子	1	57	2002	综　合	1	102
	印　染	1	45		机　电	1	
1996	机械电气	1	48		计算机	1	
	电子电工	1	45	2003	综　合	1	56
	染整装潢	1	32				

学校管理

1985 年 5 月，征天职校董事会成立，召开第一次校董会。1986 年 1 月，召开第二次校董会。是年，在征天职校召开第三次校董会。1988 年，在征天职校召开第四次校董会。其后，每年召开一次校董会。

1986 年 9 月，征天职校实行董事会领导下的校长负责制，并相继设立教务处、总务处、政教处。

1987 年 10 月 18 日，设立学校党支部，直属诸暨县教育局党工委领导。

1996 年 5 月 14 日，征天职校董事会换届，杨见明任董事长。

征天职校历任主要负责人一览表

表 02-06-02

校　名	董事长	校　长	党支部书记
诸暨县（市）枫桥区职业技术学校	梁焕木（1986—1992.6）	吴五六（1986—1992.6）	骆章权（1987.10—1990.2）
			吴五六（1990.2—1990.8）
			骆本来（1990.8—1992.6）

续表 02-06-02

<table>
<tr><th>校　名</th><th>董事长</th><th>校　长</th><th>党支部书记</th></tr>
<tr><td rowspan="3">诸暨市征天职业技术学校</td><td>梁焕木
（1992.6—1996.4）</td><td>吴五六
（1992.6—1993.8）</td><td rowspan="2">骆本来
（1992.6—1999.7）</td></tr>
<tr><td rowspan="2">杨见明
（1996.5—2004.8）</td><td>骆本来
（1993.8—1999.7）</td></tr>
<tr><td>王孝贤
（1999.7—2004.8）</td><td>王孝贤
（1999.7—2004.8）</td></tr>
</table>

荣誉称号

1986 年 9 月至 2004 年 8 月，征天职校和学校教职工、学生在各类评选和比赛中获得县（市）教育局以上单位颁发的荣誉 70 余项。

1986—2004 年征天职校集体荣誉录

表 02-06-03

荣誉名称	颁发单位	获取年月
职业教育先进集体	诸暨县教育局	1988
文明单位	诸暨县人民政府	1988
1988 学年度教育工作先进集体	诸暨县教育局等	1989.9
1989 学年诸暨市德育工作先进集体	诸暨市教育局	1990.8
1993 学年度德育工作先进集体	诸暨市教育局	1993
1994 学年度教育工作先进集体	诸暨市教育局	1995.9
第四批省级示范性乡镇成人文化技术学校	浙江省教育委员会	1999.2
诸暨市教育法制工作先进集体	诸暨市教育局	2001

1986—2004 年征天职校教职工荣誉录

表 02-06-04

姓　名	荣誉名称	获取年份
黄仕兴	诸暨市首届劳技优秀作品一等奖	1990
冯建扬	浙江省第四次人口普查先进工作者	1990

续表 02-06-04

姓　名	荣誉名称	获取年份
宣正荣	诸暨市优秀班主任	1991
	浙江省冶金系统先进教育工作者	1994
	诸暨市德育工作先进个人	1994
	诸暨市党员积极分子	1997
	诸暨市职教论文一等奖	2001
	诸暨市德育论文一等奖	2001
吴五六	浙江省第四届春蚕奖	1992
杨银铨	诸暨市教育先进工作者	1993
	政治理论学习优秀辅导员	1998
赵贵法	诸暨市德育先进工作者	1993
王建军	诸暨市优秀班主任	1993
	诸暨市优秀班主任	1997
	诸暨市职教论文一等奖	2002
骆本来	浙江省第九届春蚕奖	1995
	诸暨市校长论文一等奖	1997
何顺勇	诸暨市级党员积极分子	1995
	诸暨市优秀班主任	1995
	诸暨市第五届教坛新秀	1996
	诸暨市级党员积极分子	1996
	诸暨市党员积极分子	1997
黄　贵	诸暨市先进班主任	1996
	诸暨市优秀班主任	2001
黄均生	诸暨市教师德育先进个人	1997
范旺明	诸暨市教育先进个人	1997
	诸暨市优质课评选获奖	1998
	诸暨市第六届“十佳青年教师”	2000

续表 02-06-04

姓　名	荣誉名称	获取年份
王孝贤	诸暨市优秀共产党员	1999
	诸暨市德育论文一等奖	2002
孟建青	诸暨市百节优质课奖	2000
	诸暨市优秀教师	2002
俞信霞	诸暨市优秀共产党员	2001
	诸暨市优秀班主任	2003
	诸暨市优质课评比一等奖	2003
陈　敏	诸暨市中小学论文竞赛一等奖	2001
	诸暨市信息技术知识竞赛一等奖	2002
	诸暨市计算机操作技能比赛一等奖	2003
	绍兴市职工计算机比武一等奖	2003
	浙江省职工计算机操作比武一等奖	2003
胡海味	诸暨市优秀教师	2003

1986—2004 年征天职校学生荣誉录

表 02-06-05

姓　名	荣誉名称	获取年份
周　永	绍兴市制图竞赛一等奖	1990
楼海平	绍兴市政治小论文一等奖	1990
张生祥	绍兴市钳工操作比赛一等奖	1990
	浙江省钳工操作比赛三等奖	1990
陈登佐	浙江省职业中学车工技能比赛二等奖	1991
骆　莎	绍兴市机械制图比赛二等奖	1993

续表 02-06-05

姓 名	荣誉名称	获取年份
王丽霞	诸暨市高中当堂作文赛一等奖	1994
赵海华	诸暨市职高作文赛一等奖	1995
屠剑飞	诸暨市“热爱祖国，立志成才”读书活动一等奖	1996
陈江国	绍兴市三好学生	1996
方丽丽	绍兴市三好学生	1996
骆华平	绍兴市三好学生	1996
冯彭其	绍兴市优秀学生干部	1996
陈华锋	绍兴市优秀学生干部	1996
	绍兴市三好学生	1998
陈智超	绍兴市三好学生	1998
倪海华	绍兴市优秀学生干部	1998
何朝水	绍兴市优秀学生干部	1998
宣蔡永	职中第四届学生计算机比赛三等奖	1999
吴海琴	“祖国在我心中”读书活动积极分子二等奖	1999
赵 平	绍兴市优秀学生干部	2000
陈铧栋	绍兴市三好学生	2000
魏芝佳	绍兴市三好学生	2000
	绍兴市三好学生	2001
冯斌锋	绍兴市三好学生	2001

征天职校校歌

杨安鹤　词

谢立鹏　曲

中速、昂扬

附　件：

诸暨市征天职业技术学校校董会章程

（1998年10月14日第二届校董会第三次会议通过）

一、诸暨市征天职业技术学校是征天集团公司主办，诸暨市教委、水利局联办的中等职业技术学校。

征天职业技术学校校董会受办学单位的委托对学校进行管理。

二、本会的组织：

1. 本会成员由征天集团公司的代表，诸暨市教委、水利局委派的代表，以及公司聘请的学校代表、社会人士组成；

2. 本会成员必须是单位的负责人或分管领导，社会人士必须具备热心教育事业、品行端正等条件。三分之一以上的董事应当具有五年以上的教育、教学经验；

3. 本会名额配置是：征天集团公司三名，教委、水利局委派各一名，公司聘请的学校、社会人士各一名；

4. 董事长由公司提名、董事会协商产生，任期六年。必要时，公司可聘任名誉董事长；

5. 本会坚持民主集中制的组织原则。

三、本会的主要任务：

1. 决定事业的发展；

2. 筹措教育经费；

3. 申报学校负责人；

4. 评估学校教育效益；

5. 修订章程。

四、本会年会：

1. 年会每学年举行一次，一般在五至七月份举行。必要时，可举行临时会议，邀请相关人员列席；

2. 商定新学年的人事、经费、专业设置、毕业生就业方案；

3. 督查年度教育工作；

4. 审议临时提案。

五、本会的日常工作：

1. 完成年会商定的各项任务；

2. 组织人员了解学校的教育情况，向教职员工作学校工作的评估报告；

3. 按照上级教育行政部门的有关规定，审批校长提议的教职员工的聘用。

六、校长的职责：

1. 对本会负责，全面主持学校的日常工作；

2. 提议副校长等主要领导的人选；

3. 提议教职员工的聘用人选；

4. 负责组建由党、政、工、团代表组成的校务委员会；

5. 负责按时向本会报告工作。

七、本章程自通过之日起生效，由校董会负责解释。

第三篇 人文

梁焕木纪念馆门台

第三篇 人 文

枫桥自古名贤辈出，被誉为“诸暨三贤”的王冕、杨维桢和陈洪绶均出生在枫桥。征天水库建成后，以梁焕木为代表的一代代征天人，在搞好水利建设的同时，创建和发展征天集团，艰苦创业，顽强拼搏，谱写了一曲曲嘹亮的征天之歌。

诸暨市征天风景区为省级水利旅游区、诸暨市级风景名胜区，绍兴市首批德育基地、诸暨市优秀爱国主义教育基地。内有征天湖（即征天水库）、摩崖、碑石、乡贤廊、征天门、光禹园、征天塔、征天公园和梁焕木纪念馆等景点。

征天集团非常重视文化建设，编印了多种报刊和书籍，创作了许多摩崖碑记和题额楹联。此外，还有大量与征天相关的诗词歌赋、影视曲艺和新闻报道，共同组成丰富的征天文化，为后人留下宝贵的历史文化遗产。

第一章 人 物

20世纪60年代，以梁焕木为代表的征天老一辈实干家，以征天水库为依托，发扬艰苦奋斗的创业精神，先后获得全国劳动模范、全国人大代表、浙江省优秀企业家等殊荣。接过接力棒的征天集团领导层，继往开来，团结奋进，相继获得全国水利经济优秀管理者、全国纺织工业系统劳动模范等荣誉。同时，记述其他先进典型的优秀事迹。

第一节 人物传略

已故领导

梁焕木

梁焕木（1928.9.16—1996.4.19），曾用名梁水生，诸暨市枫桥镇孝义村（今属海角社区）人。水利高级工程师，征天集团创始人和主要领导者，全国水利系统优秀企业家、全国劳动模范、全国人大代表。

民国24年（1935），进校读书。民国31年，读到高小五年级，因侵华日军攻占诸暨而失学。同年10月，在枫桥镇洪昌米店做学徒，次年因米店倒闭而回家务农。

1950年4月，与同区两名青年在江苏省吴江县南麻镇租种水田50亩。11月回乡，当选为枫桥镇孝义村副村长。1952年2月，带领枫桥镇民工参加浦阳江江西湖截弯取直工程。是年冬，参加为期一个月的诸暨县委干校第四期学习，被评为县优秀干部，当选为诸暨县第二届各界人民代表会议代表。1953年2月，带领枫桥镇民工参加高湖分洪工程建设。是年，兼任枫桥镇互助合作社生产委员。1953年11月至1954年5月，任墨龙水库建库委员会工地负责人。1954年冬，任青岭水库建库委员会副主任，负责水库施工。是年，被选为诸暨县出席省青年社会主义建设积极分子代表大会代表。1955年3月，加入中国共产党。同年6月18日，因连续暴雨，导致尚未竣工的青岭水库垮坝，在夏收夏种前带领群众抢堵缺口。1954—1957年，连续被评为诸暨县水利工作模范。

1955年冬至1957年10月，负责建设郑宝山水电站。其间，带领群众建造小型山塘水库18座，平整湖头畈农田2700亩，开挖畈中排涝渠道，使十年九无收的易涝田成为旱涝保收的丰产田。他制作的牛力压土机和毛竹筒水准仪，登上中央新闻纪录电影制片厂摄制的新闻纪录片。同时，在当地建设苗圃 18 亩，获得省“造林模范”荣誉称号。1957 年 12 月，任枫桥区水利技术员。1958 年，被浙江省水利科学研究所聘为水利特约研究员。

1959 年，被宁波专署评为高工效能手。1960 年 9 月，被省委农工部评为水利工程师。10 月，任征天水库养护管理委员会副主任。11 月，兼任党支部书记。针对征天水库当时的贫困状况，动员妻子、儿子搬进征天水库安家以稳定民心。把每月 45 元工资交给集体分配，自己仅拿 25 元。其间，带领 40 余名管理人员起早摸黑加固大坝，开拓溢洪道，摘掉危险水库帽子，又开展征天水库灌区渠系配套工程，使灌区农田旱涝保收。征天水库富起来后，他又动员妻子回家务农。1960 年 5—10 月，参加省第四期水利干校培训学习，兼任校党委委员。1958—1960 年，参加征天水库及枫桥地区 14 座小型水库和电站建设。1961 年 12 月，任征天水库养护管理委员会主任。1962 年，参加枫桥江三江并道治理工程和整修加固枫桥江堤防，并出席浙江省 1962 年度农业先进单位和劳动模范代表会议。1963 年 1 月 3 日，出席浙江省劳模代表大会，在会上作题为《配套成龙，综合经营》的发言。2 月 1 日，出席华东地区农业先进集体代表会议，聆听周恩来总理的报告。8 月 25 日，参加全国灌溉管理会议。9 月 1 日，长子梁贤林因公殉职，在查明事故原因系同事失误所致后，梁焕木说道：“查明事故的原因是为了吸取教训，防止以后再发生类似事件，个人责任，就不追究了……”

1964年，发动开凿征天水库引水隧洞和引水渠道，增加水库集雨面积5.05平方千米。1965 年，对征天水库进行除险加固。1967 年，组织发动建设西小溪排灌工程，并将遮山电排站改为排灌两用站。1969 年 12 月，任征天水库革委会党支部书记。1971 年，参加浦阳江“四五”规划治理组调查。1973 年 1 月，赴北京参加全国水利管理会议。

1973 年 7 月至 1976 年 6 月，被国家选派到非洲乌干达奇奔巴农场，任专家组水利施工员、农业水利组组长、党总支委员。其间，经过多方调查研究，联系当地实际，提出工程规划、设计修改方案并得到采纳，出色完成援外任务，受到乌干达政府的表彰。

1976 年 10 月，被任命为诸暨县水利局革命领导小组副组长、绍兴地区水利局工程师。1979 年 3 月，任浙江省水利学会第二届理事会理事。4 月，任诸暨县水利电力局副局长。1981 年 5 月，参加全国水利管理会议。9 月，参加浙江省科学技术协会第三次代表大会。同年，任浙江省水利学会第三届理事会名誉理事、绍兴地区水利学会副理事长。1980 年 4 月至 1985 年 3 月，任征天水库灌区管委会副主任、征天水库管理处党总支书记。1985 年 3 月至 1990 年 2 月，连续担任征天综合开发公司第一、二届董事长。1990 年 2 月，被聘为征天综合开发公司名誉董事长。1991 年 1 月，被评定为高级工程师。1994 年 4 月，赴绍兴出席浙江省首届公祭大禹典礼并致辞。1995 年，因患重病住进浙二医院，但仍时刻不忘水利，在病床上完成 10 余万字的《枫桥江的治理与开发》书稿。

1996 年 4 月 19 日，梁焕木在绍兴市第二人民医院逝世，享年 69 岁。5 月 23 日，骨灰撒在征天水库、青岭水库、枫桥江，实现他“生于水，归于水，把一切献给人类”的遗愿。

40 多年间，梁焕木不畏艰难困苦，勇于攀登创业，锐意改革进取；艰苦朴素，勤政廉洁。出差期间，公司为方便他出行，配置一辆桑塔纳轿车，他回来后坚决把轿车退了回去。看到农田水利建设中水利机械和水泥难买，农民种粮化肥紧张，各类物资紧缺，决定进一步发挥水库和当地的资源优势，先后兴办征天水机厂、枫桥石灰氮厂、征天水泥厂、征天糖厂、征天罐头厂、诸暨特种钢厂、征天水工商公司、征天铝制品厂、征天印染厂等企业和征天职校。成立征天集团，在实践中探索了一条以水兴工、以工促农、以工补农的路子，推动了家乡的水利建设和工业建设，促进了地方经济的发展，因此获得诸多荣誉。

1981 年 3 月，任诸暨县政协副主席。1983 年 12 月，任绍兴市政协常委。1979 年 12 月至 1990 年 2 月，连续担任中共诸暨县第七、八、九届委员会委员。1983—1990 年，多次被评为诸暨县、绍兴市、浙江省优秀共产党员。

1982—1991 年，多次获得劳动模范等荣誉称号。其中：1982 年 10 月，被评为浙江省劳动模范，并出席全省劳动模范代表大会；1984 年 12 月 16 日，被评为全国水利电力系统特等劳动模范，获金质奖章，并在全国水电系统劳模表彰大会上作题为《把水库办成多种经营的生产基地》的发言；1985年12月，被评为浙江省特等劳动模范；1988年2月，被诸暨县人大常委会授予诸暨县社会主义建设功臣称号；1989年9月，被国务院授予全国劳动模范称号，并参加表彰大会；1990年8月23日，被评为1989年度中国水利电力企业优秀企业家；1991年1月，被授予全国职业技术教育先进工作者称号。

1988年4月起，连续担任第七、八届全国人民代表大会代表，并自1992年3月起，享受国务院特殊津贴。

晚年著有记述生平经历的《草述集》手稿四册，留存于征天集团。中共诸暨市委、中共绍兴市委、中共浙江省委办公厅曾先后四次作出向梁焕木学习的决定。2013年，征天集团出资设立梁焕木水利基金会，并建造梁焕木纪念馆。

梁焕木几十年如一日，一心扑在社会主义建设事业上。一生勤奋学习，刻苦钻研，努力工作，不断进取；以身作则，严于律己，吃苦在前，享受在后；襟怀坦白，作风正派，公而忘私，敢想敢干，将毕身精力奉献于全心全意为人民服务之中。

陈汉钦

陈汉钦（1928.12.2—2005.1.3），诸暨市枫桥镇先进村人。浙江省优秀企业家，经济师，征天主要领导人之一。

民国25年（1936）上学，3年后失学。1949年担任村干部，后参加陈蔡区土改工作队。1955年，任村农业生产合作社社长。1956年，加入中国共产党。1958年，在新枫乡工业办公室任职。1959年，任枫桥镬厂厂长。1965年，任山塘畈水利会主任兼征天灌溉站站长。1969年8月，为征天“五七”修配厂主要创办者之一。1976年，任枫桥石灰氮厂筹建领导小组副组长。1977年5月，任枫桥石灰氮厂厂长兼党支部书记。1986 年 12 月，任征天综合开发公司总经理。1987 年 1 月，兼任征天水工商公司经理。1989 年 2 月，兼任诸暨特种钢厂厂长。12 月 30 日，被评定为经济师。1990 年 2 月，任征天综合开发公司董事长。1993 年 1 月，被聘为征天集团顾问。1994 年退休后，继续参与筹建征天印染厂等工作。1997 年，正式脱离工作岗位。

陈汉钦一生公而忘私，锐意进取，浩然正气，两袖清风，把毕生精力奉献于征天事业。在征天工作期间，曾于 1985 年被诸暨县政府授予“办厂能人”称号。1987 年 12 月，被浙江省政府评为浙江省优秀企业家。

殉职职工

梁贤林

梁贤林（1948—1963），诸暨县枫桥镇孝义村（今属海角社区）人，梁焕木长子，征天水库职工。1963 年 9 月 1 日，在枫桥郑宝山电站并网工程架线时，因同事操作失误，触电从电杆上跌落，不幸殉职，年仅 16 岁。

王忠华

王忠华（1962—1982），诸暨县栎江公社（今属枫桥镇）霞朗桥村人，征天水机厂职工。1982 年 12 月 21 日 15 时 40 分，在征天糖厂酒母罐地坑出料管处进行焊接作业。16 时 15 分，同事在寻找时发现他躺在积水中，经抢救无效不幸殉职。

胡金火

胡金火（1943—1994），诸暨市东一乡葛村（今属枫桥镇梅苑村）人，征天渔场职工，中共党员。1994 年 6 月 17 日 15 时 40 分，因暴雨导致征天水库水位骤涨，为防止鱼群外逃，在与同事一起拦网时，由于木船逼近溢洪道口激流处，连人带船被冲走，不幸殉职。

宣水安

宣水安（1947—1998），诸暨市全堂镇东畈村（今属枫桥镇齐东村）人，中共党员。曾任征天铝制品厂党支部书记、副厂长，征天食品厂董事长、厂长、党支部书记。获1997年度诸暨市优秀共产党员称号。1998年4月13日9时许，出差途中在绍大公路泥桥头遭遇意外交通事故，经抢救无效，于16日19时40分不幸殉职。

第二节 人物述略

原任领导

宣校成

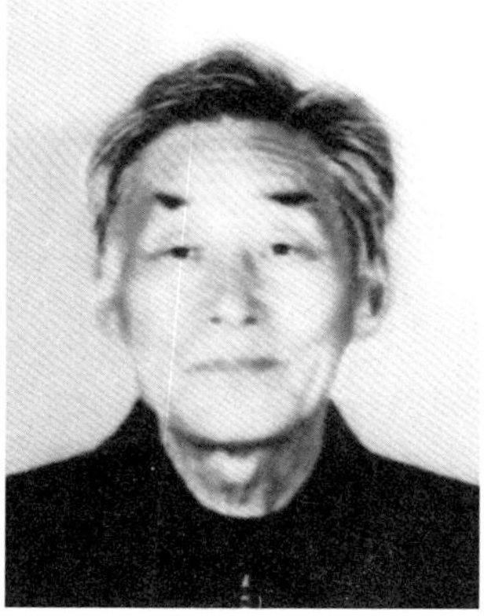

宣校成，民国17年（1928）5月30日出生，诸暨市枫桥镇齐东村东畈人。征天主要领导人之一。

1953年3月，参加中国人民解放军。1956年2月1日，加入中国共产党。1958年7月，任齐东乡政府干部。1963年7月，调入征天水库工作。1963年12月，任征天水库管委会党支部书记。1969年12月，任征天水库革委会副主任。1973年6月，任征天水库革委会党支部书记。1978年4月，任征天水库革委会主任。5月，兼任征天灌区管委会副主任。1979年4月，代表征天水库出席水电部在广东省东莞县召开的水利工程综合经营会议，并在会上作题为《发展水库渔业生产，促进综合经营的全面发展》的发言。1980年4月，任征天水库党总支副书记。1985年3月，任征天综合开发公司副董事长。1988年12月，参加浙江省企业家协会培训部组织的股份制经济培训班学习。1993年1月，被聘为征天集团顾问，次月退休。

阮荣其

阮荣其，民国26年（1937）1月23日出生，诸暨市枫桥镇杜黄新村杜黄桥人。征天领导人之一。

1953年，高小毕业。1954年，入学勉中学读书，一年后辍学。1956年10月8日，加入中国共产党。1958年9月，在铁道部戚墅堰技工学校读书。

1960年，毕业后留校搞总务工作。1961年，在技校实习工厂任团委书记。1962年6月，下放回乡。1963年11月，在骆家桥电排站及栎新水利会工作。1968年2月，在栎新水利会负责西小溪工程建设。1969年8月，为征天“五七”修配厂首任厂长。1980年4月，兼任征天水机厂党支部书记。1986年2月，任征天综合开发公司党委副书记。同年，任征天职校副校长。1988年10月，当选为绍兴市水利学会第三届理事。1990年2月，任征天综合开发公司副董事长。1996年1月，被聘为征天集团顾问。1997年3月退休。

葛焕康

葛焕康，民国30年（1941）1月18日出生，诸暨市枫桥镇梅苑村葛村人。征天领导人之一。

1960年，肄业于诸暨县农业专科学校。1964年10月，任东一公社团委书记。12月3日，加入中国共产党。1970年5月，调入征天水库工作。1973年6月至1979年11月，任征天水库革委会党支部副书记。1978年4月，参加水利部在湖南省桃源县召开的全国水利管理会议。1985年2月，任征天水库管理处主任。3月，任征天综合开发公司副总经理。4月，兼任征天灌区管委会副主任。1987年，参加在北京召开的水利部水库管理座谈会。1989年10月，被评定为助理经济师。1991年3月，任征天水库管理处党支部书记。是年，为绍兴市水利学会理事。1993年1月，任征天集团党委副书记。1999年1月，被诸暨市劳动局评为社会保险工作先进个人。2月，被聘为征天集团顾问。2001年1月退休。

杨见明

杨见明，曾用名杨建民，民国36年（1947）12月23日出生，诸暨市枫桥镇全堂村人。政工师，征天集团主要领导人之一。

1963年7月，齐东中学毕业，回家务农。历任生产队会计、队长，副大队长，山塘畈水利会副主任等职。1979年3月，进入征天水泥厂，担任船队队长。4月8日，加入中国共产党。

1985年3月起，连续8年担任征天综合开发公司党总支（党委）书记、副总经理。其间，兼任征天糖厂党支部书记1年、征天水泥厂厂长1年，并于1986年7月1日至30日在绍兴高专参加企业思想工作和管理学习。1992年3月至1993年1月，兼任诸暨特种钢厂党支部书记。1993年1月至1996年1月，任征天集团董事长、党委副书记。1996年1月起，连续12年担任征天集团工会主席。先后兼任征天职校董事长、征天集团总部党支部书记、征天集团武装部长等职。

1996年8月，被评定为助理政工师。同年，在绍兴文理学院企业管理专业学习。2003年11月25日，被评定为政工师。2006年10月，被聘为征天集团顾问。

在工作期间，曾获得多项荣誉。1979年，出席诸暨县群英大会，被评为1978年度“农业学大寨，工业学大庆”运动先进工作者。1987年、1990年、1993年，连续当选为中共诸暨县第九、十、十一次代表大会代表。1998年11月26日，当选为诸暨市总工会第十二届经费审查委员会副主任。1999年11月，当选为绍兴市总工会第四届代表大会代表。2003年5月1日，被诸暨市总工会授予“十佳工会主席”称号。11月22日，当选为诸暨市总工会第十三届经费审查委员会副主任。2003—2006年度，四次被诸暨市总工会评为优秀工会工作者（积极分子）。2004年11月，当选为绍兴市总工会第五届代表大会代表。2005年5月20日，当选为诸暨市工会俱乐部协会副会长。2007年12月退休。

陈伯龙

陈伯龙，1952 年 10 月 13 日出生，诸暨市枫桥镇陈家社区人。高级经济师，全国水利经济优秀管理者，征天集团主要领导人之一。

1971 年，参加中国人民解放军。1974 年 6 月 11 日，加入中国共产党。1977 年 5 月，进入征天企业工作。1985 年 12 月，参加企业管理知识培训。1988 年 1 月，担任征天水工商公司经理、征天铝制品厂厂长兼党支部书记。2 月，任征天综合开发公司副总经理。1989 年 1 月至 1992 年 3 月，任诸暨县铸钢厂（诸暨特种钢厂）党支部书记。1990 年 2 月起，连续 17 年担任征天综合开发公司（征天集团）总经理、董事长等职。1992 年 3 月，任诸暨特种钢厂厂长。1993 年 1 月至 1996 年 3 月，任征天集团党委书记。1999 年 1 月起，连续 13 年担任天基公司董事长、总经理等职。4 月起，又连续 12 年担任征天集团党委书记。2003 年 12 月 25 日，被评定为高级经济师。2007 年 12 月，任征天集团工会主席。

在征天工作期间，曾获得多项荣誉。1987 年 2 月至 1990 年 2 月，为中共诸暨县第九次代表大会代表。1989 年 2 月，被评为诸暨县劳动模范。11 月 6 日，当选为全国水利电力企业家协会水利分会理事。1992 年 12 月，被评为 1992 年度绍兴市水利综合经营先进个人。1993 年 1 月，被评为 1992 年度诸暨市级优秀厂长并获市长奖励基金奖励。1995 年 1 月，被评为诸暨市优秀共产党员。1997—1998 年，分别被评为全国水利经济优秀管理者和先进个人。2003 年 2 月，当选为诸暨市第十四届人民代表大会代表。9 月 25 日，当选为中共绍兴市第五次代表大会代表。10 月 28 日，当选为诸暨市工商业联合会会员。2006 年 1 月 26 日，被评为 2005 年度诸暨市经济建设优秀人才。12 月 16 日，当选为中共诸暨市第十四次代表大会代表。2007 年 2 月 25 日，被评为 2006 年度诸暨市十佳企业党务工作者。2012 年 10 月退休。

现任领导

宣汉康

宣汉康，1960年9月2日出生，诸暨市枫桥镇钟山社区钟瑛人。中共中央党校工商管理本科学历，高级经济师，全国纺织工业系统劳动模范、绍兴市纺织丝绸行业优秀企业家，征天集团主要领导人之一。

1976年，毕业于学勉中学。1977年5月，参加工作。1984年4月，加入中国共产党。

1984年11月，任征天糖厂厂长，成为征天企业中最年轻的厂长，后任征天罐头厂厂长，征天糖厂党支部书记，征天铝制品厂厂长、党支部书记。1993年1月，任征天集团副总经理。1994年1月，担任征天贸易公司经理、党支部书记。6月，由征天集团委任主持筹建征天印染厂。1995年3月，任征天印染厂厂长。1996年1月至2015年12月，任征天印染公司董事长，其间先后兼任总经理和党支部书记。1996年3月，任征天集团党委书记。1999年2月起，连续11年担任征天集团总经理。2006年10月起，连续9年担任征天集团董事长。2006—2010年，先后创办征天进出口公司、天泽公司。2009年2月，同时兼任天伟公司董事长、总经理。2015年12月，被聘为征天集团顾问。2020年5月，发起编纂《征天水库·集团志（1988—2020）》，并担任编委会主任。

担任领导职务后，仍努力参加各种专业培训和学习，并获高等学历和高级专业技术职称。1985年12月1日，在诸暨参加乡镇企业干部培训。1989年9月，参加浙江大学经济管理专业培训。1993年2月，参加浙江省乡镇企业局经济法培训。1997年10月，参加绍兴市第二期大中型企业工商管理培训。1998年12月，毕业于绍兴文理学院经济管理专业。2004年9月，参加南开大学和浙江省民营经济研究院主办的企业总裁高级工商管理研修班学习。2006年12月，毕业于中共中央党校函授学院工商管理专业，获本科学历。2007年6月11日，作为绍兴市百名民营企业家之一参加中央党校培训。

2009 年 12 月，被评定为高级经济师。

1996 年 2 月和 2000 年 2 月，被评为诸暨市优秀共产党员。1997 年 5 月，获绍兴市水利经济“十佳优秀工作者”称号。1998 年 1 月，当选为中共诸暨市第十二次代表大会代表。4 月，被评为诸暨市首届“十大青年企业家”。8 月，被评为绍兴市环境保护先进个人。1999 年 4 月，当选为中共绍兴市委党校绍兴研究会首届理事会理事。12 月 13 日，被评为绍兴市纺织丝绸行业优秀企业家。2000 年 5 月，获全国纺织工业系统劳动模范称号。12 月，成为中国纺织工程学会会员。2001 年 9 月，被评为 2000—2001 年度绍兴市成人教育先进工作者。12 月，被评为 2001 年度绍兴市纺织工程学会先进个人。2003 年 1 月，被绍兴市纺织丝绸行业管理办公室评为出口创汇优秀企业家。2 月，当选为中共诸暨市第十三次代表大会代表。12 月，被评为绍兴市纺丝行业 2003 年度优秀企业家。2003—2013 年，先后当选为绍兴市工商业联合会（总商会）第四、五届执行委员，诸暨市工商业联合会（总商会）第六、七届副会长。2005 年 12 月，被评为浙江省纺织工程学会积极分子。2006 年 10 月，被评为 2002—2005 年度绍兴市群众体育先进个人。11 月，当选为诸暨市第十五届人民代表大会代表。2011 年 12 月 28 日，当选为诸暨市第十六届人民代表大会代表。2020 年 9 月，办理退休手续。

陈国光

陈国光，1969 年 3 月 12 日出生，诸暨市枫桥镇海角社区孝义人。大学本科学历，高级经济师，新一代征天集团领导人之一。

1986 年 7 月，在诸暨特种钢厂财务科工作。1990 年 8 月，任征天综合开发公司团委书记。1992 年 12 月，加入中国共产党。1996 年 1 月起，历任诸暨特种钢厂财务科长、厂长助理等职。1999 年 5 月，考取会计师。2001 年 9 月，入浙江科技学院会计学专业学习。2006 年 7 月，任征天特钢公司总经理。10 月，任征天集团副总经理。2009 年 12 月至 2015 年 12 月，连续 6 年任征天集团总经理。2010 年 3 月，入南开大学会计学专业学习。2012 年 10 月，任天基公司董事长。12 月，任征天集团党委书记。2013 年 7 月，兼任枫桥宾馆董事长。2014 年 6 月，入浙江大学工商管理高级研修班学习。7 月，兼任天基公司总经理。10 月，任诸暨市工商业联合会（总商会）第八届副会长。2015 年 1 月，任绍兴市工商业联合会（总商会）第六届执行委员。12 月，任征天集团董事长兼征天房产公司董事长。2020 年 12 月，被评为高级经济师。

1988 年 1 月，被浙江省教育委员会评为浙江省职业中学优秀毕业生。1992 年 2 月，被共青团诸暨市委评为优秀团干部。2000 年 4 月，被评为诸暨市十佳办税员。2011 年 12 月 20 日，当选为中共诸暨市第十五次代表大会代表。2013 年 2 月，被评为诸暨市 2012 年度“十佳企业党务工作者”。2016 年 12 月 19 日，当选为诸暨市第十七届人民代表大会代表。

胡铭翔

胡铭翔，1976 年 8 月 20 日出生，诸暨市赵家镇上京村人。大学专科学历，高级经济师，新一代征天集团领导人之一。

1994 年 3 月，进征天食品厂工作。1999 年 6 月，任征天食品厂团支部书记。8 月，入浙江工业大学企业管理专业学习。2000 年 1 月，在枫桥宾馆工作。2001 年 9 月，入浙江经贸职业技术学院计算机应用与维护专业学习。2004 年 2 月，任枫桥宾馆总经理。7 月，加入中国共产党。2006 年 3 月，调任征天印染公司外贸部经理。11 月，任征天进出口公司总经理。2009 年 3 月，调入天伟公司工作。2011 年 2 月，任天伟公司总经理。2014 年 6 月，入浙江大学工商管理高级研修班学习。9 月，入清华大学总裁研修班学习。2015 年 12 月，任征天集团总经理。2016 年 7 月，兼任枫桥宾馆董事长。2018 年 12 月，被评定为高级经济师。

2002—2019 年，获得多项荣誉。2002 年 2 月，被评为 2001 年度诸暨市优秀共青团员。2008 年 2 月，被评为诸暨市优秀工会工作者。10 月，被评为诸暨市体育工作先进工作者。2016 年 12 月 8 日，当选为中共诸暨市第十六次代表大会代表。

宣建伟

宣建伟，1978 年 2 月 5 日出生，诸暨市枫桥镇齐东村河宣人。大学专科学历，高级经济师，新一代征天集团领导人之一。

1996 年 7 月起，历任征天印染厂（公司）财务部会计、财务部经理、副总经理兼业务部经理。2003 年 6 月，加入中国共产党。2005 年 3 月，入中国地质大学会计学专业学习。2011 年 10 月，被评为全国纺织群众工作优秀工作者。2013 年 5 月，任征天印染公司总经理。2014 年 6 月，入浙江大学工商管理高级研修班学习。2015 年 12 月，任征天集团党委书记、副董事长，征天印染公司董事长兼总经理。2018 年 6 月，被评为全国纺织行业优秀思想政治工作者。2019 年 2 月 26 日，参加浙江大学“企业传承与发展”专题培训班学习。12 月 8 日，被评定为高级经济师。

先进典型

宣永强

宣永强，1962 年 12 月出生，诸暨市枫桥镇齐东村东畈人。大学专科学历，高级经济师，全国纺织工业劳动模范。

1980 年 8 月参加工作。1985 年起，历任车间主任、科长、工会主席、副总经理等职。1986 年 12 月，加入中国共产党。2004 年 2 月，任征天印染公司党支部书记。2009 年 10 月，任征天印染公司总经理。12 月，任征天集团副总经理。2011 年

1 月，兼任征天进出口公司董事长。2012 年 12 月，任征天集团纪委书记。2015 年 12 月，任征天集团监事会主席。

1989 年 7 月与 2000 年 11 月，两次参加浙江省质量管理协会举办的全面质量管理基本知识班学习。1999 年 8 月，入浙江工业大学企业管理专业学习。2000 年 8 月，参加浙江省质量技术监督局举办的浙江省标准化管理函授培训。2005 年 9 月，入中国地质大学（武汉）工商专业专科学习。2010 年 12 月，被评定为二级技师（染色）。2012 年 12 月，被评定为高级经济师。

2000 年 1 月至 2012 年 1 月，多次被评为绍兴市纺织工程学会先进工作者。2000 年 12 月，为浙江省科学技术学会会员。2001 年 11 月，获绍兴市自然科学优秀论文二等奖。2003 年 8 月和 2008 年 7 月，两次被评为全国纺织行业质量管理小组活动卓越领导者。2004 年 2 月，为中国纺织工程学会会员。2005 年 5 月，被评为浙江省丝绸行业 QC 小组活动优秀领导者。12 月，被浙江省纺织工程学会评为积极分子。2006 年 6 月，被中国纺织工业协会评为全国纺织优秀思想政治工作者。2009 年，被诸暨市总工会评为 2008 年度优秀工会工作者。2010 年 12 月，被人力资源和社会保障部、中国纺织工业协会评为全国纺织工业劳动模范。2012 年 7 月，当选为浙江省纺织工程学会第十二届理事会理事。2013 年 8 月，被中国纺织工业联合会和中国纺织职工思想政治工作研究会授予全国纺织思想文化建设突出贡献奖。2020 年 10 月，被命名为“诸暨工匠”。

阮红祥

阮红祥，1972 年 12 月 18 日出生，枫桥镇杜黄新村杜黄桥人。大学专科学历，浙江省操作技术能手。

1986 年 9 月，就读于征天职校电气专业。1989 年 7 月毕业后，进入诸暨特种钢厂工作，历任车间副主任、主任。

1991 年 9 月，获诸暨市“电力杯”选拔赛一等奖。11 月，获绍兴市“电力杯”青年电工技术比武二等奖。1992 年 10 月，获浙江省操作技术运动会高配电

工乙组第三名。1993年3月，获浙江省操作技术能手称号。4月，获绍兴市10千伏电力组操作技术能手称号。1999年1月，加入中国共产党。2009年1月，毕业于宁波职业技术学院机电一体化技术应用专业。4月，被授予诸暨市第三批职业技能带头人。

2012年12月，任天基公司副总经理。2014年7月，任天基公司党支部书记。2015年12月，任征天集团副总经理、天基公司总经理。

2018年8月，发明的“一种锻压机用砧”和“一种轴承端盖”等技术，获国家知识产权局授予实用新型专利证书。11月，入选浙江省“百千万”高技能领军人才培养工程第三层次“优秀技能人才”。2019年11月，被命名为“诸暨工匠”。

蔡海永

蔡海永，1974年6月26日出生，诸暨市东白湖镇陈蔡社区人。大学专科学历，诸暨市劳动模范。

1991年7月，参加工作。1996年11月，加入中国共产党。历任征天印染公司班长、团总支书记、车间主任、副总经理、党支部副书记。

1994年11月，参加浙江航民集团染整技术学习。2000年9月，参加绍兴第二印染公司染整技术学习。2005年9月，入中国地质大学工商管理专业学习。2010年11月，参加诸暨职业技术培训中心四级中级技能染色工学习。2012年6月，参加诸暨职业技术培训中心五级初级技能化学检验工学习。2014年5月，参加诸暨职业技术鉴定中心三级高级技能染色师学习。

1997—2019年，获得多项荣誉。1997年5月，被评为诸暨市级模范职工。2008年5月，被评为浙江省丝绸行业质量管理小组活动优秀推进者。7月，被中国纺织工业协会评为全国纺织行业质量管理小组优秀推进者。2010 年 4 月，被授予诸暨市劳动模范。2013 年 5 月，被评为全省丝绸企业 QC 小组活动卓越领导者。2018 年 10 月，入选“绍兴市工匠人才库”。2019 年 11 月，入选浙江省“百千万”高技能领军人才培养工程第三层次“优秀技能人才”。2020 年 10 月，被命名为“诸暨工匠”。

第三节 人物名录

征天事业六十年的辉煌历程中，征天集团员工先后当选为县市级以上党代表、人大代表、政协委员共 23 人次。

征天集团员工当选县以上党代表、人大代表、政协委员名录

表 03-01-01

姓　名	届次与名称	任　期
梁焕木	中共诸暨县第七次代表大会代表、县委委员	1979.12—1984.6
梁焕木	政协诸暨县第五届委员会委员、副主席	1981.3—1984.7
梁焕木	政协绍兴市第一届委员会常务委员	1983.11—1988.6
梁焕木	中共诸暨县第八次代表大会代表、县委委员	1984.6—1987.2
梁焕木	中共诸暨县第九次代表大会代表、县委委员	1987.2—1990.2
杨见明	中共诸暨县第九次代表大会代表	1987.2—1990.2
陈伯龙	中共诸暨县第九次代表大会代表	1987.2—1990.2
梁焕木	第七届全国人民代表大会代表	1988.4—1993.3
杨见明	中共诸暨市第十次代表大会代表	1990.2—1993.1
杨见明	中共诸暨市第十一次代表大会代表	1993.1—1998.2
梁焕木	第八届全国人民代表大会代表	1993.3—1998.3
张立群	诸暨市第十二届人民代表大会代表	1993.3—1998.3
杨卫星	政协诸暨市第十届委员会委员	1998.3—2003.3

续表 03-01-01

姓　名	届次与名称	任　期
宣汉康	中共诸暨市第十三次代表大会代表	2003.2—2006.12
陈伯龙	诸暨市第十四届人民代表大会代表	2003.3—2007.2
陈伯龙	中共绍兴市第五次代表大会代表	2003.10—2007.3
陈伯龙	中共诸暨市第十四次代表大会代表	2006.12—2012.1
宣汉康	诸暨市第十五届人民代表大会代表	2007.2—2012.2
杨桂昌	绍兴市第六届人民代表大会代表	2007.4—2012.4
陈国光	中共诸暨市第十五次代表大会代表	2012.1—2016.12
宣汉康	诸暨市第十六届人民代表大会代表	2012.2—2017.2
杨桂昌	绍兴市第七届人民代表大会代表	2012.4—2017.4
胡铭翔	中共诸暨市第十六次代表大会代表	2016.12—
陈国光	诸暨市第十七届人民代表大会代表	2017.2—

第二章 风景名胜

1983年，征天水库管理处在征天水库内镌刻摩崖两处，并建造征天水库碑。1985年，征天综合开发公司投资建造始终亭。1996年5月26日，征天集团组建征天风景旅游区领导小组，陈伯龙任组长。1997年3月，浙江省旅游科学研究所编制完成《征天风景旅游规划》。1993—2013年，征天集团先后投资建造乡贤廊、征天门、光禹园、征天塔、征天公园、梁焕木纪念馆。

1994年，征天风景旅游区被绍兴市委、市政府列为绍兴市首批德育基地。1996年4月16日，被诸暨市政府批准为市级风景名胜区。1999年12月22日，被浙江省水利厅公布为省级水利旅游区。2009年2月，被诸暨市委宣传部评定为2008年度优秀爱国主义教育基地。

第一节 摩崖碑石

征天水库摩崖

1983年12月，征天水库管理处在征天水库大坝西侧老虎山头镌刻摩崖两处。一为“下纳百川”，由诸乐三题写于1983年4月，字高1米，宽0.8米；

摩崖石刻“下纳百川”和“源发山阴，流泽枫阳”

一为“源发山阴，流泽枫阳”，由胡问遂题写于1983年10月，字高1.05米，宽1.05米。

征天水库碑

1983年12月，征天水库管理处在征天水库右坝头建造《征天水库记》石碑，碑文500余字，由沈定庵书写。碑石采用诸暨新店湾石材。碑高2.85米，宽7.4米，厚0.9米。庑殿式石刻碑顶，背面镌刻“工程概况”和“征天水库灌区示意图”。底座高1.2米，宽8.3米，厚1.8米。

征天水库碑

征天水库重修碑

2010年10月，征天水库管理处在征天水库大坝除险加固时，于大坝正中镶嵌《征天水库重修记》石碑，碑文400余字，由征天水库管理处主任周长荣撰文，诸暨市书法家协会主席许绍满书写，碑石为黑色花岗岩材质，高2.1米，宽6米。

第二节 乡贤廊

1993年1月，征天集团投资18万元，在征天水库东安桥右侧始建乡贤廊(又称乡贤亭)，由李战设计，1994年10月落成。长廊全长50余米，宽2.4～3米，内有古旧石窗7扇，仿古水泥窗3扇。亭子前后石柱均镌刻楹联一副。

1996年，镌刻由梁焕木撰文的《乡贤亭碑记》，全文400余字，碑高1.6米，宽0.8米。同时分别镌刻王冕、杨维桢、陈洪绶、杨文修、骆象贤、骆文礼、何文庆、陈遹声、陈季侃、何燮侯、杨开渠、毛汉礼、冯绥安、张慕槎、金善宝等15位乡贤的头像和传略，由周水根绘像，杨安鹤、楼耀芳、许根贤等撰文，传略共计1400余字，每块碑高1.2米，宽0.6米。碑石均为黑色花岗岩材质，镶嵌于长廊两侧内墙。

2001年9月20日至10月15日，对长廊屋面进行维修。

乡贤廊

第三节　征天门　光禹园　征天塔

征天门

1995 年 7 月，征天集团投资 20 万元，在绍诸公路北侧征天水库路口始建石牌坊“征天门”，由梁焕木参照庐山山门进行设计，1996 年 5 月完工。牌坊宽 12.8 米，高 7.8 米，两面均镌刻楹联两副。

征天门

光禹园

1985 年，征天水库大坝左侧山头建造始终亭，亭两面有匾额和楹联各一副。1997 年 4 月，征天集团投资 25 万元，扩建为光禹园，占地面积 500 平方米。园内立有梁焕木头部雕像和梁焕木纪念碑，山腰石碑上刻“光禹园”三字，由浙江省水利厅原厅长钟世杰书写。1998 年 4 月 19 日，举行梁焕木纪念碑落成仪式，浙江省水利厅原厅长钟世杰、原副厅长王希明，绍兴市水利局局长张伟波，诸暨市水利局局长张光海及梁焕木生前好友参加。

梁焕木头部雕像为汉白玉材质，由中国美术学院雕塑系教授傅维安设计，

光禹园

高 1.1 米，宽 0.9 米。底座高 1.85 米，宽 1.05 米。

梁焕木纪念碑高 0.75 米，宽 2 米。1997 年 4 月 19 日奠基。碑记共 580 余字，由浙江省水利厅原厅长钟世杰撰文，浙江省书学理论研究会会长骆恒光书写。

附属工程地坪和石栏板均采用诸暨新店湾石材。

征天塔

2001 年 4 月，征天集团在征天水库大坝西侧老虎山头始建征天塔（又称光禹塔）。工程总投资 125 万元，由八方建设集团有限公司承建，2002 年 1 月竣工。

征天塔

征天塔为正六边形七层仿古石塔，高 29.6 米，其中第一层高 4.86 米，第二、三、四层均高 3.06 米，第五、六层均高 2.88 米，第七层高 2 米，塔顶檐高 2.75 米，塔刹高 4.35 米，塔底每边长 2.4 米。第二层、第四层、第六层均设有观景走廊，游人可通过塔内的木结构楼梯登上顶层。塔的周围设有两个高低错落的平台，并通过三个上下通道连接游步道，方便游客上下和分流。

征天塔塔身、塔柱、栏板采用米黄色石材制作，每层塔檐采用青石制作，以不同颜色分隔，增强层次感和立体效果。塔身外墙为凿头平，内墙为切割平。第一层塔身外墙有“大禹治水”青石浮雕，长 12.5 米，高 0.9 米。塔刹采用金属材料制作，起到防雷与美观的作用。

附属工程地坪和石栏板均采用诸暨新店湾石材，地坪面积 682 平方米，石栏板长 194 米。

第四节　征天公园

2003 年 7 月，征天集团在征天水库大坝脚始建征天公园，工程总投资 87 万元，由诸暨市江南生态园林工程有限公司承建，2004 年 1 月完工。

公园突出“清廉”的主题思想，将建征天水库时取土坑改成的鱼苗塘改建成莲花池，配套石拱小桥、落雨台、临水轩、曲步幽径、花木草坪等建筑和绿地，是征天风景区的重要组成部分。

2010 年 9 月，结合征天水库除险加固工程，对征天公园进行重新设计和更新改造，配套篮球场和健身设施等，优化征天水库管理处办公楼周围环境。改造后，征天公园总占地面积 2.8 公顷。

征天公园

第五节 梁焕木纪念馆

2012年8月，征天集团在征天水库东侧溢洪道旁始建梁焕木纪念馆，总投资300余万元。其中土建工程投资200万元，由诸暨市大地建筑设计有限公司设计，浙江八汇建筑有限公司承建，2013年5月竣工；装饰布展工程投资100余万元，2013年4月开工，同年6月竣工。

2013年7月1日，浙江省水利厅原厅长钟世杰、原副厅长王希明，诸暨市委常委、纪委书记倪成良，枫桥镇党委书记金利顺，诸暨市水利局局长张国锄等领导参加开馆仪式。2015年，梁焕木纪念馆被绍兴市社会科学联合会批准为绍兴市社会科学普及基地。2016年4月19日，被列为枫桥镇红枫党建教育基地。

纪念馆占地面积0.2公顷，展馆面积463.93平方米。正门馆名“梁焕木纪念馆”六个大字由钟世杰书写，两侧有兴修水利的浮雕各一幅，由雕塑艺

梁焕木纪念馆

术家傅维安设计。展区分为序厅、崇学厅、为民厅、荣誉厅、传世厅、廉政厅等六部分，并设有多媒体视频。序厅由枫桥江图照、梁焕木头像及其一生简介和浮雕墙组成，浮雕墙以水为背景，体现梁焕木与水的不解之缘；崇学厅介绍梁焕木一生为民努力学习创造，并设有征天水库模型；为民厅讲述梁焕木一生为民服务的事迹，并设有枫桥江流域水利工程图；荣誉厅展示梁焕木一生所获奖章、奖匾、奖旗等，以及集体荣誉和合影等；传世厅展示梁焕木当选为第七届、第八届全国人大代表，并获全国水利系统特等劳动模范、浙江省特等劳动模范、全国劳动模范等称号，以及部分遗物；廉政厅设于二楼，叙述梁焕木为人民利益心系农业、农村、农民，清正廉洁，把自己的毕生心血奉献给家乡的建设事业。

纪念馆由征天灌区管委会和梁焕木基金会共同管理。开馆后，实行免费开放，吸引省、市水利系统，当地镇、村党员干部和中小学校师生，以及自发的群众前来参观。至 2020 年，参观人数累计 4 万余人次。

2013—2020 年梁焕木纪念馆参观人次一览表

表 03-02-01

年 份	人 次	年 份	人 次
2013	2000	2017	6700
2014	3500	2018	5500
2015	4500	2019	7800
2016	5600	2020	5000

第三章 文 丛

1983年9月起，征天企事业先后创办《征天简报》《征天团讯》《征天简讯》《天伟生化公司简报》等内部报刊，编印《征天水库志》《枫桥江的治理与开发》《四书句选三百题》《辉煌50年——“征天杯”征文大赛获奖作品集》等书籍。在征天水库风景名胜区内，有镌刻在老虎山岩体、乡贤廊、征天门等处的摩崖碑记和题额楹联。此外，还有大量与征天企事业相关的诗词歌赋，创作拍摄广播剧《农民代表》和电视剧《水魂》等影视曲艺作品，以及发表在《人民日报》《浙江日报》《中国水利报》《绍兴日报》等各类媒体的新闻报道，起到了良好的宣传效果。

第一节 著述提要

《征天简报》，征天水库管理处主办。8开油印。1983年9月1日创刊，1985年2月休刊。系不定期刊物，共发行18期。创建该报的目的，是为征天水库职工和灌区人民启迪思想，宣扬文明，促进生产，振兴企业。

《水利战线的标兵梁焕木》，浙江日报编辑部编。1984年5月印发。32开68页，平装铅印本。书中主要收录有关梁焕木先进事迹的报道和文章。

《征天之路》，中共诸暨市委宣传部、诸暨征天综合开发公司编。宣焕阳编辑，诸暨书法家钦桂林题写书名。1990年6月印发。36开58页，平装铅印本。书中包含“诸暨征天综合开发公司概况”“艰苦创业，无私奉献”“我的历程”“梁焕木传略”“征天企业系列介绍”等内容。

《征天团讯》，共青团征天综合开发公司委员会编印。陈国光、魏振江、魏建良等先后任主编。16开打印本。1990年10月30日创刊，1992年9月休刊，月刊，共发行18期。该刊为《征天简报》的续刊，创刊目的是为更好地开展团的基层工作，加强对团员青年的政治思想教育，使广大团员发挥共青团的先锋模范作用，认真学习，踏实工作。

《情系青山绿水》，中共绍兴市委宣传部编。戴本妥、陈敏尔、朱元桂等选编。浙江人民出版社1991年6月第1版第1次印刷。32开228页，平装铅印本，字数160千，印数10150册，定价3元。该书内容为有关梁焕木事迹的文章选编。

《征天水库志》，宣校成、何圣校、杨茂法、陈佐天、梁贤海等编纂。诸暨市征天水库管理处印发。该书为征天水库水利工程及其水利企业专志。由水利电力部原部长钱正英题词，浙江省水利厅原厅长钟世杰、诸暨县水利局原副局长何文光作序，著名书法家费新我题写书名，省市专家评审定稿。16开130页，软精装铅印本。全志共8章41节，下限至1987年，1991年7月完稿。

《四书句选三百题》，杨安鹤注释。浙江诸暨征天集团公司1993年7月印发。16开151页，平装打印本，字数100千，工本费5.2元。书中收集“四书”和部分“五经”中的一些句子、句段，分为“关于为政的若干言论”“论立志”“关于造就人才的论述”“谈人际关系”等4篇18章。

《枫桥江的治理与开发》，梁焕木著。诸暨市征天水库管理处1995年10月印发，水利专家何佩德作序。32开154页，平装铅印本。1993年8月始编，1995年5月完稿。全书分为“枫桥江流域概况”“枫桥江的治理与开发”“枫桥江流域治理开发的设想”三部分。梁焕木一

与征天集团相关的书刊

生从事水利事业，在实践中积累了丰富的水利建设经验，为后人治理开发枫桥江留下了宝贵的资料。书中详细阐述了枫桥江的水文、水系及历史上发生的水旱灾害，回顾了中华人民共和国成立前后对枫桥江的治理，对今后的治理开发提出科学的、大胆的设想。

《征天简讯》，共青团征天集团公司委员会、浙江征天集团有限公司先后编印。张建杨、方潮平、汪伟英、卓伟木、骆铁华、杨义枫等任编辑。16开打印本。1996年5月5日创刊，初名《征天青年》，系不定期刊物，共发行45期。1999年7月更名为《征天简讯》，为双月刊。2020年发行至第172期。该刊为《征天团讯》的续刊，创刊目的是为全面宣传党的方针政策，传递征天集团政令信息，对全体员工进行思想教育，“凝聚人心、振奋精神、激励斗志、推动工作”。

《诸暨市征天职业技术学校建校纪念册（1986—1996）》，骆本来主编。1997年4月编印。16开30页，平装铅印本。书中主要收录征天职校建校10周年大事年表、专业设置、荣誉、教职员和学生等情况。

《天伟生化公司简报》，浙江天伟生化工程有限公司编。16开打印本。2002年4月12日创刊，初名《天伟生化交流简报》，第2期开始更名为《天伟生化公司简报》，2002年12月20日休刊，系不定期刊物，共发行18期。该报主要介绍天伟公司在筹备期间的工作进展情况。

《辉煌50年——庆祝征天事业开创50周年》，浙江征天集团有限公司、诸暨市征天水库管理处编。2010年10月编印。8开60页，平装彩印本。全书分为“集团概况篇”“集团荣誉篇”“和谐征天篇”“集团党建篇”“人才战略篇”“企业文化篇”“社会关注篇”“集团产业篇”“水利事业篇”“未来展望篇”等10部分。

《辉煌50年——“征天杯”征文大赛获奖作品集》，浙江征天集团有限公司编。作家周光荣作序。2010年10月编印。24开178页，平装彩印本。该书为庆祝征天事业开创50周年发起的“征天杯”征文大赛获奖作品合集。

1987—2020年征天集团员工在地市级以上报刊发表的部分文章一览表

表03-03-01

题　目	作　者	报刊或出处	时　间
谁来开辟农村新天地	梁焕木	人民教育	1987.3
我的历程	梁焕木	人民教育	1987.3
制止高复班是人心所向	陈茂水	浙江教育报	1987.6
这一步走对了	啸　水 （陈茂水）	绍兴日报	1987.8
要坚持正确的办学宗旨	陈茂水	浙江教育报	1987.9
无形的严重浪费	陈茂水	浙江教育报	1987.10
作文——育人的园地	陈茂水	教学月刊	1989.6
梁焕木的情怀	啸　水	绍兴日报	1989.9
应该自爱啊——大学生	陈茂水	浙江教育报	1989.10
学生作文五戒	陈茂水	教学月刊	1990.1
关于两条直线位置关系的讨论	骆本来	中学教研	1990.3
一起特大计量作假案告破 ——为企业挽回损失3万元	陈海堂 陈建松	中国技术监督报	1990.4
德育量化的忧虑	陈茂水	浙江教育报	1990.5
我最渴望的是人才	梁焕木	浙江省教育工作会议发言	1990.10
农民也需要接班人	梁焕木	人民教育	1991.1
教育生涯永沾春	陈茂水	全国中学语文教师作文竞赛一等奖	1991.5
注重实践操作，强化技能训练	吴五六	浙江教育报	1991.6
关于两面角	骆本来	中学教研	1991.6
走校企结合产教结合之路	吴五六	浙江教育报	1991.7
谈谈实习管理	宣正荣	绍兴师专学报	1991.11
浅谈职校的专业设置	骆本来	浙江教育报	1995.2
近访梁焕木	吴五六	绍兴日报	1996.1
怎样写好议论文语段	何顺勇	语文教研	1996.5

续表 03-03-01

题　目	作　者	报刊或出处	时　间
让我欢喜让我忧	阮陆军	中国体育报	1993.9.9
教育为重，质量兴厂——印染行业率先通过 ISO 9002 质量体系认证	宣永强	绍兴日报	1999.1
建立适应社会主义市场经济的营销管理	宣永强	浙江印染信息与技术	2000.12
三定一合营销法的实践及其效果	宣永强	绍兴企业家	2002
浅析私营企业劳动安全卫生工作的现状与对策	宣永强	实践与思考	2002
成功总是垂青勤奋的人——记诸暨市职工操作技能大赛钳工组季军获得者詹海忠	阮陆军	浙江工人日报	2004.9

第二节　摩崖碑文

征天水库摩崖

下纳百川

（癸亥初夏诸乐三题）

源发山阴　流泽枫阳

（一九八三年十月胡问遂书）

征天水库记

水库源发山阴，流泽枫阳，是枫桥人民在中国共产党领导下，改造自然，艰苦创业的成果。

水利是农业的命脉。昔日枫阳，水旱频仍，素有“数夜月明天告旱，一声雷动路行舟”之说。夏稻秋蒿，岁亩仅三百。为了除害兴利，一九五八年冬，破土动工，建设此库。灌区人民组织起来，合理负担，以愚公移山的精神，群策群力，团结治水，冒严寒，顶酷暑，节衣缩食，锄挖肩挑，竟一年半之功，筑成拦河坝。翌年，开通总干渠，一渠贯三江。继而，进行主体工程整修加固，穿山引水，渠系配套，平整土地，筑堰拦水，增设机埠，兴建西小溪排灌工程，形成了蓄、引、提结合，旱、洪、涝兼治的水利系统，使两万多亩农田实现旱涝保收，粮食亩产超千五，人可征天。

一九六〇年夏，水库建成伊始，旋即组织管理，依靠库内库外干部群众的支持，管理职工克服种种困难，加强工程管理，推行合理灌溉，保证安全，发挥效益，又自己动手，改造荒滩种粮，利用水面养鱼，建设三级电站，实现自给有余。嗣后，根据发展农业和水利事业的需要，因地制宜，扬长避短，自力更生，勤俭立业，先后办起水利机械、化工、水泥、食品诸厂，一业为主，多种经营，增加了收益，培养了人才，促进了灌区经济繁荣。

追溯过往，创业维艰；展望未来，任重道远。完善工程，科学管理，发展生产，美化环境，涵养水源等未竟之业，仍须吾人同心同德，努力奋斗，立碑纪实，期与共勉。

征天水库管理处撰文

兰亭书会沈定庵敬书

一九八三年癸亥冬月立

乡贤亭碑记

梁焕木［撰］

自古以来，枫桥贤人济济，文化荟萃，于诸暨挺然独秀；绍诸公路大干溪一带，为古山阴道之十里梅苑，风光应接不暇，名人游吟不绝。征天水库建成后，景观益见锦绣，省、部领导屡屡指示：美化水库，建设风景名胜。一九九四年绍兴市委、市政府定征天水库为“德育基地”；一九九六年，被诸暨市政府定为“风景名胜区”，俾旅游观光与陶冶情操和谐共存，相映成辉。

乡贤亭于一九九四年落成，镌刻枫桥乡贤传略。所立传乡贤或忧国忧民，杀身成仁，血沃中华；或经世济民，勤政廉洁，治绩斐然；或立身刚毅，行事端严，拔腐去恶；或豁达豪爽，不拘绳墨，作天下倡；或敬业乐业，勤勉劳作，成能工能匠；或锲而不舍，潜心学问，蔚然成家；或明经修行，不求闻达，为高人逸士。如此等等，不一而足。钩沉述古，树碑立传，旨在弘扬美德，启迪后人，愿青胜于蓝，人才辈出。

乡贤亭由李战先生设计，杨安鹤、楼耀芳、许根贤等先生撰文，周水根先生绘像，于此谨表谢意。

一九九六年

王 冕 王冕（1287—1359），字元章，号煮石山农、九里先生等。诸暨枫桥桥亭人。王冕为画、诗、金石一代宗师。著《梅谱》，入《永乐大典》；[作]《南枝春早图》，入《国宝大观》；著《竹斋集》，入《四库全书》。善金石，开花乳石刻印之先河。

杨维桢 杨维桢（1296—1370），字廉夫，号铁崖。诸暨枫桥全堂人。杨维桢为元末明初文章巨公、诗坛领袖、书法大家。人尊为一代诗宗。有《铁崖古乐府》二十六卷传世。存世墨迹有《真镜庵募缘疏》等卷。其狂放不羁之书风，独树一帜。

陈洪绶 陈洪绶（1598—1652），字章侯，号老莲。诸暨枫桥陈家人。陈洪绶为明末清初画坛宗师。有传世著作《宝纶堂集》《避乱草》等；有书法刻本《陈老莲先生真迹》行世。

杨文修 杨文修，字中理，系杨维桢曾祖，宋代孝子。诸暨枫桥全堂人。幼年，母多病，常侍病榻。及长，弃功名潜心习医，为母治病，后成一代名医。著有《医衍》《地理拨沙图》传世。

骆象贤 骆象贤（1371—1461），明代学者，字则民，号溪园居士。诸暨枫桥人。正统年间饥馑，出稻谷千石以赈，深受地方称颂。著有《归全集》《溪园逸稿》《梅花百咏》等传世，编纂景泰《诸暨县志》。

骆问礼 骆问礼（1527—1608），字子本，号缵亭，诸暨枫桥钟瑛村人。明代著名谏官。著有《续羊枣集》《万一楼集》《外集》传世；编纂隆庆《诸暨县志》。

何文庆 何文庆（1812—1862），字周重，诸暨赵家泉畈人。诸暨莲蓬党农民起义领袖，太平天国后期重要将领之一。民谣云：“诸暨何文庆，眼睛似铜铃，眉毛似杠秤，起腿八百斤，攻上摩天岭，从此天下立大名。”

陈遹声 陈遹声（1846—1920），字蓉曙，号骏公。诸暨枫桥陈家人。清代学者，光绪十二年中进士，改翰林院庶吉士，授编修，署松江知府。光绪二十四年，主纂《国朝三修诸暨县志》；创办枫桥景紫书院。

陈季侃 陈季侃（1883—1952），诸暨枫桥人。光绪二十八年中举，旋任京师大学堂教习。辛亥革命后，任甘肃皋兰道员，后任甘肃省省长。抗战胜利后，任浙江省参议员。晚年热心地方公益事业，参与水利工作，整治枫桥江。

何燮侯 何燮侯（1878—1961），教育家。诸暨赵家花明泉人。清代杭州求是书院第一届毕业生，后就读于东京帝国大学。辛亥革命后，任北京大学校长。一九四九年，参加第一次全国政治协商会议、开国大典。

杨开渠 杨开渠（1902—1962），诸暨枫桥全堂人。水稻专家。日本东京帝国大学农业部毕业。回国后历任四川省农学院教授、院长。著有《中国稻作学》《中国水稻栽培学》《双季稻、粳稻、再生稻的性状研究》等。

毛汉礼 毛汉礼（1919—1988），诸暨赵家毛家园人。物理海洋学家。美国加利福尼亚大学毕业，获博士学位。回国后历任中国科学院海洋研究所副所长、中科院学部委员等职。著有《海洋科学的动向》《海洋水文物理学的研究》等。

冯绥安 冯绥安（1922—1995），生于诸暨东和冯蔡，美籍华人。航天航空学家。毕业于国立中央大学，后赴美深造，获康奈尔大学博士学位。一九六五年后参加“阿波罗”登月工程。冯绥安的航天、太空计划均被美国政府采纳，获美国福特总统基金奖。

张慕槎 张慕槎（1906—1996），字紫峰，诸暨东和里娄沟人。精通书法、诗文。曾参加北伐战争、淞沪抗战。国共合作时期，任湖南省平江县县长、浙江省丽水县县长等职。著有《松韵阁诗稿》《松韵阁文稿》等。

金善宝 金善宝（1895—1998），诸暨枫桥石峡口人。著名农业教育家、中国现代小麦科学主要奠基人。就读于美国康奈尔大学、明尼苏达大学作物育种专业。回国后历任南京农学院院长、中国农业科学院副院长、中科院生物学学部委员。著有《中国小麦栽培品种志》《中国农业百科全书·农作物卷》等。

梁焕木纪念碑

碑　文

群众为缅怀梁焕木，决定在征天风景名胜区修建“光禹园”，邀约我撰写纪念碑碑文，理有固然，情所必至，乃敬述其生平业绩。

梁焕木系诸暨市枫桥镇孝义村人，一九二八年九月出生，一九九六年四月病逝。他毕生为农田水利建设与农村经济发展，进行艰苦卓绝并富有成效的奋斗。五十年代，完成青岭水库、郑宝山水电站等多项水利工程。六十年代，完成征天水库除险加固的任务，继而在灌区建立蓄、引、提结合，旱、洪、涝兼治的水利系统，为农业稳产高产奠定基础。七十年代至九十年代，以征天水库为依托，大力发展水利综合经营，兴建诸暨特种钢厂、征天职业技术学校等十余家企事业，形成水、农、工、商、学全面发展的经济实体，使征天水库成为全国水利系统的一面旗帜。其病重期间所著《枫桥江的治理与开发》等书，颇具存史、资政、教化之价值。

梁焕木纪念碑

梁焕木从一名小学文化程度的青年农民，成长为水利高级工程师、援外水利专家，荣获全国劳动模范、全国水利电力系统特等劳动模范、全国职业技术教育先进工作者等称号，当选为全国第七届、第八届人民代表。他是崇高理想与伟大事业造就的一代典范，被人誉为“当代大禹”。一九八四年，中共浙江省委办公厅根据省委指示，批转水利厅党组《关于向梁焕木同志学习的决定》，号召全省人民学习他一心为公、脚踏实地、开拓进取的精神，清廉正直、尊重科学、刻苦钻研的品格。

梅香柳絮飘碧空，忠魂丹心照汗青。梁焕木慎始敬终、继往开来的风范懿德，将与世永存，催人奋进。

浙江省水利厅原厅长钟世杰撰文

浙江省书学研究会会长骆恒光书丹

浙江省诸暨征天集团公司立石

公元一九九七年十一月

征天水库重修记

水库源发山阴，泽润枫阳，寓征服自然灾害之意，故名征天。坝址位于枫桥江支流之孝泉江上游，集水面积 18.45 平方公里，坝高 24.50 米，坝长 241 米，总库容 1119 万立方米，列中型水库。

征天水库重修碑

一九五八年，政府佳议，兴建水库，锁洪蓄水，兴利除害。此乃民之宿愿，乡人踊跃，万民赴工，节衣缩食，肩挑背荷，锄挖钎撬，历时年半，大坝乃成。继之开凿干渠，沟通三江，结合蓄提引灌，数万亩农田灌溉得保障矣。

库成近半世纪，历史条件所限，风雨侵蚀，隐患渐显。二〇〇七年，部门鉴定，坝为三类，库属病险。为保下游万民之安全，须除险加固。遂于省水电勘测设计院设计，水利厅审查，太湖流域管理局审核，省发改委批准，总投资3300万。二〇〇八年暮秋开工，二〇一〇年初春功成。大坝防渗加固，溢洪道重修，闸门更新，倪家沿节制闸改建，上坝大道新建，库区面貌为之焕然。

漫步坝顶，叹工程兴修之不易；环视四周，感自然人文之精彩。山风徐来，碧水扬波，谷通白云九里，山连兰亭峻岭，水达老莲人家，干溪十里梅园留幽香，铁崖万卷书楼有传人，梁公光禹园裕后人，真乃人杰地灵之乡，钟灵毓秀之所。是为记。

诸暨市征天水库管理处

庚寅秋月　许绍满书

第三节　题额楹联

乡贤廊

正面匾额： 源头活水（辛未秋月周保定书）

正联： 高峡出平湖，看此日潺潺流水泽被乡土；

老干扶新竹，望他年佼佼龙孙绿遍山陂。

（赵荣植撰，山阴甘稼泥书）

背面匾额： 人定胜天

（戊辰年秋，陪同裘沙同志来枫桥观画留念，钱彰武执笔）

副联： 垒石截云雨，看水到渠成壮志征天；

披荆励风霜，望衣丰食足英才遍地。

（蔡义江撰，壬申年初夏何任书）

始终亭

光禹园始终亭

正面横额： 慎始敬终

（刘江篆）

正联： 苟体情感义，群策群力自可待；

非立志奋臂，好山好水安足凭。

背面横额： 继往开来

（剑丹书）

副联： 知山知水，乃能治山治水；

爱国爱民，斯可为国为民。

［林剑丹书］

征天门

正面横额： 征天门

（刘江题）

正联： 越山设胜境，兰亭、苎萝、五泄延斯地；

枫水毓英才，王冕、铁崖、老莲启后昆。

（杨安鹤撰句，骆恒光书）

副联： 湖端东海千顷，饮我畅也快也；

坝借长城一截，娱君悠哉游哉。

（楼耀芳撰句，翼之书）

说明：骆恒光字翼之。

背面横额： 石海览胜

（翼之）

正联： 慕名来，静观石头显何等能耐；

乘兴去，顿悟水底蕴如许生机。

（楼耀芳撰句，骆恒光书）

副联： 小泉汩汩，以长流乃及远；

大冈巍巍，因直上自成高。

（杨安鹤先生撰句，乙亥冬十月驾沧俞建华书于钱塘西溪）

其 他

肩挑锄挖学愚公，苦尽甘来自众志征天；

土筑石垒起宏图，水到渠成于脚踏实地。

（一九八四年十二月，骆恒光书）

焕木征天三乡造福；

元章达学九里流光。

（乙亥春赵宇旷撰，后学许绍满书）

第四节　诗词歌赋

无　题

李伯宁

征天南山久闻名，水库管理是标兵。
工程安全效益大，自给有余好经营。
莫道长诏不上榜，急起直追猛冲锋。
若问哪个能占先？五年以后见输赢。

原注：南山——指嵊县南山水库。长诏——指新昌县长诏水库。

1980 年 10 月 31 日

居征天有感

陈茂水

征天职校坐落在风光优美的征天水库旁。我与学生每天晨跑登坝观库，迎面波光粼粼，水天一色，凉风习习，气爽神清，又听涵洞流水哗哗，乖乖地供枫桥人民发电灌溉。观此顿有所悟，赋诗二首。

一

两鬓隐隐华发生，人抓光阴时催人。
快化征天一泓水，浇绿良田千万顷。

二

自小取水留作名，今日居库相印证。
碧波不是无情物，粉身换得万家明。

1986 年 10 月

颂梁焕木同志

郭子美

劳模辛勤四十年，扬鞭奔马振尧天。
腾飞经济凭人力，促进文明育后贤。
物换星移奇迹罕，龙腾虎跃大功传。
心存援外千秋业，一片忠诚史有言。

（1990 年 7 月 14 日《绍兴日报》）

征天四赞

陈茂水

水　库

一座水库乐千村，自力更生百业兴。
农工商学齐发展，全凭这个聚宝盆。

渔　场

小船拖网库中摇，鱼儿受惊水上跳。
每逢佳节喜庆日，鲜鱼分遍全枫桥。

钢　厂

手执悟空通天棍，全身武装守炉门。
战胜高温夺高产，既炼钢铁又炼人。

技　校

技校师生面貌新，英姿不同旧书生。
钻研理论重实践，誓作农村接班人。

1993 年 4 月

游征天水库

赵荣植

库聚千峰碧，波涵百代春。
山河凭驱使，不愧征天人。

征天水库

杨士安

九里青山遗泽长，十里梅园动暗香。
征天胜天浩气贯，水库粮库齐呈祥。

甲戌春日，泄下杨士安诗并书于王冕故里之征天水库。

参观征天水库兼怀梁焕木

徐建勇

征天豪气欲征天，引水润滋万顷田。
绿野缤纷花比艳，芳林掩映鸟声甜。
富民开拓创新路，兴国相逢科技年。
若使梁公今得见，后生不让老生贤。

参观梁焕木纪念馆

周长海

早起雨霁秋日红，邀友结伴谒梁公。
石塔高耸书伟业，大坝静卧听风云。
治水兴利事绩著，建馆立传口相颂。
君愿未了人已逝，放心后辈绍其工。

2014年8月27日

征天水库

陈佐天

堤坝丰碑出老锨，牌坊高塔映青山。
当年汗雨朔风夜，今日游人春柳天。
翡翠涌波棹来去，蛟龙藏窟鹭翩跹。
亭台楼阁千秋字，阡陌家园百世甜。

梁焕木其人

陈茂水

在征天，我时时被全国劳动模范梁焕木的言行所感动，他成了我为人的楷模，行动的指南。

他，一年三百六十日，
没有一个休息日；
他，亲手建起了无数幢高楼，
却依然住在陈旧的村舍；
他，创建了车队船队，
自己动用的常常是 11 号大腿；
他，放着现成的万元户不做，
而醉心于社会主义集体事业！
这就是梁焕木，
人们说他呆得不能再呆！

他，只念了五年小学，
却评为工程师中的高级；
他，一个普通的农民，
多次走进人民大会堂出席群英会；

他，从一个水库起家，
如今已有六家工厂上亿的产值；
他，在企业里办了学校，
成了全国职业教育的先进工作者！
这就是梁焕木，
人们说他是枫桥最聪明的秀才！

1998 年 11 月

征天之歌

——献给梁焕木同志

伊　谷

都说你用心谱成一支歌，
都说你用情铸成一种魂。
你的歌
不是用七音谱成，
不是用文字写成；
你的歌
质朴、深沉，
优美、纯真。
你的歌
在平头百姓的心中回荡，
在山山水水之间飞腾。
四十年的创业生涯，
将这支歌的旋律构成；
六十年的青春岁月，
在旋律中凝成永恒。
有的人

一生朝思暮思的，
是发大财把官升，
你将这一切
视作芥末
看作飞尘。
你不求高位
不思厚俸，
只想踏踏实实
把人民交给的事情做成。
解放前的两间旧屋，
依旧伴你休憩安身；
三条腿的桌子，
还舍不得往外丢扔；
十四吋的黑白电视机，
是你最豪华的家珍；
任命你为副局长，
你却离不开挚爱着的农村；
出国援外归来，
不愿留在生活舒适的县城
……
总是孜孜不倦地学，
总是勤勤恳恳地干，
总是抛不开对事业的一往情深，
总是用脚印写出一个大写的“人”。
所以有人不理解，
为什么在岳阳楼上，
你凭栏思绪滚滚？
洞庭湖淼淼浩水千古流，

流不走先贤赤诚的忠魂。
“先天下之忧而忧，
后天下之乐而乐”
似春潮在你心头翻腾。
许多歌
只能风靡一时，
你的歌
永在长风中延亘；
许多歌
随岁月销声匿迹，
你的歌
却在人们心坎永存。
但愿所有善良的人们——
奏响我们心灵的乐器，
将这支歌奏得宏大壮盛，
放开我们真实的嗓门，
把这支歌唱得音准情真。
因为这支歌，
是征天之歌！

征 天 赋

陈佐天

兰亭之西，浣江之东，绍诸公路之旁，青山缭绕之中，有征天水库，物华形胜，巧夺天工。库聚千峰灵秀，波含几代风云。一泓碧澄，映沃野满眼春色；百业红火，迎盛世千禧神龙。梁公水魂，艰苦卓绝，成功处千锤百炼；征天精神，和衷共济，映射时万紫千红。风范有史志飨后代，筚路仰贤良作先锋。

曾记否，数夜月明愁旱情，一阵雷雨划船行。汇地漂尸无人问，葛村饿殍有草生。生灵嗷嗷，历史沉沉。直待四九年一声春雷，举国欢腾。有梁公焕木，大智大勇，忧国忧民，丹心映日，水魂如金，以奉献为乐事，以治水为己任。五八年，跃进年，组织灌区人民，万众一心，众志成城。锄挖肩挑，万人汗雨风雪夜；衣节食缩，三年心潮禹公情。萝卜汤果腹，热气腾腾；畚箕担热身，夯歌阵阵。大坝筑成时，立即解旱情。尔后加固引水，渠系配成，养鱼发电，渐入佳境。更办企业，建公司，四海来嘉宾，几度上北京。

哀斯人之仙逝，欣斯业之永存。江山代有才人出，风光自看后人来。看征天机械公司，铸钳刨铣，一应俱全，人才乃公司发端，产品则异域留名。当年白手起家，步步为营；今日古镇独步，岁岁常青。看征天特钢铸锻公司，厂房连山，电炉熔金，化腐朽为神奇，变沟壑为新城，西施故里首屈一指，枫桥古镇前无古人。看印染公司，饮孝泉之清波，染吴越之青春，飞嫣点姹，叠彩铺锦，举足成色，妙手着春。不言千载留青史，偏惹万家爱之诚，上下相孚，干群和鸣，庭阶若市，客户盈门。再者如，拓灌区，兴房产，百业俱兴，多种经营，美不胜收，岂可言尽！

更有征天大厦，流光溢彩，荟萃群英，运筹帷幄，指挥若定，改革转制，开发旅游，精诚所至，草木为金，为古镇增色，是暨阳一景。杜康不醉乡情醉，直惹三贤带笑吟，有诗为证：

大夫屈子吟天问，大帝梁公有水魂。库聚征天千峦碧，业开越地万年春。依稀筚路荒年事，幸福桃源盛世人。更喜俊才新日月，不违大坝写乾坤。

第五节　影视曲艺

广播剧《农民代表》

何华全、秦越儿、赵毅芳、朱振国、沈国栋、黄怀安、哲文等创作。绍兴人民广播电台、浙江人民广播电台联合录制，1997 年 6 月正式播出，分为 3 集共 90 分钟。该剧由崔健解说，剧中人物梁焕木由刘忠虎配音，蔡秋月由杜雨梅配音，高达明由阮舟配音。为 1997 年度浙江省“五个一工程”入选作品。

剧本编入何华全、叶坚所著的《凡人谱》一书，2004 年 3 月由中国社会科学出版社出版。

广播剧从 20 世纪 50 年代末一次暴风雨冲塌水库堤坝，受到损失的群众愤怒地要求梁焕木赔偿损失的矛盾冲突入戏，至 1995 年，梁焕木因积劳成疾，在弥留之际，与亲人的一次既有嘱咐又有理想的、令人百感交集的对话中结束，其间跨度近半个世纪。大堤冲塌了，他带领群众总结经验，继续再干；面临自然灾害，水库的工作人员纷纷要求离去，梁焕木的妻儿却自备干粮上山加入建设水库的队伍；长子在工作时因一位农民兄弟不应有的疏忽而殉职，梁焕木没有因此而耿耿于怀，却从中汲取教训，教导他人要提高科学文化知识，避免这种惨剧的再次发生；出差期间，已经重病在身的梁焕木，为给单位节约二十几元钱，拒绝同事的再三恳求，甘愿坐在轮船的五等舱里……这些悲喜交加、波澜不惊的情节，浓缩了一个中国农民有苦难、有伤痛，也有欢乐的人生旅途。同时，这也是一个普通中国农民为摆脱贫穷、建设家乡，进行艰苦卓绝的斗争和艰难历程的真实写照。

电视剧《水魂》

1997 年 2 月底，由钱勇、周飞编剧，宣传梁焕木的电视剧《水魂》剧本编写完成。3 月 17 日，《水魂》电视剧本讨论会在诸暨市召开，绍兴市委常委季章拉和诸暨市领导马礼畏、赵解刚、孟法明等参加会议。

《水魂》剧照

1997 年 9 月 2 日，电视剧《水魂》在征天水库举行开拍仪式，绍兴市委副书记陈章方和诸暨市委宣传部部长赵解刚及水利局、征天集团有关领导参加。总投资 50 万元，

50 万元，由绍兴市有线广播电视台和绍兴电视艺术中心联合拍摄，西安电影制片厂青年导演梁杰执导。曾在电影《高山下的花环》中饰梁三喜的著名电影演员吕晓禾扮演梁焕木，上海儿童艺术院朱亚英扮演梁焕木的妻子蔡秋月。全剧以梁焕木曾经艰苦创业过的青岭水库、征天水库为背景，充分表现梁焕木与山、与水、与农民、与家人的浓厚感情，突出反映他为发展水利事业艰苦创业的精神和一心为公、一身正气的崇高品格。该剧分为上、下集，大部分镜头在征天拍摄，其中建造青岭水库时的镜头在幸福水库拍摄，反映梁焕木与家人的镜头在征天水库坝下旺妙村民汤幸来老房子内拍摄，真实性强，场面气势恢宏，再现了 20 世纪 50 年代千军万马建造水利工程的动人场景，是一部弘扬主旋律、歌颂奉献精神的好作品。

1997 年 12 月 15 日，首映仪式在诸暨市西子宾馆二楼会议室举行。浙江省电影艺术家协会主席林辰夫、浙江省广播电视厅副厅长张桂芝、绍兴市委常委袁长寿、绍兴市委宣传部副部长杨大明、诸暨市委书记王国伟、诸暨市委宣传部部长赵解刚等领导参加仪式。后在中央电视台播出，并列为 1997 年度浙江省“五个一工程”入选作品。

1960—2020 年有关征天集团的部分影视曲艺一览表

表 03-03-02

题　目	作者或演出者	播出或刊登处
扎根山水，无私奉献 ——梁焕木事迹电视系列报道解说词	朱　胜 潘善武	绍兴电视台 上虞电视台
榜样力量似春风（绍剧唱词）	周　策 王振芳	绍兴人民广播电台 绍兴电视台　上虞电视台
十唱梁焕木（越剧表演唱）	文　而	绍兴人民广播电台 绍兴电视台　上虞电视台
梁焕木（绍兴莲花落）	杨乃浚编 倪齐全演唱	绍兴人民广播电台 绍兴电视台　上虞电视台
征天颂（舞蹈简介）	顾明珠、杨兰青编导 绍兴市群艺馆组演 钱胜利、杨兰青主演	绍兴人民广播电台 绍兴电视台 上虞电视台

续表 03-03-02

题　目	作者或演出者	播出或刊登处
梁焕木三登岳阳楼（快板）	沉　舟	《浣纱》总第 55 期
访劳模（快板）	叶小龙	《浣纱》总第 55 期
征天颂（对口快板）	陈茂水	《踏浪行》
学习梁焕木	关鑫作词　鲁艺作曲	《情系青山绿水》
歌唱梁焕木	谢立鹏词曲	《情系青山绿水》
征天职校校歌	杨安鹤作词 谢立鹏作曲	《诸暨市征天职业技术学校建校纪念册（1986—1996）》
农民代表（广播剧）	何华全、秦越儿、赵毅芳、朱振国、沈国栋、黄怀安、哲文等	绍兴人民广播电台 浙江人民广播电台
水魂（电视剧）	钱勇、周飞编剧 吕晓禾、朱亚英扮演	中央电视台
征天之歌	陈茂水作词 何占豪作曲	征天集团官网 梁焕木纪念馆

第六节　新闻报道

1960—2020 年，有关征天集团发展与梁焕木的先进事迹引起媒体的普遍关注，《人民日报》《浙江日报》《中国水利报》《绍兴日报》《绍兴晚报》《野草》《宁波大众》等地市级以上报刊相继进行宣传报道。

1960—2020 年有关征天集团的报刊文章一览表

表 03-03-03

时间或期数	报刊名称	题　目	作　者
1960.1.13	浙江日报	壮志比天高，敢想敢创造 ——共产党员梁焕木治水成专家	张有煌 毛德传
1960.1.13	浙江日报	做自然的主人	本报评论员

续表 03-03-03

时间或期数	报刊名称	题 目	作 者
1960.3.9	宁波大众	梁焕木顽强攀登科学技术高峰	—
1960.3.9	宁波大众	人民群众能够创造一切 ——十论大搞农业技术革新和技术革命	—
1960.9.11	浙江日报	叫水听人使唤——介绍水利工程师梁焕木	本报记者
1960.9.12	宁波大众	要水听人使唤——介绍水利工程师梁焕木	—
1961.12.25	浙江日报	征天水库加紧工程配套，工人正在开凿溢洪道	吴元柳
1962.4.23	浙江日报	征天水库配套成龙，齐东公社分级管理促进春灌	何圣校
1972.4.28	农村科技报	灌溉为主，综合利用，诸暨县征天水库的管理经验	浙江省水利电力局报导组
1972.5.27	浙江日报	为革命管水 ——诸暨县征天水库积极扩大灌溉面积，提高工程效益的调查	本报记者
1972.6	省水利电力局水利管理工作资料汇编	管好水库，促进农业增产，诸暨县征天水库管理工作调查	诸暨县水利局、浙江省水利电力局联合调查组
1972.12.15	浙江日报	沿着又红又专的道路不断前进 ——记征天水库党支部书记梁焕木探索管水规律的事迹	本报记者
1978.7.22	浙江科技报	征天水库提高水库利用率	宣建新 周 强
1979.2.22	浙江日报	一个效益高、综合利用搞得好的水库 ——诸暨县征天水库的调查	浙江省水利厅、财政局联合调查组
1979.5.28	浙江日报	征天水库开展多种经营，坚持为农业服务	—
1980.1.27	浙江日报	征天水泥厂建成投产	金文成 张令凯
1980.10	中国新闻	日本锦鲤在征天水库繁衍子孙	何圣校
1980.11.4	浙江日报	征天水库自办水泥厂	傅宝永
1984.4.25	浙江日报	征天水库办成水农工商联合体 ——利用库区资源，开展综合经营	本报记者

续表 03-03-03

时间或期数	报刊名称	题　目	作　者
1984.4.26	浙江日报	创业家梁焕木	张令凯 柳永春 陈子塞
1984.4.26	浙江日报	艰苦创业，开拓前进	本报评论员
1984.4.27	浙江日报	省委办公厅转发省水利厅党组决定 在水利战线开展向梁焕木学习活动	本报记者
1984.4.27	浙江日报	各行各业都要树立标兵	本报评论员
1984.5.12	浙江日报	梁焕木向省级机关干部谈体会	刘　宇
1984.5.20	浙江日报	我省水利系统广大职工学习梁焕木立志当改革促进派	赵　愚
1984.10.11	绍兴日报	浙东独此一家——记枫桥征天石灰氮厂	盛　赞
1984.11.15	绍兴日报	征天水库在杭州开店	陈　宁
1984.12.1	浙江日报	全国水电系统举行劳模先进集体发奖仪式， 梁焕木等二十五名特等劳模获金质奖章	本报记者
1984.12.16	中国电力报	梁焕木	葛荣中 钟久雄
1984.12.31	浙江日报	1984 年浙江省十大新闻和十个新闻人物， 梁焕木被评全国水利战线特等劳动模范	本报记者
1984.12	在前进中的浙江水利	征天水库综合经营的先进事迹	水电部 办公厅 宣传处
1985.1.30	浙江日报	梁焕木新年有新招	本报记者
1985.2.1	绍兴日报	梁焕木再创新业，年产四万吨征天水泥厂扩建工程完工	本报通讯员
1985.12.18	浙江日报	一心想着灌区人民 ——访特等劳动模范梁焕木	张令凯 柳永春
1986.1.29	农民日报	“我就是为了群众吃饭” ——访浙江省特等劳模、征天水库党总支书记梁焕木	陈炳坤
1986.1.29	农民日报	征天水库多种经营欣欣向荣 ——办水利不向国家要钱，不向农民摊派	本报记者
1986.5.21	绍兴日报	征天水库为当地农民开发资源服务	陈功苗

续表 03-03-03

时间或期数	报刊名称	题 目	作 者
1986.6.4	绍兴日报	一句诺言，实践了二十四年	刘业池 宋汉杰
1986.6.21	绍兴日报	始终亭记	沈贻炜
1986.11.3	浙江科技报	办罐头厂带动生产结构调整	张东生
1986.11.19	浙江日报	农民在呼唤着教育改革 ——访省教育工作会议特邀代表梁焕木	蔡景富 谷伊宁
1987.7.27	浙江日报	征天水库综合经营总产值名列我省大中型水库之首	赵 恩 毛江青
1987.11	生机勃勃的新兴事业——全国水利电力综合经营先进典型集锦	山间的明珠	何圣校
1988.2	野草（增刊）	梁焕木传略	叶小龙 周广兴
1989.9.16	劳动时报	一个创业者的足迹 ——记诸暨县征天水库综合开发公司董事长、工程师梁焕木	本报记者
1989.9.23	中国水利报	梁焕木退车记	毛江清
1990年第1期	野 草	稽山脊梁	陈敏尔 唐学慧
1990年第2期	野 草	旋转世界中挺立的农业劳模	盛 赞
1990.4.11	中国水利报	征天之人——访人大代表梁焕木	李 力
1990.6.19	绍兴日报	诸暨特种钢厂职工献一着计创20万利	傅苗良 蒋胜瑞
1990.6.27	绍兴日报	振兴绍兴要有榜样的力量	特约评论员
1990.6.29	绍兴日报	向梁焕木学什么 ——再论学习梁焕木	特约评论员
1990.7.3	绍兴日报	从我做起，从现在做起 ——三论学习梁焕木	特约评论员
1990.7.8	浙江日报	“寒酸”的企业家	周广兴

续表 03-03-03

时间或期数	报刊名称	题 目	作 者
1990.7.14	绍兴日报	颂梁焕木同志	郭子美
1990.9.1	绍兴日报	初识梁焕木	屠渭兔
1990.9.21	绍兴日报	向管理要效益	杨成达
1990.9.25	农民日报	征天创业，征己为民——记全国劳动模范、诸暨县征天综合开发公司名誉董事长梁焕木的部分事迹	宣 亮
1990.10.26	人民日报	情系青山绿水 ——记全国劳动模范梁焕木	邵宣亮 高海浩
1990.11.25	浙江日报	人民公仆梁焕木	陈志农
1990.11.25	浙江日报	农村干部的榜样	本报评论员
1991.2.8	绍兴日报	梁焕木被评为“全国职业技术教育先进工作者”	旭 昊
1991.6.22	绍兴日报	为了“征天”的明天 ——梁焕木“甩锣槌”纪实	宣明丁 盛 赞
1993.9.27	绍兴日报	黄酒节第一天成绩喜人 ——特种钢厂与香港耀江国际有限公司合作投资	本报记者
1994.2.14	浙江日报	再度跨越 ——诸暨征天水泥厂兴厂的一着妙棋	赵卫明 屠渭兔
1995.2.7	中国水利报	落实法人财产权，完善企业法人制度 ——征天集团产权制度改革向纵深推进	陈 龙
1995.4.27	中国水利报	他是当代“大禹”	陈 龙
1995.11.19	绍兴日报	梁焕木事迹报告会明举行	阿 卡
1995.11.20	绍兴日报	市文联和绍兴书画院联办学习梁焕木书画展览	楼国明
1995.11.20	绍兴晚报	鲁志强、纪根立、沈云姑、沈才土等领导参加今天上午的梁焕木同志事迹报告会，市委决定掀起学习梁焕木精神热潮	徐向亮
1995.11.20	绍兴宣传	市委决定开展向梁焕木同志学习活动	—
1995.11.21	绍兴日报	梁焕木同志事迹报告会昨隆重举行	周智敏
1995.11.21	绍兴日报	关于开展向梁焕木同志学习活动的决定	—
1995.11.21	绍兴日报	在梁焕木同志事迹报告会上的讲话	鲁志强
1995.11.21	绍兴日报	为民谋福写新篇 ——记全国人大代表、水利系统特等劳模梁焕木	陈仲明 章伯夫 王晓铭

续表 03-03-03

时间 或期数	报刊名称	题 目	作 者
1995.11.22	绍兴日报	时代需要梁焕木精神 ——一论向梁焕木同志学习	本报 评论员
1995.11.22	浙江日报	老“兵”新传 ——记全国水利系统特等劳模梁焕木	周光荣 陈仲明 章伯夫 王晓铭
1995.11.23	绍兴日报	向梁焕木学些什么 ——二论向梁焕木同志学习	本报 评论员
1995.11.24	绍兴日报	梁焕木病情牵动众人心，沈云姑赴沪看望梁焕木	傅雪峰
1995.12.3	绍兴日报	我的爷爷梁焕木	梁晓华
1995.12.5	绍兴宣传	时时刻刻为人民群众着想	本刊 评论员
1995.12.5	绍兴宣传	鲁志强谈如何向梁焕木同志学习	—
1996.1.2	绍兴晚报	绍兴街头昨鲜亮一幕 ——老百姓自发宣传梁焕木歌唱新“双禁”	严建栋
1996.3.11	绍兴日报	陈礼安看望梁焕木——叮嘱他好好养病，争取早日恢复健康	周永贤
1996.4.9	绍兴日报	认识梁焕木	李 战
1996.4.22	绍兴日报	梁焕木同志遗体告别仪式昨在诸暨举行	吴旭东
1996.5.8	人民代表报	敢为人民讲真话——全国人大代表梁焕木剪影	章代新
1996.5.24	绍兴晚报	“我从水中来，仍回水中去” ——梁焕木同志骨灰抛撒故里江河	陈建光 杨福元 许 敏
1996.6.20	绍兴日报	征天印染厂凭质量招徕众客户 ——梁焕木生前创办的最后一个企业结出硕果	屠渭兔
1997.4.28	绍兴晚报	广播剧《农民代表》将于近日播出	本报记者
1997.8.22	绍兴晚报	电视剧《水魂》开拍在即——著名演员吕晓禾将扮演梁焕木	本报记者
1997.8.24	绍兴日报	梁焕木事迹将拍成电视剧《水魂》	杨福元
1997.9.4	绍兴晚报	吕晓禾，饱含深情再塑英雄魂	本报记者
1997.9.4	浙江日报	再现水利战线特等劳模梁焕木形象——电视剧《水魂》开拍	金敖生
1997.9.5	绍兴日报	“梁焕木”：枫桥镇上现风流 ——访著名影视演员吕晓禾	何瑛尔 石皎月

续表 03-03-03

时间或期数	报刊名称	题　目	作　者
1997.9.14	绍兴晚报	枫桥江畔铸《水魂》	舟　舟
1997.12.16	浙江日报	真实再现梁焕木治水经历——电视剧《水魂》在诸暨首映	赵　菲
1997.12.16	绍兴日报	真实再现梁焕木无私奉献的人生经历 ——电视剧《水魂》在诸暨举行首映式	周智敏
1997.12.16	绍兴日报	荧屏又见梁焕木——有关人士首映式上谈《水魂》	矢　文
1997.12.17	钱江晚报	电视剧《水魂》首映式在诸暨举行 ——劳模梁焕木事迹搬上荧屏	周仕荣 张坚勇
1998.7.13	浙江工人日报	征天之魂 ——怀念优秀共产党员、水利战线的老劳模梁焕木同志	赵景棠
1998.9.16	绍兴晚报	想起了梁焕木	楼建平
1999.10.1	绍兴日报	绍兴市纺织丝绸行业优秀企业家形象大展示 ——优秀企业家宣汉康	绍纺丝行办
2000.2.25	绍兴日报	“征天”征服污染舍得投入 ——生产规模大了，污染物却少了	小　米
2000.7.26	绍兴日报	征天人不惑之年“思源思进”	胡补才
2000.10	中国水利报	思源思进——“征天”40年发展启示录	王　磊
2001.6	红色会稽（九）	征天治穷皆为民的梁焕木	章可萍
2001.9.19	中国纺织报	征天印染厂“软硬”兼施铸品牌	李春风
2001.12.21	中国纺织报	爱心换来聚合力	李春风
2004.3	凡人谱	从广播通讯到广播剧	赵毅芳
2004.6.17	浙江日报	浙江省抓质量重服务守诚信优秀企业宣传特刊 ——征天印染有限公司	本报记者
2019.4.24	浙江工人日报	源发山阴，流泽枫阳——全国劳模梁焕木琐忆	周解荣

附录

第一部分　文　件

绍兴市计划委员会　绍兴市人民政府经济体制改革办公室《关于同意建立诸暨征天集团公司的批复》

绍市计综〔1993〕22号

诸暨市征天综合开发公司：

你司诸征〔1993〕4号文的报告悉，批复如下：

一、同意建立诸暨征天集团公司（以下简称“公司”）。

二、“公司”是以乡镇企业为主体，由多种经济性质企（事）业参加，跨地区、跨部门、跨行业的经济实体，实行自主经营、独立核算、自负盈亏，具有企业法人资格，经济性质为集体所有制。注册资金3000万元。地址设在诸暨市枫桥镇学勉路83号。

“公司”实行董事会领导下的总经理负责制，行政上隶属于诸暨市人民政府，业务上受诸暨市水电局和乡镇企业局指导。

三、“公司”经营范围，主营金属材料、建筑材料、化工医药、五金机械、日用铝制品、食品、水产。

四、“公司”下属企业（含联营企业）的原法人资格、所有制性质、隶属关系和财政渠道均不变，允许在原企业名称前冠以“公司”名称。

为便于处理对外生产经营中的有关事宜，原诸暨市征天综合开发公司的企业名称保留一年。

请按工商行政管理部门的有关规定办理“公司”的登记注册手续。

绍兴市计划委员会

绍兴市经济体制改革办公室

一九九三年一月十八日

诸暨市人民政府经济体制改革办公室《关于进一步深化完善浙江征天集团有限公司改制实施方案的批复》

诸体改办〔2006〕2 号

市水利水电局：

你局《关于要求审批进一步深化完善浙江征天集团有限公司改制实施方案的请示》已经市深化企事业单位改革协调小组研究。现批复如下：

一、原则同意浙江征天集团有限公司深化完善改制的实施方案。

二、企业资产评估及净资产调整意见。

（一）截至资产评估基准日 2005 年 10 月 31 日，经诸暨天阳会计师事务所有限公司地上资产评估审计和诸暨市中天不动产评估代理有限公司的土地评估，浙江征天集团有限公司（含下属企业）总资产 29323.28 万元，总负债 13269.12 万元，净资产 16054.16 万元（含待处理资产损失 999.35 万元）。

（二）2003 年，浙江征天集团有限公司在自行进行的资产找补中，诸暨市征天水泥厂找进 549.27 万元，诸暨市征天水利机械厂找进 505.14 万元，诸暨市征天罐头食品公司找进 187.32 万元，谷城县征天水泥制造有限公司找进 104.23 万元，合计 1345.96 万元，因未列入资产评估，应调增净资产。调整后，截至 2005 年 10 月 31 日，浙江征天集团有限公司的净资产为 17400.12 万元。

三、产权界定意见。

以调整后的 17400.12 万元净资产为基数，剔除未经有关部门批准自行配（扩）股因素，采用直接认定和按投资比例分配办法进行产权界定。经计算确定，界定为浙江征天集团有限公司集体净资产为 13908.4 万元，职工及其他资产为 3337.77 万元，征天水库灌区支农基金、管理费为 153.95 万元。

四、下列资产在浙江征天集团有限公司集体净资产中作核销、挂账和优惠扶持处理。

（一）同意核销除浙江天伟生化工程有限公司外的不良不实资产 847.72 万元。

（二）同意浙江天伟生化工程有限公司核销和挂账摊销资产 803.21 万元，其中核销摊销不良不实资产 83.44 万元，挂账摊销无形资产和闲置固定资产 719.77 万元。

（三）1998 年诸暨市征天水泥厂改制时，留有 127.2 万元地上房屋建筑物，属浙江征天集团有限公司集体所有。考虑到该企业属于 2005 年底前拆除的 50% 机立窑对象之一，同意把 127.2 万元地上房屋建筑物作为诸暨市征天水泥厂关停和转产的优惠扶持。

以上核销、挂账和优惠扶持的资产合计为 1778.13 万元。

五、退休人员和离正常退休年龄不足五周年职工社会保险费的提取缴纳。

以 2005 年 12 月 31 日为工龄界定日，浙江征天集团有限公司共有退休人员 74 名，离正常退休年龄不足五周年职工 38 名，新参保人员中离正常退休年龄不足五周年、养老保险缴费年限不满十五年职工 6 名。这些人员本次改制时提取社会保险费 317.7 万元，由企业一次性向市社保局缴纳后，与企业脱离社会保险关系。其中：

（一）74 名退休人员和 38 名离正常退休年龄不足五周年职工需缴费用为 206.14 万元。

1. 人均养老保险基金基数 1 万元，计 112 万元；

2.38 名离正常退休年龄不足五周年职工，不足退休年份一次性缴纳的养老保险费，按 2005 年上年全省职工平均工资 18689 元 60% 基数的 25% 计算，年人均缴费 2805 元，人均缴费 3 年，计 31.98 万元；

3.38 名离正常退休年龄不足五周年职工人均医疗保险补偿金 0.75 万元，计 28.5 万元；

4.38 名离正常退休年龄不足五周年医疗保险年限不满 20 年应补足到 20 年，人均应补缴 3 年，按 2005 年诸暨市住院医疗保险缴费标准（含重大疾病医疗保险）人均每年 1002 元计算，需计缴医疗保险费 11.42 万元；

5.74 名退休人员因缴费年限不满 20 年需补足，按 2005 年诸暨市住院医疗保险缴费标准（含重大疾病医疗保险）人均每年 1002 元计算，应补缴 3 年，计医疗保险费 22.24 万元。

（二）新参保人员中离正常退休年龄不足五周年，养老保险缴费年限不满十五年职工 6 名，需缴费用为 40.76 万元。

1. 人均养老保险基金基数 1 万元，计 6 万元；

2. 养老保险缴费年限不满 15 年需补缴 8 年，按 2005 年上年全省职工平均工资 18689 元的 25% 计算，年人均缴费 4675 元，需补缴 22.44 万元；

3. 人均医疗保险补偿金 0.75 万元，计 4.5 万元；

4. 医疗保险缴费年限不满 20 年需补缴 13 年，按 2005 年诸暨市住院医疗保险缴费标准（含重大疾病医疗保险）人均每年 1002 元计算，需补缴 7.82 万元。

（三）74 名退休人员、38 名离正常退休年龄不足五周年职工和新参保人员中，离正常退休年龄不足五周年养老保险缴费年限不满十五年 6 名职工，按 2005 年全省人均 0.6 万元标准，提取缴纳丧葬费、抚恤金 70.8 万元。

经上述第四条和第五条处理后，浙江征天集团有限公司尚有集体净资产为 11812.57 万元。

六、存量集体净资产的分配。

以 11812.57 万元存量集体净资产为基数，根据实事求是、尊重历史原则，按省委办〔1994〕39 号文件精神，实施存量集体净资产分配，50% 计 5906.285 万元作为企业职工劳动补偿量化；其余 50% 计 5906.285 万元，以及界定征天水库灌区支农基金、管理费 153.95 万元，合计 6060.235 万元划拨征天水库灌区资产和梁焕木水利专项基金及征天水库管理处有关费用。

（一）职工劳动补偿量化和现金认购配股。职工享受劳动补偿量化应与一定量的现金认购配股挂钩，考虑到目前征天职工已配股的基础和收入偏低的实际情况，配股金额以上缴梁焕木水利专项基金和征天水库管理处有关费用总额为宜。

（二）划拨征天水库灌区资产。按照划拨资产经营所产生的收益能确保征天水库管理处正常运作为依据，将水库周围全部资产再加枫桥集镇中心地块与店面资产 2576.59 万元划拨征天水库灌区。划拨征天灌区资产属灌区集体资产，由灌区管委会授权水库管理处经营管理。根据浙政发〔2000〕99 号《关于进一步加强水库管理工作的通知》精神，征天水库管理处业务归口市水利水电局管理。

（三）职工现金认购配股置换净资产处置。由职工现金认购配股置换 3483.645 万元净资产中，提取 3100 万元设立梁焕木水利专项基金（含诸暨市征天水泥厂三年内应支付的 242.63 万元土地净值），具体由市水利水电局牵头，枫桥镇政府参与制订章程和管理办法明确。剩余 383.645 万元划拨征天水库管理处。

七、对企业有关问题的处理意见。

（一）考虑到今后枫桥镇总体供水规划和基础设施建设，同意由市水务集团整体收购诸暨市征天自来水有限公司。具体办法：

1. 按评估净资产 246.06 万元为收购标的。根据产权界定，48 万元为自来水有限公司自然人股东所有，198.06 万元列入浙江征天集团有限公司集体净资产；

2. 征天自来水有限公司现有 9 名在岗职工由市水务集团接收并安排就业;

3. 征天自来水有限公司现有 20 名股东的职工劳动补偿量化和配股由浙江征天集团有限公司内部处置。

（二）经评估审计，浙江天伟生化工程有限公司净资产为 1603.89 万元，按各股东出资比例分配，浙江征天集团有限公司权益为 882.62 万元，同意采取股权转让方式改制，具体办法：

1. 评估报告中已列为待处理固定资产损失 100.16 万元和待处理流动资产损失 51.47 万元，合计 151.63 万元不良不实资产作核销处置。

2. 评估价值为 675 万元的无形资产和 632.95 万元闲置固定资产，作挂账处理（按出资比例部分仍属浙江征天集团有限公司集体所有）。无形资产待企业达到设计能力时，重新确认，并另行处置闲置资产。

以上 1、2 项共计核销和挂账资产 1459.58 万元，按各股东出资比例分配，浙江征天集团有限公司应分摊 803.21 万元。分摊后浙江征天集团有限公司在该企业中的资产份额为 79.41 万元。

3. 以 79.41 万元作为浙江征天集团有限公司在天伟公司股权的出让标的，实行征天集团内部受让（在股权转让前，由浙江征天集团有限公司取得上海等联营方同意本转让办法，并承诺放弃优先受让权，今后权益分配按原比例执行），第一对象为在天伟公司的征天职工（11 名），实行集体受让。第二对象为浙江征天集团内部的其他企业法人。但无论由谁受让，均应按规范程序操作。

4. 若由征天集团内其他企业法人受让的，则在天伟公司中的 11 名职工由征天集团有限公司负责落实到受让企业，享受征天集团有限公司职工同等待遇。

（三）原诸暨市征天水泥厂的剥离资产中，除房屋建筑物 127.2 万元作为征天水泥厂关停和转产的优惠扶持外，土地净值 242.63 万元，由征天水泥厂在三年内变现并向梁焕木水利专项基金付清。

（四）土地资产处置：

1. 对已发证土地的处置

（1）对企业原系出让方式取得的土地，用途不变的，交清相关税费后，可由改制后企业直接受让；对改变用途的，按改制时两种不同用途补缴差价后由改制后企业直接受让。

（2）对企业原系国有划拨或集体划拨方式取得的土地，采取土地使用权出让方式处置。经资产评估后，按改制时评估地价的 40% 补缴出让金后出让给改制后企业。对已改变用途的，按实际用途评估地价的 40% 补缴出让金后出让给改制后企业。

（3）对职工住宅用地，分两种类型处置：

①原为国有出让的工业用地改变为职工住宅用地的，按改制时工业与住宅两种用途差价的 10% 补缴出让金后变更给职工个人；

②原为国有划拨与集体划拨的工业用地改变为职工住宅用地的，按枫桥镇住宅用地基准地价 280 元 / 平方米的 10% 标准补缴出让金后出让给职工个人。

2. 对未批土地的处置

浙江征天集团有限公司未批土地 12 宗，土地面积 239.34 亩。其中浙江征天印染有限公司、诸暨市征天自来水有限公司等 7 宗土地 24.8 亩允许补办用地审批手续，按目前土地审批收费标准计算应缴土地出让金 134.71 万元。其余 5 宗因系基本农田及林地等原因，暂不办理用地审批手续，保持现状。

为对浙江征天集团有限公司拥有的土地资产有个全面的估算，对 12 宗未批土地计 239.34 亩，参照征地区片综合价（诸政发〔2003〕112 号诸暨市人民政府《关于印发诸暨市集体土地征用若干规定的通知》）核定土地价值。即未批耕地：166.61 亩 ×2.45 万元 / 亩 =408.19 万元；林地：73.10 亩 ×1.225 万元 / 亩 =89.55 万元，两项合计为 497.74 万元。

3. 对诸暨特种钢厂舟山地块的处置

诸暨天阳会计师事务所有限公司在对浙江征天集团有限公司资产评估中，诸暨特种钢厂舟山地块已按账面值 35.25 万元列示，而国土部门调查评估的土地资产中未包括舟山地块资产，故在计算土地净值时有误。应委托有资质的中介机构对诸暨特种钢厂舟山地块资产单独进行再评估，并按该地块资产评估值由诸暨特种钢厂变现直接缴入征天水库管理处。

八、改制后，企业土地、房屋权证过户，以及办理职工住宅土地、房屋权证问题，涉及的有关政策和费用，按市有关规定办理。

九、改制后的企业，按市有关规定实行属地管理。

十、企业改制前形成的债权债务和改制后新发生的债权债务均由改制后企业享受和承担。

十一、因企业瞒报资产或其他行为造成集体资产流失的法律责任，由企业负责承担，不因改制方案批复而转移其法律责任。

十二、接到批复后，请认真组织企业实施，并及时向工商行政管理部门办理企业营业执照变更登记手续，确保改制工作平稳有序。

诸暨市体改委办公室

二〇〇六年一月十八日

诸暨市人民政府
《关于征天水库管理体制改革实施方案的批复》

诸政发〔2007〕86号

市水利水电局：

你局《关于要求审批征天水库管理体制改革实施方案的请求》收悉，经市政府研究，现批复如下：

一、征天水库管理处为准公益性事业单位，编制人数和领导人数按原来的“三定”方案（单位性质重新由市编委发文明确）；

二、征天水库管理处经费来源改为差额拨款，水库“两项经费”（公益性人员基本支出经费、工程公益性部分维修养护经费）不足部分每年由市财政保障落实。

诸暨市人民政府

二〇〇七年十月三十日

第二部分　文　选

情系青山绿水

——记全国劳动模范梁焕木

邵宣亮　高海浩

在英才辈出的浙江古城绍兴，一位数十年献身农业的花甲老人，成为今日绍兴人广为称颂的楷模。

他叫梁焕木，农民出身的水利工程师。他主持兴修了10多个水利工程，创办了8个乡镇企业，以征天水库为中心建立了拥有近3000万元资产的征天公司，成为替农民排忧解难，为农业竭诚服务的坚强“靠山”。

梁焕木常说：“农业、农村、农民，这个农字就是我的命根子。”

命系农业

梁焕木的家乡在会稽山下的诸暨县枫桥。从前这里是一块旱涝不断的多灾之地。

当地的农民至今没有忘记，是焕木领头干起了治山治水的大业。那是解放后的第5年，年仅27岁的梁焕木主持兴建当时省内最大的青岭水库。数千农民拼死拼活干了一个冬春，来不及加固的大坝却被一场特大暴雨冲垮。在一片埋怨和责难声中，梁焕木默默地摘下家里挂着的一面面奖状，茶饭不思，在倒塌的土坝上转圈子。

父亲劝他别再干了，梁焕木默默地听着。但他却借了10元钱，只身来到省城，争取到8000元，发回了50吨水泥，又挨家挨户动员农民回到工地。大坝开始重建，梁焕木白天“三担挑千斤”，晚上在煤油灯下刻苦自学。水库终于建成了，他也成了当地小有名气的水利土专家。

征天水库的职工没有忘记，梁焕木来到这座“危险”水库担任库委会主任、党支部书记，正值三年困难时期。这个由几个公社联合兴建的水库有水无田，没有国家编制，工资发不出，吃粮没着落，一半人想离去。为了稳住人心，梁焕木把家搬到水库，并把自己每月45元工资并入水库收入，与职工一样每月拿不到10元工资。

几年拼搏，征天水库形成了综合配套的灌溉系统，受益农田从0.86万亩扩大到2万多亩。梁焕木的大儿子却在水库建设中不幸遇难。

“过去种田靠老天，现在种田靠‘征天’。”提起梁焕木，当地的农民把他比“大禹”。

心系农民

梁焕木仅有小学文化程度，他却嗜书如命，长年累月坚持自学。除水利本行外，他还攻读了高等数学、有机化学、工程力学、冶金学、金相学……以征天水库为基地，先后自己设计创办了多家企业，被许多专家学者称之为“奇才”。

梁焕木办厂宗旨明确：为农民服务。当地农民分配化肥很少，影响粮食产量。梁焕木担着赔本的风险，主持办起化肥厂，使灌区每亩水田的化肥从0.9公斤增加到20公斤，亩产量突破750公斤。

枫桥山区盛产番薯，难以贮存，销售困难，每年大量腐烂。梁焕木便走南闯北学技术，办起葡萄糖厂，收购消化了当地农民的剩余番薯。

农民搞水利、建房子缺少水泥，梁焕木又主持兴建年产4万吨的水泥厂，帮助灌区15个乡办起预制品厂，由征天公司水泥厂负责供应平价水泥。

为了给山区农民的竹笋、水果寻找出路，梁焕木又创办了罐头食品厂……在征天公司所属的8家企业中，有5家直接为当地农民服务。

梁焕木常说：我最看不得的是农民受苦。为此，他把“扶农助农”列为征天公司的一项制度，规定每年从利润中提取10%，加上水、渔、电的净收入专项用于支农。

有一年，灌区农民大量种植白菊花，不料市场变化，许多供销社不再收购。有些农民眼泪汪汪地找到梁焕木求助，老梁当场拍板：“卖不出去的白菊花征天公司全部代收。”公司为此贴了近万元运输费，用汽车拉到上海、江苏推销出去。有一年，茶叶销路不好，农民犯愁，梁焕木心痛，他又决定由公司垫资 26 万元，抽调人员代收茶叶，转销外地。

最使当地农民感动不已的是，每年春节前夕，征天水库拉网分鱼，梁焕木总是亲自“督阵”，以低廉的价格，把鲜鱼首先供应给灌区的每户农民，然后才轮到公司职工。

梁焕木心里装着农民，而自己两袖清风，淡泊人生。谈及这些，“征天”人就会说起许多令人肃然起敬的故事：

梁焕木提议作出规定，征天公司和所属企业领导的奖金不得超过职工的一倍。而他应得的 1000 多元承包奖金分文未拿，并说：“怕吃亏别当共产党员！”

梁焕木不沾烟酒，外出办事，半斤米饭加一碟猪头肉便是他的佳肴，他从不在高级饭店留宿，却住过 200 人一室的大通铺。

公司其他领导考虑梁焕木年纪大行走不便，趁他出差期间购置一辆桑塔纳轿车，他回来后态度严厉：“一个座位就要四五万元，我能坐得进去吗？！”坚决把轿车退了回去。

梁焕木没有专用办公室，一只黑皮包装下他的全部办公用具，走到哪里，皮包一放，现场办公。跨出 60 岁的门槛，他又欣然让出董事长的位置，而对公司的事情依然乐此不疲。

如今，梁焕木一家仍住着解放前祖上传下的两间老屋，紧傍公路，满屋都是扫不完的灰沙，旧式窗棂上蒙着尼龙膜阻风挡雨，而透出亮光的屋顶陈旧瓦片显然是无法阻挡风雨的侵袭……

根系农村

作为全国劳动模范、第七届全国人大代表、援外农业专家，命运曾给予梁焕木许多机会：跳出“农门”，晋升提拔。而他都坦然放弃。

由于梁焕木的突出贡献和领导才能，当地领导部门多次提出要调他去担任大型水利工程负责人，政协专职领导，诸暨县委还正式发文任命他为县水利局副局长，梁焕木每次都婉言谢绝。

20世纪70年代，梁焕木作为水利专家援外在乌干达工作了3年，并担任农业专家组组长。援外工作期满，鉴于梁焕木的突出成绩，外交部和省水利厅商定将他留在省城工作。他坚决要求回到了家乡。

“我这人是个泥巴萝卜命，还是埋在土里自在。”梁焕木常常幽默地表述他的“命运观”。1982年，省人事部门郑重下文，正式录用梁焕木为国家干部，并确定行政级别。梁焕木接到通知后坚决谢绝。县领导3次上门做工作，要他服从组织决定。无奈中，梁焕木又提出：“一定要转，不要行政级别，就转个技术级吧。”

许多亲朋好友和上级领导对梁焕木的举动难以理解，不只一次地问他：“老梁，你这也不要，那也不要，到底要什么？”

“我要的就是当个农民。自己当农民，冷暖甘苦自己知，为农民兄弟办事才会贴心。”

这就是梁焕木的执著追求。

（原载1990年10月26日《人民日报》）

当代大禹

——梁焕木事迹介绍

周长荣

诸暨，这是一块古老而神奇的土地。灿若群星的先贤为诸暨谱写了诸多的治水篇章与正气之歌。明万历年间，诸暨知县刘光复在《经野规略》中提出了“上蓄、中分、下泄”的治水方略，被后人誉为诸暨水利之“治谱”；新中国成立后，县长何文隆为治理浦阳江水患，踏遍了诸暨的山山水水；被人誉为当代大禹的梁焕木，不仅为诸暨的水利事业作出卓越的贡献而彪炳史册，更以他的精神奉献于时代。

谈起梁焕木，人们无不敬佩，无不赞叹！

常人说：“大家服他，在于他做了一辈子的好事。”

哲人说：“因为他，集中了中国知识分子与农民的长处于一身。”

他，是一位普通的农民，普通的共产党员，在特殊的时代，他把自己“修炼”为全国水利战线特等劳动模范、全国劳动模范、第七届和第八届全国人大代表。他的名字已被许多人传颂在浦江暨水间。

他，立志创业，治理河山，以征天水库为基地，数十年如一日，艰苦奋斗，无私奉献，不断进取，为群众做好事，办实事。他始终把自己的命脉维系于群众的利益，他赢得了群众的敬佩与尊重。以他为代表的“征天精神”，已成为宝贵的社会财富。

梁焕木的足迹是坚实的，他把群众的需要，作为一生的追求。

一、日夜奋战，重建大坝

“数夜月明天告旱，一声雷动路行舟”，是从前枫桥地区恶劣自然环境的真实写照。

梁焕木自小备受水旱之苦，对水有一种特殊的敏感。他在县农田水利培训班的试卷开头写道：“解放前，我们受三座大山压迫翻不了身，解放后不与自然灾害作斗争，同样翻不了身……”

1954 年，他在一次人民代表大会上提出，要在枫桥镇的大山村建造一座蓄水 60 万立方米的青岭水库。这在当时是全省最大的两座水库之一，人们惊奇地打量着这个铁塔似的青年人：凭你一身牛力气，挖个池塘也许不难，要造全省最大的水库可不是闹着玩的，你能行吗？然而，梁焕木认准的事是拗他不过的，在政府的支持下，他组织上千民工日夜奋战。一年后，青岭水库便在他的主持下建起来了，省报还专门作了报道。这是他的处女作。

谁料风云突变，刚蓄水不久，几天几夜的倾盆大雨，还来不及加固的大坝顿时被洪水冲垮，大片良田沦为汪洋。埋怨、讥讽、责难蜂起，过激愤慨的议论，如刀扎着他的心。他几天粒米不沾，像高僧参禅地呆坐着。然而，这条硬汉没有倒下。几天后，他向父亲借了 10 元钱，只身跑到了杭州，向省里要了 8000 元钱，发回了 50 吨水泥。梁焕木返回刚垮掉大坝的水库工地，含着眼泪跟冷静下来的乡亲们说："造水库没错，倒了大坝要坐牢、要杀头，我梁焕木去，但现在得齐心协力重建大坝。"这次重建，还得到了兄弟区乡 1000 多民工和解放军官兵的支援。几个月后，青岭大坝又挺立起来，至今岿然不动！

泪和血的教训给他上了创业的第一课，使他深刻体会到创业的艰难，体会到科学知识的重要性，也体会到了党的坚强领导和人民群众的力量。

青岭水库的建成，数千亩农田受益了，梁焕木没有歇着，他又自行设计搞成了全省较早的"小水电"——郑宝山电站。此后，他被抽调到枫桥区任水利技术员，正式走上了水利工作岗位。

1960 年国庆节，梁焕木被任命为征天水库养护委员会副主任，接管刚建成的征天水库，11 月任党支部书记。1961 年 12 月，任征天水库养护委员会主任。

征天水库是一座总库容 1119 万立方米的中型水利工程，由枫桥区 6 个乡镇 40 个村在"大跃进"时期联合兴建的。由于当时技术力量和机械设备的限制，工程质量较差，再加上三年困难时期，留守水库的 26 名管理人员工资无着落，人心动摇。为"稳定军心"，在最困难的当口，他把老婆和只有 12 岁的大儿子梁贤林接到水库安家，编入征天人行列。这一举动大大鼓舞了其他征天创业者的士气。为解决管理人员的生活问题，他向银行贷款5000元，利用建库时留下的取土坑整修成37亩鱼种塘，当年培育“夏花”鱼苗5万尾投库放养；利用溪坑、荒地造田种粮18亩；筑土坯房建养猪场；收集废旧材料自己动手建住房。“萝卜汤加扁担”建成征天水库，管理人员又坚持吃大麦糊、番薯粥搞生产自救。经过三年多的艰苦奋斗，基本实现粮食、工资自给。接着，梁焕木自行设计建三级水电站，土法上马办“五七”工厂（征天水机厂），达到自给有余。与此同时，在他的主持下，发动灌区干部群众，开通了14公里长的干渠，11条总长17公里的支渠和60条总长43公里的田间渠道。以后，陆续进行了有关排涝渠道、拦河堰坝、穿江倒虹吸、控制闸等一系列配套工程的建设；平整灌区土地一万多亩成园田化；开凿265米引水隧洞，将水库集雨面积外的5.05平方公里雨水引洞入库，解决了水库水源不足问题；建成“北水南归，排灌两用”的灌区西小溪工程，使栎新畈5000余亩农田得到引水和提潮灌溉，从而使征天水库灌区的受益农田从18000亩扩大到22850亩，真正形成蓄、引、提结合，洪、旱、涝兼治的系统工程。灌区群众切身感受到“过去种田靠老天，现在种田靠征天”。

二、扎根征天，心贴农民

1976年6月18日，梁焕木以中国水利专家的身份，从非洲乌干达载誉回国。三年援外，归心似箭。一回国，他就把粮户关系从外交部直接迁回征天。

回家的当天夜里，家里聚满了四方的乡亲和征天的同事。三年前，他们送他离乡援外，四十余名征天职工竟号啕大哭，依依难舍。今天梁焕木如期归来，使大家更激动难平。叙过离别之情，话题自然又扯到了水利，扯到了农民，一直扯到深夜。

这一夜，梁焕木怎么也睡不着，乡亲们的话令他着急。这几年水利年年搞，可粮食产量一直上不去，农民还过着“鸡蛋换粮食”的日子。他放弃了三个月的休假，开始跑田头，走村落，调查粮食低产的原因。梁焕木深深懂得：“有收无收在于水，多收少收在于肥。”

他下了决心：建一个化肥厂。然而，想事容易做事难，他几次进县城向领导汇报陈述，得到的回答都是“不行”。

灌区的干部群众对梁焕木说：建化肥厂，我们按受益田亩出钱、出地、出劳力，支持你干。群众的企盼和信赖更坚定了梁焕木办化肥厂的信心。时值12月下旬的一天，北风凛冽，大雪纷飞，通往县城的班车已停开了。为了争取县领导的支持，梁焕木带着两位同事，拄着拐杖，穿着草鞋，冒雪步行去县城。五十里的路，足足走了一天。当县里分管经济工作的领导打开家门时，看到的竟是三个“雪人”。梁焕木把建化肥厂资金筹集、劳力调配、技术设备来源的《计划书》递交给领导时，那位领导的眼睛湿润了，他用力紧握梁焕木的手说：“老梁，我们一定认真研究你们的要求！”不久，建化肥厂的批文终于下达。

1978年6月3日，枫桥石灰氮厂正式投产。从此，灌区2万多亩农田的化肥供应从每亩0.9公斤增加到20公斤，灌区农民告别了“鸡蛋换粮食”日子。

梁焕木始终没有忘记自己是农民的儿子，他常说：“为人民服务是共产党的宗旨，群众的需要就是我们的志愿。”

他是这样说的，也是这样做的。

山区农民番薯堆积卖不出去，遇雨天眼看着成批腐烂，他想方设法收购番薯办葡萄糖厂；搞水利、农民建房水泥紧缺，他绞尽脑汁办水泥厂；山区农民盛产毛竹，大批竹笋难以推销，他千方百计收购竹笋办笋罐头厂；1985年，社会上钢材紧缺，他又把原来的铸钢厂易地扩建成特种钢厂……

他一个接一个地兴办企业，至1992年底，形成了一个拥有亿元资产、千余员工的企业集团。然而，竟有一些人说老梁是“不务正业，搞无米之炊”，闲言碎语一次次落在他的头上。有一次，时任浙江省省长薛驹来到征天水库，见到梁焕木就问：“老梁，你最近在做些什么？”梁焕木笑答：“我在调查饭店。”“你调查饭店做什么？”梁又答：“有人说我用富阳的石头、山西的煤建水泥厂，是搞‘无米之炊’，我跑遍了整个杭州城，调查的结果竟没有一家饭店种稻的；绍兴共有6家水泥厂，其中有5家也没有石灰石，他们不也是搞‘无米之炊’吗？”接着，早已成竹在胸的梁焕木向薛驹同志汇报了这几年为农办了8家企业，不但直接为农民增产增收，而且解决了当地农村近千名剩余劳动力进厂当工人。薛驹同志听完汇报后，表扬了梁焕木这种可贵的为农服务意识和科学求实精神。

三、西域取煤，勇于实践

20世纪80年代初，改革的浪潮涌遍了全国各地，梁焕木突然感到枫桥变小了。如何在商品经济的浪潮中施展才华？梁焕木做起了新的功课。

1982年，煤炭短缺正威胁着浙江许多企业。在计划经济的年代，无计划分配的征天水泥厂和葡萄糖厂，更陷困境。当时梁焕木得到一个信息，绍兴地区协作办正为无法将在陕西的3000吨煤运到绍兴而发愁。梁焕木急赶绍兴地委主动请缨："我去把它拿来！"地委领导拍板说："老梁，我和你打个赌，你若拿来，这煤全部归你。"老梁笑呵呵地起身，大手往胸前一拍："这煤我要定了。"

六月中旬，梁焕木带着一名采购员顶着烈日起程前往，经历了一场西域取煤的艰辛。

武汉长江船运总公司是运输这批煤的关口，也是这次取煤的成败关键。经过各部门的辗转，老梁叩开了调度室的门。说明来意之后，调度员不吱一声，自点一根烟，冷漠地说："运煤不是你们一家的事，我这儿客户多着呢。"老梁理解地点了点头："知道知道，你们也有困难，但是……"他耐心地说下去。从农村办企业不容易，需要各方支持，又转到诸暨的山水、名胜、历史……调度员听着听着忽然想起了公司里也有一名诸暨人，关系渐渐融洽。老梁又把话回到正题："我已和上海港的领导说妥了，只要你们运下去，他们保证接货。"被老梁磨了整整一个下午的调度员，终于拿起三角印往介绍信上盖了下去。

梁焕木虽然办妥了运煤手续，但为了调查西南的煤资源，与有关部门建立长期关系，他又溯长江而上，奔波于湖北枝城的车站码头。从基础设施、场地面积、吞吐吨位，再问到自己提货的船只能否靠泊码头，需要哪些手续。一路考察调查，至四川，再到贵州乌江……

从四川涪陵到湖北枝城的两天两夜回途中，老梁坐的是分不清昼夜的五等船舱，偌大的舱内透不进一丝江风凉气，闷热得如蒸笼煮食。第二天，同去的采购员实在不忍心，偷偷找到船长，指着甲板角落坐着喘大气的梁焕木说：“求求你给这位老人补一张能透气的船票吧。”船长被说动了，撕下一张二等舱票。不料，老梁听到要补27元钱时，咂咂嘴说：“犯不着啊，这么贵的船舱我怎么坐得起？把它退了吧。”

老梁从不为谈业务请人下过一次饭馆，也从不为谈业务递过一支香烟（他自己不抽烟，也不备烟）。

外面的世界真精彩，外面的世界真无奈。梁焕木要在这个充满诱惑、充满矛盾、又充满希望的世界找到一个属于共产党员的坐标。

一个月后，当又黑又瘦的梁焕木回到家里，人们几乎不认得他了。值得庆幸的是：煤运来了！与此同时，梁焕木还向省、地、县有关部门郑重地递交了一份《长江水路取煤联络图》。

四、求知若渴，边干边学

时代造就人才。社会主义建设事业，锻铸了梁焕木非凡的才干。

20世纪60年代初，他被省里正式任命为水利工程师；70年代中期，他又作为中国援外专家赴非洲乌干达。他掌握了高等数学、有机化学、工程力学、冶金学、建筑学等多种学科知识。那么，只上过五年小学、土生土长的农民，是怎样成为一名水利专家和工程师的呢？

1955年6月18日的洪水，冲垮了青岭水库大坝，血和泪的教训，使他真正懂得知识的重要性，从而暗暗下决心苦学求知。

“大学的知识不一定只有在学校里才能学到，许多名家学者不一定都受过高等教育，而他们出的书有千千万万。他们的精神，他们的知识，都凝结在他们的著作中。”这是梁焕木在《谁来开辟农村新天地》这篇文章中的一段话。梁焕木学习科学知识，确确实实到了古人所说的那种“如饥似渴、聚精会神”的境界。每次出差，他总是给自己规定作业，专心看书学习，车外的风光秀色舍不得多看一眼。乘火车看书过站、误点乘错方向是经常的笑话。1982年春节刚过，老梁带着征天的一名副厂长去江西办事，挤进了上饶至弋阳的加班棚车。车要开动时，梁焕木又习惯地拿出一本书来看，并关照这位副厂长到站提醒他。这名副厂长坐下不久，就迷迷糊糊地合上了眼皮。这也难怪他，征天水库的干部职工都说跟梁焕木出差最辛苦。梁焕木点的饭菜往往是一碗半饭，一碟猪头肉；睡的是几元钱一夜的通铺；所到之处，走过一座桥，他会问你这桥是根据什么原理结构的；来到水闸上，他会蹲下来用草绳测量流速，并教你操作方法……等到这位副厂长惊醒过来时，火车早已过了弋阳。于是两人急忙到前站下车，沿着铺满大雪的铁路，深一脚浅一脚地往回走了十多公里的冤枉路。按理说，吃一堑长一智。可是梁焕木一旦看书入了迷，“老毛病”常会重犯。有一次他出差去杭州办事，在绍兴站等候火车，列车晚点了，梁焕木索性拿出书利用起这段时间来。谁知道从杭州开往宁波的列车先到站，糊里糊涂的梁焕木登上列车又全神贯注地看起书来。直到火车进了皋埠站，他才发现自己乘错了方向。

“学问学问，学了不懂就要问。”他从书本上学，向专家请教。他办任何一件事情，都要先到同行那里去实地考察，总要一道一道工序地实习，向工人老师傅请教，掌握每个技术环节的要领和难点。

老梁渴求知识，也渴求人才。

1986年，征得县教委同意后，办起了一所征天职业技术学校。他对新一代征天人寄予了很大的希望。他经常为学生上课，批改作业。老师劝他，你工作这么忙，批改作业是我们老师的职责。老梁语重心长地说：“我不抢你们的饭碗，我批改作业是为了解学生掌握的知识程度。”他希望职校的学生都能够成为既有理论知识，又有实践能力的应用型“通才”。

老梁不但认真学习业务上的《材料力学》《流体力学概论》《炼钢手册》《实用耐火材料》等这类“硬件”，还通读文史哲一类的《资治通鉴》《中国古代哲学》《周易通义》《老子新释》《黄宗羲全集》《中国经济改革三百题》《行为科学在企业中的应用》《法律汇编》等等“软件”。渴求知识的他如海绵吸水般汲取古今中外的营养，奉献于为人民服务的实践中。

五、心系百姓，脱贫致富

1967年的夏秋季节，连续一百四十三天不下透雨，灌区的稻田干白开裂。“文化大革命”的狂热和如火的干旱肆虐着枫桥地区。在“抓革命”的年代里，机关瘫痪，无人组织抗旱。正在接受批斗的“走资派”梁焕木心如油煎：再不抗旱，全灌区几万亩稻田将颗粒无收，老百姓以后的日子怎么过？

他白天接受批斗，晚上组织群众挖井。但几万亩稻田靠几眼井水如“杯水车薪”。他找到杨村大队的党支部书记杨国才：“国才，靠打井救灾不能解决问题，我想只有搞到抗旱设备，把枫桥江水提上来，引水倒灌才能解决整个枫桥的旱情。”当时，红了眼的两派武斗升级到双方动用武器。杨国才皱着眉头说：“老梁，武斗这么厉害，交通都封锁了，我们怎么去搞抗旱设备？”梁焕木坚定地说：“进城去，就是死也要把抗旱物资运回来。”第二天，为减少麻烦，他和杨国才身着汗衫短裤，赤手空拳，步行去绍兴地区水利局。一路上被哨卡扣留盘问，好不容易找到“军管”下的绍兴地区水利局，一个造反派头头以为他们是奸细，被折腾监禁了一天一夜才放人。在绍兴，只搞到一台10KVA的变压器。老梁又只身去萧山、杭州采办。返回诸暨时，船经湄池，碰上了“水上封锁”，枪弹从岸上打来，他赶紧将身体钻到水泵缝中躲避，闯过关卡。这一年，靠梁焕木冒死采办回来的抗旱设备，将排涝站改装成排灌两用站，倒提钱塘江潮水灌溉，取得了灌区2万多亩农田大旱之年的丰收。

1994年年关将近，老梁掏出了珍藏多年的一本笔记本，向征天的一位老总说：“当年造征天水库，东和乡的老百姓脚穿草鞋，爬山过岭来工地，一共出了16015工。如今大家吃穿都好了，只有东和乡还没有脱贫。这个忙，我们不能不帮啊！”这件事老梁一直记在心里。

说干就干。正月初三一大早，征天集团一名经理带队进驻了东和乡调查，几天后议出了扶持该乡发展轻纺脱贫的方案。老梁听完汇报后，觉得这个方案不错。因为枫桥一带的农民一家一户办纺织，已经形成气候，认为东和乡也可以走这条路。但他担心的是山区农民缺少资金、信息不灵。只有扶持一把，奠定基础后，就不怕风浪了。在这样的策略指导下，征天集团为困难农户作贷款担保，当年从银行贷到资金150余万元，个体户纺织机发展到509台。产品出来了，销路成了个体户的难题。老梁又对征天集团的老总说：“要管就得管到底，这时我们撒手不管，反而害了山区的老百姓。”他日思夜想，绞尽脑汁，想出了补救的办法：建议征天集团组建轻纺贸易公司，供原料、收坯布，就是自己亏本，也不能让老百姓受损失；建议兼并濒临倒闭的枫桥镇办印染厂，实施易地扩建，为迅速发展的枫桥衬衫业配套。在他的督办下，只用了短短八个月时间，印染厂建成投产。

六、严于律己，为人表率

岁月悄悄地走进 20 世纪 90 年代，这时的征天家大业大，已不是过去的征天了。

面对庞大的综合实体，梁焕木提出三个不：不吃大锅饭，不捧铁饭碗，不坐铁交椅。他说："我们征天也应该来个像'军衔'一样的'工衔'，让大家夹着尾巴做人，这样才会有上进；铁交椅也该动一动，贤者上，庸者让。"梁焕木还经常对征天的干部职工说："我们征天人要温饱，要提高生活水平，但绝不能一味追求物质享受，丢了艰苦奋斗的传统。"当时，征天集团有八家企业，相隔十多里地，梁焕木不会骑自行车，联系工作全靠两条腿跑。征天公司其他领导想他年纪大了，乘他出差时"自作主张"买了一辆桑塔纳轿车。梁焕木回来知道后，到车库去看了那辆新车，对大家说："这是桑塔纳？说高级，我看谈不上，但花几万元钱买一个'屁股'，怎么向职工交代？它能跑田头、爬山头、钻树蓬吗？"后来，公司领导只得把这辆新买来的轿车退掉。严于律己，处处为人表率，这是梁焕木一生的风格，更是在社会主义市场经济条件下本色不变的显著标志。梁焕木确实是经受住执政和改革开放双重考验的杰出代表。

谁都不能否认，为了征天，梁焕木贡献了一生的聪明才智，大儿子梁贤林献出了宝贵的生命，整个家庭都作出了牺牲。大家都不会相信这样一个事实，由他亲手创建起来拥有亿元资产的企业集团里，竟没有梁焕木的一张固定办公桌！他把提包往哪里一放，就在哪里办公。梁焕木家里的事情管得很少。二儿子梁贤生是陈蔡水库建库时的施工员，水库建成后，梁焕木向亲友借来一千元钱交给儿子，要他做本钱自己撑船谋生去。小女儿随女婿从部队复员回来，安排工作时求父亲去上面关照，梁焕木脸孔一板说："这是私事，我这个共产党员可说不出口。"

征天集团其他领导最后乘梁焕木出差的机会，悄悄地给他搬了家。看看同事们的一番苦心，又想想跟着自己吃了不少苦的妻子儿女，梁焕木终于在

70 多平方米的新房里住了下来。不过，住上新居后，梁焕木为此还欠着一笔数目不小的债务。

七、生命不息，奋斗不止

老梁太累了。1994 年 8 月，他感觉到身体不舒服。可当时正忙着为准备撰写《枫桥江的治理与开发》一书调查搜集资料，一直拖到年底。家属看他实在不行了，再三劝他去医院检查，结果是前列腺癌。

老梁的病牵动着各级领导的心，省、市领导亲自去病房看望他，嘱咐他好好养病，又指示医院组织最好的技术力量为其治疗。枫桥的老百姓听说梁焕木患的是绝症，许多人失声痛哭。是的，在梁焕木数十年为民办实事的过程中，1963 年，他承受过年仅 16 岁的大儿子梁贤林殉职的悲痛；“文化大革命”时期，承受过头戴“走资派”和“反动学术权威”两顶“桂冠”，被造反派摧残折磨；当知道自己得了绝症后，他并没有倒下，反而更加抓紧时间，谋划征天风景旅游区的开发。

手术是成功的。不久，省有关部门确定梁焕木为公祭大禹典礼上的致辞人，他痛快地答应下来。

就这样，好不容易征得医院同意的梁焕木，出现在公祭大禹的现场。时任全国政协副主席、水利部原部长钱正英见到他，吃惊地问：“老梁，你怎么来了，身体吃得消吗？”梁焕木装作若无其事的样子说：“大禹是水利人的老祖宗，我有大禹精神支撑，怎可不来？”可有谁知道，他笔挺的中山装里面，挂着一只尿袋。

疾病虽然可以摧垮他的身体，但摧不垮他一个共产党员的意志。

他身患绝症，本色依旧，体现出一个共产党员的崇高精神。

1996 年 4 月 19 日，梁焕木同志在绍兴市第二人民医院病逝，他的骨灰被撒在他战斗过的征天水库、青岭水库和枫桥江。

梁焕木，老百姓在你的心里。丰碑，在老百姓心中。

（原载 2014 年 5 月 23 日《诸暨日报》）

征天人不惑之年“思源思进”

胡补才

征天，一个叱咤风云、大气磅礴的名字，一面全国水利战线的旗帜，与一位令人仰慕的大禹式人物——全国劳动模范、全国水电系统特等劳动模范、浙江省特等劳动模范、第七届和第八届全国人民代表大会代表梁焕木联系在一起的单位，在“致富思源，富而思进”中迎来了不惑之年的喜庆。

在征天的荣誉室里，挂有中华人民共和国水利部自1978年至1998年期间颁发的六块金色奖牌，人们从奖牌内容由水利管理先进到水利综合经营先进，再到水利经济先进所体现的发展轨迹中，可以管窥征天四十年业绩之一斑：不仅水利管理搞得好，发展经济也走在全国水利系统的前列。更令人敬佩的是，在特殊体制条件下，四十年风风雨雨所铸成的以梁焕木为代表的征天人的自力更生、艰苦创业精神！

按国家政策规定，中型水库属于“官办”，应由政府部门直接管理，而征天这座中型水库则是六乡四十村群众联合兴建，故由一群不享受“官办”待遇，不拿国家工资的征天人，完全依靠自己的力量和灌区人民的支持，在历尽千辛万苦中管好了水库，创立了家业。在四十年中，征天人把一个由于追求“大跃进”速度造成的“危险”水库及“水到渠未成”的灌区，建设成为主体工程稳固完善，灌区设施功能齐全的蓄、引、提结合，旱、洪、涝兼治的水利系统工程。在四十年中，征天人凭着顽强的意志，依靠自己的勤劳和智慧，熬过了住无居所、吃无口粮、工资无着、生活极端困难的日子，并在为灌区人民服务中办起一个个企业，壮大了自身的经济实力，从当年的水库管理处发展为今天的集水、农、工、商、学、游于一体的浙江征天集团，形成一个拥有所有者权益1.26亿元、年销售额1.3亿元和效益2000多万元的小康大家庭。

纵观征天四十年历史，是一部自力更生的创业史，也是一部为民解困的服务史，更是一部体制创新的改革史。在“思源思进”中，征天人深切地感受到：征天四十年的成长和巨变，来源于毛泽东思想、邓小平理论的指引，来源于以梁焕木为代表的征天精神！在今后社会主义市场经济中要继续生存和发展，仍应一如既往地高举毛泽东思想、邓小平理论的伟大旗帜，结合时代要求，发扬光大征天精神。

一、自力更生：在共渡难关、站稳脚跟中

征天人从这里起步　库容量为1253万立方的征天水库1958年10月破土动工，投放50多万人工，挖挑34万土方，于1960年6月基本建成。10月，水库建设委员会改为水库养护管理委员会，留下40多人管理养护。但是，经专家鉴定，征天水库为危险水库，确保工程安全任务十分繁重；灌区渠系建设刚刚起步，续建工程量大面广。是年，适值我国三年严重经济困难时期的最艰难之年。水库工程建设的经济政策尚待处理，淹损作物补偿和非灌区支援工报酬需要兑现，库区移民问题仍未落实，因而留守人员的工资待遇、口粮问题暂时也无法解决。部分人回家去了，留下还有26人。党的好干部、人民的好公仆梁焕木，就是受命于工作上矛盾重重、生活上极端困苦的危难之际，于是年10月担任征天水库养护管理委员会负责人。从此，他的命运就与征天联系在一起。征天人在他的带领下，风雨同舟，甘苦与共，艰难曲折而又一往无前地走了过来。梁焕木同志在征天走过36个春秋，直到他生命尽头，实现了他40多年为水利事业“生命不息，奋斗不止”的宏愿。

“我们也有两只手，不要国家供应粮”　为解决26名管理人员自身生活问题，征天人利用水库的水土资源，以库办场，以场养库。向银行借贷5000元钱发展养鱼；把建库时留下的取土坑整修成37亩鱼种塘，当年培育“夏花”鱼苗5万尾，投库放养；利用早晚时间整理溪坑荒滩，造田种粮18亩，进行生产自救；收集废旧材料自己建造住房。还办起了养猪场。为了稳定这支管理队伍，表明共渡难关的心迹，梁焕木同志把妻子接到水库帮助养猪，把国家发给他的每月45元工资纳入水库集体收入，自己与26名管理人员拿一样标准的每月25元生活费（实际只能拿七八元）。就这样，吃着大麦糊、番薯粥搞生产自救，进行工程加固。经过三年多的艰苦奋斗，基本实现粮食、工资自给，能按月发放固定工资；三级电站全部建成后达到自给有余。这时，梁焕木同志又把妻子送回家去，表现了“有难同当，有福不同享”的高风亮节。困难期间，政府部门并非没有关照过征天人，不过都被征天人婉言谢绝了。一位副县长把征天列为缺粮户，批给4800公斤返销粮，征天人十分理解政府的困难，表示“我们也有两只手，不要国家供应粮”。省水电部门也曾给过征天17个人员编制：管水库4个，搞发电13个。征天人却说：我们征天人能站住脚主要靠渔场，养鱼不给编制那就一个也不要，全部自力更生！“从来没有什么救世主，全靠自己救自己”，征天人坚信自力更生这个真理。四十年来，自力更生成了征天精神的核心，征天人的象征。

“萝卜汤加扁担”，摘掉“危险水库”帽子　征天水库是靠“萝卜汤加扁担”精神建造的，征天人接过管理养护任务以后，也靠“萝卜汤加扁担”精神，出色地完成了维修加固、确保安全的重任。发现大坝漏水以后，先是进行坝坡补齐，直至达到设计标准；次年对左坝头输水涵洞加固接长，并挖深溢洪道；1963年至1964年开挖了三处漏水的左坝头迎水面，加筑了黏土防渗斜墙。至此，水库转危为安，基本摘除“危险”帽子。为了扩大受益面，解决灌区内外两爿天的问题，他们凿通一条265米长的引水隧洞和开挖1160米的引水明渠，使水库集雨面积从13.4平方公里扩大到18.45平方公里，增加了蓄水量；在发现三处新的漏水隐患后，于1965年在左坝头进行了帷幕灌浆，从而使大坝漏水病险得到根治；1977年，实施了大坝加固和保坝工程，进一步提高了防洪能力。征天水库那条雄伟壮观的大坝，从此完全站稳了脚跟。

种田靠老天变为靠征天　在征天人和灌区人民共同努力下，14公里长的干渠于1962年全程贯通；11条总长17公里的支渠和60条总长43公里的田间渠道同步施工、同期竣工。以后，陆续进行了九里排涝渠、门前溪改道等排灌设施建设，改造加固了堰坝，培修提高了防洪堤埂，平整了1万多亩土地，进行了园田化建设。特别是“北水南归，排灌两用”的西小溪工程的完成，使9000多亩易旱田得到库水、江水灌溉，使6000亩低洼田免除内涝之患。此外还有倒虹吸、控制闸、分水坝等一系列配套建设。达到输水有道，分水有闸，缺水能灌，水多能排，还能把流失的水拦回来再利用的要求。征天水库及其灌区真正形成蓄、引、提结合，旱、洪、涝兼治的系统工程。昔日是“三个日头叫皇天，一场大雨好撑船”的灌区农田，如今是旱涝保丰收，种田不用愁。水库及灌区建设配套完善，使灌溉面积由原设计的18000亩扩大到22850亩。历经四十个年头，先后经受了五次大旱，五次水灾的考验，即使是1967年那样的大旱，灌区粮食亩产量仍然有550公斤，而且那年灌溉范围向北、向东、向南延伸，扩大至3万多亩。老百姓切身感受到水库带来的好处，由衷地说：“过去种田靠老天，现在种田靠征天。”充分反映了灌区人民对征天水库管理的信任和满意。征天人也欣慰地说：“我们不辱使命，没有辜负灌区人民的委托。”

二、艰苦奋斗：在为民服务、自我发展中

公鸡变母鸡才能生生不息　在1963年召开的华东地区农业先进集体代表会议上，征天水库代表梁焕木对周恩来报告中的“先为公，后为私；先国家，后个人；先求己，后求人；先责己，后责人……”的“八先八后”感受很深，想得睡不着觉，悟出了一些道道，深夜敲开参加会议的宁波专署副专员的门，与他探讨人生真谛。当时，他许下一句朴实无华、发自肺腑的诺言：“我要为农民多办几件好事。”会后，梁焕木同志把周总理报告2万多字的记录重新整理了一遍，一直珍藏在身边，以总理为楷模，以“八先八后”为行为准则，一辈子实践着为民做好事的诺言。也就是这句诺言，把与他心灵相通的征天人紧密地团结在一起，成了征天人发展事业的宗旨。征天的多种经营和工商企业，就是在为当地农民排忧解难、脱贫致富的想法之下一个一个地创办发展起来的。

在水利事业迅速发展，但水利技术装备非常落后，连根启闭机螺杆也难以买到的情况下，征天办起了水利机械厂；在计划分配化肥每亩只有0.9公斤，粮食产量上不去、农民吃不饱饭，只得拿鸡蛋换粮票的困难条件下，征天办起了石灰氮厂（后转为钢厂）；在计划分配水泥不能满足农田水利建设需要，农民建房根本分配不到水泥的情况下，征天联合绍兴、诸暨两级水电部门办起了水泥厂；在农民番薯丰收，两分钱一斤也卖不出去，遇到阴雨天气大批番薯腐烂这种现象发生后，征天办起了以番薯为原料的葡萄糖厂；在经历了收购农民卖不出去的白菊花，又贴了一万多元运输费转卖出去这件事后，与有关单位联合办起了食品厂；在当地衬衫业和织布业迅猛发展，而中间环节的印染整理要到绍兴加工、成本增大的情况下，征天投资兴办了印染厂。

征天，就是在为民解困，为当地经济服务中，发展、壮大了自身。也由于自身经济实力的增强，才有能力为水库管理维修和为灌区人民提供服务。对于征天这样一个水库管理单位办企业，用现在眼光看很平常，而在计划经济年代就很不平常，议论最多的是说“征天不务正业”，包括相当一级领导干部也持有这种看法。征天人曾经耐心地向外界解释：水库管理处光搞管理好比一只公鸡，只会吃米，不会生蛋，而水库管理需要经费，搞工程配套和维修加固也要花钱，所以需要公鸡变母鸡，既生蛋又孵小鸡，才能生生不息，循环不绝。四十年来，征天用于水库加固、渠系维修、灌区返潮抗旱补助、灌区农田化肥差价补贴以及七个灌溉站经费等支出，每年不少于50万元；为了扶持贫困地区发展经济，征天还为贫困乡农户购买织机150万元贷款提供担保，为灌区做了力所能及的服务。

坚韧不拔：“口溜水”和“眼泪水”　上级让你管理水库，而你却要办起一个个企业来，如果没有一种坚韧不拔的精神是办不起来的。用梁焕木同志形象的说法是“我们是靠口溜水和眼泪水，甚至在办公室门口席地坐等”。他说的“口溜水”就是不厌其烦陈述理由，到处游说，争取支持；“眼泪水”就是以情感人，用自己顽强意志和行动换来同情。报批石灰氮厂就是一个以情感人的事例。报告送上去以后，征天派人三番五次上县城催办，反复向有关部门陈述必要性、可行性，但得到的回答都一样“不行”，尽管回答方式有直率和委婉之分。1976年12月下旬的一天，征天人又一次上县城了。这天，彤云密布，朔风凛冽，飞飞扬扬下着漫天大雪。汽车已经停开，梁焕木和两位同事只得一步一个脚印地长途跋涉。当县里一位分管领导打开家门时，顿时被眼前的情景感动了：站在门口的是三个雪人，手持拐杖，脚穿草鞋，头上、肩上、脚上全是雪，眉毛上也搭起了“雪檐”。那位领导紧紧地握住梁焕木的手，动情地说：“老梁，我们一定认真地研究你们的要求！”不久，同意办厂的批文就下达了。

“从空厂到工厂”的故事 在那个什么都很紧缺、什么都实行计划供应的年代，一个集体事业单位要自己动手办厂谈何容易！以征天1969年创办第一家工厂——“五七”修配厂为例，确确实实是土法上马，艰苦创业。厂房是借凤山电站地盘临时搭的一个工棚，机器设备是一架从凤山电站搬来的台虎钳和从萧山以废铁价格买来的刨床，找来6名水电工，搞起了水机、农机的修理业务。当时有人讥讽“五七修配厂”为“五七空厂”，但征天人是有志气的，既然干起来了，就非干出个样子来不可。1972年，修理厂制成了一台能切削直径120毫米、长6700毫米的长丝杆车床，完全是自己研制，就地取材：用混凝土浇成车床床身，用报废的汽车变速箱改制成车床的车箱头，用几只旧齿轮搭成齿轮箱，花盘、车头轴是自己浇铸的。就用这样的车床，第一次就制造出一条8米长的启闭机螺杆，实现了由修理向制造的飞跃，“空厂”向工厂的转变。如今，由“五七”修配厂改名的征天水利机械厂，车、刨、钻、滚、磨、铸等设备齐全，能生产启闭机、卷扬机、灌浆机、打夯机、钻探机等多种机械产品，产品远销乍得、乌干达等国家。水利机械厂的成功，不仅为征天发展其他企业起到积累资金、培养人才的作用，尤其重要的是，在创业过程中所培育的排除万难、奋发进取的精神，这是一种比资金和其他物质资源更为珍贵的发展事业必不可少的精神资源。

“学而优则干”，为干而学 为攻克技术难关而顽强地刻苦地锲而不舍地学习、读书、钻研，这是征天人艰苦创业、奋发进取的又一突出表现。梁焕木风趣地说：“我们要把学而优则仕的‘士’倒过来，叫做学而优则干。”这话也是他高尚人生观的写照。梁焕木曾有过几次当官的机遇，但都被他一一婉拒，他一心想的就是干，一生要为老百姓多办几件好事。为了干，他“需要什么学什么”。1981年筹办葡萄糖厂，他先是细细地啃读了《淀粉与淀粉糖》，逐章逐节消化以后，仍觉得有些问题没搞清楚，于是就到江西找此书作者——江西中医学院一位教授，然后他领着几个青年带着图板、绘图仪器和《设计手册》，到省城包了个招待所通间住下来。白天上轻工设计院、化工研究所请教，晚上回招待所描图设计。经过一个星期的日夜苦干，一套年产500吨粉剂葡萄糖的工艺流程布局，及蒸发锅、糖化锅、离交塔、脱色过滤器等设备和仪表装置的设计全部完工。设计有无漏洞？他又带着图纸到上海葡萄糖厂找一位总工程师。那位工程师抖开图纸看了一阵，竖起大拇指说："从来没干过这一行，做到这个程度很了不起，佩服佩服！我一定帮你审定，让你实现愿望。"

只读过小学五年书的梁焕木同志由于勤学苦练，1960年就被省委农工部评为水利工程师，以后就干什么学什么，化工、水泥、食品、钢铁、建筑，还有文史哲方面的，需要什么学什么。征天早些年创办的8个厂，专业性都很强，都是在他的带领下由征天人自行设计、自己装备的，不仅投资省，而且速度快。这不能不说是征天的一个特色、一种精神！

三、求真务实：在企业改革、机制完善中

所谓的"九六黑话"　在诸暨农村全面推行包干到户（即家庭联产承包责任制）的1981年，梁焕木同志在9月6日征天300多名职工参加的大会上，提出"不吃大锅饭，不捧铁饭碗，不坐铁交椅"的改革设想。不吃大锅饭，就是凡能搞按件计酬的工种都实行按件计酬；不捧铁饭碗，就是不搞固定工，借鉴部队"军衔制"办法，把职工分为岗位熟练工、岗位练习工和普壮工，叫做"工衔制"；不坐铁交椅，就是不定候选人，民主选举厂长。他说，我们不能学唐太宗李世民，造个凌烟阁把开国功臣供奉起来的办法，创业者不能占着茅坑不拉屎，要让群众挑选领导，贤能者上，平庸者让。那段时间，老梁刚刚看了再版的《燕山夜话》，他就把这个讲话自嘲地称作"九六黑话"。其实根本不是"黑话"，这个19年前的讲话，在今天看来仍然为不失时代精神的企业改革宣言。当时国有企业改革尚未起步，处于放权让利阶段。所以，提出"三不"着实引起不小震动。听说选厂长不定候选人，有的领导就不敢接受参加民主选举大会的邀请。由于大气候和体制上的一些原因，"三不"改革设想当时仅得到部分实施。

如 1982 年春节刚过就进行了民主选举，所选的 12 名正副厂长平均年龄为 35.6 岁，最大的 49 岁，最小的仅 24 岁。选举结果表明：群众心里有一杆公平的秤，群众选的与领导想的完全吻合。

九名骨干出走引起的思考 1992 年下半年，征天公司一名副总经理和八名中层骨干跳出征天另谋高就去了。像在平静的湖面扔进一块大石头，征天掀起了轩然大波。“征天怎么了？”“征天下一步怎么办？”职工议论纷纷，干部苦苦思索。头头们甚至吃不下饭，睡不好觉，苦思冥想地问自己：毛病出在哪里？“药方”又在哪里？经过一阵反思，征天一班人又到东阳横店、绍兴等地去看了看，听了听，然后坐下来畅所欲言，各抒所见，逐渐形成了统一的认识：要承认和尊重物质利益原则，适当加大职工分配的力度；要贯彻允许一部分人先富起来的方针，适当拉开工资分配差距；公而忘私，无私奉献，是先进分子的标准，不能成为对企业全体职工的行为要求。为了增强凝聚力，稳定骨干队伍，决定学习山东周村的办法，实行股份合作制。具体做法是：企业资产经过评估，划出 30%（后经核实仅 12.4%）的所有者权益，按工龄、工资、职务、职称、荣誉等要素量化到每名员工，命名为劳动补偿股，作为分红的依据，目的是增加职工收入。同时，经绍兴市人民政府审核批准，将征天综合开发公司改建为浙江诸暨征天集团公司，征天于 1993 年初实行股份合作制，系诸暨市第一家，其具体做法只是一种探索。但有两个成果是显而易见的：一是原来均衡的分配格局基本打破，骨干与一般员工之间拉开了差距，实现了稳定骨干的初衷；二是顺利地实现了组织上的新老交替，征天集团实际领导职务都由新一代征天人承担。从此，征天这面旗帜就由新一代扛着，征天这副重担就由新一代挑起。

采取“断奶”措施，让三兄四弟自做人家 与国有企业吃国家大锅饭的通病一样，征天各个企业一直吃着公司的大锅饭。在向市场经济过渡中，这种吃大锅饭的矛盾日益凸现出来：不管企业之间经营状况好差、赚取利润多少，年终时都由公司这个“爹娘”对“三兄四弟”削平补齐，造成创利多的得不到激励，创利少的感不到压力。有人称征天这种体制为“二国营”。此时梁焕木同志的病已经渐渐沉重，但为了寻求企业改革的“良方”，仍拖着沉重的病躯带领一部分董事到萧山、绍兴等地考察探讨，数次向关心征天事业的省里领导请教，反复与绍兴、诸暨两级体改办同志分析论证。最后，董事会达成一个共识：征天的企业一个个办起来靠自力更生，在市场经济条件下要继续生存和发展，同样要靠自力更生，企业吃集团的大锅饭迟早要吃穷拖垮。于是董事会决定：从1995年起给各企业落实法人财产权，集团公司采取“断奶”措施，让各企业做名副其实的法人。具体做法是：动产部分集团公司与企业实行股份经营，按股分利；不动产部分实行租赁经营；企业自行投入形成的资产归企业所有。为了使企业之间的起跑线尽可能接近，对资金利润率偏低的企业采取调减职工人数和资金借贷扶持措施，对存在闲置资产的企业削减租赁金。从今往后，不管身在“糠箩、米箩”（企业基础好差）都要“自做人家”，拿插在田里的秧苗作比喻，叫做“要活自生牢，要大自草淘（健壮）”。集团公司作为资产所有者享有资产受益、重大决策和选择管理者的权利。

独树一帜的产权结构形式　征天企业的股份合作制，自1993年以后，边实践边改进，变动次数较多。一部分职工反映“三年两头改，越改越糊涂”，所谓糊涂主要指具体做法太复杂，不够简洁明了。1996年，董事会根据职工意见，又一次进行完善。通过召开各种座谈会和广泛听取意见，将原来的办法作了简化：把劳动补偿股五要素简化为三要素，把现金股与劳动补偿股比例由零点几比一改为一比一，集团公司与企业资产关系和利润分配关系也进一步理清，并从当年起按新章程和实施细则实施。

1997年，为贯彻诸暨市委关于集体企业资产由职工一次性购买的45号文件，征天集团公司当年在一个企业搞了试点，然后全面推开。这次改革，既改出了企业活力，又改出了征天特色，可谓独树一帜。首先，集团公司拨出了350万元资金，对企业职工截至1997年以前所有工龄（包括退休人员）的养老保险进行了投保，既解除了职工后顾之忧，又廓清了思想障碍，保证改革的顺利进行。其次，形成了征天特有的产权制度形式：企业间既有集团公司控股的，也有职工普遍持股为主的，但总的是以集体公有为主体的多元化的产权制度，同时对土地资产和闲置资产采取租赁使用形式。第三，鉴于征天集团公司承担着水库管理和为灌区服务的特殊需要，规定各企业向集团公司每年按销售额的8‰缴纳管理费和利润额的10%缴纳支农基金。从所有制角度看，征天的集体资产将永久保持，而且会不断壮大，并造福了当地人民。这是征天企业改革的又一特色。

迎着市场风浪奋进的征天集团　近几年，由于对外宣传少，外界很少知道征天的现状。不习惯对外张扬，这是征天人的传统风格，在当今也许是一种缺憾，但是不宣传并不意味企业停滞或倒退，而是一种清醒，一种理智。这几年，枫桥地区经济迅猛发展，规模企业纷纷崛起，征天虽然也有发展，也有扩张，但相形之下就产生一种压力。于是，他们就憋着一股劲，迎着市场风波奋力拼搏，技术改造、结构调整、新的项目、外向型经济，一个接着一个地抓，几乎没有喘息的时间，像一部开足马力的汽车“不揿喇叭只管跑”。

1999年，由于条件成熟，征天集团对自身进行了规范，明确以特种钢厂和水库管理处为核心单位，以印染厂、水泥厂、水利机械厂、征天食品厂、联营食品厂、自来水厂、房地产开发公司、渔场、风景旅游管理处以及征天职业技术学校等单位为紧密层和半紧密层，经省人民政府审核批建为浙江征天集团。经过改制、改造，征天大部分企业显示出勃勃生机和经营活力。特种钢厂已发展为省内唯一能冶炼50多种特种钢材，直接为机械行业服务的冶金企业，其中数只合金钢产品填补了省内空白，被评为全国500家最大乡镇企业。印染厂已拥有5条生产线，年加工能力逾亿米，染丝上千吨，已经是集漂白、染色、染丝于一体的规模企业，产品质量连续四年均达到一等品级，1998年通过IS0 9002国际质量体系认证，1999年“征天”牌漂白布荣获诸暨市、绍兴市名牌产品称号，2000年又获得自营进出口权。联营食品厂已形成年产食品罐头5000吨的生产能力，是绍兴市范围内水煮笋出口量最大的生产厂家，1990年发往日本的水煮笋达到4180吨，企业联结竹笋生产农民2万户，竹笋生产基地15万亩，成了名副其实的农业龙头企业，被诸暨市政府评为“十佳农业龙头企业”之一。水泥厂、水利机械厂等其他企业也有不同程度的发展和提高。

四、开拓创新：在继续进取、二次创业中

回顾四十年，征天不仅仅是为自己创造业绩而欢欣，而是为了继往开来，奋发图强展望新世纪。经济全球化步伐加快，我国即将加入世贸组织，企业面临新的考验，征天人任重而道远。结合新时代、新特点，在全面供过于求、市场竞争激烈的条件下，征天人如何发扬征天精神，夺取“二次创业”的新业绩？这是征天人在“富而思进”中对自己提出的考题。

围绕一个“特”字谱写新传　征天的企业大多起步于为当地农民、当地经济服务，技术含量相对较低。进入21世纪后，如果不抓紧技术改造和技术创新，通过大力调整结构和开发新产品去提高市场占有率，有的企业要保持原有的市场份额也是岌岌可危。因此，在“思源思进”中，征天人认为，像征天这样的中小企业，必须根据市场需求多样化的发展趋势，围绕一个“特”字谱写新传，进行二次创业。特种钢厂将新上炉外精炼炉技改项目，以提高产品质量，增加冶炼品种，使特钢质量达到国际标准，参与国际市场竞争；以冶炼、锻造、轧制为基础，逐步增加冷轧、冷拔、热模锻等工艺，对产品进行深度开发，变生产原材料为生产半成品，实现特钢产品由粗放型向精细型转变；以开展创牌活动为载体，逐步走出一条“小而精”“小而尖”的特钢之路，并打响品牌。印染厂将通过引进科技人才和国际先进设备，加大技术改造和结构调整力度，提高产品档次，开发特种印染产品，并提高后整理水平；充分利用已获得的自营进出口权，拓宽经营领域，扩张业务数量；依托衬衫块状经济的发展，努力实现印染产业规模升级和品牌升级。两个食品厂围绕开发诸暨特色农产品而确定的发展思路是：充分利用进口设备优势和接触外商频繁获取信息便捷的优势，扩大真空软包装调味笋生产，打响“天竺”品牌；与浙江工业大学合作，进行象牙笋深度加工开发项目的技术改造；充分利用冷冻、速冻、脱水、真空包装四大流水线，逐步将绿色食品的加工扩大至白菜、萝卜、茭白、四季豆、芋艿、莲藕、番薯等多种农产品。水泥厂的近期目标是开发高标号水泥和特种水泥，开发新型建筑材料和非金属矿制品。总之，为了在供大于求的市场竞争中能继续发展，征天的老企业都抓住了一个“特”字，在开发特色产品方面下功夫。

抓住城镇化机遇创立新业 随着东南沿海地区现代化步伐的加快，农村城镇化势必加速推进。诸暨市市域城镇体系规划已经省联席会议首批审查通过，枫桥作为六大组群之一的中心集镇，将进入一个大发展时期，工业集聚、人口集聚将带来基础设施建设和第三产业的大发展。征天人决心抓住城镇化加速推进的机遇，积极主动地参与推进城镇化的实践，大力发展第三产业。一是发展征天风景名胜旅游业，及宾馆、餐饮、娱乐、旅游产品等配套服务业。征天库区自然景观引人入胜，枫桥地区人文景观令人神往，二者若能联袂推出，深度开发，则可优势互补，相得益彰。《征天风景旅游总体规划》已于1997年由省风景旅游研究所设计完成，主要发展目标是水上游乐观光，避暑休闲度假和进行爱国主义教育。已建成征天门、乡贤亭、光禹园、摩崖石刻等设施。要实现规划要求，今后主要是把基础设施搞上去。枫桥为元代画家、诗人王冕，元代文学家、书法家杨维桢，明末画家陈洪绶故里，古迹遗存有待开发。配套服务业枫桥宾馆已于2000年5月投入运营。二是利用得天独厚的水资源优势，发展集镇供水业。征天水厂原来以供给企业生产用水为主，随着集镇的扩展，近期将扩建为日供水2万吨的规模。三是增加房地产开发力度，在今后的发展中，征天人将遵循“会扩张也会退出”的原则，使现有产业结构得到较大调整，逐步使第三产业发展为主导产业。

征天的发展，最后回报于水利事业，为水利现代化服务。在确保水库工程安全，搞好风景旅游开发的前提下，对灌区建设目标确定为：排灌渠系标准化，农业园区现代化，防洪排涝自控化，管理制度规范化。

力求“征天精神”代代相传 为了使征天事业在市场竞争中立于不败之地，并且要有新的发展、新的提高，对地区经济和灌区人民作出新的贡献，新一代征天领导班子清醒地认识到，征天人不仅要十分珍惜老一代征天人创造的物质财富，更要珍惜老一代征天人培育的精神财富。这些精神财富主要是：自力更生、艰苦奋斗的创业精神，克己奉公、勤业敬业的奉献精神，自强不息、刻苦顽强的进取精神，敢想敢干、求真务实的改革精神。征天事业要永葆青春，持续兴旺，必须使这些征天精神代代相传，发扬光大。首先，领导班子要加强自身建设。把贯彻“三个代表”重要思想的要求与发扬征天精神有机结合起来，自觉地实践，认真地修养；“先进生产力的发展要求，先进文化的前进方向，人民的根本利益”这三个代表，都能在征天精神中得到具体体现；在我国经济与世界接轨的新形势下，在坚持加强自身建设的同时，还必须增强忧患意识，始终保持一种“逆水行舟，不进则退”的奋发图强精神状态。其次，是各企业要把弘扬征天精神与企业文化建设结合起来，把征天精神凝聚在企业文化之中，形成具有征天特色的价值观。征天的每个企业都是一本书，都有一串故事，都蕴含着深邃的征天精神。各企业从各自的实际出发，从物质、制度、观念三种形态抓好文化建设，形成各具特色的企业精神和企业形象，从而使征天精神在各个企业也能代代相传。

（原载 2000 年 7 月 26 日《绍兴日报》）

承前启后续新篇

——记征天集团董事长宣汉康

汪伟英

征天，这个响亮的名字，半个世纪以来，一直回响在枫桥这片古老而神奇的土地上。这是以已故全国人大代表梁焕木为代表的征天人创立的“情系三农，为民造福”的一面旗帜。

前人励精图治，奋发图强；今人继往开来，再创辉煌。如今的征天集团，又有一位深得征天人信任和爱戴的实干家。他以高度的责任感和使命感，带领征天人开拓进取，创业创新，用心血和智慧在征天这方热土上诠释着自己的人生理想和炽热追求，为做强做精企业和推动枫桥地方经济发展立下了汗马功劳，成了继梁焕木后征天人的杰出代表。

他，就是征天集团董事长宣汉康。

初生牛犊显睿智

17岁那年，宣汉康幸运地获得了进征天务工的机会。在那个艰苦的年代，早已挑起家庭大梁的他，对待工作更是胜于当家的用心尽力，加上他的豁达豪爽和那洪钟般的大嗓门，一进单位便吸引着众人的眼光。他做的是钳工，工作之余还学电焊，学气割，学车工，学车间里的每一项技术。因为勤奋与灵性，不久他也带起了徒弟，成了当时最为年轻的师傅。

宣汉康的征天之路，正是从车间学做技术工开始，后来经历供销工作、生产管理，再到企业经营管理。秉性使然，无论处在哪个岗位，他都怀着满腔的工作热情，处处展露着初生牛犊的胆识与尖尖小荷的睿智。

1982年10月，征天葡萄糖厂筹建酒精车间，因当时人手少，基建任务重，梁焕木同志为筹建进度慢而急得团团转。时任葡萄糖车间主任的宣汉康，列席了一次筹建会议，得悉制约筹建进度的因素当中有一项是缺少电焊技术工，导致厂房的人字拉杆焊接进度跟不上时，他二话没说，在会上毅然揽下了这一任务。宣汉康不是筹建人员，筹建进度快慢本与他无多大关系，但他能主动请缨，管起这等“闲事”，梁焕木心里便为这小鬼头的集体观念与工作激情而高兴。会后第二天早晨，人们上班时，突然发现一大堆已经焊接好的人字拉杆，值班人员说，宣汉康昨晚在车间烧了一整夜的电焊……大伙看着这一大堆焊接完好的人字拉杆，真为这小青年言信行果的作风暗暗佩服。

1983 年，为提高企业知名度，已负责葡萄糖厂生产的宣汉康，提出在《浙江日报》做广告的设想。在还是计划经济为主的买方市场条件下，这种广告意识出乎常人思维。这年 12 月，宣汉康带着自己制作的广告图案样板，乘公共汽车到浙江日报报社，花 8000 元钱在《浙江日报》上刊登了征天葡萄糖厂产品广告，而且“捷足先登”，把当时还未能生产的针用葡萄糖也登上了广告。出乎意料，广告一登，针用葡萄糖的求购信与联系人员纷至沓来。

梁焕木知道后，大骂这小鬼的“出格”行为：“怎么能拿企业信誉当儿戏，做虚假广告呢？看这小子怎么收场！”谁知，宣汉康主动找到了梁焕木，一是承认错误，为自己的行为作了检讨，同时振振有词地陈述了自己的设想。他认为，根据现有葡萄糖厂生产设备，只要加强内部管理，严格控制工艺技术，完全有可能生产出市场需求紧缺的针用葡萄糖。这种敢作敢为的风格深深地打动了梁焕木，当即拍板由宣汉康为主，全力攻克针用葡萄糖生产项目。就这样，宣汉康带领糖厂干部职工，攻坚克难，终于在 1984 年生产出符合针用标准的葡萄糖粉剂，并获得了当时诸暨县唯一能生产药品的“浙卫药字（84）1035–7”批文。

此后，征天葡萄糖厂以当地农民种的番薯为原料生产的针用葡萄糖大量上市，既为农民兄弟的番薯找到了变废为宝的出路，又为企业赢得了可观效益。1984 年 11 月，宣汉康被任命为征天葡萄糖厂厂长，成为征天历史上最年轻的厂长。

是的，在常人看来，年纪轻轻就当上厂长的宣汉康是一个成功者，然而，他自己却只承认自己是一个创业者，而且创业才刚刚开始。因为他深知，自己的每一个成功脚步，都离不开梁焕木等老一辈征天人的关心与呵护，离不开当地农民以及所有征天人的信任与支持，为了征天事业的明天，为了山区百姓的尽快脱贫，还有更多更大的事业与梦想等待着他去实现。

风华正茂创业时

为解决山区毛笋、黄桃等农副产品出路问题，1985 年 8 月，宣汉康随梁焕木等参观考察德清后坞的一家罐头厂，回来路上，梁焕木考问他，罐头厂是否可以投资？如何投资？他即刻回答：可以在现已搬迁的糖果车间扩建，投资二三十万元，花 6 个月时间，明年 3 月保证投产。听着这干脆利落的回答，梁焕木非常赏识，并放心地把这一筹建工作交给了宣汉康。

然而，筹建工作并没有宣汉康想象中的那么简单，不但没有现成的技术资料和对口的技术人员，连生产设备都得自己设计、制造。所以，他每天晚上必须翻阅大量的书籍资料，绘制设计图纸，白天则与同事们一起制作和安装设备。那些日子，同事们经常可以看到他那布满血丝的双眼，还有他卧室通宵达旦的灯光。他对工作的投入，让那些年长爱摆资格的老职工都敬畏不已，同事们更是个个服服帖帖的，筹建组很快成了一个合力团队。

宣汉康正是怀着对农民百姓血浓于水的情感，怀着对征天事业的无限崇尚，潜心钻研，百折不挠，一一攻克筹建难题，罐头厂终于在 1986 年 3 月按时投产。在他的不懈努力下，投产后的征天罐头厂实现了产销两旺的发展势头，产品还远销日本。此后，他又积极争取县科委的扶持，实施“山区种植业、加工业”技术开发项目，在乐山发展竹、笋两用山 1000 亩，在东和培植黄桃基地 500 亩。该项目在 1989 年的全国星火计划成果适用技术展览交易会上荣获银奖。那时，每到收购季节，东和、舞凤、乐山等山区农民用手拉车和拖拉机装着农副产品前来投售的长队，成了征天罐头厂门前一道亮丽的风景线。农民兄弟脸上的笑容，成了宣汉康最大的欣慰。

20 世纪 90 年代初，枫桥轻纺业刚刚兴起。为推动块状经济的尽快形成，以及为山区农民脱贫致富引路搭桥，征天的产业又延伸到了轻纺行业。而这个任务，又责无旁贷地落到创业正当时的宣汉康肩上。

1994 年 1 月 15 日，宣汉康被任命为征天贸易公司经理。上任第一件事，就是如何推动当地轻纺业块状经济的发展，如何在山区培植个体织机户。这年正月初二大清早，他就带领人员，风尘仆仆地奔波在东和乡一个个偏僻的小山沟，走村访户，考察农村个体织机发展状况。经考察分析，他认为农村个体织机发展大有潜力，但最大的问题是农民投资织机缺少本钱。本着扶持轻纺发展，帮助山区农民脱贫致富的初衷，在他的努力下，向政府争取了150 万元的专项贷款，由征天贸易公司出面为山区农民购置织机作担保。是年，在东和等乡镇发展织机 509 台，为山区轻纺业的发展起到了抛砖引玉的作用。十多年后，当年在东和任工业副乡长的周云祥谈起往事，还是那样深有感触地说："那时的贷款真当得力啊，我们东和的老百姓不会忘记征天，不会忘记宣汉康，多少只山里孩子的书包，是以征天担保贷款购买的织机来供养的……"

同年，宣汉康还考察了绍兴、义乌等地的轻纺发展形势，结合枫桥当地的轻纺发展趋势，提出收购濒临倒闭的镇办印染厂，易址兴建征天印染厂的建议，得到了梁焕木同志的充分肯定。这年 6 月，满怀着盛夏般热烈的创业激情，宣汉康带领他的团队，在那无水、无电、无路的黄老湾下安营扎寨，开始踏上了他的七彩印染之路。

印染行业对宣汉康来说又是一个全新的课题，为花最少的钱办最好的事，曾两度只身赴上海第二印染厂取经。一赴上海，他参观了印染车间，询问并记录了相关技术参数。回来后，结合自身筹建实际，设计绘制了一整套厂房设备布局和工艺参数配置草图。二赴上海，他抱着这一整套自行设计的图纸，还背上了一条枫桥食品厂生产的"金华火腿"，赶在早晨上班前，敲开了上印二厂技术副厂长的家门，请求他的技术审定和帮助。精诚所至，金石为开。这位上海厂长被这乡下人的憨厚与诚意着实感动了，终于答应前来现场踏勘指导。在黄老湾山脚边的那棵大樟树下，宣汉康与这位上海厂长以及他带来的两名技术人员，蹲在地上，摊着图纸，展开了热烈的讨论……

筹建工作是辛苦的，那时宣汉康与职工们同住一个棚，同喝一壶水，一起搞规划、定方案、造厂房、搞安装，晴天一身汗，雨天一身泥，但大伙都乐融融的。经过 8 个月的日夜奋战，一条年产 1200 万米的漂白布生产线顺利投产。宣汉康那种雷厉风行的工作作风和泰山压顶不弯腰的工作干劲，再度折服了征天领导层，更赢得了同事及下属的齐心拥戴。

印染厂投产后的三年，企业蒸蒸日上，产值、利税以每年翻一番的速度递增，成为征天集团下属的骨干企业，当时被誉为征天企业发展史上的“深圳速度”。如今的印染公司，已拥有国内外先进染整生产线5条，年加工坯布能力逾亿米，染色丝上千吨，产值、销售超亿元，成为一家具有纺织进出口权的大二型印染企业。印染公司的成功创办，为枫桥轻纺业的快速发展起到了极大的推动作用。

宣汉康在印染公司创立的业绩，再次向人们展示了他所具备的卓越领导才能和企业家风范。他在创业创新之举中所表现出来的才能、胆识与风范，以及他的那种在为民服务中发展经济的创业理念，正是征天事业所需要的。宣汉康成了征天事业发展中能担当重任的后继之人。

1998年底，宣汉康被任命为征天集团公司总经理。由于征天一直实行的是总经理负责制，因此作为集团总经理就是征天的掌舵人，掌握着征天的发展方向与未来。

呕心沥血谋发展

总经理一上任，宣汉康就接连烧了三把火。第一把火，是对下属企业厂长（经理）、书记实行考核，根据考核得分，核发年终奖励金。这一办法的出台，大大调动了厂长（经理）、书记们的工作积极性，掀起了企业生产经营和技改发展的小高潮，集团经济再上台阶。第二把火，是完善公司法人治理结构，对集团进行了规范，经省人民政府审核批准，改名为“浙江征天集团有限公司”，确立了集团公司的核心层、紧密层和半紧密层企业。第三把火，是深化完善股份制改革。这把火虽烧遍了各下属企业，然因客观条件限制，未能彻底实行改革。但他的那种“顺乎社会之潮流，应乎人群之需要”的改革思路，深深地触动了死守“大锅饭”的一小部分征天人，为2005年的股份制改革打下了坚实的思想基础。

为做大做强征天事业，作为征天的领头雁，宣汉康总经理一直寻求着征天事业新的突破。

2001年，在市委、市府要求大企业“两次创业，实行跨越式发展”的号召下，经政府牵线，宣汉康毅然拍板，与上海一家公司合作开发结冷胶项目。2002年，征天集团计划投资5000万元，开始筹建浙江天伟生化工程有限公司。这在当时可是“世界第二，国内第一”的高新技术项目，是征天历史上一次性投入最大的项目，也是征天集团由传统产业向高新技术企业跨越发展的一次大胆尝试。经过五年多努力，天伟公司挺过了高新技术企业创建初期的艰辛，但由于内部管理等问题，效益不很明显。面对国内外结冷胶销售市场越来越激烈的竞争，2009 年初，宣汉康又亲自挂帅，对天伟公司主要管理人员及企业股份结构进行了全面调整。通过强化内部管理、节能降耗、岗位考核，进一步调动干部职工的积极性和创造性，使企业走上了良性发展的道路。目前，企业还与省柑橘研究所、浙江工业大学等科研院所合作，研发拓展结冷胶应用领域，发展前景较为乐观。

此外，宣汉康还紧紧抓住第三产业兴起的有利时机。2000 年，征天集团计划投资 1000 万元，兴办枫桥宾馆，成为当时乡镇地区间最为高档的酒店。2006 年，征天集团又着力于房地产开发项目，近年来，房地产项目开发势头强劲，成为集团经济的新亮点。

为引领征天事业向更好更高层次发展，宣汉康又寻求着突破企业发展瓶颈的体制改革之路。

征天企业的改革，源自 1981 年梁焕木同志提出“不吃大锅饭，不捧铁饭碗，不坐铁交椅”的改革宣言，几十年来，征天人一直寻求着适合时代发展要求的企业机制。直到 2005 年市体制改革领导小组的全面介入，征天企业才得到了一次全面彻底的改革。正如宣汉康坦言，任何一个人都是渺小的，在巨大的时代潮流面前，最好的办法就是要顺乎这个潮流。面对改革机遇，他似乎找到了解决征天企业发展障碍的最佳答案。宣汉康义不容辞地担起了征天集团改革总设计师的重任。

征天事业历经 40 多年的发展，由于原始产权的不清晰，使产权归属几无定论。要对这样一家经济渊源错综复杂的集体企业实行整体改制，谈何容易。宣汉康知道，这是一个烫手的山芋，但他更知道，如果不借这次东风明晰产权，征天企业的发展将会矛盾重重，甚至走向消亡。的确，改制涉及水库、灌区、企业及职工等多方利益，稍有不慎，便会引起社会的不稳定，也会影响企业的日常生产经营。在那些日子里，宣汉康带领有关人员不停地走企业、访部门，还要处理大批来信，接待来访的灌区群众，听意见、议方案，日夜操劳着。

2005年的8月，正值改制方案论证的关键阶段，一次意外的车祸，造成宣汉康肋骨骨折，还有点脑震荡。医生嘱咐他至少住院半个月，谁知他在医院只待了三天，第四天一大早竟软磨硬泡地说服医生出院了。回到厂里，他让厂医在骨折处绑上绑带，用手压着伤口上班，又开始为改制方案的最后定稿奔波操劳了……

2006年1月，诸暨市体改办下发《关于进一步深化完善浙江征天集团有限公司改制实施方案的批复》，征天集团平稳地实行了整体改制。从此，征天的下属企业真正成了产权清晰的现代股份制企业，轻装上阵，迎来新的更为广阔的发展前景。

人生无悔志征天

光阴荏苒，岁月如歌。转眼间，一个十七八岁的毛头小伙，在征天已走过了三十四个春秋，他与征天事业同龄，正好步入了天命之年。

如果说当年宣汉康踏上征天之路靠的是一个幸运的务工机会，那么他最终选择征天，献身征天，却经历了许多次考验，包括当官的机遇和发财的诱惑。20世纪80年代后期，枫桥区委陆续从农村和企业中招聘镇乡干部，当时区委的主要领导相中了他，还找他谈了好几次话。然而他没有选择离开征天去捧行政铁饭碗。90年代初，个体经济异常活跃，有人好心劝他走出征天自办企业，他也毫不动摇。有很多人不解地问宣汉康，“从你手下出来的好多人，都已拥有几千万甚至上亿资产了，你怎么还死守征天呢？”面对这样的话，他总是一笑了之。他们怎知“征天”这个名字在宣汉康心中的分量！

几十年如一日，宣汉康怀着落叶对根一样的情意，在征天这方热土上，耕耘着，也收获着。他付出的是激情、智慧和汗水，收获的是成绩和荣誉，是征天人的心和老百姓的口碑。全国纺织工业劳动模范、绍兴市水利经济十佳优秀工作者、诸暨市十大青年企业家、诸暨市优秀共产党员、诸暨市人大代表……面对一顶顶桂冠，宣汉康始终如履薄冰，从未轻松自如。他觉得，近些年来，征天这杆红旗虽风韵犹存，但发展速度明显有些跟不上时代的步伐，因为企业发展始终任重而道远。

为谋求征天事业的更好传承与发展，刚刚五十出头的宣汉康觉得自己应该有接班人了，征天集团应该有年轻的新人来挑大梁。在 2009 年 12 月 1 日的六届一次董事会扩大会议上，他道出了自己的肺腑之言：

“本人自 1998 年底接任集团总经理职位以来，已整整 11 年。这 11 年来，本着对征天事业的责任与历史使命，本着以梁焕木同志为首的老一辈征天人对我们所寄予的厚望，以及自己对人生价值的理解与追求，始终保持积极向上的工作热情，勤奋努力，尽己所能，做好工作。但随着企业的发展与自己年龄的增长，本人已深感精力不足，观念和思路也不能与时俱进，许多工作力不从心。而根据我们征天一直实行总经理负责制的实际情况，总经理的工作对企业发展至关重要。因此，出自对征天事业的责任感，本人经过深思熟虑，决定卸任总经理职务。我想，这是培养和锻炼新一代征天接班人的需要，是我们企业做大做强的需要，更是实现征天事业更好更快发展的需要。”

没有豪言壮语，没有惊天动地，一句句实在话连起来就是一篇抒情美文。心里只有征天事业，一心只为征天事业的更好发展与传承，这就是一个农民儿子的情怀，一名普通共产党员的高尚情操与远大抱负。

越山造胜景，枫水毓英才。赢得了昨天与今天的宣汉康，从未停下过奋斗的脚步，因为在他的人生信念中，没有最好，只有更好。他要以更加超脱的境界和更加超前的思路，带领征天人快乐、自信、充满活力地走向更加灿烂的明天！

（原载 2010 年 10 月《辉煌 50 年——“征天杯”征文大赛获奖作品集》）

新 征 天

——为征天事业开创五十周年而作

陈全苗

新，相对于“老”而言，但盛名之下，何堪以“新”！

——作者题记

引　子

1996 年 4 月 19 日，一位强人的心脏停止了跳动，一时间，整个枫桥为之垂泪，整个诸暨亦为之垂泪。

记得当时，一列长长的摩托车队伍，臂挽黑纱，胸戴白花，他们追着哀乐声，从枫桥赶到城关，又从城关赶回枫桥，浩浩荡荡，路人无不为之注目。

后来知道，他们都是征天集团的人。此举，让他们成了那几天的一条特殊新闻……

上篇　新情况，引出新命题

一

梁焕木的去世，在当时不能不说是一个重大事件，以致许多人很久以后都还接受不了这个残酷的事实。

很少有企业像征天集团那样，因为一个人的去世，竟能引来如许多的担忧与不安，而且这种担忧与不安，不但来自于集团内部，还来自于社会的方方面面。

担心是有道理的。

当时，在每一个人的心中，几乎都有这样一种共同的认知：“征天”就是“梁焕木”，“梁焕木”就是“征天”，两者几乎是浑然一体，不可分割的！

现在，老人倒下了，征天是不是也会跟着倒下？

我们没有理由责怪这种想法，也阻止不了人们这样去想，不是因为大家轻看了征天的其他人，而是太看重了梁焕木，看重了他那几乎不可替代的强力、甚至有点强势的核心作用。

而事实上，梁焕木确确实实就是征天的“灵魂”，是征天的一面不倒的“旗帜”……

二

在枫桥，许多人不一定搞得懂梁焕木到底是主任还是厂长，是经理还是董事长，只因大家都习惯了叫他“焕木大帝”，一叫就是几十年。

有趣的是，他一个极具本色的农民企业家，一个土不拉叽的水利专家，何以会有“大帝”这样的名号？

仔细想来，这应该与他一手营造的“征天帝国”有关。

说征天是一个“帝国”，还真不是虚妄之言。

如果我们有心，一定会记得当时枫桥像模像样的企业中，几乎都带着“征天”二字，从最早的征天水利机械厂，到后来的征天石灰氮厂、征天水泥厂、征天葡萄糖厂、征天罐头厂、征天铝制品厂、征天自来水厂、征天特种钢厂、征天印染厂，以及征天职校等，而这些，无不是梁焕木一手创办的。

“征天”的名下，居然拥有 12 家企业，居然还有一座水库、一所学校，不说在当时，就是在今天，也是凤毛麟角。“大帝”之名，应该算是名至实归了。

而此时，“帝国”犹在，“大帝”却已驾鹤西去，“帝国”还能保持“帝国”的盛名吗？

也许，那么多的征天职工哪怕骑着摩托车也坚持着要送他一程，想来不仅仅只是对他的追念，还因为大家都在追寻一种答案：征天，将何去何从？

这是“后梁焕木”时代的征天人必须面对的一个新情况，更是必须作出回答的新命题……

中篇　新班子，引向新天地

一

没有人不喜欢光环，没有人不喜欢荣誉。

梁焕木时代的征天，可谓荣誉满身，光芒四射，几乎是那个时代诸暨的一个奇迹。不说别的，单是国家水利部颁发的奖牌就有6块，从水利管理先进，到水利综合经营先进，再到水利经济先进，无一不是成色极高。

而梁焕木本人，连续两届当选全国人大代表，是全国劳模、全国水利系统特等劳动模范，先后几次进京受奖，无一不是别人所望尘莫及的，至于省市县的奖项更是难以计数。他是中央和省市各级媒体的“常客”，他还是一部电视剧《水魂》的人物原型……

这是征天的无上之荣耀！

很多年来，这一直也是诸暨的骄傲！

但我们又不能不说，这同样也是横在“后梁焕木”时代征天人面前的一座高山。在这样的高山面前，除了仰视、膜拜，又有几人能超越？

显然，“梁公”的后来者，其压力之大可想而知，而且这压力，心理上的远甚于肩上的！

二

其实，征天从来不缺人才，也不缺能人。

这当然也得归功于“梁公”。

梁焕木绝非一个目光短浅之人，他从来不吝血本，一直都在发现人才、培养人才、广聚人才。要知道，他的荣誉中，有一项就是“全国职业技术教育先进工作者”——在20世纪70年代末，他招收了一批在当时堪称十分稀缺的高中毕业生100余人；80年代初，他又选派了一批骨干去杭州水利水电学校和浙江大学学习；到了1986年，又创办了征天职业技术学校；也是在这一年，他开始向社会招聘了一批各具专业特长的优秀人才，并开始引进大中专学生……在那个时代，对知识、对人才的重视，他无疑走在了许多人的前面。

正是这先人一步的人才计划，使得征天储备了陈伯龙、宣汉康、陈国光、杨桂昌、蔡海永、詹海忠、阮红祥、王黎霞等一大批知识型和技术型骨干。

名帅也得良将辅。事实证明，梁公的眼睛是雪亮的，他着力培养的良将、良才被安排在一个个重要岗位上，他们一直就是征天集团的中坚。也正是有了他们，“大帝”才能屡施拳脚，大刀阔斧，一步步构筑起了他宏大的“帝国基业”。

不过，话又说回来。人说“一俊遮百丑”，在征天，却是“一俊遮百美”。在梁焕木巨大的光环之下，“灯下黑”就成了一种必然。他们成了默默无闻的一族，很少为人所注意。

征天不是私营企业，不是家族企业，梁焕木并没有在生前将征天的“接力棒”传交给他的儿子梁贤生，而是传交给了每一个征天人。他要让他们自己作出选择。

是金子，总会闪光。现在，该是这些后起之秀们登台亮相、担当重任的时候了。

三

国不可一日无君，家不可一日无主。庞大的征天家业，终于落在了新一代征天人手中。

接班很容易，但要接好这个班，却绝非一件易事。你的任何一个决策、一个变化，甚至是一个小小的举动，都会被放大、被聚焦、被臧否。毕竟，这是一家明星企业，有太多的目光在注视着。

如此一来，岂不是凡事都得小心再小心、谨慎再谨慎？若是这样，那它还是征天吗？

要知道，过去的征天，之所以会一次次创造辉煌，就是因为秉承了一种独具特色的“征天精神”——自力更生，艰苦奋斗，团结务实，开拓创新。而瞻前顾后，谨言慎行，束手束脚，从来就不是征天人的脾性。

同时，我们必须看到，1996年，我国的经济社会已发展到了一个新的阶段，一些原先曾经有效的制度与做法，已渐渐变成了阻碍发展的东西。

比如，体制改革。

这是一项梁公在世时就已开始的重大改革举措。早在1981年时，梁公就在职工大会上喊出了“不吃大锅饭，不捧铁饭碗，不坐铁交椅”的改革设想。

到了1993年初，一场围绕征天生存发展的改革大幕正式拉开，并进行了股份制改革的第一次尝试和探索。1995年，着手开始经营机制的转换……

我们知道，体制改革牵涉的是职工的切身利益，因此，改革愈深入，各种纠结就愈多。而现在，完成这一重大任务的担子就落在了新一代征天人的手中……

时到今天，当我们再来回顾一下“后梁焕木”时代的征天发展轨迹，我们会欣喜地发现，无论是陈伯龙、宣汉康主政的征天，还是目前由宣汉康、陈国光主政的征天，无不在践诺着薪火相传的“征天精神”，无不是征天发展史上的一个个里程碑。

——1997年，征天集团完成了独树一帜的征天产权制度形式的试点完善，形成了以集体公有制为主体的多元化产权制度；

——1999年，征天集团经省政府批准，更名为浙江征天集团有限公司，确立集团公司的核心层、紧密层和半紧密层企业；

——2003年，集团完成了职工的身份置换，建立了新型劳动关系；

——2006年，作为转制的最后一步，征天集团完成了与征天水库管理处的资产分割，实现了政企分开。征天集团真正成了自主经营、自负盈亏、自我约束、自我发展的“四自主体”，实现了内部体制的彻底改革。

自此，一个“新征天”，再一次信心满满地站在了世人面前……

下篇　新课题，引领新征程

一

新的时代，新的征天，新的发展，就得有新的发展思路。

现在的征天，已完成了她的华丽转身，成了一个完全意义上的企业。是企业，就得直面激烈的市场竞争，就得接受“优胜劣汰”这一市场法则的检验。

这同样是摆在新一代征天领导面前的一个新课题。

然而，这谈何容易！

这一切，缘于征天自成立那一天起，一直承担着许多企业所没有的社会职能，也借此背负了许多企业所没有的历史“包袱”，因此，想要彻底的改弦更张，无疑是不现实的，也是有违梁焕木开创征天事业之初衷的。

征天集团是以征天水库起家的。当时，建于 1958 年的征天水库，因为留下了很多“大跃进”时代的“特色”，刚刚建成，就被定性为一座“危险水库”。正是在这样的特殊情势下，1960 年，枫桥区公所调派梁焕木赴任征天水库养护管理委员会负责人一职。

因水而来，又因水而荣，就得为水而苦累，为水而付出。在“与天斗，其乐无穷”的特殊时代，“治水”，就等于“征天”，于是，一个有着明显时代印记的名字——“征天”就这样“破水而出”了。

接下来的故事，就更有意思了：治水缺装备，梁焕木就提议创办征天水利机械厂；水治好了，又发现灌区农田缺肥料，枫桥石灰氮厂即应运而生；后来肥料不缺了，但农民缺盖房用的钢筋水泥，征天水泥厂立马建成，还把石灰氮厂改造成了铸钢厂；后来又发现山区农民卖番薯难，新建征天葡萄糖厂的议案很快付之于行动……

就这样，梁焕木背朝水库、眼向农民，一点一点把征天产业越做越大，“农”的特色，成了征天事业最大的一个亮点！

那么今天，征天是否还得姓这个“农”？

这的确是一个大课题，是新一代征天人必须解开的一个心结，因为它关乎着征天经营发展的准确定位，更关乎着传承与发展的大问题……

二

“传承”与“发展”，是“新征天”“新征天人”特别是“新班子”做得最认真的一篇大文章。

丢弃“征天精神”，抛却“征天传统”，这当然不是他们之所愿，因为这是征天的“立企之本”。但漠视市场经济的新形势、新思维，也绝非他们愿意看到的，因为这会影响征天发展的“强企之路”。

这是一个“两难”之选，它需要智慧，而且是大智慧。

应该说，若论尊重历史，尊重传统，尊重前辈，征天人做得可谓是无愧于心，无愧于天。在尊重梁焕木的问题上，更是当今社会的一个“范本”：在征天水库开辟纪念馆、设立光禹园，在办公大楼第一眼看到的，就是“梁公”那一双坚毅的目光……

在经营理念的定位上，征天人既传承梁焕木创下的“农”字特色，又与时俱进，戮力创新，初步呈现出一个现代企业应有的时代风范。

要知道，改革与创新，是“征天精神”的精髓，更是梁焕木在世时一直孜孜追求并身体力行的核心理念。

因此，即使是在2005年主动关停征天水泥厂，又将征天食品厂转型发展为浆纱生产企业，如果梁公有知，一定也会为之欣慰。因为前者是为了响应国家的产业调整政策，后者则是为了顺应市场潮流。

传承社会责任，传承创新理念，而不是无原则的盲从与固守，这才是真正意义上的“薪火相传”！

三

在采访中，征天集团党委副书记、工会主席梁贤生这样对我们说，不要只看到老的征天，要多看看新的征天。

话从梁焕木的儿子口中说出来，显然有着更特别的内涵。

“不能老想着恢复昨天，而应多想想怎样创造明天。”这是阿里巴巴CEO马云的一句名言。他告诉我们，辉煌只能代表过去，当下才是最重要、最现实的。

那么，梁焕木之后的15年，征天变成了怎样一副新模样？

2000年5月，征天集团进军服务行业，枫桥宾馆落成启用，并成为枫桥的一个“地标”；

2002年3月，征天集团与上海众伟公司联合计划投资5000万元，新建浙江天伟生化工程有限公司，结束了征天集团没有高新技术产品的历史；

2007年，征天集团核心企业征天特钢铸锻有限公司投入5000余万元，新上年产1.5万吨高合金钢锻造件技改项目，并购置近百亩土地，作为今后铸锻产业升级拓展的储备；

与此同时，征天集团核心企业征天印染有限公司一方面不断淘汰落后设备，一方面从国外引进高档染整生产设备，实现了规模化、高端化的产品升级；

2008年，征天集团大力拓展房地产业，成功开发出“枫都嘉苑”“枫江家园”等多只商住楼盘，成为新征天的一个强劲的经济增长点；

2010年9月，征天集团涉足环保科技产业，与清华大学科研人员合作成立了浙江天泽环境科技有限公司，研制出高性能的催化净化器用金属载体产品，可广泛满足各种汽车、摩托车尾气催化净化处理装置的要求，成为金属蜂窝载体的主要供应商之一。

而对于继续承担着社会职能的征天水库，征天人更是情有独钟，不仅对水库进行了旅游景点的规划与建设，还于2008年投入3300万元巨资，对堤坝进行了一次全新改造，这是一种与时俱进，更是对梁公的最好慰藉。

2009年，征天集团第三次跻身诸暨市工业规模企业“三十强”行列，纳税进入全市“二十强”……

值得一提的是，征天特钢、征天印染，如今正与征天房地产一起，成为引领征天事业发展的最为强劲的“三驾马车”！

一切都有序、有节、有力地行进着。征天的脚步再一次恢复了从前曾经的欢快与轻捷！

尾　声

说“新征天”，说的其实就是“薪火相传”的现实故事。

走在征天，看到拥有10余家下属企业，1000多名职工，成功进入规模企业“三十强”的征天集团，办公地点居然“蜗居”在枫桥宾馆的三楼，心中油然而生的只能是敬意。

走在征天，看着有点破旧落伍的特钢公司厂房、印染公司厂房，里面却是高度现代化的机器设备，油然而生的依然是敬意。

走在征天，一个疑问却一直萦绕于心：按理说，较之于梁焕木时代的“老征天”，“新征天”可谓是不辱使命，不失辉煌，更不负“征天”这一座丰碑。那么，为何许多人一提征天，依然是那个“老征天”，依然是梁焕木？

这其实是又一个不着痕迹的“尊重”——对前辈的尊重，对“老征天”的尊重。

因为在征天，梁焕木，是很多人口口相传的“焕木伯”，是现任董事长宣汉康等人的“师傅”，是现任总经理陈国光、副董事长杨桂昌等人的“老师”与“引路人”……

面对这样的一个长辈、恩师，没有什么苦是承受不了的，没有什么成绩是可以显摆的，所以，新征天出人意料，却又合乎情理地采取了少说多做、少宣传多做事的脾气。

油然而生的，依然是深深的敬意。

（原载2010年10月《辉煌50年——“征天杯”征文大赛获奖作品集》）

风雨征程一甲子

——写在征天事业开创六十周年之际

翁均飞

金秋十月，以水利事业起家的征天集团，迎来了六十岁生日。

六十年一甲子，从兴修水利到创办企业，从体制改革到科技创新，从服务“三农”到逐浪市场，征天始终踏准时代的节拍不断前行。可以说，一部征天的发展史，就是诸暨经济社会发展史的缩影。

征天事业的发展离不开梁焕木创造的“征天精神”，即自力更生、艰苦奋斗、团结务实、开拓创新。征天集团原董事长宣汉康说：“征天精神不管在哪个时代，都是征天人的精神支柱。这是征天集团生生不息、打造百年企业的源泉和动力。”

“群众的需要，就是我们的志愿”

站在大坝上放眼远眺，总库容1119万立方米的征天水库一片烟波浩渺，深蓝色的水面随秋风泛起层层涟漪。水库灌溉区阡陌纵横，稻谷金黄，一派丰收的景象。

征天水库是在我国三年严重经济困难时期建成的。水库建设没用国家一分钱，是全省第一个“蓄、引、提结合，旱、洪、涝兼治”的中型水利工程。

1960年10月，梁焕木担任征天水库养护管理委员会负责人，从此，以梁焕木为代表的征天人开创了征天事业，踏上了“情系三农，为民造福”的创业之路。

征天水库通过扩大集雨面积，完善灌区渠系配套工程，灌溉面积由原设计的18000亩扩大到22850亩，彻底改变了灌区原来“三个日头喊皇天，一场大雨好撑船”的状况。

“群众的需要，就是我们的志愿。”这是梁焕木一生坚守的坚定信仰，他始终认为，群众的利益就是他的命脉，群众的利益高于一切。

从解决温饱、脱贫致富到走向小康，群众不断变化的需求，成为征天创办企业的初衷。粮食增产需要化肥，征天办起了石灰氮厂；群众建房需要钢筋水泥，征天办起了铸钢厂和水泥厂；群众番薯丰收卖不出去，征天办起了以番薯为原料的葡萄糖厂；当地的毛笋、黄桃没有出路，征天办起了罐头厂；为扶持山区农民脱贫致富，发展当地的纺织业，征天收购了濒临倒闭的镇办印染厂，易址兴建征天印染厂……

在为当地群众解困、为当地经济服务的过程中，征天创办了10多家企业，壮大了自身的经济实力，从开始时的水库管理处发展成为集水利、农业、工业、商业、学校、旅游于一体的集团企业，成为全国水利战线综合经营的一面旗帜。

征天集团转制时，不忘初心，划拨征天水库灌区资产和梁焕木水利专项基金共6000余万元，其中3100万元设立了“梁焕木水利基金会”，真情回馈资助征天水库灌区的水利建设和社会事业发展。截至2019年，梁焕木水利专项基金拨付1713万元，灌区资产收益拨付298万元，用于灌区村级工程、水利工程建设以及老年人生活等方面的补助。

“实施体制机制改革，就是顺应时代潮流的大事”

征天是一家老企业，历史积淀至为深厚，历史包袱也颇为沉重。作为一家起步早、所有制成分呈多重性、员工身份呈多样化的老企业，受体制的制约，一度羁绊征天的发展。为了促进企业持续发展，保障职工的利益，征天集团先后实施了四次体制机制改革。

1993年，征天率先参加诸暨市股份制改革试点。经绍兴市政府批准，原来的“征天综合开发公司”更名为“浙江诸暨征天集团公司”，成为诸暨市第一家股份合作制企业。

1995年，征天启动了第二次深化股份制改革。集团所属各企业开始“分灶吃饭”，落实企业法人财产权，形成了以集体公有制为主体的多元化产权制度。

前两次改革是在梁焕木亲自主持下完成的，后两次改革的重担则落到了新一代领导班子肩上。宣汉康是在梁焕木的培养下迅速成长的，有在征天集团旗下6家企业担任厂长和经理的丰富历练，1999年至2015年，先后担任征天集团总经理和董事长，成为征天事业的重要传承人，挑起了后两次改革和新时期征天发展引领者的重任。

2006年，在市委、市政府的帮助指导下，征天集团实施彻底的经济体制改革，对集团与灌区、与政府，集团内部各企业的资产进行了全面评估、界定，进一步明晰了产权。改制后，集团和水库管理处实行资产分割，落实产权，独立运作。集团资产全部由各企业职工认购置换，集团作为一个行政性质的管理机构重新设立。至此，征天集团实现了政企分开，真正成了自主经营、自负盈亏、自我约束、自我发展的“四自”主体。

2015年，征天集团完成了体制的全面转型，下属6家股东企业640余位股东缩减到50余位，真正转型成为产权更加明晰、责权利更加明确、更加适应企业发展的现代民营企业集团。这在征天的发展史上具有里程碑式的意义。

“只有转型升级，才是企业唯一出路”

从20世纪90年代开始，在国家政策调整、市场竞争日趋激烈、产品更新换代加快的大背景下，征天集团所属企业遇到了前所未有的挑战，也经历了凤凰涅槃般的浴火重生。

2012年，中国钢铁产能高达9.7亿吨，但利用率只有7成多一点。当年7月，感受到行业寒意的征天集团领导班子集体讨论决定，把“征天特钢铸锻有限公司”转型更名为“浙江天基重工机械有限公司”，与传统钢铁行业“一刀两断”。

转型后的天基公司逃过一劫，迎来新生。2013年10月，国务院发布《关于化解产能严重过剩矛盾的指导意见》，全面淘汰和退出落后产能。“虽然企业转型也有风险，需要巨大投入，需要引进和培养人才，但如果不转型，企业就可能被市场淘汰了。”集团董事长陈国光说，“只有转型升级，才是企业的唯一出路”。

原来的特钢公司生产各种锻造坯料和锻制件与圆钢，天基公司则生产重工机械和精密模具，广泛应用于风电、石油、汽车、精密模具等领域，大大提高了产品附加值。公司开发的高档模具材料，性价比不逊色于宝钢同类产品。很快，这只产品成为浙江、广东等地厂家的“指定产品”。今年，公司开发的用于口罩机的模具钢产品，一度供不应求。

随着国内环保政策越来越规范，纺织品市场日新月异，倒逼印染行业转型升级。2008 年至 2017 年，浙江征天印染有限公司“每年小技改，三年大技改”，累计投入资金 6000 多万元。技改的结果是，产品更加“绿色”，市场更加广阔。

2019 年，市委、市政府提出印染行业集聚、整合提升，在城西工业新城建设印染集聚园区。2020 年新年伊始，征天印染公司收购了印染集聚园区的浙江天雅染整有限公司。该项目占地面积 47.39 亩，计划投资 3.08 亿元，新建绿色标准化厂房，购置先进生产设备，采用先进的技术与工艺。项目建成后，可形成年产面料 2 亿米、筒子纱 4500 吨、袜子 6000 吨染色及后整理加工的加工能力，预计印染加工年收入 3.8 亿元。

一边是传统产业转型升级，一边是向高新产业和走出国门向国际市场进军。2002 年，征天集团与上海众伟生化有限公司合作，创办了浙江天伟生化工程有限公司，成功开发出当时只有美国才能生产的微生物多糖，俗称“结冷胶”，填补了国内空白。2017 年 6 月 5 日，“天伟生物”在新三板成功挂牌。

目前，天伟公司是国家高新技术企业、诸暨市百家创新企业，中国食品化工发酵协会发酵工程研究会会员单位、浙江省食品添加剂和配料行业协会理事企业，与喜之郎、蜡笔小新、宝洁、上海家化等知名企业建立了良好的业务关系，产品国内市场占有率达 70%，并远销美国、俄罗斯、韩国等 20 多个国家和中国台湾地区。

成立于 2006 年的浙江征天进出口有限公司，加工生产的蜡布、染色布、压花布等产品，主要出口到非洲尼日利亚、马里、冈比亚等国家。该公司在尼日利亚的卡诺和拉各斯两市设有窗口，今年，还计划在塞内加尔、多哥共和国新设办事处，为今后的发展再添新动能。

创新是企业的灵魂。征天事业开创 60 年来，始终弘扬“征天精神”，在创新中发展，在发展中创新，天基重工、天伟生物、天泽环境和征天机械公司先后被认定为高新技术企业。目前，征天集团总资产超 8 亿元，固定员工达 1000 余人。

展望未来发展，征天集团总经理胡铭翔说，受新冠肺炎疫情影响，世界经济下行压力持续加大，征天也难以独善其身。但是，不管形势怎样变化，创新是企业发展的第一动力，人才是企业创新的根本保证。征天将加大人才引进和培养力度，加快技术创新步伐，不断升级和研发适应市场需求的新产品，确保企业高质量、高速度的跨越式发展。

（原载 2020 年 10 月 22 日《诸暨日报》）

主要参考文献

《诸暨县志》，诸暨县志编纂委员会编，浙江人民出版社 1993 年 12 月第 1 版第 1 次印刷。

《中国共产党浙江省诸暨市组织史资料（1926. 冬—1990.6）》，中共诸暨市委组织部、中共诸暨市委党史资料征集研究委员会、诸暨市档案馆编，杭州大学出版社 1993 年 6 月第 1 版第 1 次印刷。

《诸暨市人民代表大会志》，《诸暨市人民代表大会志》编纂委员会编，浙江人民出版社 2017 年 6 月第 1 版第 1 次印刷。

《诸暨市政区手册》，《诸暨市政区手册》编委会编，华夏出版社 2013 年 5 月第 1 版第 1 次印刷。

《枫桥史志》，陈炳荣编著，方志出版社 2005 年 7 月第 2 版第 2 次印刷。

《枫桥江水利志》，诸暨市水利局编，中国文史出版社 2017 年 2 月北京第 1 版第 1 次印刷。

《征天水库志》，宣校成、何圣校、杨茂法、陈佐天、梁贤海等编纂，诸暨市征天水库管理处 1991 年 7 月印发。

《征天之路》，中共诸暨市委宣传部、诸暨征天综合开发公司编，宣焕阳编辑，1990 年 6 月印发。

《情系青山绿水》，中共绍兴市委宣传部编，戴本妥、陈敏尔、朱元桂等选编，浙江人民出版社 1991 年 6 月第 1 版第 1 次印刷。

《诸暨市征天职业技术学校建校纪念册（1986—1996）》，骆本来主编，1997 年 4 月编印。

《辉煌 50 年——庆祝征天事业开创 50 周年》，浙江征天集团有限公司、诸暨市征天水库管理处编，2010 年编印。

后　记

2020年春，在征天事业创建六十周年将临之际，征天集团决定编纂《征天水库·集团志（1988—2020）》，遂成立领导小组，确定编纂人员。5月中旬，编纂工作正式启动。8月底，完成送审稿。9月10日，初定稿送交出版印刷单位。此后，复经评审和修订润色，终于12月正式定稿付印。

本志为诸暨市第一部大型企业专志，在编写过程中，特别注重原始资料的挖掘，力求真实、客观、科学、准确。编纂人员在征天集团档案室查阅大量原始资料的基础上，得到各下属企业的大力支持。部分资料通过走访宣校成、阮荣其、葛焕康、杨见明、陈伯龙、梁贤生等退休老同志口述取得。征天职校专记部分，得到吴五六、骆本来、王孝贤三位老校长提供的资料，加以充实。

志稿形成后，浙江省水利厅原厅长钟世杰欣然作序，诸暨文史专家杨士安、何根土、李战对志稿进行评审，并提出宝贵意见，在此一并表示衷心的感谢。

“志书可编，良志难求。”因编者写作水平有限，专业知识欠缺，编纂过程中遇到不少困难，幸有征天集团宣汉康等领导全程指导，才得以顺利完成全稿。然而短短数月时间，实在太过仓促，以致谬误、缺漏和不足之处在所难免，敬请领导、专家和读者批评指正。

《征天水库·集团志》编辑部

2020年12月